CHINA'S FIGHT AGAINST THE COVID-19 EPIDEMIC:
ITS CONTRIBUTION AND IMPLICATIONS
TO THE WORLD IN THE EYES OF FOREIGNERS

中国战“疫”的国际贡献和世界意义

——国外人士看中国抗疫

姜辉◎主编　辛向阳　龚云◎副主编
李瑞琴　于海青等◎编

当代中国出版社
Contemporary China Publishing House
2020年·北京

图书在版编目(CIP)数据

中国战“疫”的国际贡献和世界意义：国外人士看中国抗疫 / 姜辉主编 . -- 北京：当代中国出版社，2020.8

ISBN 978-7-5154-1043-2

Ⅰ . ①中…　Ⅱ . ①姜…　Ⅲ . ①中外关系 - 文集②疫情管理 - 中国 - 文集　Ⅳ . ① D822-53 ② R181.8-53

中国版本图书馆 CIP 数据核字（2020）第 133460 号

出 版 人　曹宏举
责任编辑　隋　丹　焦晓萍
责任校对　康　莹
印制监制　刘艳平
封面设计　胡椒书衣
出版发行　当代中国出版社
地　　址　北京市地安门西大街旌勇里 8 号
网　　址　http://www.ddzg.net　邮箱：ddzgcbs@sina.com
邮政编码　100009
编 辑 部　（010）66572264　66572154　66572132　66572180
市 场 部　（010）66572281　66572161　66572157　83221785
印　　刷　北京润田金辉印刷有限公司
开　　本　720 毫米 × 1020 毫米　1/16
印　　张　29.5 印张　1 插页　435 千字
版　　次　2020 年 8 月第 1 版
印　　次　2020 年 8 月第 1 次印刷
定　　价　86.00 元

目　录

序　言

特　稿

专　访

编 译

综 述

序　言

讲好中国抗疫故事，更加坚定“四个自信”

历史上重大风险挑战，考验一个国家和民族的综合实力和执政党的治理能力，也检验其国家制度力量和人民力量。2020 年，在世界史上是极其不平凡的一年。突如其来的新冠肺炎疫情，对人类的生产生活造成重大冲击，改变着经济社会发展趋势，影响着人类发展进程，也正在重塑世界政治经济秩序。在这场人类大难中，“人类命运共同体”理念得到极大验证和传播，中国制度优势得到极大体现和认同。面向全球讲好中国抗疫故事，是当前中国理论界、文化界的重要任务。

面对新冠肺炎疫情这场危机和大考，以习近平同志为核心的党中央高度重视，全面加强对疫情防控的集中统一领导，把人民群众的生命安全和身体健康放在首位，积极贯彻落实坚定信心、同舟共济、科学防治、精准施策的总方针，形成了中央统一部署、上下联动的防控救治体系，举全国之力有效控制了新冠肺炎疫情在国内的蔓延，疫情防控取得重大战略成果，书写了中国制度、中国速度、中国精神新篇章，充分体现了中国共产党领导的最大优势和中国社会主义制度的显著优势。

与其他国家相比，我国的抗疫工作体现出以下方面的显著特点：一是上下协同，从中央到地方上下联动、一竿子插到底的指挥体系；二是公开透明，及时公开各种防控信息，接受社会监督，与全社会互动；三是科学防控；四是抓住重点，防控、救治、物资保障一起抓；五是全民动员，发动人民战争，共同应对疫情。这些特点是中国特色社会主义制度优越性在疫情防控中的具体生动体现。经过抗击疫情斗争的考验，中国共产党全面领导的优势更加彰显，以人民为中心的执政理念更加彰显，社会主义集中力量办大事的优势更加彰显。经过大考，广大人民群众对党的领导地位和社会主义制度优越性有了更加深刻的体悟，更加坚定"四个自信"，对实现中华民族伟大复兴的光明前景更加充满信心。

纵观人类发展进程，始终交织着与全球性突发公共卫生事件的抗争。在全球化不断深化的今天，新冠肺炎疫情的暴发，给全球公共卫生安全带来了前所未有的巨大挑战。全球化时代如何应对疫情？这是对国际合作的重大考验。新冠肺炎疫情能否在世界范围内得到更加有效地控制，取决于世界不同社会制度、不同发展程度的国家能否以团结消除分歧、以理性消除偏见，凝聚起团结合作、共同应对疫情的强大合力。正如习近平总书记所指出的，"人类是一个命运共同体。战胜关乎各国人民安危的疫病，团结合作是最有力的武器"。在肆虐的疫情面前，人类命运休戚与共，世界各国只有自觉摒弃分歧、加强团结合作、携手共同战"疫"，才能夺取全球抗疫斗争的最终胜利。

在世界新冠肺炎疫情的防治中，"中国之治"与"西方之乱"形成鲜明对比，"东升西降"的发展态势进一步凸显。随着疫情的蔓延和扩散，一些西方国家治理乱象百出，感染人数不断攀升，屡创新高，失业率居高不下，大规模种族骚乱频发，社会撕裂和动荡日益加剧。为了给自己的抗疫不利脱责，一些西方政客忙于"甩锅"，炮制"中国责任论""中国道歉论""中国赔偿论"，质疑中国抗疫数据真实性，宣扬中国对外援助带有"地缘政治"目的，少数国家的议员和律师甚至公然发起了针对中国政府的法律诉讼。这些言行罔顾事实，肆意"污名化"中国，公开挑战中国抗疫取得的巨大成就。事实胜于雄辩，中国抗疫的成就是对这些负面舆论最有力的回击。

面对国际上的各种"噪音""杂音"，中国坚决反对将疫情政治化、病毒标签化，反对意识形态偏见，始终坚定不移地践行多边主义和国际关系民主化，捍卫国际公平正义，毫不动摇地走国际合作共赢之路。新冠肺炎疫情发生以来，习近平总书记高度关注国内外疫情发展形势，多次发表重要讲话，作出重要批示指示；多次与国外政府领导人、国际组织负责人通话，强调疫情无国界，不分种族，是全人类的共同敌人，国际社会应树立“人类命运共同体”意识，“坚定信心、齐心协力、团结应对，全面加强国际合作，凝聚起战胜疫情强大合力，携手赢得这场人类同重大传染性疾病的斗争”。按照习近平总书记的重要指示精神和党中央的统一部署，我国在不断完善国内防控救治体系的基础上，积极推进疫情防控国际合作，向世界其他国家和国际组织派遣医疗队、援助医疗物资，与世界卫生组织、国际社会分享抗疫经验，努力为国际联合抗疫贡献中国力量。在疫情面前，中国始终秉持“人类命运共同体”理念，守望相助、共克时艰，充分彰显了大国担当、大国风范，展现了负责任的大国形象。

新冠肺炎疫情是2020年人类面临的最严峻的国际性公共卫生事件，引发了国外学术思想界的高度关注。国外不少人士围绕疫情深入思考一些重要理论和现实问题，比如如何认识中国的抗疫表现？如何解释一些国家在抗疫行动中出现的问题？如何看待疫情对世界格局的影响及其未来走向？如何认识疫情对世界左翼和社会主义运动发展的作用？如何以“人类命运共同体”理念促进全球抗疫合作？等等，提出了不少既具有国际视野和理论思维，又富有针对性和前瞻性的真知灼见。

为了充分反映这些思想观点和研究成果，中国社会科学院习近平新时代中国特色社会主义思想研究中心、世界社会主义研究中心、马克思主义研究院国外马克思主义研究部共同进行课题攻关，采访了20余位国外政治家和学者，邀请他们就相关问题进行深入分析和探讨，从不同视角撰写了26篇原创性文章。同时，为了能够更广泛、充分地反映近半年来国际学界在新冠肺炎疫情问题上的认知状况，课题组还从已刊载的文章中有重点地摘编了一些重要观点，并从不同层面对国外最新观点进行了综述评析。以此为基础，编纂形成《中国战“疫”的国际贡献和世界意义——国外人士看中国抗疫》

一书。

作为集中反映国外对新冠肺炎疫情分析和研究的著作，本书具有如下几个特点：一是撰稿的专家学者地域分布范围较广，来自欧洲、亚洲、北美、拉丁美洲等世界多个地区，涉及意大利、西班牙、德国、美国、英国、捷克、日本、巴西、奥地利、印度等17个国家，具有一定的地域代表性；二是本书专访的多为国外左翼政治家和学者，他们长期身处资本主义世界（原东欧地区左翼人士有不同制度下的生活经历），部分人多次访问中国或曾旅居中国，或者是长期研究中国问题的专家。因此除了具备专业的学术背景外，无论对中国还是其所在国的情况，他们都有着深刻的体认和真切的两相比照；三是撰稿人都具有较强的问题意识和导向，所阐释和分析的内容大多为疫情下引发普遍关注的重大问题，尤其从疫情下全球“两制”比较、“人类命运共同体”构建等视角出发，提出了许多客观公正、科学严谨、发人深省的见解和观点。

希望这些分析和思考能够帮助人们正确认识当前中国和世界抗击新冠肺炎疫情的斗争，能够让更多的人真正了解中国的抗疫故事，能够对进一步加强合作、增进共识、携手应对疫情有所助益。

姜　辉

2020年7月于北京

特稿

新冠肺炎疫情后的世界格局、中美关系和中国所面临的战略机遇与挑战

李慎明

2020年新冠肺炎疫情的不期而至，对世界格局、中美关系乃至全球经济、政治、文化，以及经贸、外交、军事、教育、科技等已造成极大的震荡与冲击。不同国家及不同政党对本国及世界疫情的不同态度和应对给予人们以不同的昭示。

正确认识和处理新冠肺炎疫情发生后的世界格局、中美关系和我国所面临的机遇与挑战，是巩固、完善和坚持、发展中国特色社会主义这一顶层思维和顶层设计下的统筹谋划，是确保第二个一百年实现中华民族伟大复兴中国梦的国际国内这两个大局的综合应对，是中国共产党人在百年未有之大变局视域下为人类文明史开创新局面和构建“人类命运共同体”的光荣使命。

一、新冠肺炎疫情发生后世界格局的现状与瞻望

（一）世界已经进入大动荡、大变革、大发展的新时期

马克思、列宁曾把社会发展比作“二十年等于一天”

的消沉时代和“一天等于二十年”的伟大日子。[①] 如果说2008年的国际金融危机爆发是全球大动荡、大变革、大发展这一历史时期到来序幕的正式开启，那么2020年新冠肺炎疫情在全球大暴发则是这一历史时期正式降临的显著标识。从一定意义上讲，这场灾难仍在进一步撕裂世界，仍在进一步加剧世界范围内的贫富两极分化，加速世界各国人民的觉醒与世界历史的进程，加速检验社会主义与资本主义制度的长短优劣，从而加速一些人认为资本主义才是人类最后归宿幻觉的破灭。也正是从这个意义上讲，现在已经步入百年未有大变局中的一天等于二十年的历史时期。在当今世界，不少国家的人民反抗压迫和剥削的客观条件已经具备，但理论准备与政党组织准备等这些主观条件还远远不够。战斗正未有穷期。习近平总书记在党的十九大报告中庄严承诺：“中国共产党是为中国人民谋幸福的政党，也是为人类进步事业而奋斗的政党。中国共产党始终把为人类作出新的更大贡献作为自己的使命。”[②] 只有把当今世情、国情和党情放到以上凝重而广阔的历史背景之下，我们才能更好地理解习近平总书记掷地有声的“我将无我，不负人民”的崇高情怀，才能更好地认清我们每一位中国共产党人和中华儿女如大山般的责任。

（二）抗击新冠肺炎疫情全面展示了我国的软、硬两种实力，在完全赢得这场重大战役胜利之后，我国必将站在新的更高的平台上与美国对话

2020年1月，新冠肺炎疫情再次拉响了中华民族安全危机的警报。在习近平总书记亲自指挥、亲自部署下，党坚定领导团结全国各族人民，动员全国人力物力财力，广大人民群众全力配合，打响了一场新时代波澜壮阔的人民战争，社会主义制度优势进一步得到极大的发挥，并坚持和发展了我国70多年来形成的和平时期的临战动员体制机制。我们深信美国当局寄希望新冠肺炎疫情对我极限施压的企图必将彻底破产，我们必将最终取得抗击新冠肺

---

① 《列宁全集》第26卷，人民出版社1990年版，第78页。

② 习近平：《决胜全面建成小康社会 夺取新时代中国特色社会主义伟大胜利》，《人民日报》2017年10月28日。

炎疫情全面而又伟大的胜利。

（三）新冠肺炎疫情在全球的暴发泛滥说到底是金融帝国主义最基本亦即最深层次矛盾的集中表现

马克思主义经典作家对资本主义与人类社会瘟疫之间的关系可能没有直接的论述。但是，马克思早在1867年论述资本主义时就明确指出："生产剩余价值或赚钱，是这个生产方式的绝对规律。"[①] 恩格斯在1876年指出："当我们深思熟虑地考察自然界或人类历史或我们自己的精神活动的时候，首先呈现在我们眼前的，是一幅由种种联系和相互作用无穷无尽地交织起来的画面。"[②] 这次新冠肺炎疫情在全球的暴发泛滥，根本原因何在？这必须要追究到病毒的起源。有一种可能是自然界的演化，在自然界逐渐诞生了病毒并有着病毒的寄生宿主。千百年来，自然界一直有着寄生宿主的病毒，为何不是别的年份而是在2019年传播到人类并在2020年在人类社会中大规模泛滥开来？说到底，生产剩余价值或榨取剩余劳动，是资本主义生产的特定内容和目的，同样是资本主义最高阶段金融帝国主义突出的表现。各种病毒并没有随着科学技术的进步从总量上减少，反而呈逐步增多之势。其中根本原因之一就是金融资本和产业资本对其狭隘私利的无度追求所致，是大自然中生态文明极端失衡导致人自然对全人类的报复和惩罚。另一种可能，则是资本家们为了其特定的利益对自然界客观存在的基因进行编辑重组，甚至企图以此作为最为独特的武器，攻击特定的人群甚至国家。病毒不分国家、种族，好像在病毒面前人人平等。但不同的国家、不同的种族，有着不同的社会制度与经济社会条件，人们往往在病毒面前有着不同的待遇。美国是世界公认的"超级大国"，人口只占世界不到5%，却为世界贡献了25%的病例。这次全球各国对新冠肺炎疫情截然相反的不同应对，本质上是制度和价值观的不同，是以资本为本，还是以人民生命和健康为本的较量。

---

① 《马克思恩格斯全集》第44卷，人民出版社2001年版，第714页。

② 《马克思恩格斯选集》第3卷，人民出版社1995年版，第359页。

（四）坏事在一定条件下能变成好事

当然，这次突如其来的新冠肺炎疫情对我们是件坏事，从一定意义上讲，这就是一场规模空前的不得不打的没有硝烟的广义战争，对新冠肺炎疫情开始是被动的应对，但很快转为自觉的抗击，这种转变是中国人民显著觉醒的重要标识。毛泽东同志早就在《论持久战》中十分精辟地指出：“革命战争是一种抗毒素，它不但将排除敌人的毒焰，也将清洗自己的污浊。”[①]美国当局在我国抗击新冠肺炎疫情中乘人之危、落井下石的拙劣表演，以及新冠肺炎疫情在美国泛滥后让世人瞠目结舌的应对，深刻揭示了美国资本主义制度及体制和价值观在本质上的腐朽与没落，进一步警示和教育了我国广大干部群众。中国特色社会主义不仅需要苏联亡党亡国这类反面教员，而且同样十分需要美国这个既蛮横无赖又满口仁义的反面教员。从一定意义上讲，如果说我国的一些人原来如在“舒适”温水中被煮着的青蛙，美国这次落井下石后，我国必将又会有一大批人本能甚至是惊觉地跳出开始吱吱作响的汤锅。还有一些人原来奉行“一切向钱看、才能向前看”或仅以个人升迁与小家庭过好日子等个人名利为依归，而现在则开始经受生动深刻的爱国主义、集体主义、社会主义乃至共产主义的思想教育。通过这次新冠肺炎疫情的测试与锻造，全党的思想、理论、组织、作风、纪律、制度建设必将会登上一个新的更高的台阶，党和政府治理能力和治理体系现代化也必将达到一个新的更高的水平。

（五）美国当政的鹰、鸽两派或说共和、民主两党在策略上有所不同，我们当然应区别对待，采取不同政策与策略，但他们的根本目的从来都是企图搞垮中国共产党和社会主义的中华人民共和国

改革开放前，美国对我国是采用全面遏制的政策；改革开放后，美国对我国主要是采取全面接触的政策；党的十八大后，美国对我国先是以接触为

---

① 《毛泽东选集》第 2 卷，人民出版社 1991 年版，第 457 页。

主，后来逐渐转为接触与遏制并重，随其对我国“和平演变”企图的破灭，旋即采用以遏制为主的政策。随着中美贸易战特别是我国出现新冠肺炎疫情后，美国进一步加重其对我国进行遏制的分量：撤销给予我国的发展中国家优惠待遇，加大打压华为的力度，企图对我国 C919 飞机发动机断供，加紧对我国台湾、香港、新疆、西藏等内政的干涉，军机、军舰还频繁侵入我国南海与台湾海峡。这与我国在美国 2001 年“9·11”事件之后尽力配合其在全球打击恐怖主义、2007 年美国出现金融危机后我国大量购买美国国债、2009 年美国暴发猪瘟后我国雪中送炭等友好相助的姿态形成鲜明对照。我们绝不否认美国朝野上下有不少真正的对华友好人士，我们应设法与他们多接触、多交流、多团结，但在美国当政的鹰、鸽两派或说民主、共和两党，无论是以接触为主还是以遏制为主或是接触与遏制并重，根本目的从来都是企图搞垮全心全意为人民服务的中国共产党和社会主义的中华人民共和国。我国发生新冠肺炎疫情后，美国这一根本目的已经暴露得淋漓尽致。当然，美国共和、民主两党的策略往往有所不同，我们也十分有必要加以区别，对美国各党、各派采取不同的政策及策略。但是，这并不影响我们对他们共同本质的判断。我们应遵循习近平总书记关于顶层设计与底线思维相统一的立场、观点与方法统筹对美战略及策略。当然，我们所要反对的是代表垄断资产阶级利益的共和、民主两党，而不是美国人民。

（六）美国这个皇皇帝国影响力下降和逐步衰落的时刻，既是世界人民以及中国特色社会主义凯歌行进之时，也是美国疯狂垂死挣扎之际

2017 年 9 月 29 日，习近平总书记在十八届中央政治局第四十三次集体学习时明确指出：“时代在变化，社会在发展，但马克思主义基本原理依然是科学真理。尽管我们所处的时代同马克思所处的时代相比发生了巨大而深刻的变化，但从世界社会主义 500 年的大视野来看，我们依然处在马克思主义所指明的历史时代。”这是一个十分正确并重大的判断，全党必须高度重视、深刻领会。当前我们既处在马克思主义所指明的由资本主义向社会主义过渡的这个大的历史时代，同时也处于列宁所说的帝国主义这个小的历史时期，

还处于帝国主义由垄断的、寄生的即腐朽的资本主义开始向垂死的资本主义过渡这个更小的历史阶段。可以说，这是以美国为代表的国际金融垄断资本遇到了百年以来前所未有的重大危机，是资本主义内部生产全球化与生产资料私人占有这一基本矛盾的总爆发。2008 年爆发的国际金融危机已经过去了 12 年，至今远未见底，更大的灾难仍在后头。我们当然面临诸多的挑战，但美国的困难更是根本性的，远比我们困难得多。有人说，我们能取得疫情防控重大战略成果的根本原因在于我们能够集中力量办大事的体制机制的优越，应该说，这个答案很不完全。我们的根本优势在于我们坚持以人民为中心，即一切为了人民、一切依靠人民；西方的根本短处是以资本为中心，即为了资产阶级狭隘的一己私利、依靠极少数有钱人且这些人在其利益冲突之时往往还会钩心斗角。国际局势十分复杂，国际斗争已经进入全领域、各方位、多维度的超限战时代。一方面，我们要敢于斗争、敢于胜利；另一方面，我们要准备迎接黎明到来之前的黑暗，准备应对美国这个帝国在垂死之际所必然进行的各种形式的垂死挣扎，准备进行无比残酷、惨烈但又是无比伟大、辉煌的斗争。巍然屹立的中国特色社会主义是赢得人类进步事业新曙光的中流砥柱。从一定意义上讲，在今后的岁月里，美国与中国的对峙，归根到底，真正发展的重要战略机遇期在我国手里，关键是看谁熬的时间长。

（七）真正和平友好相处的中美关系最终只能是寄希望于中美两国人民

习近平总书记明确指出：“人民是历史的创造者，人民是真正的英雄。”[①] 这是历史唯物主义的核心内容。中国历史是中国人民创造的，世界历史是世界人民创造的。正因为特朗普政府代表的是极少数垄断资本的利益，新冠肺炎疫情才在美国泛滥开来。现在，美国当局处境恰如毛泽东在 1970 年“5·20”声明中描述的尼克松政府一样“内外交困，国内一片混乱，在世界上非常孤立”。在这一声明中，毛泽东主席还赫然断言：“美帝国主义看起来

① 习近平：《在第十三届全国人民代表大会第一次会议上的讲话》，《人民日报》2020 年 5 月 16 日。

是个庞然大物，其实是纸老虎，正在垂死挣扎”；“英勇战斗的美国人民终将得到胜利，而美国的法西斯统治必然失败”。[①]1970年12月，毛泽东在会见斯诺时说：“今天是不分中国人、美国人。我是寄希望于这两国人民的，寄大的希望于美国人民”；“单是美国这个国家就有两亿人口，如果苏联不行，我寄希望于美国人民。美国如果能出现一个领导的党来进行革命，我高兴”。[②]特朗普政府对新冠肺炎疫情应对的疯狂举措，必然极大地加剧资本主义社会生产社会化乃至生产全球化与生产资料私人占有之间这一基本矛盾，加剧美国垄断资产阶级与美国广大人民与世界各国人民的矛盾，加剧西方世界内部的矛盾。2020年全球经济将增长–3.0%，而且还可能要继续下调。美国股市历史上总共就5次熔断，4次就发生在2020年3月。股神巴菲特都感慨万千：自己活了89岁，也没见过这个场面。油价一度收于每桶–37.63美元，跌幅超过300%。美国黑人弗洛伊德被警察跪杀，引发了美国几十年来规模最大的反种族歧视、反暴力执法的怒火并在全球燃烧。马克思、恩格斯在《共产党宣言》中明确指出：“在阶级斗争接近决战的时期，统治阶级内部的、整个旧社会内部的瓦解过程，就达到非常强烈、非常尖锐的程度，甚至使得统治阶级中的一小部分人脱离统治阶级而归附于革命的阶级，即掌握着未来的阶级。所以，正像过去贵族中有一部分人转到资产阶级方面一样，现在资产阶级中也有一部分人，特别是已经提高到能从理论上认识整个历史运动的一部分资产阶级思想家，转到无产阶级方面来了。”[③]我们深信，在未来二三十年乃至半个世纪里，随着国际金融危机的逐步深化，在资产阶级思想家的行列，必然会有一批有良知的资产阶级思想家，转到世界无产阶级的行列来。同时，我们也更加坚信，在未来的岁月里，我们有以习近平同志为核心的党中央的坚强正确的领导，中国特色社会主义制度的优势，中国共产党人和中国人民必然能够敢于和善于进行新的历史阶段的伟大斗争，必

① 《建国以来毛泽东文稿》第13卷，中央文献出版社1998年版，第96—97页。

② 《建国以来毛泽东文稿》第13卷，中央文献出版社1998年版，第166页。

③ 《马克思恩格斯选集》第1卷，人民出版社1995年版，第282页。

然能承担起实现中华民族伟大复兴中国梦、构建“人类命运共同体”和促进人类文明进步这一光荣而又神圣的使命。从根本上说，不仅只有社会主义才能发展、强大中国，同时，也只有社会主义才能最终拯救、发展世界；2050年前后之环宇，必将是社会主义和构建“人类命运共同体”的又一个艳阳天。

二、国际局势已开始并正在发生重大变化，中美关系必须调整，但变中有不变

2017年12月19日，特朗普政府公布其首份《国家安全战略报告》，报告将中国定位为美国“战略上的竞争对手”。这是经济全球化与国际金融危机的深化、以信息化与人工智能化领衔的科技革命的加速和世界多极化与百年未有之大变局来临的必然。对方变，我则变；变则通，不变则亡。同时，我们也一定高度重视，变中有不变。从一定意义上讲，正是以下这些不变才决定了当今世界局势之变和中美关系的必要调整，并决定当今和未来中国特色社会主义能否在世界上巍然屹立。其不变主要有以下11点：

1. 马克思主义所指明的从资本主义向社会主义过渡的这个大的历史时代和列宁所说的帝国主义这个特定的小的历史时代没有改变。

2. 毛泽东同志为马克思主义中国化打下的理论基础和为改革开放提供的理论准备与邓小平同志确立的社会主义初级阶段基本路线没有改变。

3. 中国共产党以人民为中心这一唯一宗旨和鲜明性质没有改变。

4. 人民，只有人民，才是创造世界历史的动力的根本原理没有改变。

5. 世界社会主义虽然依然处于低潮但已开始有所复兴这一总体态势没有改变。

6. 我国是世界上最大的发展中国家同时也是世界上最大的社会主义国家没有改变。

7. 美国依然是当今世界上最发达的资本主义国家，美国帝国主义是真老虎同时又是纸老虎的本质没有改变。

8. 我国仍然处于大有可为的重要战略机遇期没有改变。

9. 我国坚持对外开放的基本国策，推动建设开放型世界经济，包括与美国在内的世界各国和平共处、合作共赢的诚意与决心没有改变。

10. 中国永远不称霸，永远不搞扩张，也决不放弃自己的正当权益，任何人不要幻想让中国吞下损害自身利益苦果的决心没有改变。

11. 我国高举和平、发展、合作、共赢的旗帜，为发展中国家伸张正义，推动构建“人类命运共同体”的决心没有改变。

以上 11 点，都是习近平总书记在党的十八大后直接间接提出或重申的。把这 11 点放入党的执政规律、社会主义建设规律和人类社会发展规律历史长河之中，前后融通，相互呼应，内蕴深刻，互成体系，是习近平新时代中国特色社会主义思想的重要组成部分。

三、世界格局变化与中美关系调整的必然性

从本质上说，我国改革开放 40 多年中，中美关系是一部合作、竞争、博弈、较量的历史。如果前 40 年是以合作为主要形式出现，我们主要采取韬光养晦、决不当头、斗而不破等战略方针；那么从 2018 年中美贸易战为标识开始，中美关系则以较量为主要形式而进行，我们也急需确立新的战略方针。中美贸易战是美国单方面擅自野蛮挑起来的，我国目前仅是必要有限的应对。在今后几十年，中美之间以较量为主、合作为辅的大势不可避免，主要原因有以下三点：

（一）从经济上看

40 年来，美国甘心情愿与我国以合作为主，其最为深厚的物质基础是中国负责生产，美国负责消费。我国经济之所以连续高速增长 40 年，是党领导全国各族人民艰苦奋斗的结果。但其物质基础主要是得益于把毛泽东时代“一化三改”收归国有或集体所有的土地通过广义上的地租、级差地租和超额地租等方式，把土地以及土地上相关的矿藏、水流、森林、山岭、草原、

荒地、滩涂等自然资源这些巨额财富计价，通过数字化、货币化进入商品领域，使得我国改革开放的主要参与者，其中包括外资特别是美国等多方合作共赢。我国3万多亿美元外汇储备的艰辛积累，本质上也完全符合美国国际金融垄断资本的阶段性利益。我国依靠地租、级差地租和超额地租拉动GDP的老路绝对无法继续；美国再依靠与我国过去陈旧的合作方式，根本无法再从中国谋取新的巨额财富；适时挑起中美贸易战，是美国企图利用我国经济下行的压力，采取新的战略手段，比如引导压迫我国金融过度开放、遏制我国产业创新升级和利用其高新科技产品深层次侵占我国巨大市场，甚至采用种种令人意想不到的卑劣手段继续在中国谋取新的巨额利润。2018年11月，基辛格在访问北京时说：“中美关系再也回不到过去了，要重新定位。”这从另外一个角度道出了当今中美关系的实质。有人把40年来经济高速增长的根本原因归结为主要是充分调动了国内外资本这一生产要素的积极性所致，这就颠倒了我国公有财产和财富红利的释放、散发与资本集聚、繁衍的因果关系。得出以上这一结论，实质是为了开出今后应主要依靠国内外资本这一生产要素即以资本为中心，而不是以人民为中心即为了人民、依靠人民实现中华民族伟大复兴中国梦这一药方，把我国的社会主义的改革开放引向错路甚至资本主义新型殖民地的邪路。

（二）从政治上看

美国政客对我国的失望，可从美国国家安全事务顾问罗伯特·奥布莱恩（Robert C. O’Brien）于2020年6月26日的讲话中略见一斑。他说：“数十年来，美国各政党、工商界 、学术界、媒体等方面的普遍看法认为，促进中国的自由化只是时间问题，首先是经济领域，然后是政治领域。按照这种思维，我们向中国进一步开放我们的市场，我们在中国投入更多的资本，为中华人民共和国的官员、科学家、工程师，甚至军事官员提供更多的训练，中国就能变得像我们一样；遗憾的是，这原来是很幼稚的想法。我们错得实在很离谱。这种错误的估计已成为20世纪30年代以来美国对外政策最大的败笔。”

党的十八大后，以习近平同志为核心的党中央团结带领全党全国各族人民，对党和国家各方面工作提出一系列新理念新思想新战略，啃下了不少硬骨头，闯过了不少激流险滩，改革呈现全面发力、多点突破、蹄疾步稳、纵深推进的局面，推动党和国家事业发生历史性变革、取得历史性成就。美国对我党我军我国“和平演变”直至“颜色革命”的企图逐渐破灭，直到现在的彻底绝望而开始采取新的战略举措对我进行全面遏制打压，企图使社会主义的中华人民共和国走向不归的永久衰落的邪路，将人类历史终结于帝国主义无比腐朽和寄生的阶段，从而避免其向垂死阶段的过渡。

（三）从美国自身看

1989—1991 年东欧剧变、苏联解体之后，以美国为首的西方世界在全球竭力推行以“新自由主义”为引领的经济全球化和以所谓民主、自由、人权等普世价值为引领的全球一体化即政治文化全球化，从各方面收获了丰硕的所谓冷战结束之红利，又一次成功推迟了其积累多年积累多次的即将爆发的严重经济危机，使得国际金融垄断资本高高耸立于全人类根本利益之上。但是，以美国为代表的国际金融垄断资本也正在开始走向它的反面，一是造成当今全球范围内贫富两极极度分化，全球社会相对需求急剧下降，可供国际金融垄断资本继续榨取财富的源泉急剧衰减。英国扶贫慈善组织乐施会在 2019 年报告中指出：“全球最富有的 2153 人掌控的财产要超过 46 亿最贫穷者财产的总和”；“极端的财富表明经济体系正在崩溃。各政府必须采取措施，从根本上缩小富人与社会其他阶层之间的差距，并优先考虑所有公民的福祉，而不是不可持续的增长和利润。”[①] 二是美国长期依靠金融霸权吃得个内外债台高筑。2019 年度的美国联邦政府债务总量达到 23.2 万亿美元，每年仅债务利息支出就高达到 6000 亿美元，但其国家总储备才有 5000 亿美元。可以预计，到 2024 年美国仅国债利息支付将高达 7000 亿至 1.2 万亿美元，此时就会逾越借新仅能还息而不能同时还本的红线，其国债总额就会急剧飙

① 《达沃斯年会之际有组织呼吁各国政府实施有助于减少财富不平等的政策》，2020 年 1 月 21 日，见 http://www.mofcom.gov.cn/article/i/jyjl/m/202002/20200202937076.shtml。

升，甚至在未来十年内将达到40万亿美元的天文数字。美国急需摆脱、转嫁其多年所集聚的这一前所未有的内外危机，必然会背水一战，把外汇储备最多的且在党的十八大之后正处于良好发展势头之中的社会主义中国作为它施压、转嫁的对象。及时提出恰当调整中美关系的战略举措，极具及时性、前瞻性、战略性、必要性和重要性。

四、美国亡我之心不死，必须准备应付最坏的情况，争取赢得最好的结果

美国当局发动的贸易战，绝不仅仅是贸易战，同时又是金融战、舆论战、科技战乃至生物基因战等，但更为根本的是政治战，是企图倒逼我国进行所谓的“结构性改革”，让我国改变和埋葬自己的中国特色社会主义道路、理论、制度和文化的前哨战，我们必须增强战略预见和战略统筹，对中美关系实行集中统一领导，果断进行必要调整。早在1945年8月，毛泽东就指出：美国帝国主义“要把中国变成美国的附庸，它的这个方针也是老早定了的”。[①] 中美博弈将是“世纪性较量”，是持久战，同时也是生死之战。目前美国到处退群，是其衰落的表现，但从另外一方面看，实质上则是为了集中其主要力量重点孤立、攻击中国。对此，我们必须站在时代和战略的高度，对未来二三十年乃至五十年上下作出正确的预判，增强预见性、全局性、统筹性，坚定不移坚持党中央高度集中统一领导，充分发挥中国特色社会主义制度优势，高瞻远瞩地对全国各个部门、各条战线、各个地区统一进行战略筹划。

1945年5月，毛泽东在党的七大上说：“我们党的高级干部，应该特别注意美国的情况。”[②] 他还说：“我们要在最坏的可能性上建立我们的政策。”[③] 2016年5月10日，《人民日报》全文发表习近平总书记2016年1月18日

① 《毛泽东选集》第4卷，人民出版社1991年版，第1132—1133页。

② 《毛泽东在七大的报告和讲话集》，中央文献出版社1995年版，第192页。

③ 《毛泽东在七大的报告和讲话集》，中央文献出版社1995年版，第193页。

在省部级主要领导干部学习贯彻党的十八届五中全会精神专题研讨班上的讲话。习近平总书记在讲话中说："1945 年，毛泽东同志在党的七大上作结论报告，在讲'准备吃亏'、准备困难时一口气列了 17 条困难：第一条，外国大骂；第二条，国内大骂；第三条，被国民党占去几大块根据地；第四条，被国民党消灭若干万军队；第五条，伪军欢迎蒋介石；第六条，爆发内战；第七条，出了斯科比，中国变成希腊；[①] 第八条，'不承认波兰'，也就是共产党的地位得不到承认；第九条，跑掉、散掉若干万党员；第十条，党内出现悲观心理、疲劳情绪；第十一条，天灾流行，赤地千里；第十二条，经济困难；第十三条，敌人兵力集中华北；第十四条，国民党实行暗杀阴谋，暗杀我们的负责同志；第十五条，党的领导机关发生意见分歧；第十六条，国际无产阶级长期不援助我们；第十七条，其他意想不到的事。他说：'许多事情是意料不到的，但是一定要想到，尤其是我们的高级负责干部要有这种精神准备，准备对付非常的困难，对付非常的不利情况。这些，我们都要透彻地想好。'"毛泽东和习近平以上这两个讲话在今天更具强烈的现实意义。

在习近平总书记强调要坚持底线思维的今天，让我们解放思想，想想在今后一些年内我们可能出现的最坏的情况，可以列出以下 19 条：一是美国从总根服务器上掐断我们的互联网。二是攻击我国银行、民航、铁路等互联网。三是公布我国内各级干部在国外存款和所谓存款。四是以我国各级干部的子女及亲属在美国学习工作作为人质要挟。五是冻结我国在美所有资产包括我国存在美国的黄金。六是明确唆使并支持"台独"分子"宣布独立"。七是攻击我国卫星包括北斗。美国的 X37B 飞行器已经连续执行了六次飞行任务，其中第五次整整在地球轨道上待了 780 天。八是在我国街头搞"颜色革命"。九是对我国持续不断地发动生物战。十是对我国发动地球物理气候战。十一是对我国进行粮食封锁。十二是对我国进行石油封锁。十三是南海发生战事。十四是钓鱼岛发生事端。十五是中印边界发生事端。十六是新疆维吾

① 指 1944 年底至 1945 年初，发生英军指使英司令官斯科比协助希腊反动政府军进攻希腊共产党领导的军队、干涉希腊内政的事件。

尔自治区境内外发生事端。十七是朝鲜半岛发生突变。十八是由于我国经济增长方式亟待转变加上外部个别强国可能的制动，国内经济增长连续下滑。十九是其他意想不到的事，等等。我们不仅要有着底线思维，而且行动上还应切实做好相关准备，就一定能够争取到最好的结果。

一定要真正认识到，美国的整部国家机器是为垄断大资本集团利益服务的。只要垄断大资本集团有他们的战略需求，美国的国家机器就会毫无廉耻、毫无情面地付诸实施。美国垄断资本集团为挽回其从腐朽必然转换到垂死阶段的颓势，则会采取常人不可想象的各种新型战争形式。我们绝对不能把希望寄托在美国霸权主义者的善心上。应对各种事变必须依靠自己手心里的力量，依靠行动思想指导的正确。《国际歌》唱得好：“从来就没有什么救世主，也不靠神仙皇帝！要创造人类的幸福，全靠我们自己！”一首不长的《国际歌》歌词，充满着历史唯物主义的真谛。一些年来，我们唱《国际歌》少了。实现中华民族伟大复兴中国梦和构建“人类命运共同体”，不仅要唱《国歌》（真正体味《国歌》真谛的人不算多），而且要在党内唱《国际歌》。美国的工业制造的70%直接间接与军事工业有关，他们为了维持其军火工业的丰厚利润和在国外获取巨额霸权利益，必然要制造和维护一定程度的紧张局势。我们要扎扎实实做好准备打仗的各项工作，包括加快研制有力制约美国发动侵略战争的高新尖武器。真正做好准备，就会有力遏住大小侵略战争的喉咙。美国影响力的下降直至最后衰败，可能是一个较为长期的过程，大概需要三五十年，即到21世纪中叶前后，甚至需要更长的时间。在这个历史过程中，我们一定要防止急躁情绪，“不要着急，慢慢来”；同时也一定要与世界各国和各国人民一道充分发挥主观能动性，“一万年太久，只争朝夕”，促进美国霸权主义衰落的进程。

在准备应付最坏的情况、争取赢得最好的结果中，我们必须要有过一段苦日子的思想准备。我国经济已经高速发展40年，但目前我国面临不少问题和挑战，因此，我们要准备过一段时间的苦日子。

在准备应付最坏的情况，争取赢得最好的结果中，我们还必须高度重视金融、粮食、能源、互联网、中华基因等领域的安全。美国金融大鳄索罗斯最近明确表示“我对打败当下中国的兴趣，超过了对美国国家利益的关心”，这绝不是空穴来风。当前，我们在紧急应对新冠肺炎疫情的同时，另一项最为紧迫的工作，可能就是国家的金融安全。金融领域我们当然要开放，但是绝不能无条件、无限制地开放。若金融安全遇到大的问题，其他领域的安全就会接踵而至。中国各方面改革不能以当前美国金融模式为榜样，似应借鉴罗斯福金融改革确立的卓有成效的金融模式，即禁止货币发行和银行信贷流入金融投机领域，实行金融投机零杠杆和实体经济加杠杆的政策。金融、粮食、能源、互联网、中华基因等重大安全问题，都亟待我们予以高度关注。建议中央有关部门可分别召开有不同观点的领导干部和专家学者参加的内部研讨会。在全国人大常委会亦可考虑设立国家安全审查委员会，对食盐市场化、主粮转基因、医改、教改、土改、水改、国企改革、金融开放等重大事项，应该报全国人大国家安全委员会审查后方能执行。

五、坚持又斗争又合作，以斗争求合作

人们常说，我们坚决反对冷战思维，但美国却死抱着不放，我们如何办？不管事实如何，姑且把我们与美国认定成“夫妻关系”；我们执意不离，但对方决意要离，我们怎么办？比如，从根本上说，抗美援朝战争要不要打，本质上取决于美国。中美之间合作共赢的关系会不会脱钩？不能仅从我们的良好愿望出发。正因如此，我们首先要敢于斗争，而不能设想不经过斗争，美国会与我们合作共赢。我国权利所在，必须全力争取，彼方无理要求，必须坚决拒绝。有人说，在对待美国霸权上，决不能硬碰硬，必须运用智慧。其实，在坚守底线时，首要的是不怕鬼，不信邪，不惜决裂，敢于斗争，这才是最大的智慧；借口运用智慧，放弃必须坚守的底线，往轻处说是糊涂，往实质上说是曲线卖国。还有的人总是把美国当局真老虎的一面当成事物的全部，说什么“现在的中国可以影响世界，但不能左右世界；目前左右世界的只有美国，这个现实我们必须要接受”。首先，我们中国从来尊重世界各国人民意愿，主张各国不分大小、强弱都要和平共处，倡导全球不同

文明相互交流借鉴，反对任何力量称王称霸即左右世界。其次，这个说法，完全忘掉了美国霸权的纸老虎这一本质的另外一面。这一说法实质是直接承认美国同时可以左右伟大的中国共产党，左右伟大的社会主义中国，左右伟大的中国人民，是说在美国霸权面前，我们只有投降这一条路可走。这一逻辑我们绝对不能也绝对不会接受！在战略底线上，要风雨不动安如山、针锋相对守寸土。我们当然同时知道，不怕美国霸权主义而同时与之斗争，不仅需要正确的战略，而且需要一整套正确的战术，斗争时有理、有利、有节。我们是在捍卫我国安全和领土完整的底线上斗，放手而不冒险。既反对“一切合作，否认斗争”，也要反对“一切斗争，否认合作”。合作是有原则的、积极的，让步是有限度的、有条件的；关键的地方和领域决不能让步。比如金融是国家经济的命脉、血管，决不能让美国把太多的吸血管插在中国的血管上。已插上的吸血管，能拔掉的坚决拔掉，一时拔不掉的也要设法掌控其吸血管的开关。可以让的我们逐步让出，不必一步到位，且战且让。可以主要在贸易领域让步，吃的、穿的、用的，可适当增加从美国购买，以适当缓解中美矛盾。但也应十分慎重对待转基因食物进口，对粮食决不能造成依赖性进口。美国在不少科技领域仍有优势，可适当扩大进口美国的高新技术产品，但前提是不能阻碍中国相关高科技领域的发展创新，不能造成长期技术依赖。应设法孤立美国的顽固派，争取动摇的中间派，依靠美国进步势力特别是着眼于美国人民。美国霸权主义的衰落是一个较为长期的过程，以斗争求合作必须贯穿其全过程。

一些同志说，对美国我们绝对不能仅靠血性，要继续忍得胯下辱，方做人上人。如果我们再韬光养晦一些年，就能进一步发展壮大起来，从而确保中华民族伟大复兴中国梦的实现。笔者认为，对以上这一看法我们要做具体分析，不能笼统讲软硬。涉及我们底线的，我们必须强硬；对可以退让的，我们完全可以灵活一点。绝不能让美国当局误认为中国的底线就是斗而不破，国家安全的底线是可以用来做交易的。若如是，我们就绝不可能发展壮大而一定会走向其良好愿望的反面。习近平总书记多次强调要敢于斗争，这对建立健康平稳的中美关系同样适用，并且是先决性的条件。我们绝不能讳言斗争；敢于斗争，从来都是我们的根本战略方针。对于党内的错误思想，我们还强调要敢于斗争，更何况这是对于美国少数顽固派。坚持敢于斗争没有什么输理的地方，就是要旗帜鲜明、理直气壮地把我们的底线公诸于世，公之于众。敢于斗争，就是要不怕美国个别政客以中美关系脱钩相威胁。我们在任何情况下，不仅不能在领土主权方面放弃核心利益，而且在金融开放、意识形态、产业创新等领域都不能也不会放弃核心利益。当然在敢于斗争的同时，我们历来同时主张善于斗争，斗争要有理、有利、有节；善于斗争已经包含在敢于斗争之中。只有敢于斗争，才能坚守我们的底线，才能确保坚持共产党的领导和坚持社会主义制度。只有敢于斗争，才能为他人伸张正义，才能团结世界上绝大多数国家和各国人民，其中包括除美国极少数顽固敌视中国之外的各个阶层与美国民众。只有敢于斗争，才能"赶毛驴上坡"（毛泽东语），争取到与美国共赢的合作。只有敢于斗争，才能进一步凝聚我国的民心，与世界各国人民团结一道克服一切艰难险阻，实现构建"人类命运共同体"这一宏伟目标；否则，最终结果必然是国内无人民，国外无朋友。新冠肺炎疫情发生以来，我国外交部新闻发言人有针对性地反驳并揭露美国当局的一些谎言及霸权本质，这在国内广大干部群众和国外相关各界均引起十分良好的反响。有的人对外交部发言人的无端指责，反而可以提醒我们敢于斗争、坚持斗争十分重要和必要。所以，应中止"韬光养晦"、斗而不破等一系列提法。理论、纲领、战略绝不"韬光养晦"，应明示于人、明示于世，勿谓言之不预。策略和战术则必须灵活机动。绝不能让美国误认为我们是可以用自己的底线来与他们做交易的，我们的底线绝不是斗而不破。我们已经明确的一系列底线，在适当时候可以重申，这就如同在抗美援越时毛泽东划定的北纬十七度线，不得逾越。

六、高度重视国内外敌对势力的"和平演变"图谋

尼克松（Richard Milhous Nixon）在《1999：不战而胜》（1999：Victory without War）一书中说："1983 年，我游历了保加利亚、罗马尼亚、匈牙利和

捷克斯洛伐克，并遇见了几位东欧集团的领导人和数百名平民”；“正在崛起的一代东欧人不是思想家，而是实干家，而实用主义则能为‘和平演变’打开缺口”；“今天（指 1988 年）东欧进行‘和平演变’的时机已经成熟”。[①] 在西方被吹捧为“非暴力抵抗教父”的美国政治学者吉恩·夏普（Gene Sharp）提出的非暴力成为全球多次“颜色革命”的蓝本，其著作《从独裁到民主》（From Dictatorship to Democracy：A Conceptual Framework for Liberation）更被他的追随者奉为“颜色革命圣经”。有人把其蓝本总结为“八大步骤”，亦有人总结为“十二大步骤”。主要是由情报人员以留学生、记者、游客等身份进入目标国；以慈善基金等机构为掩护；以贿赂或者是寻找一些学者、政客、记者、军人罪证等方式加以控制；为“颜色革命”创作并选择一种象征性“颜色”或者鲜明的口号；以主张人权、民主，反对腐败、选举舞弊等名目举行示威；把英语写上抗议标语，使得美国政客和平民看到并迅速发出声援；西方世界主流媒体全力配合；组织政客在美国、欧盟、联合国等地方陈情；使目标政府受到所谓国际社会一致谴责和经济制裁等。不可小看以美国为首的西方世界在我国多年的布局。发生在香港的暴恐行动无疑有“颜色革命”的深刻背景。他们不会就此而止。他们是在香港试水，企图有朝一日在我国大陆各地点燃。在我国的高级干部中，有不少是只顾眼前利益或是为 GDP 增长作贡献的辛辛苦苦、兢兢业业、埋头苦干的实干家，而真正有坚定远大理想、较深理论功底和宏观战略眼光的政治家较少。习近平总书记上任不久，便特别强调要高度警惕以美国为首的西方世界的“颜色革命”，强调要从苏联亡党亡国中吸取教训，但在实际工作中，高级干部这些“关键少数”中的一些人却把这一警示完全置之脑后，习近平总书记虽然提醒多次，但有些人依然在沉醉或昏睡。对这一状况，必须采取得力举措，切实加以改进。

举措之一就是必须高度重视打扫干净内部，即清理我们自己队伍，消除威胁我国总体安全的隐患。这一隐患危害极大，必须引起高度警惕。1942 年

---

① ［美］理查德·尼克松：《1999：不战而胜》，谭朝洁、孔岩等译，中国人民公安大学出版社 1988 年版，第 168、169 页。

2 月，中国革命胜利前夕，毛泽东强调："在人民解放军接近于全国胜利时"，美国"甚至不惜用承认人民共和国的方法，以求取得合法地位，实施这一'内部破坏'的政策"。[①] 在谈到将建立的新中国外交政策时，毛泽东提出："解放后，我们必须好好加以整顿。等屋内打扫清洁，干净了，有了秩序，陈设好了，再请客人进来。"[②] 现在，中国特色社会主义已经进入新时代，形势已经发生极大变化。但是改革开放后，由于市场经济的发展和一些部门、领域纱窗装得不好，我们内部，确实已经产生"内鬼"。这种"内鬼"破坏性极大，对此我们可能还有不少不甚清楚的地方。为此，有关部门应切实加强这方面的工作，对有些部门，特别是核心部门，统一进行一次认真的清理。当然，现在必须开始重视是第一位的。

七、高扬"人类命运共同体"的伟大旗帜，结成最广泛的国际反霸统一战线

构建"人类命运共同体"的思想，及时回应了时代的呼声，占领了人类各类文明和道德的最高地。此既是集人类文明思想之大成，同时也是建立健全最广泛的国际反霸统一战线的厚重理论成果，但本质上又是对马克思主义"真正共同体""自由人联合体"，即共产党人的最高纲领和最终目标的共产主义思想的继承和发展。现在，美国霸权主义的基础是虚弱的，它只顾国际资本垄断集团极少数人的利益，从根本上本质上背离了世界绝大多数人的根本利益，不仅在自己内部而且在盟国之间也开始出现裂痕。随着美国影响力的下降，美国必然和已经产生焦躁心理。它利用其贸易、军事、金融、知识产权等霸权，挥舞大棒，要求它的合作伙伴国和同盟伙伴国"团结"在它的控制下，磕头称臣，交纳贡物。它四面出击，八方纵火，到处制造种种紧张局势，这只会引发更多国家和各国人民对它的强烈不满，这就是建立、巩固

---

① 《毛泽东文集》第 5 卷，人民出版社 1996 年版，第 231 页。

② 金冲及：《毛泽东传（1983—1949）》，中央文献出版社 2004 年版，第 948 页。

和壮大世界反霸统一战线的根本政治基础。

世界反霸统一战线必须要有勇于主持正义的世界大国作主导。20 世纪 80 年代末 90 年代初东欧剧变、苏联解体后，鉴于当时的国际形势，邓小平及时提出“韬光养晦”和“决不当头”的战略和策略方针完全正确。现在的国际形势已经发生重大变化，美国已经把我国当成最为主要的对手，广大第三世界甚至第二世界国家和人民也都热切期盼我国政府能在国际事务中伸张正义，主持公道。2020 年 1 月 21 日，德国总理默克尔在美国奖项颁奖仪式上呼吁西方大国要“平等对待北京，而不是将其排斥在外”。[①]2020 年 1 月 18 日，缅甸国务资政昂山素季对来访的习近平主席说：“希望中方继续在国际场合为缅甸等中小国家主持公道。”[②] 正气存内，邪不可干。自己的尊严首先自己要勇于捍卫。勇于捍卫自己的尊严和底线，而不是不必要的妥协，这就为其他国家反对霸权树立了样板。另外，正义是需要相互支撑、支持的，只有在患难危机之时，自己勇于为一切受欺辱的国家说话并给予支持，当我们在困难之时，一切受欺辱的国家才可能为我们说话并给予支持。我们充分利用联合国这一广阔舞台，紧紧依靠广大第三世界国家，团结第二世界国家，尽可能从各方面至少在道义上坚定支持各个国家和各国人民的正义斗争，就能在世界上结成最广泛的反对美国霸权主义的统一战线。当前，个别霸权主义国家退出种种不利于它们的协定，甚至退出联合国各种专门机构组织，我们可以等待或创造条件，霸退我进，力争通过联合国这个平台将“人类命运共同体”理念以及中国相关主张在全球推介。

八、坚持和发展“三个世界划分的战略”

如果说构建“人类命运共同体”是我们最终必然实现的目标，那么，坚

① 参考消息网：《默克尔：西方应平等对待中国而不是排挤》，2020 年 1 月 23 日，见 http://www.cankaoxiaoxi.com/china/20200123/2400789.shtml。

② 《习近平：中方将继续在国际上为缅方仗义执言》，2020 年 1 月 18 日，见 http://news.sina.com.cn/c/xl/2020-01-18/doc-iihnzhha3295385.shtml。

持和发展毛泽东关于“三个世界”划分的战略思想，则是我们达到这一最终目标的可靠路径。现在，美国一家是第一世界；包括德国、法国、意大利在内的欧盟，以及英国、日本、加拿大、澳大利亚等都是第二世界；其他亚、非、拉国家是第三世界。第一世界国家抱着冷战思维不放，企图以霸权主义和强权政治永远掌控世界。第二世界的国家具有两面性，它们既有压迫、剥削和控制第三世界国家的一面，又有在不同程度上受美国控制、威胁和欺侮的一面。从一定意义上讲，原来的发达国家之间可能才是真正的“夫妻关系”，所以被人们统称为发达国家。但是，夫妻本是同林鸟，大难临头各自飞。随着国际金融危机的深化，美国与欧盟等发达国家之间本来就存在的裂痕正在进一步加大、加深。因此，除了美国之外的发达国家都是构建“人类命运共同体”可以争取联合的力量。仅仅把当今世界分为发达国家和发展中国家的提法，与毛泽东关于三个世界划分的战略相比，现在就可以逐渐清晰地看到其局限性。第三世界国家深受帝国主义、殖民主义和霸权主义的侵略与剥削，是构建“人类命运共同体”的主力军。而中俄则是最为重要的第三世界即发展中国家的成员。中俄关系健康、稳定发展，世界就和平、稳定、发展，中美关系就掀不起负面转向的大波澜，一家独霸的那个大国企图分裂欧洲，继续把俄罗斯肢解为八块、把中国肢解为七至九块的大战略则永远是痴心妄想。只要中俄结成更加紧密的全面战略协作伙伴关系，印度就不会成为美国的一个棋子，金砖五国就可以进一步壮大，印度尼西亚甚至伊朗等国还有可能逐渐加入。在特定条件下，欧盟甚至英国、日本以及澳大利亚、加拿大等就会公开表现出反抗美国过度欺压的一面。笔者绝对不是主张中俄联合起来要与美国对抗，而是说，中俄只有牢固地联合起来，才能与美国、与欧盟、与日本等国共同保卫世界和平，共谋发展共享大业，共同携手构建“人类命运共同体”。2017 年 6 月 29 日，基辛格在莫斯科参加俄前总理普里马科夫的纪念论坛时“顺便”会见了普京。笔者认为，基辛格是美国当之无愧的大战略家。美国与俄罗斯甚至各自的机制、体制内部都有人在千方百计离间中俄关系，谋求美俄联合，遏制中国。另外，美国在近些年与我国进行激烈较量，必然会在我国西部第一道战略屏障伊朗做系列战略动作。对此，我们都必须高度重视。“三个世界”划分的战略理论绝不是空的。我们必须把这一战略思想运用到国际经济、政治、文化以及金融、军事、科技等各个领域。另外，要理直气壮加强与世界各国左翼特别是各国共产党尤其是世界上仅存的其他社会主义国家的往来。各国有各国的特殊情况，我们决不能有大党大国的沙文主义思想，特别是当我国GDP处于世界第二和中国特色社会主义欣欣向荣的时候更应如此。但是，共同的利益和共同的理想与“人类命运共同体”把我们紧紧地联结在一起，这就需要更紧密地团结各兄弟党、兄弟国家和人民。否则，就会如毛泽东所引用的马克思所说：“忽视在各国工人间应该存在的兄弟团结，忽视这个应该鼓励他们在解放斗争中坚定地并肩作战的兄弟团结，就会使他们分散的努力遭到共同的失败。”[①] 正因如此，我们十分珍视与其他社会主义国家的团结，珍视与一切革命政党和革命力量的团结，珍视与全世界一切爱好和平的人民的团结。习近平总书记在党的十九大报告中强调指出：“世界命运握在各国人民手中，人类前途系于各国人民的抉择。中国人民愿同各国人民一道，推动‘人类命运共同体’建设，共同创造人类的美好未来！”在以习近平同志为核心的党中央的坚强领导下，新时代中国特色大国外交亦正在开辟一个崭新的局面。

九、以更加开放的勇气和姿态，以实施“一带一路”倡议为中心，积极稳妥推进人民币国际化，突破美国对我国实施的战略围剿

改革有方向，开放也要有正确方向。下一轮开放的方向，主要不是美国，而是加入“一带一路”国际合作的国家，是第三世界及第二世界。我们可进一步实行“东破、西进、南联、北依”战略。东破，主要是从军事上说，从东边突破美国的军事封锁，坚定地捍卫国家的主权和领土安全，人民海军与空军突破美国军事岛链封锁已成事实，下一步即是坚定捍卫台海及钓鱼岛主权。谁是我们的敌人？是个别霸权主义国家。西进，西出阳关有友人，连

① 《毛泽东文集》第7卷，人民出版社1999年版，第319页。

接欧洲、非洲大陆乃至南美已经初见成效。北依，主要是对俄罗斯的经济、政治空间正在有序巩固与发展，这完全符合中俄两国和两国人民的共同利益。谁是我们的朋友？俄罗斯是其中最为重要的朋友之一。《中俄睦邻友好合作条约》将于 2021 年 7 月到期，即可考虑把续订或者新订工作提上日程。南联，对南海诸国，涉及我国主权的，当然要斗争，但主要是联合又斗争。其核心是越南、印度、菲律宾等。这已经取得明显成效。

在构筑“一带一路”的同时，视情况加快推进人民币国际化步伐。按照一般经济规律，一国能向世界海量输出商品，该国货币就很容易成为国际结算货币。美元替代英镑就是这样完成的。中国的人民币在 20 世纪 70 年代的经历也印证了这个规律。1968 年我国开始在对外贸易中使用人民币结算，到 1973 年广州秋季交易会上用人民币结算的出口占贸易额 83%，进口也高达 41.4%，到 1976 年使用人民币结算的国家和地区增加到 120 个（当时联合国共有 147 个会员国），美国和西方各国大都使用人民币结算与中国的贸易。根据 2018 年的统计数据，美国的外贸总量占全球贸易的 10.87%，美元在国际结算体系中却占 40% 的份额。中国的外贸总量占全球贸易的 12%，人民币在国际结算体系中只占 1.7% 的份额。造成这种不正常现象的原因可能有多种，中国金融界受美国经济理论蛊惑和金融利益的诱惑，推动中国金融业“脱实向虚”是最主要的原因。2017 年 7 月召开的第五次全国金融工作会议是中国金融史上的一个重要的里程碑，以习近平同志为核心的党中央以前所未有的魄力，把“脱实向虚”现象十分严重的中国金融重新拉回到为实体经济服务的正轨。中国有全球最大的制造业队伍，可以向全球提供海量的各类装备。中国制造业的可靠供给能力是人民币信誉的基石。美元和人民币实行的都是债务货币制度。中国可以给世界各国提供设备，美国只能向世界提供武器和美元。我们可顺应特朗普政府要求取消出口退税，杜绝低价贱卖，缩小中美贸易逆差，让人民币对美元逐步升值，收回人民币主权；与俄罗斯、伊朗甚至进一步创造条件与日本、韩国实行货币互换；以对欧元、日元逐步贬值的办法，欢迎欧洲和日本等发达国家对我国投资；让“一带一路”国家和广大第三世界国家拥有人民币，使用人民币。敢于在国际上伸张正义，就是人民币国际化可靠而又强大的锚。如果处处看美国眼色行事，不敢伸张正义，人民币就很难走出去。利用人民币为媒介，充分调动国内和国际两个市场资源，就能有力保障中国的经济安全，为世界和平发展作出新贡献。

十、着手进行并支持各国科学家开展新冠肺炎疫情源头研究，得出实事求是的权威结论

2020 年 2 月 3 日，习近平总书记在中央政治局常委会上明确指出：“加快病毒溯源、传播力、传播机理等研究。”① 2020 年 5 月 18 日，习近平主席在第 73 届世界卫生大会视频会议开幕式上的致辞中明确表示：“支持各国科学家们开展病毒源头和传播途径的全球科学研究。”② 这些指示，有着极为重大的战略意义。2020 年 2 月 27 日，钟南山院士说：“疫情首先出现在中国，不一定是发源在中国。”这一结论清理了不少嘈杂之声。

笔者曾在中国人民解放军原军事医学科学院工作过几年。该院下属军事医学科学出版社于 2015 年 8 月出版了时任卫生部“非典”疫情分析专家组组长、第四军医大学军事预防医学学院军队流行病学教研室教授徐德忠主编的《非典非自然起源和人制人新种病毒基因武器》一书。该书得出的最重要的结论是：“自然界根本不存在 SARS-CoV 的直接祖先，其是以‘非寻常进化’方式，很可能是‘非自然’地引入人群的。”这一结论值得高度重视。

当然，目前若想完全查清这一重大问题也会有些困难；但只要方法得当，就可顺藤摸瓜。1945 年 8 月 13 日，毛泽东在分析蒋介石反动集团在抗战胜利后会不会发动内战时便说，“中国大地主大资产阶级的政治代表蒋介石”“是一个极端残忍和极端阴险的家伙”；“国民党怎么样？看它的过去，就可以知道它的现在；看它的过去和现在，就可以知道它的将来”。③ 这一思

① 《研究加强新型冠状病毒感染的肺炎疫情防控工作》，《人民日报》2020 年 2 月 4 日。

② 《习近平在第 73 届世界卫生大会视频会议开幕式上致辞》，《人民日报》2020 年 5 月 19 日。

③ 《毛泽东选集》第 4 卷，人民出版社 1991 年版，第 1123—1124 页。

想方法完全可以运用到分析当前疫情肇始病源之中。美国有使用过国际违禁生化武器的劣迹。早在抗美援朝战争初期美国就在中朝边境打起了细菌战。20 世纪 60 年代在侵越战争中大规模使用包含作用持久的剧毒物二噁英的橙剂。美国也从来没有停止过研发生物武器的进程，并已拥有很强的生物战能力。1995 年所谓的全球精英在美国旧金山费尔蒙特饭店召开会议，确立把明日理想之世界规划为一个只有现在地球人口 20% 的世界，拟运用转基因、瘟疫和战争等手段作为实现的路径。另据报道，美国在 2015 年就在 SARS 基础上制造出一种新型冠状病毒，可引发人类高传染性肺炎，这一论文于 2015 年 11 月 9 日发表在《自然》杂志（Nature Magazine）上。2019 年 8 月，美国最大的生化武器研究基地德特里克堡因为地下废水泄漏严重污染水源而紧急关闭。美国疾病控制和预防中心剥夺其对一些高致病性病毒研究的“特许代理人”许可证。接着，美国 CNN 报道当地出现多例不明肺炎。2019 年 10 月，由美国约翰霍普金斯医学中心主办，对未来可能暴发的世界性疫情进行了预演。当然，目前尚无具体确切证据完全判定 2003 年“非典”和 2019 年底开始暴发的新冠肺炎疫情就是个别大国发动的生物战，但也绝不能简单地归罪于如蝙蝠、穿山甲等中间宿主，决不能轻易排除就是个别大国蓄意研究病毒、无意泄漏甚至是极少数精英有意策划并发动的生物战中的基因战。

有人说，怀疑我国这次新冠肺炎疫情可能是人工所为仅是逻辑推理，没有科学依据，这有一定的道理。但是断然认定这是自然界自生而非人为，同样有极大的局限，最多只能是部分科学家依据自己现有经验和学识进行逻辑特别是经验推演而已。

病源学绝不能仅仅从医学等专业技术角度看待，而应从经济、政治、文化以及科技、军事、国际政治等众多学科角度综合出发，综合分析。万事万物，往往关键在人。建议在审查始肇病源时，主要应由一些生物医学、军事医学和安全、公安、纪检监察等专业人士组成，另外一定要有从事军事战略、国际政治的政治上十分可靠的相关人士参加，将种种现象放到马克思主义立场、观点和方法的视域下，把技术与政治、经济、文化、军事等紧密联系起来进行调查分析，实事求是地科学审视。

调查研究结论无非三种：一是断然否决是个别国家的人为，我们也很希望这是一种客观事实。二是个别国家的一些精英集团蓄意所为。三是仍然不能确定是人为还是自然界自生。但是，即使是第三种结论，同样还不能完全排除第二种可能性的存在。真正查清新冠肺炎的肇始病源，其延伸、辐射意义极为重大和重要。1989 年 6 月 9 日，邓小平在接见首都戒严部队军以上干部时的讲话中明确指出：“如果没有我们党这么多老同志支持，甚至连事件的性质都难以确定”；敌对势力“他们是要颠覆我们的国家，颠覆我们的党，这是问题的实质”；“他们的目的是要建立一个完全西方附庸化的资产阶级共和国”。[①] 肇始病源若真的是来自个别大国，就完全可以对我国突然暴发的新冠肺炎疫情定性为是个别大国对我国悍然发动的一场十分隐蔽的不见硝烟的生物战中的基因战，其直接政治目的是企图摧垮我国经济，推翻中国共产党和中华人民共和国现政权，扶植符合其根本利益要求的代理人上台。

科学本身当然没有阶级性，但掌握科学技术背后的人往往有着阶级性。不能把新冠肺炎疫情政治化，但在特定条件下，全球蔓延的新冠肺炎疫情，亦会被一些特定的国家、特定的集团和人所利用，进而使新型冠状病毒讲起政治来。我们可以形成这样的底线思维，即假若极少数所谓的世界精英觉得他们既有凌厉的攻人之矛，又有完全安全的御人之盾时，亦不排除这次新冠肺炎疫情在世界多国暴发就是所谓的世界精英集团这些极少数人对世界上各个不同民族和不同种族的绝大多数人发起的惨绝人寰的攻击，以彻底解决其国内所谓的种族、移民等尖锐问题。风云突变，美国的疫情正在发展，全球肇始病源的真相正在陆续被披露之中。美国若真的是病毒的发源地和泄漏国，并在其本地泛滥开来而一发不可收拾、不好收拾，那么这些极少数精英则真是闹“大发”了。这就是一个典型硕大的飞去来器。此时，我们就完全可以有理由宣布，肇始病源是刻意制造、无意泄漏、意外变异、伤及自身。这一推理极可能是杞人忧天，但也不能不防。

① 《邓小平文选》第 3 卷，人民出版社 1993 年版，第 303 页。

有人主张，防治新型冠状病毒是当务之急，可在疫情结束之后再从容查证肇始病源。这一主张有一定的道理。但目前我们还无法完全断定疫情防控何时完全结束，也不是所有人都必须集中在疫情防控的具体应对工作之中。从国家安全大局角度讲，查证肇始病源也是从根本上进行疫情防控的一个十分重大的战略环节，能否早日查清新冠肺炎肇始病源，必然涉及我们对疫情防控的总体判断与总体思路。查清肇始病源和疫情防控工作可以并行不悖。

十一、关键是国内的改革、稳定与发展

这一重大问题，涉及国内的方方面面，这里仅谈八点。

（一）坚决维护习近平总书记党中央的核心、全党的核心地位，坚决维护党中央权威和集中统一领导是我国改革、发展和稳定的关键

必须坚决做到“两个维护”并保持党的领导核心的稳定。应对美国全球影响力下降的百年未有之大变局，像中国这样一个大党大国，首先和迫切需要一个十分坚强正确的领导核心。习近平同志是毛泽东、邓小平两个时代培养造就的杰出的无产阶级革命事业接班人。全党、全军和全国各族人民必须坚定维护习近平总书记党中央的核心、全党的核心地位，并保持其连续性。废除终身制无疑是改革开放后我国政治体制改革所取得的重大成就之一。但是，列宁也明确指出：“无产阶级要想战胜资产阶级，就必须造就自己的，无产阶级的‘阶级政治家’，而且要使这种政治家同资产阶级的政治家比起来毫无逊色。”[①] 他还说：“阶级通常是由政党来领导的；政党通常是由最有威信、最有影响、最有经验、被选出担任最重要职务而称为领袖的人们所组成的比较稳定的集团来主持的。这都是起码的常识。”[②] 从根本上说，历史当然是人民群众创造的，无产阶级的领袖和英雄仅是人民群

① 《列宁选集》第4卷，人民出版社1972年版，第234页。

② 《列宁选集》第4卷，人民出版社1972年版，第197—198页。

众的突出代表，但马克思主义也从来就没有否定过领袖和英雄的特有作用。邓小平曾经说过："没有毛主席，至少我们中国人民还要在黑暗中摸索更长的时间。"[①] 党的十九届二中全会审议通过的《中共中央关于修改宪法部分内容的建议》和十三届全国人大一次会议通过的《中华人民共和国宪法修正案》具有十分重大的历史和战略意义。随着党的二十大的临近，这一涉及马克思主义关于领袖、政党、阶级、群众之间关系的重大理论与实践问题，更有必要进一步从理论上和政治上在党内及社会上讲清楚。改革开放后我们从上到下实行的党政干部任期制也取得了重大成就并继续坚持，但也必须明白，西方"三权分立"的选举政治中任期制根本上是为私有制服务的。在资本主义社会，掌控着整个经济社会运营的资本家不仅是终身制而且是嫡传制。这就确保了资本主义经济基础生产资料私有制的稳定性与连续性。一些政治职位虽然有任期限制，但社会财富与生产资料所有权以及政治权力本质上都是由终身并且嫡传的垄断大资本家操纵。他们通过金钱操纵选举和政客，通过基金会、共济会等公开和秘密社团组织控制政客、介入具体政治过程，而且前台"运营"掌管行政、立法、司法权的基本上也都是富豪出身。美国联邦法院九个大法官不仅是高薪制，而且是终身制，这是维护垄断大资本利益的最后一道比较牢固的防线。这些年，由于错误舆论的引导，人们往往认为，所谓传统的社会主义就是"专制"，其典型特征就是终身制，而任期制才是代表人类文明的灯塔即资本主义制度的精华。请大家一定注意，美国的生产资料私有制就是通过"两个终身"而确保的，一是生产资料私人占有终身制下嫡传世袭的资本掌控着经济社会运营所有前台，二是九个大法官的终身制，这"两个终身制"就确保了资本同时牢牢地统治着整个社会政治和文化的上层建筑。而实行任期制的行政和立法，成为玩弄所谓民主实则是资产阶级专政的障眼术。而我们人民当家作主的社会主义公有制为主体的国家，是人类历史上最为年轻最为进步最为文明的并正在艰难探索中成长的政权。这一政权直接执掌着党和国家经济社会

① 《邓小平文选》第 2 卷，人民出版社 1994 年版，第 345 页。

发展的大政方针与运营体制与机制，党和国家的各级领导干部特别是高级干部尤其是领袖人物，不仅需要出于公心的高尚品德，而且需要十分丰厚的实践经验和马克思主义的理论功底，需要敢于斗争与善于斗争的战略策略和胸怀及视野，需要坚忍不拔、百折不挠的坚强毅力等。改革开放后，一些部门和一些行业的领导人秉持不正确的政绩观，在执掌权力的过程中，打着为民办好事、实事的旗号，实则是为了彰显自己进一步升迁所必需的所谓政绩，大搞“污染环境”“杀鸡取卵”“借贷高额债务”那一套，不惜牺牲人民群众的长远、全局和集体利益，这与干部任期制亦有一定的关系。从马克思主义的认识论与实践论来讲，真正领袖人物的诞生往往经过艰难曲折，甚至是一个国家和民族付出血的代价才能换来。全党要更加自觉做到“两个维护”，并能依靠全党培养和造就出新的可靠的革命事业接班人。这是今后一些年的至要之策。

与此同时，要高度重视把培养造就千百万革命事业接班人列入国家安全和发展战略。我党我国应对美国影响力下降将是一个长期的战略任务。我们坚信，道路是曲折的，前途是光明的。但是曲折不会自己消除，光明也不会自动到来。两军对垒帅坐镇，从一定意义上讲，无产阶级与资产阶级、社会主义与资本主义之间的较量，是其各自政治力量的代表即领袖间的较量。资产阶级十分重视培养和选拔自己的代表人物，我们无产阶级和人民大众也必须更加注重培养和选拔我们自己事业的代表人物尤其是领袖人物才行。只有这样，我们才能推动历史在曲折中不断前进，经过一代又一代长期的、反复的、艰难困苦的斗争，真正实现构建“人类命运共同体”的宏伟目标。培养千百万无产阶级革命事业接班人，这是保持党和政权永不变质的关键环节，是世界社会主义和国际共产主义运动中尚未完全解决的重大课题。我们坚信，在以习近平同志为核心的党中央坚强正确领导下，中国作为世界上最大的大党领导的大国，一定能为人类文明进步事业作出自己特有的贡献。

（二）高度重视坚持和创新马克思主义

毛泽东同志晚年多次强调，思想上政治上的路线正确与否是决定一切的。这一结论是我们党经过多次血的教训得出的科学理论和成功经验的结晶。习近平总书记多次强调要顶层思维、顶层设计，这是在中国特色社会主义新时代对毛泽东思想精髓之一的重大继承和发展。理论是可以射向360度方向的原点，其他路线、方针、政策和战略、战术都是射线。若理论这一原点错了，最终都要出大问题。没有革命的理论，便没有革命的行动；有了错误的理论，必然会有错误的行动；在革命战争年代，错误的理论与行动，常常是一仗打下来就能很快得到检验并加以纠正，而在和平建设和改革开放年代，思想政治路线的正确与否往往需要一些或更长的年月甚至付出重大损失直至灾难才能得到检验。马克思主义政党历来高度重视理论的作用。习近平总书记特别强调理论强党，强调要发展21世纪的马克思主义和当代中国的马克思主义，具有十分重大的现实意义与深远的历史意义。坚持和发展马克思主义是摆在全党面前的最为重要也最为艰巨的思想政治任务。为此，应当适时成立统筹全国理论研究相关机构，其成员可适当吸收退下来的马克思主义理论功底较为深厚和实践经验较为丰富的老同志组成。适当吸收退下来的老同志参与，一是退下来后有一定精力学习思考重大理论与现实问题；二是能够直接接触基本群众，了解真实情况；三是不在现职领导岗位，各种不必要的顾忌可能较少，往往能说实话实情；四是这些老同志党性强又富有政治经验，可以通过调查和思考，为中央提供更多的真实情况和相关对策建议。党的重大理论提法可经过理论委员会进一步论证。另一方面也可以为培养、带领出一批又一批又红又专的中青年领导干部、理论队伍提供思想理论和制度保障。习近平新时代中国特色社会主义思想这一新时代中国共产党的思想旗帜，不仅要管社会主义初级阶段，要管建设社会主义现代化强国和中华民族伟大复兴的全过程，而且要管到建成发达的社会主义，即建设和建成社会主义这一相当长的整个历史时期。

（三）当前的关键是坚持党在社会主义初级阶段的基本经济制度

什么是社会主义制度？从本质上讲，就是社会主义公有制。私营外资企业都是社会主义成分的有益补充。经济是基础，要想真正确保国内的改革、稳定与发展，说到底，就必须真正贯彻习近平总书记再三强调的国家宪法中所规定的“国家在社会主义初级阶段，坚持公有制为主体、多种所有制经济共同发展的基本经济制度，坚持按劳分配为主体、多种分配方式并存的分配制度”。从当下说，新冠肺炎疫情发生以来，我们党和政府调动的基本都是公有制体制内的人力、物力、智力，特别彰显了国有企业和公立医院的独特优势，确保了全国各地水、暖、电、气、网络、通信、电视、公交、铁路、民航等关系国计民生的基本生活必需品全部稳定供应。假若没有国有企业和公立医院，国遇灾难可依靠谁呀？！从长远和根本上看，没有公有制，我们党就没有执政的经济基础和工农联盟的阶级基础，或已蜕变成名义上还叫共产党，本质上已是资产阶级的执政党。有人说“所有制中性”，且这一理论传播很广。这给广大干部群众甚至党的高级干部造成不少困惑。要不要坚持公有制为主体，本质上涉及我们党和国家的性质问题。如果把所有制看成是中性，公有经济不存在了，中国特色社会主义中的社会主义就名存实亡，以人民为中心就是一句空话，社会的财富占有和收入分配就必然产生两极分化，中国经济就会逐渐演变成事实上的新的殖民地经济。现在，我国的国有企业仅占 GDP 的 30%，但却贡献了税收总额的 60%。建议每年把国企 500 强与民企 500 强的产值与税收都全部公开。混改，应是双向的。在国内改革中，我们必须坚持社会主义市场经济改革方向。但是不少地方是只讲市场经济，不讲社会主义。我们必须对外开放和参与国际市场竞争，但步入经济全球化的深海，就必须是航空母舰集群，才能相互护卫。

公有制为主体，首先就要理直气壮做优、做大、做强国有企业。2016 年 10 月，习近平在全国国有企业党的建设工作会议上指出：“在中国共产党领导和我国社会主义制度下，国有企业和国有经济必须不断发展壮大，这个问题应该是毋庸置疑的。……特别是各种敌对势力和一些别有用心的人重点拿国有企业说事，恶意攻击、抹黑国有企业，宣扬‘国企不破、中国不立’，声称‘肢解’是国有企业改革的最佳方式。醉翁之意不在酒！这些人很清楚国有企业对我们党执政、对我国社会主义制度的重要性，想搞乱人心、釜底抽薪。"[1] 没有强壮的国有企业，共产党执政和国家政权就没有先进的阶级基础，就没有广大的群众根基，就没有坚强的政治后盾，就没有强大的经济支柱，就会失去国家集团式创新这一世界上唯一的独特优势，广大民营企业在经济全球化的大潮中搏击就没有航空母舰的护卫。国有企业只能做优、做大、做强，真正成为国际经济的航母，我们的大批民营企业才能在波涛汹涌的国际市场上弄潮。我们要毫不犹豫、千方百计地把国有企业做强、做优、做大。

民生领域最为重要的是教育、医疗、住房、养老，这四个领域绝不能产业化即市场化，同时，也绝不能把城市的水、暖、电、气、食盐等基本生活供应交给私人企业特别是外资管理。教育、医疗、住房、养老和城市的水、暖、电、气、食盐等基本生活供应领域都是全民中最为基本的公益事业，私企和外资可以适度参与，但绝不能产业化。衡量改革开放是否最终成功的根本标准，绝不能仅用一个 GDP 增长与否来衡量，而应主要看广大普通百姓的满意程度。这次抗疫胜利结束之后，我们也亟待投放货币，刺激经济。一定要趁机和逐步扩大教育、医疗、住房、养老等关键民生领域的公益成分，由政府通过实行扩张性的财政货币政策，把普通百姓积攒下来的血汗钱从教育、医疗、住房、养老这新的"四座大山"下解放、释放出来，使我国从广大普通群众中逐步产生内生性消费能力和消费动力。西方不少发达国家特别是西欧，还坚持没把这四个领域全部产业化。我国如果进一步产业化，进一步加剧现有的两极分化，在不久的将来必然会引发大规模的社会动荡。必须调整现在有人想把教育、医疗、住房、教育完全产业化的思路。国家有关部门还拟把医疗人员和教师从国家人事编制中移出。对这些顶层设计，建议必须重新考虑。待抗击新冠肺炎疫情完全告捷后，在隆重表彰相关部门和相关人员的同时，应全方位、多角度、深层次认真检查反思我们各项工作所暴露的问题，切实贯彻习近平总书记关于真正从顶层思维、顶层设计，从经济制

① 习近平：《坚定不移把国有企业做强做优做大》，载《十八大以来重要文献选编》（下），中央文献出版社 2016 年版，第 391 页。

度与世界观两个层面系统地同时加以改进。我们深信，在以习近平同志为核心的党中央坚强正确领导下，我国一定能在不久的将来完全夺取抗击新冠肺炎疫情的伟大胜利。2020 年这一不平凡的年份必将载入中华人民共和国和人类文明进步事业的光辉史册。如果说 1989 年我国的政治风波，是在政治上进一步昭示我们能从容应对 1989—1991 年东欧剧变、苏联解体前后猛烈的国际政治风浪；那么 2020 年的新冠肺炎疫情，则至少是从自然界的角度昭示我们必须更加认真领会习近平新时代中国特色社会主义思想，坚定不移地贯彻本质上是以人民为中心的思想和政治路线，从制度建设与思想建设两个层面同时发力，这对我们今后的各项工作提出了新的更高的标准与要求。人们常说多难兴邦，但多难之后兴邦的前提是必须认真正确总结经验教训。如何总结，习近平总书记明确指出："更要放眼长远，总结经验、吸取教训。"[①] 贯彻这一指示，十分重要。

城镇要通过社区党和行政组织适时、适当发展社会主义劳动群众集体所有制经济。国家宪法明确规定："城镇中的手工业、工业、建筑业、运输业、商业、服务业等行业的各种形式的合作经济，都是社会主义劳动群众集体所有制经济。"这次新冠肺炎疫情，会影响很多人就业。在此时，在各个城镇，通过社区党和行政组织，国家给予贷款优惠支持，大家入股投资，大力发展城市集体合作经济，将社区治理真正落到实处。

应大力支持中央组织部通过农村基层党组织发展农村集体经济。农村没有集体经济，党的基层组织和农村政权就没有坚实的政治和经济根基，粮食安全就没有坚强保障。在农村，应明确支持中共中央组织部通过农村党支部发展农村新型合作经济，大力推介烟台党的各级组织支持引导农村新合作集体经济组织的办法。土地确权，三权分置，经营权方面允许资本下乡甚至外资一承租就是几十年，这当然完全可以在近几年较大释放土地流转即土地市场化的红利，增加全国资本流动性，缓解当下几年的经济下行压力，农民也

① 习近平：《全面提高依法防控依法治理能力 健全国家公共卫生应急管理体系》，《求是》杂志 2020 年第 5 期。

从转让经营权中暂时获得一些纸币，但却已与生产资料相分离，结果往往会坐吃山空，甚至是投资失败，这必将导致在大中城市周围形成无法返乡的庞大的贫民窟。历史上王朝兴衰的周期律依然值得我们高度警惕。1959 年 12 月，毛泽东在读苏联《政治经济学教科书》时说：“在社会主义工业化过程中，随着农业机械化的发展，农业人口会减少。如果让减少下来农业人口，都拥到城市里来，使城市人口过分膨胀，那就不好。从现在起，我们就要注意这个问题。要防止这一点，就要使农村的生活水平和城市的生活水平大致一样，或者还好一些”，要让“农村的人口”不向“城市盲目流动”。① 要做到这一点，就必然坚决贯彻习近平总书记所多次倡导的乡村振兴战略。实现乡村振兴战略，在我们中国，唯有发展农村新型集体经济。

实践也正在开始证明，私有化不能救中国。1960 年 2 月毛泽东在读苏联《政治经济学教科书》时说：“所有制问题基本解决以后，最重要的问题是管理问题，即全民所有的企业如何管理的问题，集体所有的企业如何管理的问题，这也就是人与人的关系问题。这方面是大有文章可做的。”② 社会主义初级阶段基本经济制度确定之后，应把主要精力放在公有制经济及其企业内部的管理上，放在对其他各种所有制的引导和支持上，而不应让一些人千方百计变换各种观点和手法去改变以公有制为主体这一制度本身。

当然，笔者绝不是主张不发展公有制之外的其他所有制经济。除了中央强调公有制经济之外，地方各级党和政府组织，往往都在强调“不求所有、但求所在”的招商引资工作。我们在强调发展公有制经济的同时，也必须毫不动摇地贯彻宪法所规定的“国家保护个体经济、私营经济等非公有制经济的合法的权利和利益。国家鼓励、支持和引导非公有制经济的发展，并对非公有制经济依法实行监督和管理”。

另外，建议果断中止城市化的提法，用城镇化这一提法来替代。这是解决交通拥挤等现代城市病甚至预防大的疫情流行和把习近平总书记提出的实

① 《毛泽东年谱（1949—1976）》第 4 卷，中央文献出版社 2013 年版，第 260 页。

② 《毛泽东年谱（1949—1976）》第 4 卷，中央文献出版社 2013 年版，第 325 页。

施乡村振兴战略落到实处的根本举措之一。

在所有制问题上，习近平总书记多次强调要“坚持两个毫不动摇”。我们必须反对“左”的一套做法，要毫不动摇地坚持多种所有制经济共同发展，但有的部门和地区却违背多种所有制经济共同发展的政策，放手让私人和外资资本大力发展，甚至搞私有化。我们必须清楚，在阶级和有阶级的社会里，各种所有制经济中的生产力同时都存在于一定生产关系的框架之内。这种生产关系所组成的经济基础的总和，常常决定于生活在这一生产关系框架内的人们的思想观念直至政治态度。在外资企业工作的大量员工，基本上都是新中国通过免费教育培养出来的所谓精英人士，他们所获得的薪酬要远比我国国有企业员工多得多。由于种种原因，这个群体中不少人所持有的观念往往是资本主义好得很，社会主义糟得很。笔者获知，就在这次新冠肺炎疫情暴发后，有的知名在华外资企业，就在员工中播散刻意丑化列宁、斯大林所谓历史再现的纪录片，开展抹黑社会主义和共产主义的系列教育。我们常讲，不能吃共产党的饭，砸共产党的锅。他们中亦有人振振有词地回答，我们是吃美国的饭，不能砸美国的锅。所以，生产关系的总和这一经济基础异常重要。经济基础决定上层建筑，如果经济基础中公有制为主体这一基础逐渐遭到剥蚀，作为政治上层建筑核心的共产党还能永不变质、永远执政吗？1989 年政治风波后，邓小平说我们“十年最大的失误是教育”。[①] 此后党和国家的工作有没有失误呢？笔者认为，1989 年之后最大的失误是没有“坚持公有制为主体、多种所有制经济共同发展的基本经济制度”。此问题已积累多年。党的十八大后，以习近平同志为核心的党中央正在积极稳妥地解决这一问题，令人欣慰。这次新冠肺炎疫情结束之后，又为我们解决这一根本问题提供了一个十分重要的战略机遇期。

在整个社会中，当然是经济基础决定上层建筑，但是在制度与人的关系中，制度是外因，人是内因，人是决定性的关键因素。2014 年 2 月 12 日，中国国家主席习近平在接受俄罗斯电视台专访时表示：中国改革“已进入深水

① 《邓小平文选》第 3 卷，人民出版社 1993 年版，第 306 页。

区”，“好吃的肉都吃掉了，剩下的都是难啃的硬骨头”。[①] 我们各项工作无疑取得了重大成就，但随着国内改革与国际金融危机的深化，多年积累的多方面的深层次问题在新的条件下必然逐步暴露。从现象上讲，不少问题外在表现为形式主义、官僚主义，但本质上则是“关键少数”中有不少人起心动念抬手迈脚，打的是仅为个人升迁和小家庭过好日子的“小算盘”，用的是只顾眼前、争着吃好吃的肉、不啃难啃骨头的“巧劲儿”。要真正解决形式主义、官僚主义这一顽疾，除了铁的钢的制度外，“关键少数”人还必须如习近平总书记多次强调的那样，带头牢固树立正确的理想信念，树立正确的“我将无我、不负人民”的世界观、人生观和价值观，这是与公有制相配套的价值观。如果这一价值观在思想文化的上层建筑中缺失，或迟或早会反作用甚至决定特定条件下的政治上层建筑并最终危及社会主义经济基础。公有制是社会主义其他一切制度之经济基础，“关键少数”人正确的理想信念是引导集聚人民群众力量之旗帜，党的领导是解决以上两个关键性问题之保障。在社会主义初级阶段，只有“坚持公有制为主体、多种所有制经济共同发展的基本经济制度”，才能确保党和政权永不变质，广大人民群众才能发自内心地永远听党话、跟党走，确保中华民族伟大复兴中国梦的实现。同时，也要认真进行全方位反思。随着国际斗争的日益复杂和严峻，这次疫情结束后，我们应专门研究总结这次疫情防控过程中的经验和教训，提出应对其他各方面出现类似重大危机的国家战略。

（四）必须尽快与美国的国际互联网脱钩，建立我国自主主权的以公有制为主体的互联网体系

文化特别是意识形态领域更不能产业化即市场化，不能让市场配置在这一领域起决定性作用；若简单追求文化 GDP 在第三产业中的比例，最终会被国内外资本牵着鼻子走。当然，文化领域中必然会有产业，我们也应大力鼓励和引导这些行业依法积极利用国内外各种资本和先进技术。但是，这一领

① 《习近平谈改革：好肉都吃了　剩下的都是硬骨头》，2014 年 2 月 11 日，见 http://nx.people.com.cn/n/2014/0211/c192474-20540406.html。

域也同样必然以公有制为主体，以国有企业为主导。而现在有的互联网等新媒体却被私人资本甚至外资控股，这一现象着实让人忧虑。必须坚决地、有计划地把互联网里的骨干企业包括搜索引擎和网络技术安全企业等混改为国有企业占主导。目前正在进行的抗击新冠肺炎疫情已经充分表明，这一抗击主要在两条战线展开，一是医疗，二是互联网。这都是生死之战。另外，还有大量证据表明，美国相关部门与组织已经并正在日夜编撰着成千上万的文章和段子，通过美资为背景实施控制的平台以及多年精心打造的所谓公知，其中包括学术大家、艺术明星及大 V 在我国社会中广泛传播。这些文章或段子直接或间接地侵蚀中国人的民族自尊心，否定中国共产党的领导，否定我们的社会主义道路。这些段子手有组织、有纲领、有计划、有经费，并会根据不同情况随时调整其战略和策略。对他们这些所谓“零碎”的游击战需要整体应对，不能仅仅是网送来，网回应，甚至只是简单的封堵。建议：一是体制内必须介入，我们的正规军即整个哲学社会科学系统，包括社会科学院、党史文献、教育等系统都应参与，并要统一规划。对重大理论与党史国史问题，我们都要认真及时地回应。对网上尖锐复杂的斗争，不能仅凭民间几个自愿者自带干粮去上班、分头行动。要大力支持那些坚决捍卫马克思主义和社会主义制度、坚决维护以习近平同志为核心的党中央的民间人士发声，并给予必要的经费支持。对政治上坚定、理论功底较为深厚、年富力强的，可考虑从体制外转入体制内。二是现在仅把对国内外敌对势力所造谣言的辟谣作为重点往往较为被动，建议由主管部门建立协调机制，从重大造谣源头查起，依法严肃处理，并通过相关主流媒体昭示天下。三是必须坚定而又稳妥地在网络平台贯彻公有制为主体的原则，对现有的外资控股公司、平台等进行结构性改造，严防国内外敌对势力在特定条件下利用互联网等兴风作浪。四是组织一批得力骨干，可以随时到外网了解情况，并在外网上与看不见的敌人打擂台，把大外宣工作做到外网上去。

（五）正确对待改革开放前后两个不同的历史时期

习近平同志在担任总书记之后不久的 2013 年“1·5”讲话中，旗帜鲜明地指出：“对改革开放前的历史时期要正确评价，不能用改革开放后的历史时期否定改革开放前的历史时期，也不能用改革开放前的历史时期否定改革开放后的历史时期。”这一重大结论，深得党心、军心和民心。国内外敌对势力为了把我国改革开放引向邪路，竭尽全力丑化毛泽东，一些谣言甚至一些高级干部也信以为真。实事求是地评价毛泽东思想和毛泽东的历史地位，在中国特色社会主义进入新时代的今天仍然有着十分重大的现实意义。毛泽东发动“文化大革命”，是为了从根本上反对形式主义、官僚主义这一顽疾，说到底是为了防止党和政权改变其为人民服务即以人民为中心的性质与宗旨，是为了防止资本主义复辟。但鉴于当时错综复杂的情况，结果伤害了不少不应伤害的好人，这也是改革开放后很多人仅从小家庭和个人的恩怨出发，过分诟病毛泽东的原因所在。1981 年《中国共产党中央委员会关于建国以来党的若干历史问题的决议》中明确指出：“毛泽东同志晚年犯了错误。”[①] 邓小平对毛泽东发动“文化大革命”的动机作了充分地肯定。1980 年 8 月 21、23 日邓小平在会见意大利记者奥琳埃娜·法拉奇（Oriana Fallaci）时说：“搞‘文化大革命’，就毛主席本身的愿望来说，是出于避免资本主义复辟的考虑”；“我们不会像赫鲁晓夫对待斯大林那样对待毛主席”。[②] 邓小平这一论述十分重要，它坚定地划清了与苏共赫鲁晓夫领导集团全盘否定斯大林进而逐渐脱离、背离马克思主义和社会主义行为的根本界限。也就是说，毛泽东晚年的错误是在探索确保党和政权永不变质战略思想中的失误，也可以说是在探索“什么是社会主义，如何建设社会主义”“建设一个什么样的党，怎样建设党”过程中的失误。我们在着力防止阶级斗争扩大化的同时，也应充分重视邓小平关于对毛泽东发动“文化大革命”动机的相关结论。“文化大革命”对不少人不应有的伤害并不是毛泽东的本意，有的甚至是一些企图改变我们党和政权性质与宗旨的别有用心的人蓄意所为。现在，对改革开放前后两个不同时期取得的巨大经济成就，多数人已经有了共识，但对这两个不

① 《三中全会以来重要文献选编》（下），人民出版社 1982 年版，第 836 页。

② 《邓小平文选》第 2 卷，人民出版社 1994 年版，第 346、347 页。

同历史时期的思想理论基础的认识，仍然有着各种甚至完全对立的认识。毛泽东多次强调，资产阶级就在共产党内，要警惕中央出修正主义。十分可惜，这一理论在实践过程中出现了重大的失误和错误。但经历1989年我国政治风波，特别是1989—1991年东欧剧变、苏联亡党亡国之后，邓小平振聋发聩地指出："中国要出问题，还是出在共产党内部。"[①]2016年，习近平总书记在十八届中央纪委六次全会上指出："党内存在野心家、阴谋家，从内部侵蚀党的执政基础，我们不能投鼠忌器，王顾左右而言他，采取鸵鸟政策，这个必须说清楚。"[②]对习近平总书记这里所说的"必须说清楚"，笔者理解为，一是组织上必须查清楚，二是理论上必须说清楚。从一定意义上讲，组织上查清楚，已经取得很大的成果，而从理论上说清楚，则还没有开始或刚刚开始。习近平总书记高瞻远瞩、高屋建瓴，抓住了我们所面临的所有矛盾中的根本性矛盾，伟大的中国共产党和宏伟的中国特色社会主义事业必将有着光明灿烂的前程。党的十八大后以习近平同志为核心的党中央坚定反腐中所揭露的触目惊心的铁的事实已充分证明，我们决不能重复过去阶级斗争扩大化的错误，但毛泽东关于务必保持党和政权永不变质的战略思想仍具有重大现实意义和深远历史意义。

（六）从现在起开始着手准备适当时候全党总结新中国成立以来的基本经验

习近平总书记在强调学习党史国史之时，也特别强调学习新中国史。回顾过去，是为了面向未来；规划未来就必须回顾过去。改革开放取得了举世瞩目、举世公认的巨大成就，绝对不容许否定。但改革开放以来，有没有失误呢？1989年6月9日，邓小平在接见首都戒严部队军以上干部时的讲话中指出："这次事件的性质，就是资产阶级自由化和四个坚持的对立。四个坚持、思想政治工作、反对资产阶级自由化、反对精神污染，我们不是没

① 《邓小平文选》第3卷，人民出版社1993年版，第380页。

② 《在第十八届中央纪律检查委员会第六次全体会议上的讲话》，《人民日报》2016年5月3日。

有讲，而是缺乏一贯性，没有行动，甚至讲得都很少。不是错在四个坚持本身，而是错在坚持得不够一贯，教育和思想政治工作太差。”[①]1989 年 6 月 16 日，邓小平在同几位中央负责同志谈话中说：“这次事件[②]确实把我们的失误也暴露得足够了。我们确实有失误呀！而且失误很不小啊！”[③]1989 年 9 月 16 日，邓小平与美籍华人学者李政道谈话说：“我们最大的失误在教育”，“教育的失误补起来困难得多”。[④]毛泽东曾夸邓小平“人才难得”。在如何对待和评价改革开放和 1989 年政治风波的定性问题上，邓小平同样是我们的光辉榜样。2017 年 10 月 19 日，王岐山参加他所在的党的十九大湖南省代表团讨论时指出：习近平总书记“校正了党和国家前进的航向”。[⑤]王岐山这一结论是实事求是的，在党内和社会上也赢得了广泛的赞同。随着 2019 年底新冠肺炎疫情的暴发，“一切向钱看”的社会思潮进一步得到遏制，全国各层各界人士都在更加深刻地关心党、国家、民族和人民的命运。从一定意义上讲，单凭理论往往无法说服人、掌握人，波澜壮阔的社会实践才能更好地统一绝大多数人的思想。为更好地确保“两个一百年”奋斗目标和中华民族伟大复兴中国梦乃至构建“人类命运共同体”的完满实现，我们应对新中国成立以来的党史和国史进行认真梳理，适时实事求是地作出相关决议，以进一步统一全党、全军和全国各族人民的思想，更好地团结一致向前进。

（七）现在应开始着手对全党全军全国各族人民以适当方式逐步进行中美关系调整的相关教育

1959 年 3 月，毛泽东在同拉美一些共产党人谈话时说：“在我们这里，过去亲美、崇美、恐美的人很多，特别是资产阶级和知识分子。也有许多劳

---

① 《邓小平文选》第 3 卷，人民出版社 1993 年版，第 305 页。

② 指 1989 年发生的政治风波。

③ 《邓小平文选》第 3 卷，人民出版社 1993 年版，第 312 页。

④ 《邓小平文选》第 3 卷，人民出版社 1993 年版，第 327 页。

⑤ 《旗帜鲜明坚持党的领导　兑现对人民的庄严承诺》，《人民日报》2017 年 10 月 20 日。

动群众，他们不喜欢美国人，但是怕美国人。要做艰苦细致的工作，帮助他们逐渐消除这种恐惧心理。”[①] 现在，除了对美国恐惧之外，也有一些人对美国抱有幻想，这些人也往往信奉人的本性是自私的，是恶的，但在看待美国时，却总是认为他们是善良的，所以一旦有人谈到阴谋论时，这些人便一触即跳。从理论根源上讲，这些人认为列宁关于帝国主义时代的理论是过时了。这是另一种形式的乌托邦，是另一种形式的跨越阶段论。从现在开始，我们必须对中美关系的调整，开始下毛毛雨，对干部群众开展有理、有据的教育。否则，不仅不会麻痹敌人，反而会麻痹我们的广大干部群众，甚至使一些人对中央的正确方针产生不必要的误解甚至疑虑。同时，一定要讲清 40 年来中国经济高速发展的物质基础，其奥妙是得益于改革开放后广义上的地租、级差地租和超额地租，要讲清迎接经济下行和中美关系变化的严峻挑战的必然性与必要性。要讲清这一根本性挑战，需要入情入理，既要生动形象，也要细致入微。在此过程中，一并讲清苏联亡党亡国的教训，可能会有助于增强说服力，也更易使人接受。

（八）对台斗争

2020 年 5 月 20 日，美国国务卿蓬佩奥发表声明“祝贺”台湾地区领导人蔡英文就职，将其称为所谓“总统”，并吹嘘美台“伙伴关系”。美国政府一些官员和美国一些政客向蔡英文发视频“贺词”。美方上述举动严重违反一个中国原则和中美三个联合公报精神，严重干涉中国内政。我国防部随即发表严正声明表示强烈愤慨，并予以谴责。

一是我们必须丢掉幻想，切实做好武统准备，科学决策战后治理，以及恢复经济，处置罪犯、部署驻军、稳定治安等，切实深化、细化对台斗争。

二是我们一些同志对美下决心支持“台独”估计不足，当然，如果台湾当局宣布“台独”，美国对我下决心用武力收复台湾同样估计不足。这也正是我武力统一台湾的战略窗口机遇期。

---

① 《毛泽东文集》第 8 卷，人民出版社 1999 年版，第 21 页。

三是攻心为上。政治上台湾当局依靠美国，经济上依靠大陆，一旦其宣布“台独”，我们即开始军事封锁。这没有什么输理的。解放战争时期，1948年，我16万大军对长春的10万国民党军进行了5个月的军事围困和经济封锁，国民党军最终被迫投降。

四是让美国当局付出代价。决不能让美国一些政客可以随意挑战我国的底线。

《中华人民共和国反分裂国家法》第八条指出：“‘台独’分裂势力以任何名义造成台湾从中国分裂出去的事实，或者发生将会导致台湾从中国分裂出去的重大事变，或者和平统一的可能性完全丧失，国家得采取非和平方式及其他必要措施，捍卫国家主权和领土完整。”

我们绝不是战争狂人，绝不会轻言战争，但我们绝对不怕战争。台湾若有人掌控并“宣布独立”，毫无疑问，我们必将用武力和热血捍卫祖国不可分割的神圣疆土。但台湾只要不分裂，我们就可以耐心等待，不必着急。我们有着充分的制度自信。1958年9月，毛泽东说：台湾“成为独立国”，“原则上总不行”；“至于哪一年解放，我们又没有定期”；“但是，原则上台湾一定要解放”；“跟美国的事，就大局上说，还是谈判解决，还是和平解决，我们都是爱好和平的人嘛”。[①] 随着我国抗击新冠肺炎疫情的胜利，我国在安全、稳定与发展上必将进一步涌现一个崭新的大好局面。随着美国影响力的进一步下降，我国要择机坚决要求美国回到遵守三个联合公报的精神上来，迫使其逐步取消对台军售。在国际上扎实推进“一带一路”倡议，对内进一步实施深度的西部大开发工程，实施新时代“大三线”工程，把大西南和大西北建成可靠的后方战略基地。我们一定要真正做好武力收复台湾的准备，同时加强与台湾人民和各界人士的深度交往，努力争取和平解放台湾，但绝不放弃武力收回。

① 《建国以来毛泽东军事文稿》中卷，军事科学出版社2010年版，第420页。

专访

全世界正在聚焦中国

[德国] 埃贡·克伦茨

李瑞琴[①] 王建政[②] 译

① 李瑞琴，中国社会科学院马克思主义研究院研究员。

② 王建政，中国国际战略学会高级顾问。

人物介绍

埃贡·克伦茨（Egon Krenz），1937 年出生于科尔贝格（波莫瑞地区，今波兰境内）。

克伦茨 1983 年任“民主德国自由青年联盟”中央委员会第一书记。1983 年至 1989 年，任德国统一社会党政治局委员、书记处书记。1989 年 10 月，东欧剧变前夕，克伦茨接替埃里希·昂纳克（Erich Honecker）担任德国统一社会党总书记、民主德国国务委员会主席和国防委员会主席。1989 年 11 月柏林墙开放，克伦茨于 12 月初辞去上述职务。1990 年 10 月 3 日两德统一后，克伦茨遭到司法迫害，于 1997 年被判“有罪”，入狱 6 年半，2003 年获释。

提 要

中国抗疫之战充分展示了社会主义的制度优势；西方的意识形态偏见严重束缚了其客观看待中国抗疫的巨大努力及贡献，同时也只能说明美国所代表的势力在全球的影响力正在减弱，其在全球的声誉正在下降；新冠肺炎疫情在世界范围内暴发再次警醒世人，习近平主席倡导的构建"人类命运共同体"比任何时候都更加现实和迫切。

2020 年 4 月 4 日，中国国家领导人和全国人民向抗击新冠肺炎疫情斗争牺牲烈士和逝世同胞默哀致敬。防空警报鸣响，汽车、火车和舰船一齐鸣笛。全国所有公共建筑和中国驻外使领馆降半旗致哀。全世界都能够看到：这个国家即使在最困难的时刻也是团结的，所有民众、共产党员和国家最高领导人团结一心。中国展示的不是资本主义国家司空见惯的"神经质"，而是乐观主义的精神和勇气，传播的是能够战胜疾病的希望。

一、中国抗疫之战充分展示了社会主义的制度优势和中国特色社会主义的人道主义原则

在不到两个月的时间内，中国控制住了病毒的蔓延，为包括德国在内的其他国家争取到了抵御病毒的宝贵时间。只要不是别有用心的人，都会承认这一点。中国应对这场全球危机的方式方法，展示了社会主义的制度优势。资本主义世界的旧药方已经不受欢迎，全球关注的重心正在发生偏移，位于核心地位的是以人为本，而不是资本的利润。

如果在德国采取抵御新型冠状病毒的措施，只会涉及 8000 万人，在美

国是3亿人，而在中国却是14亿人，也就是目前全世界人口的22%。仅仅这个数字就足以说明，中国目前所肩负的责任有多么重大。这一责任并不仅仅是为了中国自身，而且还是为了整个世界。这场灾难是全球面临的挑战，即使西方反华势力有意识地无视这一点，也无法阻挡社会主义中国勇于担当、全力抗击新冠肺炎疫情的重要作用。

团结一心是中国共产党长期战略的最高原则。习近平总书记在中共第十九次全国代表大会上描绘了国家迈向2049年，即新中国成立100周年的道路远景，同时指出了发展道路上可能出现的各种风险。他认为，世界面临许多不稳定性和不确定性，例如生态灾难、世界经济危机、各种战争和重大传染性疾病等。这些风险无法预测[①]。即使采取一切措施以减轻或消除此类风险，但仍然存在出现意外突发事件的可能性。

中共十九大报告因此确定了“弘扬生命至上、安全第一的思想，健全公共安全体系，完善安全生产责任制，坚决遏制重特大安全事故，提升防灾减灾救灾能力”，[②]以克服前进道路上各种艰难险阻。实践证明，中国正是以社会主义的制度优势，成功抵御了新型冠状病毒的蔓延。

中国应对新型冠状病毒危机的方式，来源于中国特色社会主义的人道主义原则。凡是没有偏见的欧洲公民都对中国报以敬意，因为中国能够在最短的时间内从平地建起两所抗击疫情的应急野战医院。这场拯救生命的斗争与中国共产党的历史功绩一脉相承，中国正是以这种精神得以在过去几十年内使8亿多人口摆脱贫困。如果没有跨世纪的社会成就作为基础，这场传染病可能会带来多么严重的后果！

正如中国宪法中所规定的那样，社会主义生产资料所有制以国有财产和劳动者集体财产的形式，奠定了中国经济秩序的基础。土地、水域、森林、山岭和一切自然资源都属于国家，其中也包括国家提供的物资和服务，而这一切都是人民群众赖以生存的必要条件。与此同时，国家疾病防治设施没有

① 参见《习近平谈治国理政》第三卷，外文出版社2020年版，第46页。

② 《习近平谈治国理政》第三卷，外文出版社2020年版，第38页。

掌握在追逐利润者的手中。这是中国与资本主义世界相比无法估量的优势所在。在我看来，关键要素是为了人民利益而保障生存供应。

二、美国所代表的势力正在全球失去影响力

美国总统特朗普（Donald John Trump）充满了意识形态的偏见和自命不凡的傲慢，居然将新型冠状病毒诬称为“中国病毒”。此人最拿手的就是把罪责推诿给他人。为了掩饰自己的失败，他居然指责世界卫生组织（World Health Organization，简称“世卫组织”或WHO）出于“亲华”立场而对新型冠状病毒的危险轻描淡写。正当世界急切地需要展开国际合作之时，美国冻结了向世卫组织缴纳会费的资金。特朗普将其在美国抗疫斗争中的失误，恶意转化为煽动民族主义情绪的鼓噪和在北约推行的军备路线的活动，这加剧了原本已经分崩离析的世界的各种冲突。特朗普所代表的势力，正在全球失去影响力和声誉，因而爆发一场新战争的危险也在增大。美国高达7000亿美元的军费开支，超过了其他15个军费开支最高国家的总和。在新冠肺炎疫情危机中，德国政府决定购买45架可携载核炸弹的美国战斗机，并确认美国在德国国土上部署的核武器的永久化权利。

特朗普骇人听闻的诽谤行为，实际上是企图掩盖美国的社会犯罪行为。背后的真相是美国不堪重负的医疗系统，阻滞了需要救治者找到有效的就诊通道。这是一种社会崩溃状态，成为大多数民众在患病时难以避免的厄运。

全世界出现了令人难以承受的各种惨状：在意大利的贝加莫，大批军车车队运送死者前往火葬场。在马德里的冰上运动体育馆，不得不存放着冷藏尸体。在美国底特律人满为患的医院走廊里，一些病人正在窒息而死。那里禁止任何人私下计算病亡者和感染者的数量。中国与这样的“大合唱”完全不搭调，而是尽心尽力地施以援助。

三、西方秉持的意识形态偏见，严重束缚了其客观看待中国抗疫的巨大努力及贡献

在欧盟争吵不休、束手无策的领导层中，居然有西方政客称，中国对他国的抗疫援助是一场宣传秀。发出这种谬论的时机，恰恰是武汉市经历封城两个月后逐步过渡到正常状态，全世界正派的人们与武汉市民共享喜悦的那一天。那么就让我们来看一下所谓中国“宣传秀”的事实：中国在自身抗疫仍然非常关键的时候，仍积极援助他国，为其他国家阻止疫情提供了力所能及的帮助。中国医生支持俄罗斯、古巴、委内瑞拉的医生同事，援助蒙受苦难的欧盟国家意大利；在慕尼黑，巴伐利亚州（Freistaat Bayern）州长亲自到机场迎接来自上海的德国急需的医疗援助器材；北莱茵－威斯特法伦州（Nordrhein–Westfalen）的海因斯贝格县（Kreis Heinsberg）受到病毒特别严重的侵害时，是中国的物资援助雪中送炭。该县县长在一封公开信中衷心感谢中国的物资援助，并由衷表达对中国抗疫斗争所取得奇迹的惊叹。习近平主席在写给安吉拉·默克尔（Angela Dorothea Merkel）总理的一封信中还表示，中国随时愿意极尽所能提供德国所希望获得的任何支持。与此形成鲜明对比的是欧盟共同体所展示的悲惨景象：各国根据自身需求各自关闭国界，“竞购”甚至截留口罩和防护服，对难民的命运不管不顾。

因中国实力对西方构成了极大的挑战，由此西方反华宣传的目的就是把新冠肺炎疫情暴发的罪责推诿于中国，以遏制中国的发展。他们觊觎中国巨大的市场，同时更害怕中国成为取代已经脱缰失控的资本主义制度的现实选择。

在“媒体自由”的外衣下，遗憾的是德国也参与了未经审核便妖魔化中国的记者反华大合唱。这场针对中国的媒体战争已经触犯了引发民族仇恨的界限。此情此景，令我回忆起19世纪德国的革命者、社会民主党人奥古斯特·倍倍尔（August Bebel）说过的一句话：“当敌人称赞你的时候，说明我们肯定做了什么蠢事。”如今反向推理就意味着：“新自由主义”者及其媒体对

中国政策的攻击越是恶毒、越是愚蠢，就越能证明中国走在正确的道路上。

四、构建“人类命运共同体”比任何时候都更加现实

来自瑞士的心脏外科教授保罗·罗伯特·福格特（Paul Robert Vogt）与武汉的同事保持着最密切的学术联系，他在近期指责了“对中国展开的一场愚蠢的抨击”，并且回忆起中国曾经提供的有利经验优势：“当中国于 2019 年 12 月 31 日向世界卫生组织报告出现新型病毒的信息之后，其他国家完全可以有两个月的时间，对正确的数据进行研究，并得出正确的结论。”然而美国忽视了这段时间，现在却想嫁祸于中国。

新型冠状病毒以极端的方式教训了人类，即人类对大自然的统治是有局限性的。正如人类遭遇历次危机时一样，克服危机的方式必须具有社会责任的人道主义内涵——完全有别于资本主义施放的烟幕弹。建设“人类命运共同体”比任何时候都更加现实。在这样的精神下，西方理应结束对古巴、委内瑞拉、俄罗斯联邦和其他国家的各种制裁。这类制裁阻碍了医疗用品、援助物资和专业人员的交流。这是毫无理性的荒唐之举。中国在联合国发声，反对继续此类制裁，赢得了国际社会的高度赞扬。

当新冠肺炎疫情得到控制之后，全世界将面对一系列问题：我们希望未来如何生活？怎样才能以一个团结互助的社会取代那个尔虞我诈的社会？体制问题已经摆上了全世界的议事日程。这是所有人应当思考的重要题目。中国今天已经摆脱这种两难境地，已经作出抉择。中国特色社会主义已经在全世界赢得了声望。这个国家正朝着社会主义方向前进，其他各国将会跟随而来。

大规模流行病揭示了体制问题 *

[德国] 汉斯·莫德罗

李瑞琴[①] 王建政[②] 译

* 本文首先以“胡扯中国瘟疫——新冠大流行如何凸显制度问题”为题刊登在 2020 年 5 月 12 日德国《新德意志报》上。刊登时特别强调：此文是应中国社会科学院的邀请所写，该院希望各国名人对新冠肺炎疫情和抗疫斗争给予评价和表达立场，而且还会将这些文章结集出版。2020 年 5 月 14 日，《参考消息》以“原民主德国总理莫德罗文章——抗击疫情凸显中国制度优势”为题，节译刊登。莫德罗敢于在德国媒体上公开为中国点赞，而且带领左翼党利用抗疫斗争寻找新的努力方向，肯定中国特色社会主义的制度优势，难能可贵。5 月 17 日，世卫组织召开了抗疫会议，此时莫德罗的文章能在德国媒体公开发表，对中国进行声援，意义重大。——译者注

① 李瑞琴，中国社会科学院马克思主义研究院研究员。

② 王建政，中国国际战略学会高级顾问。

人物介绍

汉斯·莫德罗（Hans Modrow），1928年1月27日出生于德国波美拉尼亚省波利采（Województwo zachodniopomorskie，现属波兰西波美拉尼亚省）。1971年至1973年，莫德罗任统一社会党中央联络部党中央部长，1973年至1989年任德累斯顿区党委第一书记。1989年11月13日至1990年3月18日，莫德罗担任了4个月的德意志民主共和国总理。1990年10月3日，德意志民主共和国“加入”德意志联邦共和国，东德不复存在。莫德罗后来长期出任德国民主社会主义党名誉主席。从1994年起，莫德罗在德国联邦议院和欧洲议会担任多年议员，如今仍担任德国左翼党元老委员会主席。

提 要

在疫情面前，西方主流媒体的反共意识形态性丝毫未减。此次世界面临的公共卫生领域系统风险大考，突出了社会主义与资本主义两种制度国家治理能力的优劣。中国肩负着“人文使命”，在国际层面展示了“负责任大国的形象”。

一、疫情面前西方主流媒体的反共意识形态性丝毫未减

那是今年年初发生在日本驻柏林大使馆内的一件事。来自中国的令人担忧的消息也传到了欧洲。在接到日本大使邀请的几位德国政治家看来，当时这一切是十分遥远的事。大使武八木（Takeshi Yagi）热情地欢迎客人，请求他们在新时代为了和平与理解施加影响。代表德国客人发言的是福尔克尔·考德尔（Volker Kauder），他在正式演讲中提到了和谐的理念。考德尔是一个颇有影响力的强势政治家，几周前还曾担任保守党执政联盟基民盟/基社盟议会党团主席，而且任职时间长达 13 年之久。考德尔被视为联邦总理安吉拉·默克尔的主要支柱——观察家们把他落选议会党团主席视为联邦总理逐渐失去权力的结果。此刻，考德尔当着许多应邀客人的面采取了具有“地平线之旅”（Tour d’Horizon）意义的一个举措。他突然冒出了“中国瘟疫”（die Chinesische Seuche）这个词语。

这个措辞令我大为惊讶。在德语词汇库内，“瘟疫”（Seuche）这个词早就已经消失，如今取而代之的是中性词“传染病”（Infektion）。瘟疫这个词过多地令人回忆起“黑死病”（Pest）和“霍乱病”（Cholera），回忆起几个世纪以前黑暗的中世纪，回忆起当时普遍缺失的卫生状况。将“瘟疫”这个陈旧的词与中国联系在一起，显然含有轻蔑和反共的含义，是不和谐的音调。

我向身边一位穿着时髦的女士求证，是不是正确地理解了考德尔的措

辞，他真的使用了“中国瘟疫”这个词？这位女士是德国第二电视台（ZDF）十分著名的主持人，几乎每天都在主持《今日要闻》（Heute Journal）节目，而这个电视台是德国最重要的电视台之一。在我看来，这位女士对德国语言的把控是十分精准的，她会十分关注措辞的细微区别。

她点点头：是的，他是这样说的。她仔细地打量着我，因为她完全听出我提问中的批评含义。之后，她急切地向我保证，考德尔的初衷肯定不是诽谤或污蔑，虽然他的话听上去有些刺耳。她为他进行辩护，尽管此举根本就无须辩解：考德尔是在否定北京及其政策（据说，不久之后她也在电视节目中使用了“中国瘟疫”这个词。“舆论的形成”就是这样奏效的）。

那位经验丰富的基民盟政治家，以其演讲显示了联邦政府自相矛盾的政策。一方面，德国需要中国作为德国企业的市场和伙伴，所以从这个角度看不存在保持接触的恐惧。联邦女总理对那个远东国家的访问次数已经超过了其他所有德国政府首脑，而且她的历次访问都有大批经济界人士和康采恩代表陪伴。另一方面，对中国抱持深刻的意识形态保留态度——却一如既往地存在。反共主义过去是（现在仍然是）德国保守主义的一个重要因素。对保守主义的统治者们来说，游离于基督教—西方民主理解力的所有思想，统统是罪恶邪说。在此类行为方面，联邦德国无条件地追随美国。即使在特朗普对中国的攻击遭到批评之后，德国也讳莫如深，不敢对其进行谴责。大千世界，何为美好与正确，何为错误与恶劣，统统由美利坚合众国来定调。一旦美国人确定了“自由与民主”的标准，德国政治家便会唯其马首是瞻。

正因为如此，所以在武汉乃至全中国采取严格措施的初期，德国对此进行尖锐批判的立场就不足为奇了。德国媒体几乎众口一词地批评道：那个共产党国家展示了它压制民众的一面，不允许人们离开家，到处都受到监控，处于绝对监视之下。媒体愤怒地认为，人权受到了践踏。构成德意志联邦共和国基本要素的反共主义，阻碍了德国客观地、毫无意识形态偏见与保留态度地分析形势。无论中国采取了什么措施，统统都是错误的——因为那里执政的是共产党人。人们以这种方式失去了许多时间。

当病毒跨越国界以后，当欧洲和世界其他地区与中国领导人面对相同的挑战的这一时刻，针对中国的批判声音开始明显收敛。世卫组织赞扬了中国采取的各种措施，并高度评价中国团结增援其他国家的行为。中华人民共和国从而得到了国际赞赏。

西方批评的杂音之所以偃旗息鼓，并不是因为事后认可了由中国共产党推动下采取的各种措施，而是西方自身最终也不得不采取相似的行动。幼儿园、中小学校和大学关闭，剧院和博物馆关门，餐厅和酒店打烊，企业因为员工感染而停止生产，公共交通只能有限运营，飞机停留在地面上，边界封锁……

二、如何应对疫情突出了社会主义与资本主义制度的优劣

欧洲的公共生活全部瘫痪。许多人失去了他们的基本生存条件——包括在德国。中小企业陷入经济绝境。联邦政府拨款数十亿资金，试图阻止经济崩溃的步伐。但是紧急援助、各种补贴和贷款，只能收到短期效应。如果疫情继续蔓延，如果抗疫斗争采取的措施超出了预期时间，如果导致数十万企业破产，政府又该怎样应对？这一问题成为燃眉之急。德国联邦中产经济联合会主席马里奥·欧霍文（Mario Ohoven）在 5 月间提出告诫，担忧受到新冠肺炎疫情打击的德国企业被中国投资者收购。于是他们老调重弹对“中国威胁”的恐惧。

联邦总理默克尔在一次电视演讲中强调，此次传染病构成了第二次世界大战以来政治上最大的挑战。在德国法西斯侵略各国人民的战争中，各个城市和企业都被摧毁了。数百万人流离失所，成为欧洲无家可归的流浪者。当时没有什么可以果腹，几乎无法生产。但是，当时的贫困对所有人都是平等的。

如今却完全不一样，所以与那种状况根本就无法相比。一方面，有一些富人，他们可以用金钱搞定一切问题——他们有的是钱。另一方面，也有很多人并不拥有可以保障生存的金钱和储蓄。于是，生命就会终止于埋葬大量死者的万人坑内——2020 年 4 月发生在纽约的可怕画面展示了这一惨状：死

者躺在简陋的木箱子里，三层棺木摞在一起，堆在长长的坑内。然后，履带式推土机将万人坑推土碾平。

德国的不幸有着另一幅景象。例如，有些人自发地在穷人中最穷者的篱笆墙上挂着装有食品的塑料袋，因为其他援助来源已经枯竭了。疾病防治设施的资源使用已经达到极限。几十年来，医院的运营方式如同企业经营，凡是看上去不必要和多余的资源统统节约掉了：人力，床位，技术器材。病患不再被称为病人（Patienten），而是当作顾客（Kunden）——他们需要的是服务。于是，私人投保的顾客和国家法定医疗保险的顾客之间就出现了区别。人们称之为两个阶级的医疗体系，因为私人保险者比法定医保享受者能够接受到更好、更快的治疗。现行医疗保障取决于各地条件，取决于市场条件，而国家承担的责任却被削减了。

当此次传染病引发的病患人数急剧上升后，过去为了营利目的而节约掉的短板就显而易见了。病房短缺，病床短缺，人力短缺，技术设备和药物短缺。

与此同时，人们惊讶地发现，中国却能在短短几周的时间内建起数个新的医院，可以生产数以百万计的口罩（甚至还能向全世界提供口罩），而且还可以向其他国家提供医疗建议和援助。世卫组织对中国加以赞誉，将中国树为榜样——而那些所谓的资本主义富裕工业国却纷纷陷入缺医少药的困境之中。那里不仅在病患确诊人数上，而且在死亡人数上均迅速超过了中国。

病毒并不区分国籍和收入，区别只在于不同社会应对此类挑战的方式。于是，社会制度问题便产生了。这个问题从来就没有消失过，只不过当苏联模式的社会主义在欧洲失败之后，已经没有人再提出这个问题。西方对中国特色社会主义也采取诋毁与争议的宣传方式。他们不遗余力地扼杀有关社会制度选择的每一种思考。

此次传染病突然逼迫人们重新思考长久以来不再公开讨论的这一问题：究竟哪一种社会制度更加人性化？在所有努力的尺度中，人的因素究竟置于什么地位？究竟什么才是更具公益性的社会制度——难道是将利润最大化视为唯一驱动力的资本主义？还是社会主义——曾经被菲德尔·卡斯特罗

（Fidel Castro）称为“符合物种习性要求的社会”？社会主义制度定向于满足人们真正的需求，而不是资本主义为了满足自身营利目的所宣传的那种需求。社会主义制度不会将生产的剩余价值，也就是利润纳入少数股东的钱袋，而是以公平方式施惠于所有人。哪些政治领导人能够获得人们更多的信任？——是那些时刻意识到对全社会承担的责任，并且以人民的利益为中心的领导人？还是那些拥有全国乃至全球绝大多数财富的、为了自己的私利和一小部分人的利益而做决策的领导人？

世界上最富有的42个人所拥有的财富，超过了37亿人，也就是一半的人类财富总数。在德国，相应的比例也无二致：45个超级富翁拥有的财富相当于德国社会财富的一半。一个具有正常思维能力的人会相信这些巨量财富是通过完全正派、正常劳动所获得的？

此间媒体以煞费苦心的方式抛出了关于制度问题的话题，认为此番传染病过后的生活方式肯定会“有所不同”。“有所不同”是肯定的，因为资本主义制度不仅在此次危机中显示了它的社会极限，而且也提出了人类生活的本质问题：人类存在不是为了生产、为了消费，而是为了自我内心的和谐，为了与邻居之间的和谐，为了与大自然的和谐。团结互助比自私自利更加重要，团结友爱的精神比自我封闭的固执更有必要。只有这样，才能凝聚整个社会。

这种见识并不是新鲜理论。有许多智者提出过这种认识：

从弗兰茨·冯·阿西西（Franz von Assisi）到教皇方济各（Pope Francis），后者有意识地选择了这个姓名，因为他认为其人生蓝图在政治上是现实可行的。从耶稣到甘地，从黄帝到远涉非洲行医济世的圣人阿尔伯特·施魏策尔（Albert Schweizer），从老子的《道德经》到《圣经》，从释迦牟尼佛陀到马克思，从孔夫子到习近平……

在这样的背景下，我再次阅读了习近平2016年8月在全国卫生与健康大会上的讲话——那是很早于现实传染病暴发之前的事。习近平在讲话中指出了保护健康与旨在促进健康的生态环境保护之间的辩证关系。生态环境保护不仅意味着爱护和保护大自然，而且也是对人类特性的关怀。资本主义生产方式最终将会导致人类的灭亡，因为他们肆无忌惮地索取人类赖以生存的所有自然资源。习近平指出："良好的生态环境是人类生存与健康的基础。"[①] 他认为对"环境"的理解不应局限于周边人居环境和自然。习近平同时还明确强调了责任制。这位中国党和国家领导人指出："推进健康中国建设，是我们党对人民的郑重承诺。"[②] 中国在这一"人文使命"方面应当在国际层面展示"负责任大国的形象"，将完善中国"参与国际重特大突发公共卫生事件应对的紧急援外工作机制，加强同'一带一路'建设沿线国家卫生与健康领域的合作"。[③]

三、疫情之后资本主义的危机与衰退不可避免

欧洲的疫情正在逐步消退，资本主义社会的危机症状比以往任何时候都更加明显。在美国，已经有 3800 万人失业——美国总统将此推责给中国及其领导人。他在 5 月间指称中国隐瞒了疫情及其蔓延的情况，也就是欺骗了世界。他的这种反应揭示了二点：第一证明了华盛顿的无能，证明美国无法控制本国的问题。第二表明美国不愿意接受或承认中国在经济、社会和政治上卓有成效地控制了疫情及其后果。第三暴露了这位美帝国主义的代表人物亲自上阵，将病毒当作打击中国的政治工具。早在 1 月 24 日，特朗普曾经赞扬中国采取巨大努力控制了疫情，美国高度评价中国的努力和透明度。他以美国人民的名义感谢了习近平主席。然而，当他察觉到中国非但没有在危机中衰弱、反而得到了增强时，特朗普就激化了宣传战，调门变得富有侵略性。

但是他的举措成了自作自受的飞去来器。全世界的氛围都转向了批判美国。德国官方历来是美利坚合众国的忠实随从。德国民众当中亲美的情绪也

---

① 《习近平谈治国理政》第二卷，外文出版社 2017 年版，第 372 页。

② 《习近平谈治国理政》第二卷，外文出版社 2017 年版，第 373 页。

③ 《习近平谈治国理政》第二卷，外文出版社 2017 年版，第 373 页。

曾十分清晰。然而时值 2020 年 4 月，德国一家声誉良好的学术机构调查了德国人对美国和中国的现实看法。

2019 年，一半德国人认为对美关系的重要性超过中国，只有 1/4（24%）的德国人认为对华关系更重要。在短短一年的时间里，这一比例发生了巨大的变化。尽管德国媒体发起了反华宣传，但是令其惊讶的是美国失去了 13 个百分点的支持率，而中国却增长了 12%。也就是说，美国与中国的支持率已经平分秋色，即分别为 37% 和 36%。这一现象再次证明，人民比政府或政党的反应更加聪明。中国因控制危机的表现，因在客观、冷静、团结援助方面的举措，赢得了很高的形象分。

作为一名年长的政治家和德国左翼党元老委员会主席，我扪心自问，我们的党是否对这些问题给予了应有的关注。答案是：没有。不仅在宏观上没有，在微观上也没有做到。务实的政治行为和理论性思考，都没有达到应对当前挑战的应有高度——无论在国内还是在全球框架内。

凡是涉及德国左翼党的问题，实质上也关联到欧洲左翼力量。现实社会主义处于低潮和苏联的解体，不仅导致精神上的迷茫，也造成马克思主义思想的颓势，而且这种效应至今仍然没有中止。这种现象进而改变了左翼力量面对野蛮嗜血的资本主义时的行为。欧洲乃至拉丁美洲的团结力量，在勇气、坚定性和团结互助方面明显地处于颓势，更谈不上进一步发展马克思主义思想的可能性。德国左翼党不仅应当在社会上和全球化进程中进行社会斗争，不仅应当对民主的塑造方式和政治的领导方式进行分析与批评，而且也应当提出战术和战略选择上的选项。为此，必须把过去和今天的经验纳入考量，也包括中国同志如今正在创造的经验。左翼党元老委员会将对此发挥影响力，使得马克思主义思想重新得到增强，重新回到显著地位。我们急切地需要这样做。

中国共产党人很快就将迎来他们的建党 100 周年纪念日。中国共产党把数亿人从贫穷中解放出来，并将在这条道路上继续前行。他们的目标是永远摆脱贫穷。这一使命及其成果，不仅必须受到尊敬，而且应当鼓舞欧洲左翼力量从被动适应资本主义制度的现状中解放出来，并且应当主动规划建立一个社会主义世界的目标。在我们的规划中，应当包括赞赏和尊重中国对建设一个和谐世界作出的努力。

我越来越清晰地认识到，中华人民共和国的成立是世界历史的一个转折点。我的每次中国之行都证明了这一点。前进道路上的艰难险阻，不期而遇的自然灾害，例如此次新型冠状病毒，统统挡不住中国的发展脚步。2020 年 5 月召开的中华人民共和国全国人民代表大会对抗疫斗争的客观分析，清晰地证明了这一点。无论大洋彼岸与欧洲的反华宣传如何喧嚣，中国仍然比以往任何时候都更加鲜明地成了全世界的希望所在。

恰恰因为如此，引起了资本主义各国领导人的惶惶不安，也解释了他们为什么作出一系列具有破坏性的反应，而这种反应给世界和平带来了威胁。

新冠肺炎疫情与资本主义

[匈牙利] 蒂尔默·久洛

于海青[①] 祁建朋[②] 译

① 于海青，中国社会科学院马克思主义研究院研究员。

② 祁建朋，山东大学马克思主义学院2018级博士研究生。

人物介绍

蒂尔默·久洛（Thürmer Gyula），出生于1953年4月，是匈牙利著名政治家和社会活动家。

在匈牙利人民共和国时期，久洛长期在匈牙利外交部和匈牙利社会主义工人党国际部工作，1985年至1989年曾担任匈牙利政府和社会主义工人党最后一任总书记格罗斯（Grósz Károly）的外交政策与安全问题顾问。在匈牙利社会主义工人党改组为社会民主党后，久洛着手重建了匈牙利共产党。后因匈牙利相关法案禁止使用带有“共产主义”的名称和标志，将匈牙利共产党改称为匈牙利工人党。从1989年12月至今，久洛一直担任该党主席。

提 要

新冠肺炎疫情对世界是一场大考，中国已经取得了这场考试的阶段性胜利，大多数资本主义国家却应对无力。这是因为服从金钱至上逻辑的资本主义医疗体系濒临崩溃，而以利润和个人主义为基础的资本主义价值观又妨碍了有效的社会动员。疫情暴露了资本主义一体化的危机，凸显了中国强大的治理能力以及社会主义制度超越资本主义制度的优越性。虽然资本主义国家正在采取各种措施抗击疫情，但疫情引发的经济和政治危机依然为世界局势带来诸多不确定性。对此，中国提出的构建“人类命运共同体”理念是防止进一步破坏，阻止世界大战，使所有国家都有以自己的方式发展的可能性的现实方案。

为什么会有数十万人死亡？为什么我们在 21 世纪取得了巨大的科技成就，人类却无法阻止这场灾难？世界各地的人们都心存质疑。新冠肺炎是一种疾病。关于病毒起源，科学家们会给出明确答案，各种阴谋论毫无意义。人类在与大自然斗争，而我们生活在社会中，我们期待社会结构能够帮助我们抗击疫情。问题在于，不同类型的社会在多大程度上有助于抵御自然力？新冠肺炎疫情最早在中国发现，一个正在建设中国特色社会主义的国家。中国已经取得了抗击疫情的阶段性胜利，为整个世界提供了宝贵经验。当前，疫情仍然在资本主义的欧洲和美国肆虐。在与病毒进行了两个多月的艰难奋战之后，我们可以得出关于疫情与资本主义相关联的一些结论。

一、资本主义对疫情反应迟缓

尽管每个国家都在努力与疫情抗争，但资本主义制度及其机构无法阻止疾病流行。主要资本主义国家对疫情反应迟钝的原因在于：

首先，许多资本主义国家领导人认为，欧盟和美国发达的体制可以将疫情阻止在边境之外。他们忽视了世卫组织的警告以及中国及时发布的经验。欧盟委员会主席乌尔苏拉·冯德莱恩（Ursula von der Leyen）在接受德国《图片报》（Bild）采访时说："我想我们都不是专家，一开始就低估了新型冠状病毒。"

其次，一些资本主义国家意识到他们无法阻止疫情蔓延。他们知道自身的医疗体系不能应对如此大规模的流行病，却没有向人民讲真话的政治勇气。

最后，资本主义国家建立在金钱和利润基础之上。金钱和利润是政府在制定防控疫情具体措施时考虑的主要因素。如果过早关闭边境，旅游业将遭受巨大损失；如果过早引入社会隔离，企业的利润将会减少。这是一种病态现象，但实际情况的确如此。经济考量即使不是最主要因素，也是重要因素。

二、资本主义：金钱至上

医疗系统是抗疫主战场。意大利、法国、西班牙、美国等国的医疗体系几乎立即就崩溃了，这与此前公共服务的发展服从于资本利益密切相关。

第一，资本主义国家尽管在医疗上有所投入，但远远不够。经济合作与发展组织（Organization for Economic Co-operation and Development，简称"经合组织"或 OECD）国家的医疗投入占 GDP 的 8.8%，匈牙利是 6.6%。在资本主义国家，包括医生、护士和药物等在内的所有一切都非常昂贵。

第二，医疗私有化几乎在每个资本主义国家都发生过。不是所有医疗服务部门有计划、按比例地发展，而是只有那些能赚钱的部门才得到大力推动。这一战略使包括本地医生的区域体系在内的基本医疗服务遭到破坏。在匈牙利，有很多村镇的医生职位空缺。

第三，医疗系统的发展目标是尽可能利用其所有功能。在正常情况下，医院功能的 80%—90% 被利用。资本主义国家根本没有为危机做好储备。为了提高效率，许多资本主义国家减少了病床数量。在意大利，每 1000 名居民有 2.6 张病床，西班牙是 2.4 张，法国是 3.1 张。当疫情发生时，床位数严重不足。资本只对最大化利用医院病床感兴趣。在意大利，78.9%的病床是不间断使用的，在法国这个数字是 75.6%，在西班牙是 75.3%。在疫情期间，所谓的重症监护病床是最紧缺，也是最昂贵的。在西班牙，每 10 万名居民仅有 9.7 张重症监护病床，意大利是 8.6 张。

第四，医疗体系的效率还取决于医疗保险覆盖的居民数。在美国，国家保险只覆盖 35.9% 的人口，10%即 3300 万美国人没有任何保险。

第五，医疗成就也取决于指导体制。在意大利，整个医疗体系是分散化的，地方政府可以决定所有问题。这意味着没有集中的病床登记系统。在许多国家，医院的信息化系统水平极低，因为医院所有者不愿在这方面进行投入。一个典型表现是只有 0.85%的 IT 专家从事医疗行业。

第六，资本主义国家的人力和物资储备严重不足。如果拥有应对疫情的军医，可以将私人医院的医疗人员和退休人员作为额外储备。但现实情况是，在拥有 6000 万人口的意大利，只有 1566 名军医；在拥有 6600 万人口的法国，只有 1827 名军医。而在疫情最初发生时，中国有 5000 名军医被派往武汉。资本主义国家显然也没有物资储备。很长一段时间以来，口罩、消毒材料等绝对短缺。医院只有必要数量的物资，因为仓库越大，支出的管理费就越多。欧洲资本主义国家停止了许多医疗物资的生产，因为在发展中国家生产更便宜。目前发达国家仍然没有必要的生产基础。

三、资本主义价值观行不通

新冠肺炎疫情清楚地表明，主要建立在利润和个人主义基础上的资本主义价值观，妨碍了社会动员一切资源来抗击疫情。利润意味着资本主义国家在医疗上的投入小于需求，私人医疗因而获得优先权。个人主义意味着私人利益比集体利益更重要。这一原则使得作出任何可能损害个人利益的决定极为困难。以多党制议会为基础的资本主义国家的政治体制，不能在适当时候作出必要决定。在许多国家，疫情成为政府与反对派之间的角逐。西方资本主义社会的道德危机也阻碍了与流行疾病的有效斗争。西方社会对人权、性别、非阶级的“性”问题进行了无休止的讨论。自由被解释为绝对自由，没有纪律，没有内部团结。

四、资本主义与社会主义的治理能力比较

就新冠肺炎疫情的后果而言，不同欧洲国家之间存在着显著差异。中东欧国家也是资本主义国家，但它们都有过去源自社会主义的历史。相比从未有过社会主义经历的西方国家，中东欧国家更容易地通过了新冠肺炎疫情的考验。其原因各不相同。比如在匈牙利，医疗体系没有崩溃。社会主义创建了一个向所有人开放的医疗体系。资本家试图摧毁这一体系，但他们无法彻底做到这一点。该体系包括本地医生的基本医疗系统以及涵盖特殊流行病医院在内的全球医院系统。

匈牙利的执政精英意识到，如果不正确处理新冠肺炎疫情而引起民众不满，就会导致针对政府乃至资本主义制度的大规模示威。政府因而采取了很多措施来帮助人民。但他们这样做不是出于纯粹的人道主义，而是为了防止民众不满以及反对资本主义制度的任何行动。人们接受了各种帮助，但却没有去想资本主义政府的真正意图是什么。这些事实表明，即使是一些残存的社会主义因素也可以帮助政府应对新冠肺炎疫情。

中国是第一个在抗击新冠肺炎疫情中取得阶段性胜利的国家。中国的抗疫经验具有重要的全球性意义。美国和其他一些资本主义国家企图通过发动针对中国和中国共产党的攻击来掩饰自己的错误和弱点。中国特色社会主义应对新型冠状病毒的要点在于：

第一，中国可以建立现代的治理体系。它为人民所接受，同时也极其高效。中国的治理体制已显示其效能。中国成功战胜新冠肺炎疫情证明了习近平新时代中国特色社会主义思想的正确性。深化各领域改革的总体目标，是改善和发展中国特色社会主义制度，实现国家治理体系和治理能力的现代

化。值得注意的是，中国共产党于2018年初启动了党和国家机构改革计划。该计划取得了预期成果，为中国未来的改革和发展铺平了道路。改革加强了中国共产党的领导。党的中央机构肩负着更多的管理和协调责任，牵头领导不同领域的工作。中国独特的治理体系显示出强大力量和生命力。中国可以不断提高自己的能力并向他国学习，这正在吸引越来越多的国际人士来分析其全球意义。

第二，人民对中国共产党充满信心。他们相信这个在1949年建立新中国，并在1978年后带领中国走上改革开放道路的党。自从新冠肺炎疫情暴发以来，中共中央一直把疫情防控工作放在第一位。执政的中国共产党在倾听人民的声音、打击腐败和提高执政能力方面取得了巨大成功。建设一个廉洁高效的党，可以给许多其他被政治混乱和社会鸿沟深化所困扰的政党提供经验。

第三，现代有效的执政体制可以实现军队和人民政府快速、有效的整合。中国军队指挥系统的重组是非常成功的，中国最高司令部能够将大批部队从不同地方会集一处。中国的运输能力已显示出重要发展，中国制造的新型战略飞机首次应用于非战争行动。同时，中国的军事医疗体系也运转良好，中国士兵和所有抗疫参加者都具有极高的心理和思想训练水平。

令人欣慰的是，在习近平主席和中国共产党的坚强领导下，在医务人员的努力下，疫情已在中国得到了全面控制，死亡人数有限。还应指出，中国全体人民仍在采取许多极为谨慎的措施，以确保疫情防控的最后胜利。所有这些都证明了社会主义制度的优越性。相反，资本主义世界的国家，尤其是以美国商人总统的态度为典型表现的国家，非但没有及时在自己的国家采取必要措施，反而竭力指责中国采取所谓“非人道措施”。在疫情初期的严重疏忽之后，他们现在发起了对中国的谴责游戏，这是根本站不住脚的。在疫情初始阶段，资本家只关注自己小集团的经济利益，而当疫情蔓延开来时，他们只是关闭了致使数百万人被裁员的行业。由于资本主义统治者的自私和反华态度，现在资本主义经济陷入了前所未有的萧条。

五、资本主义的得与失

资本主义在新冠肺炎疫情的首次进攻中得以幸存。所有资本主义国家或迟或早都采取了有效措施来抗击疫情。限制将逐步消除，并且确实有希望恢复正常生活。经济和社会后果是现在面临的最大挑战。

（一）资本主义因疫情遭受重大损失

比如，企业在股票市场损失惨重。2018 年，跨国公司 BOSS 的股票市值为 77 亿欧元，现在仅为 17 亿欧元，损失达到 78%。戴姆勒的股票市值在 2015 年为 967 亿欧元，现在仅为 331 亿欧元，减少了 66%。

航空公司每天亏损数十亿美元。德国航空公司的业绩下降了 90%，美国公司下降了 74.5%。瑞安航空以前每天有 2500 个航班，现在只有 20 个。

资本主义国家的债务也在增加。德国的债务在 2019 年占 GDP 的 58%，而现在是 75%。

资本主义世界正面临着新冠肺炎疫情带来的经济后果。根据欧洲央行行长克里斯汀·拉加德（Christine Lagarde）的说法，欧洲国家的 GDP 将下降 2%—10%。据彭博社（Bloomberg News）报道，国内生产总值（Gross Domestic Product，简称 GDP）将下降 6%。

欧洲正在出现大规模失业。麦肯锡公司（McKinsey & Company）称，今年失业人数将翻一番，达到 7.6%。预计到 2021 年，这一比例将达到 11.2%。在美国，将有 18%—20%的人失业。在土耳其，这一比例甚至将达到 40%。根据国际劳工组织（International Labour Organization）的统计，到 2020 年底，将有 2500 万人失业。这将导致收入急剧减少。危机的实际社会后果将非常类似于 1929 年经济危机。

传统政党的受欢迎度和影响力将继续下降。比如，在最近的民意测验中，德国社会民主党的得票率下降到有史以来最低的 17%。

（二）资本主义因疫情最重要的所得

资本主义国家将利用疫情采取一些和平时期不可能采取的措施。大量国家资金将用于国防、安全行业、航空运输和私人医疗。通货膨胀正在冲击所有资本主义国家。价格上涨意味着大批人遭受损失，但资本主义国家却赢得了很多利益。正如米尔顿·弗里德曼（Milton Friedman）所说：“通货膨胀是无立法的征税。”资本主义国家将设法使社会完全受到控制，他们试图引入强制测试、病毒的数字跟踪、手机控制，等等。资本主义国家也将使工人群众为这场危机付出代价。疫情期间，政府在支持银行和跨国公司，价格也在上涨，通货膨胀预计也会更高。

关键在于，疫情危机是否会导致 1929 年经济大危机的后果，或者资本主义能否避免崩溃。普遍观点认为，新冠肺炎疫情正在演变为全球经济危机。资本主义国家及其组织试图防止经济危机演变为可能动摇资本主义秩序的全球性社会危机。但问题又不只在于经济本身。实际上，欧洲面临着各种问题，现在大多数欧洲国家都比 2008 年脆弱。与 2008 年金融危机相比，这次疫情引发的危机有很大不同。其一，危机关涉所有国家和社会群体；其二，欧盟的移民和改革削弱了欧洲机构的能力；其三，现在除了俄罗斯以外，中国也可以影响危机的后果。

病毒流行本身可以得到解决，欧洲的危机与新冠肺炎疫情无关，但疫情将以更加透明的方式凸显欧洲的内部问题。欧洲社会失去了发展动力，西欧社会极其脆弱，社会急剧撕裂，没有坚强有力和受人尊敬的领导人。对新冠肺炎疫情的恐惧与先前的反全球主义共鸣，可能导致意识形态上的自欺欺人。

对资本主义国家来说，战争的可能性仍然存在。大资本不会甘冒世界大战的风险。两次世界大战都导致了社会主义力量的增强，他们并不希望出现这种情况。资本主义国家正在采取措施防止全球崩溃和社会革命。比如：1. 为应对与疫情相关的经济放缓，资本主义国家及其国际组织将为银行和大公司提供特殊支持；2. 最近一段时间，随着中产阶级大量减少，资本主义政府正试图稳定其地位，对作为资本主义社会基本动力的中小企业提供帮助；

3. 北约正在制订一项计划，以维护北约国家的和平与安全；4. 资本主义政府正在制订内部政治计划以维护本国的民主秩序。

六、崩溃、毁灭还是构建“人类命运共同体”

尽管新冠肺炎疫情和经济危机带来了负面影响，但现在任何欧洲国家都没有出现革命形势。然而，对资本主义的批评、对欧盟和北约的指责声音在增加。很多人对资本主义感到失望。

存在很多不确定时刻。我们不知道欧洲是否会发生战争，但是我们不能排除这种可能性。资本主义正在争取新市场。北约和欧盟试图东扩，但其遭遇了野心勃勃的俄罗斯。欧盟内部的争斗仍在继续。欧盟会发展成为超国家的欧洲国家，还是成为强大的民族国家组织尚未可知。我们不知道国际资本是否会动用财政等手段来防止社会冲突，但社会冲突无论如何都已提上议事日程。我们也不知道欧洲共产主义运动能否壮大，但许多党的确面临很大困难。

中国提出并秉持构建“人类命运共同体”的未来愿景。习近平主席在许多场合，比如二十国集团（Group 20，简称 G20）领导人应对新冠肺炎疫情特别峰会，以及与其他国家元首的电话交谈中都提出了相关建议。这是防止进一步破坏、阻止世界大战、使所有国家都有以自己的方式发展的现实方案。

现在，世界正遭遇一波逆全球化和贸易保护主义浪潮的困扰，这给全球经济增加了不确定性和风险。中国一直是全球化和多边贸易体系的坚定支持者，现已成为全世界最强劲的增长引擎。中国一直坚持改革开放的基本国策，坚持推动贸易和投资自由、促进开放的世界经济。中国致力于改善全球治理，弥合发达国家与发展中国家之间的鸿沟，推动建立更加公平合理的国际秩序。“一带一路”倡议（The Belt and Road Initiative）是中国为全球治理提出的创新举措，吸引了广泛参与者。这些努力不仅有助于实现本国的经济和社会发展目标，实现中华民族的伟大复兴，而且有利于推动全球经济增长和国际多边体系的发展。

论新型冠状病毒大流行开启的世界历史新阶段

[意大利]安德烈·卡托内

李凯旋[①] 译

① 李凯旋，中国社会科学院马克思主义研究院副研究员。

人物介绍

安德烈·卡托内（Andrea Catone），意大利共产主义杂志《二十一世纪马克思》（Marx Ventuno）主编，天津师范大学马克思主义学院客座教授。

安德烈·卡托内1950年生于意大利南部港口城市巴里，1966年加入意大利共产党青年联盟。大学期间研习哲学专业，后以苏联经济社会结构研究取得博士学位。用意大利文和其他多国语言出版多部关于马克思主义理论、苏联和社会主义国家、意大利工人运动史、冷战后美国政治和帝国主义侵略以及马克思主义如何被污名化的著述。作为《二十一世纪马克思》的主编及其同名出版社的负责人，在意大利出版了多部有关中国特色社会主义的书籍。

提 要

新型冠状病毒大流行成为世界历史的转折点。它开启了一场公共卫生的、经济的、政治的和文化的危机。最终的出路，可能是进步的也可能是退步的。中国及其国家主席指明了一条进步之路：即构建“人类命运共同体”，加强在公共卫生领域的国际团结，将各国人民健康和福祉置于首要位置。进步之路的最大障碍，是美国统治阶级的“美国优先”及其背后的军工集团和作为国际贸易的货币——美元。面对中国的合作倡议，美国发起了声势浩大的反华运动，并试图将中国的最大贸易伙伴——欧盟拉入其中。为达到目的，美国意图强行发起以“两极化”为基础的“新冷战”。但是，世界进步力量和工人运动的目标，都是构建一个多极化世界——“一带一路”就是支柱之一。在更加艰难和复杂的历史新阶段，世界社会主义力量应以中国为根本参照，推动国际团结与合作，沿着构建“人类命运共同体”的道路前进。

一、两条截然对立的路线：新型冠状病毒大流行成为进步与反动的冲突场

尽管新型冠状病毒大流行尚未结束，但已经形成这样一种共识——它会成为世界历史的转折点。因此，人们将谈论的是新型冠状病毒大流行之前和之后的世界。它给世界带来了危机。这场危机以普遍且相同的方式侵袭了所有国家，同时又与各国独有的特点交织在一起。实际上，与人类历史上所经历的每次危机一样，此次危机中已经出现了两种对立的解决方案：

一种是进步的方案。这将在人类历史上迈出重要一步，朝着实现自由、平等、团结，以及马克思的人的全面自由发展的理想迈进。这些理想是 1789

年法国大革命以及此后20世纪社会主义革命的基础。

另一种是开倒车的方案。它将在一个历史阶段内阻碍人类发展，并导致政治、经济和社会制度的后退。这将带来更显著的不平等、更多的贫困和更严重的社会不公，并增加战争的危险。

新型冠状病毒大流行成为进步与反动的冲突场。当疫情以不同的速度，在不同的时间并以失衡的方式在世界各地发展和扩散时，两种截然对立的趋向逐渐形成。

一方面，一些政府认真对待科学家和医生的警告与建议，采取了最有效且必要的措施。由于已经对新型冠状病毒如何寄居于人体从而进行繁殖并扩散的原理，形成了一定的科学认识。因此，这些政府不仅采取了社会和文化意义上的隔离措施，如严格限制人与人之间的社交距离，也在经济领域实施了严厉的封锁措施，以消除病毒在人际传播中的基础条件。第一个作出了如此艰难抉择的国家，是世界第一人口大国——中国。中国通过采取极为严厉的措施，限制了病毒的传播。2020年1月底传来中国封城的消息后，很多欧洲国家的评论家表示吃惊和难以置信。其中不乏恶毒的反华言论，称只有“专制”国家才会采取此类措施。[①] 中国，作为提供了比任何其他国家都多的中间部件和成品的“世界工厂”，停止经济和社会活动是其领导人作出的无比艰难的决策之一。社会主义的原则激发中国将人的生命置于首位，而国家的经济，即便存在一定的计划性（不过与苏联的计划方式不同）也会因封锁而遭受重创。

另一方面，另一些政治领导人和政府，为了避免停止经济活动，要么不愿听取医学和科学界的声音，低估病毒传播的危险，要么根本不遵循伽利略式的科学方法，而是沉迷于没有科学依据的奇怪理论，以病毒克星的简便配方发明者自居。这是脱离了现代科学的魔法师、巫师和骗子的水准。最为人所知的轰动案例，当属美国总统特朗普提出的注射消毒液，可以杀死病毒的

① Pierre Haski, “La gestione Autoritaria Dell’Epidemia di Coronavirus da Parte della Cina”, https://www.internazionale.it/opinione/pierre-haski/2020/02/18/cina-coronavirus-autoritarismo.

“建议”。除美国主要电视台和媒体外，他还强迫所有美国消毒剂制造商和销售商并使之勿要对这一“建议”将带来的致命性危害发出警告。[①] 为了不让本国经济机器停止运转，世界主要资本主义大国的最高代表们无视并践踏了现代科技革命的成果，退化到了骗子和巫师的水平。事实上，马克思和恩格斯早已在《共产党宣言》中阐明了这一点，即在科学与启蒙结合的现代历史上，处于上升阶段的资产阶级是如何退化的。与之相似的，还有巴西总统雅伊尔·博索纳罗（Jair Bolsonaro)。他在4月初遭到巴西民主法学家协会的谴责，因其行为“严重”危害了巴西人民的身体健康和福祉，将人民暴露于致命病毒之中……毫无顾忌地响应商人们的利益，顽固地拒绝采用世界标准和实施社会隔离来应对新型冠状病毒大流行。因此，由于总统的原因，巴西没能步入感染水平趋缓的国家行列，形势反而在恶化。博索纳罗的行为，将不可避免地拖垮巴西的医疗体系。[②]

尽管主要资本主义国家政府有足够的优势了解中国的封锁措施及其成功抑制病毒传播的经验，但仍对是否实施封锁措施犹疑不决。如2020年2月下旬意大利北方多地集中暴发新冠肺炎疫情时，中国几乎已经控制住了疫情。意大利政府在经过一段时间的犹豫且只封锁部分地区后，最终决定采取封国措施。总体而言，为降低对经济活动的影响，几乎所有欧洲国家都瞻前顾后了相当长时间，不过最终也采取了严格的封锁措施。

但像美国和巴西这样的国家，因更反对采取停止各项活动及保持社交距离的措施，导致本国的感染量和死亡人数都处于世界前两位。

因此，可以说，面对新型冠状病毒大流行，全世界本质上出现了两种截然不同的应对路径，两种截然不同的世界观。一种，将人的生命价值置

---

① Allyson Chiu, Katie Shepherd, Brittany Shammas and Colby Itkowitz, “Trump Claims Controversial Comment about Injecting Disinfectants Was ‘Sarcastic’”, April 24, 2020, see https://www.washingtonpost.com/nation/2020/04/24/disinfectant-injection-coronavirus-trump/.

② Brazilian Association of Jurists for Democracy, “Bolsonaro Denounced for Crimes Against Humanity before the International Criminal Court”, April 3, 2020, see https://peoplesdispatch.org/2020/04/03/bolsonaro-denounced-for-crimes-against-humanity-before-the-international-criminal-court/.

于首位，接受牺牲经济的必要性。另一种，则将经济利益置于生命价值之上。

二、公共医疗卫生体系的作用

除了是否采取封锁政策，第二个标准则是各国的政治体系和公共卫生体系。实际上，政治体系的效率对遏制感染规模的扩大有着极大的影响，而其有效贯彻自身决策的能力，是民众能否有意识地遵从的前提。人们在被胁迫下所做的事情总是比有意的选择，少得多：这就是一些西方评论家对中国的不解之处，为何 14 亿中国人自觉、有序且积极地遵从了中国共产党的指导，进而在抗击新冠肺炎疫情的斗争中取得了成功。

抗击新型冠状病毒大流行的世界，还可以公共医疗体系的效率为标准进行划分。意大利感染人数和死亡人数最多的地区是北部的伦巴第大区。[①] 伦巴第大区医疗体系陷入灾难性崩溃的原因，在于其抛弃了地区救助体系，并实施了私有化。1981 年，伦巴第有 53 万张床位，2017 年仅存 21.5 万张。地方卫生管理公司（USL）从 642 个，降至 2017 年的 97 个。短缺，是对新型冠状病毒大流行中伦巴第的系列失误并最终导致其医疗体系崩溃的最好解释。本应承担起救助病人责任的地方医疗网被拆解了。急诊室变成了传染地，同时还要承担预防工作。面对源源不断的重症感染者，大医院手足无措。[②] 另一个重要因素是检测试剂不足，难以追踪感染链，整个医疗体系的诊断能力欠佳。伦巴第大区和整个意大利的新冠病死人数如此之众，充分暴露了意大利排名世界前列的普及性国民医疗体系资源之短缺及效率之低下。意大利的国

---

① 根据意大利卫生部 5 月 21 日的统计，伦巴第大区共有 1008.4 万人口，与武汉的人口规模相当，而其新冠肺炎确诊人数不足 8.6 万，死亡人数达 15727 人。见 http://www.salute.gov.it/imgs/C_17_notizie_4792_0_file.pdf.

② Claudia Guasco, “Virus Lombardia, la Crisi del Modello ,‘Pirellone’: la Catena di Errori Che Ha Fatto Dilagare I Contagi”, May 21,2020, see https://www.ilmessaggero.it/italia/lombardia_coronavirus_contagi_covid_19_morti_oggi_news-5242285.html.

民医疗体系建立于 1978 年，是 1968 年至 1978 年间在意大利社会中广泛存在且十分活跃的工人运动成果之一。但 20 世纪 90 年代以来，随着工人运动的衰落，它被不断地削弱了。

美国的情况最糟糕，因为其医疗体系本质上是私营的，以资本主义的利润为目的。当前的数据明确揭示了种族之间的深刻不平等，尤其在黑人与美国白人之间。5 月 19 日，美国黑人的新冠肺炎整体病死率是白人的 2.4 倍；在亚利桑那州，原住民病死率是其他所有群体的 5 倍以上，而在新墨西哥州，原住民病死率是其他所有群体的 7 倍。①

显然，应该加强现有公共卫生体系的建设，或者建立一个完整的公共卫生体系。普遍的健康权不能由私营企业来保障，而只能由公民代表在民主方式下领导和管理的公共部门来保障。必须扩大对公共医疗系统以及药品和相关设备（总之一切与医疗卫生相关的）资源的投资。资本主义制度不能有效地治愈大流行性的传染病，因为驱动跨国公司投资和研究的动机是利润最大化，而非出于对大众健康的考虑。② 而像中国这样的社会主义国家，以人民健康优先的名义，进一步加强公共医疗体系是没有困难的。

是否把健康视为全体人民的普遍权利，以及如何改革并强化公共卫生服务体系，将成为危机的两大可能出路的分界线。很多暴发了新冠肺炎疫情的国家及地区，都准备不足。如果人类没有丧失辨别力，就会知道这不是最后一场全球流行的恶性传染病，应该从中吸取教训。这意味着，要强化预防机制和地方卫生系统建设，提高诊断能力，增加研究投入。

三、面对新冠肺炎疫情全球大流行：是国际合作还是“美国优先”

此次新冠肺炎疫情大流行还表明，需要强有力的国际合作，并需将普

---

① Apm Research Lab Staff, “The Color of Coronavirus: COVID-19 Deaths by Race and Ethnicity in the U.S”, May 2020, see https://www.apmresearchlab.org/covid/deaths-by-race.

② Prabir Purkayastha, “Why Capitalism Can’t Cure Global Pandemics”, May 2020, see https://citizentruth.org/why-capitalism-cant-cure-global-pandemics/.

遍的健康权赋予五大洲的所有人民。关于这一点，也出现了两条截然对立的路线。

一方面，不仅要加强各国医疗体系和研究的能力，加强世界范围内在药物、疫苗方面的研发合作，还要提高世界卫生组织的权威和治理能力，在全世界共享医学科技知识和研究成果。在世界范围内构建“人类健康命运共同体”，正成为一种趋势。而这一点，也是由中国国家主席习近平在3月20日二十国集团领导人特别峰会上提出的：“重大传染性疾病是全人类的敌人……当前，国际社会最需要的是坚定信心、齐心协力、团结应对，全面加强国际合作，凝聚起战胜疫情强大合力，携手赢得这场人类同重大传染性疾病的斗争……我愿在此提议，尽早召开二十国集团卫生部长会议，加强信息分享，开展药物、疫苗研发、防疫合作，有效防止疫情跨境传播。要携手帮助公共卫生体系薄弱的发展中国家提高应对能力……中方秉持人类命运共同体理念，愿同各国分享防控有益做法，开展药物和疫苗联合研发，并向出现疫情扩散的国家提供力所能及的援助……要集各国之力，共同合作加快药物、疫苗、检测等方面科研攻关，力争早日取得惠及全人类的突破性成果。”①

习近平主席在5月18日的第73届世界卫生大会上进一步提出：“我们要坚持以民为本、生命至上……要加强信息分享，交流有益经验和做法，开展检测方法、临床救治、疫苗药物研发国际合作，并继续支持各国科学家们开展病毒源头和传播途径的全球科学研究……中国呼吁国际社会加大对世卫组织政治支持和资金投入，调动全球资源，打赢疫情阻击战……加大对非洲国家支持。发展中国家特别是非洲国家公共卫生体系薄弱，帮助他们筑牢防线是国际抗疫斗争重中之重……加强全球公共卫生治理……要针对这次疫情暴露出来的短板和不足，完善公共卫生安全治理体系，提高突发公共卫生事件应急响应速度，建立全球和地区防疫物资储备中心……人类是命运共同体，

① 《习近平在二十国集团领导人特别峰会上的重要讲话（全文）》，2020年3月26日，见 http://www.xinhuanet.com/english/2020-03/26/c_138920685.htm；本文作者已经将其翻译成意大利文，参见 https://www.marx21books.com/xi-jinping-lavorare-insieme-per-sconfiggere-lepidemia-di-COVID-19/.

团结合作是战胜疫情最有力的武器。”①

中国国家主席是从一个具有普遍性的概念出发的，即人类的福祉是人类的共同利益，这超越了国家边界和国际秩序。这是一个简单且具有共识、同时又很了不起的建议：共享知识，合作开展药物和疫苗研发，建立全球药品和医疗设备的研究和生产网络，援助落后国家，推动世界医疗卫生系统诞生。因此，并不存在专利、流行病疫苗与药品的所有权问题。

另一方面，与习近平主席提出的将人类团结起来的进步观念相反的是，将健康、医学科学研究视为私营垄断利益的狭隘观念。这种观念，以营利为目的，或者维护本国的排他性利益，损人利己。特朗普就是这种退步性趋势的典型代表，他在多个场合表示要获得疫苗的排他性使用权。美国先尝试与德国的生物制药公司 CureVac 达成协议，然后是法国赛诺菲制药集团。特朗普多次攻击世界卫生组织，“指控”其“未能独立于中国发出警告”。4 月 14 日，特朗普声称将停止对世界卫生组织提供资金支持。5 月 18 日，他再次威胁“如果世界卫生组织未能在 30 天内进行实质性改革”，以“表现出独立于中国”，否则美国将永久“断供”并退出世界卫生组织。特朗普在给世界卫生组织的信的结尾中，清楚地传达了他的观念：“我不能允许美国纳税人的钱继续资助这样一个组织，在它目前的状态下，显然不符合美国的利益。”

这就是世界帝国主义的最高代表，他不断地宣称“美国优先”。“美国优先”的理念，使他无法颇具远见地去构想可能的合作，以维护全人类而非仅仅美国人的健康。但事实上，由于他对新冠肺炎疫情的处理方式，导致美国的病死人数高居世界第一。美国绝对优先的理念和政治实践，并非特朗普个人所独有的，其背后是整个美国统治阶级。这是全世界人民走向进步和解放的最大障碍，也是世界和平的最大威胁。

① 《团结合作战胜疫情　共同构建人类卫生健康共同体》，《人民日报》2020 年 5 月 19 日，参见 http://www.xinhuanet.com/english/2020-05/18/c_139067018.htm；本文作者已经将其翻译成意大利文，参见 http://www.marx21.it/index.php/internazionale/cina/30508-2020-05-21-06-04-02.

四、在新型冠状病毒大流行之下，美国对中国的攻击不仅没有减弱而且还变本加厉

2020 年 3 月的第 3 周，美国新冠肺炎确诊人数以指数级增长。及至 3 月 27 日，美国感染人数突破 10 万，已经超过中国的确诊人数。随着美国疫情的变化，人们原本期待中国国家主席习近平在 3 月 26 日二十国集团特别峰会上发出的加强国际医疗卫生合作的呼吁，能够为美国总统所接受，但事实却非如此。我们看到的是美国对中国的攻击越发猛烈，直到撰写本文时，丝毫未见其有收敛之势。

在早期指责世界卫生组织“以中国为中心”后，4 月 17 日美国共和党全国参议院委员会发布了一份长达 57 页的《新型冠状病毒全书》，但主要内容却是指导共和党候选人如何通过攻击中华人民共和国和中国共产党而赢得大选。这是一部真正的反华手册，它传授了三条攻击路线：1. 中国掩盖真相导致病毒蔓延；2. 共和党人将因中国导致疫情传播而推动对中国的制裁；3. 民主党人“对中国态度软弱”。

四五月间，反华运动不仅在美国，也在那些主要媒体受美国控制的国家，全速展开。美国政府在这场疯狂运动中所大量使用的武器之一，就是“指控”中国要为病毒的传播“负责”，并叫嚣通过法律“诉讼”迫使中国进行数万亿美元的“赔偿”。尽管法学专家都认为“诉讼”是荒谬的，注定一无所获。但是，这产生了巨大的舆论影响。由于有人试图将中国置于被告席，因而形成了一个对其极为不利的氛围。4 月 27 日，特朗普提出了巨额“赔偿”要求。特朗普的智囊之一，曾任特朗普集团高层的乔治·索里亚尔（George Sorial）参与了美国针对中国的集体诉讼。一些有影响力的媒体，甚至是消费者协会，都在不同国家开展了类似要求“赔偿”的运动。在德国最受欢迎的报纸——《图片报》，因于 4 月 16 日提出向中国“索赔”1620 亿美元而引起轰动。几天后，意大利环境与消费者权益保护协会（Codacons）加入了美国的反华战队，并于 4 月 23 日在网站上发起邀请：“请提前免费加入

意大利环境与消费者保护协会向中国索赔的运动，因为中国在新型冠状病毒传播问题上疏忽且负有重大责任。”意大利消协的“索赔”运动，在美国肯尼思·B. 莫尔律师事务所（Kenneth B. Moll）的支持下，得以推进。此外，来自右翼联盟党的伦巴第大区主席阿蒂里奥·丰塔纳（Attilio Fontana）在4月29日也提出向中国“索赔”200亿欧元。

4月29日，特朗普在法国谚语“诽谤，诽谤，总归会留下点什么”的指引下——谎言重复多次最终都会变成真理，不断攻击和诽谤中国，断言病毒与中国武汉的一个实验室有关，但是并没有给出任何证据和解释。

反华的方式越来越具有攻击性，人们似乎嗅到了一股无处不在的硝烟味。特朗普的随从部属们在行动：为了达到特朗普从中国掠走数千亿美元的目标，有人提出按照每病死一人向中国“索赔”1000万美元的标准“索赔”；共和党参议员玛莎·布莱克本（Marsha Blackburn）宣称“中国给美国经济造成了6万亿美元的损失，并可能继续带来5万亿美元的损失”，建议通过停止给中国支付国债利息来获得补偿；其他人则考虑从新的贸易关税规则入手，或对未来从中国进口的商品实施价值数万亿美元的“惩罚性”关税。[①]5月1日，美国国家安全部门的一份与执法和政府部门共享的报告中，进一步加大了反华力度，指责中国政府“在1月初向国际社会隐瞒了新冠肺炎疫情的严重性，同时通过增加进口和减少出口来积累医疗物资……中国在1月通知世界卫生组织之前可能已经削减了医疗用品的出口，而世界卫生组织认为新冠肺炎是具有传染性的”。[②] 显然，这一切都是尽可能地抹黑中国和中国共产党。这些人不仅对病毒起源的方式和时间撒谎，不断助长病毒从实验室泄漏的猜疑，而且还背着美国人民对医疗物资供应进行投机，开展肮脏的交易……

---

① Marco Valsania, “Trump, Tutte le Idee per una Rappresaglia contro la Cina”, May 1, 2020，see https://www.ilsole24ore.com/art/trump-tutte-idee-una-rappresaglia-contro-cina-ADp9gsN.

② Ella Torres, Josh Margolin, Christina Carrega and William Mansell, “US Intel Believes China Hid Severity of Coronavirus Epidemic while Stockpiling Supplies”, May 3, 2020，see https://abcnews.go.com/US/coronavirus-live-updates-us-surpasses-65000-covid-19/story?id=70467380.

5 月 3 日，美国国务卿蓬佩奥（Michael R. Pompeo）断言有“海量”证据表明新型冠状病毒起源于中国武汉的一个生物实验室，但是，他什么证据也没拿出来。此外，美国的领导人，无论是共和党人还是民主党人，都习惯于在全世界面前诽谤他们的对手，并毫无廉耻地展示根本不存在的“证据”。只要回想一下 2003 年 2 月 5 日，时任美国国务卿鲍威尔（Colin Luther Powell）向联合国安理会展示的装满白色粉末的小瓶，就足以说明问题了。白色粉末就是所谓伊拉克藏匿化学武器和大规模杀伤性武器的证据。英美联军占领伊拉克后，不断地搜索，却什么也没有发现。

5 月初，美国政府阻止美国联邦养老基金对中国公司进行高达 40 亿美元的投资，理由是此举会带来国家投资安全风险。5 月 14 日，特朗普在接受福克斯商业网（Fox Business Network）采访时威胁要终止与中国的所有商业和经济关系，称美国将因此节省 5000 亿美元。

除此以外，美国政府最近对中国台湾采取的立场——实际上承认了其“独立”地位，破坏了一个中国（即中华人民共和国）的原则。这个原则，自 1992 年以来在数百个国际协议中得以确立和承认。对此，意大利著名地缘政治杂志（Limes）的主编卢齐奥·卡拉乔罗（Lucio Caracciolo）在 5 月 25 日的社论中写道：“最近发生的一些事件证明，华盛顿已经脱下手套发起猛攻。一个是语义的协议，蓬佩奥对蔡英文再度当选‘中华民国（台湾）总统’表示祝贺时，称其为‘总统’，即国家元首。一个是粗暴的经济报复，宣布世界领先的台湾半导体企业台积电在美国亚利桑那州建厂，同时禁止它向北京出售半导体产品。华为和它的 5G 遭遇围剿。”①

美国政府对中国香港的立场，同样具有攻击性。在香港，美国鼓动和支持分裂主义和反共运动，如今又动员其媒体机构攻击制定了《中华人民共和国香港特别行政区维护国家安全法》的中国全国人民代表大会。

与此同时，美国又加强了在中国海域的军事行动。据 5 月 10 日的《南

① Lucio Caracciolo, “Taiwan è il Grimaldello con cui gli Usa Vogliono Scardinare la Cina”, May 25,2020, see https://www.limesonline.com/rubrica/taiwan-usa-cina-indipendenza-lucio-caracciolo-editoriale.

华早报》(《South China Morning Post》)报道:“今年到目前为止，美军飞机已经在南中国海、东中国海、黄海和台湾海峡进行了39次飞行，是2019年同期的3倍多……同时，美国海军在今年的前四个月在南中国海进行了4次航行作业，而在2019年全年有8次，最后一次是4月29日，当时USS邦克山导弹巡洋舰穿过了南沙群岛链。”[①]

五、美国对中国的攻击：偶然性还是结构性?

面对如雪花般不断涌现且越发具有攻击性的官方声明，以及世界各地同时发生的政治、法律、经济和军事敌对行动，人们不禁提出一个问题，即这一局势是否是暂时的、偶然的，还是意图改变中国发展航道的结构性攻击?不少观察家和评论家更坚持其偶然性的一面，即其目的已在美国国内形成共识。这一方面与民众对特朗普政府对新型冠状病毒大流行的灾难式应对的反应有关，另一方面则与11月即将进行的美国总统大选有关，如前提到的《新型冠状病毒全书》乃是共和党成员的指导手册。特朗普需要在美国选民中恢复失地，便强化了其作为美国历史上最具煽动性总统的腔调，并加剧了与中国的对抗。他的竞争对手，民主党人乔·拜登(Joe Biden)在2016年的投票意向要好于希拉里·克林顿(Hillary Clinton);福克斯商业网(对特朗普“最友好”的电视台)对5月18日至24日这一周的平均民意测验进行的一项调查显示，民主党候选人支持率为48%，现任总统支持率为40%。[②]

然而，也有不止一个理由可以认定美国对中国的暴力攻击，并非暂时的和偶然的。意即：这种攻击具有结构性特点，根植于美国的经济政治体系和统治阶级的基本特质中。无论是民主党还是共和党，都持有“美国优先”的

① Kristin Huang, “US-China tensions in South China Sea fuelled by increase in military operations”, May 10,2020, see https://www.scmp.com/news/china/military/article/3083698/us-china-tensions-south-china-sea-fuelled-increase-military.

② “Usa 2020: Joe Biden Allunga nei Sondaggi contro Donald Trump”, May 24,2020, see https://www.agi.it/estero/news/2020-05-24/sondaggi-trump-biden-usa-2020-8711919/.

意识形态，即美国在世界上占据首要地位以及其主导下的单极主义。这种意识形态不接受或无法与多极世界的前景相调和。

美国自视与其他资本主义国家不同，确切地说甚至不接受“地位平等中的首席”地位。美国“绝对优先”的意识形态是在冷战（1946—1991 年）期间人为塑造出来的。苏联解体前夕，白宫的战略文件中公开宣布了这一点，并申明将维持和加强美国的单极主义。这种单极主义在美国军工集团中拥有一支强有力的锚，随着第二次世界大战不断扩张，并在此后的冷战中得以延续。

冷战，是与“邪恶帝国”苏联和社会主义阵营的长久对抗。而后者被描述为“绝对敌人”和对西方自由和价值观的长期威胁。这对美国统治阶级的价值在于可为其服务：1. 在其军事、政治和经济指挥下，压制欧洲和亚洲的资本主义国家（而拉丁美洲是山姆大叔的“后院”）；2. 供养并扩大世界上无与伦比的庞大军工集团（2019 年美国军费支出为 7320 亿美元）；[①] 3. 强行将美元作为国际贸易货币；4. 在美国民众中播下大国民族主义的种子，且需要一个巨大的敌手以对其不断进行滋养。美国则将自己装扮为一个良善的超级帝国，而其敌人是一个要与之抗争的、庞大且具有威胁性的恶魔。

美国统治阶级是世界帝国主义体系的中心和跳动的心脏，其已经习惯于享受这种中心性赋予的特权。丧失绝对优先地位的可能性，将使美国经济政府陷入危机中，而其可以利用美国的政治军事力量维持其全球性角色。这种绝对优先不仅是军事的、政治的和经济的，还是意识形态的和文化的，即殖民全世界人民想象力的“软实力”。美国统治阶级非常担心失去这种优先地位，担心眼看着坐在身下的高枝被锯掉了。

美国的特殊结构，注定了它要对中国发起猛烈攻击。美国统治阶级构建了在世界上享有绝对优先的共识，以及与敌人斗争的共识。从第二次世界大战开始，乃至自“冷战”爆发以来，美国人的思维就建立在长年要与“黑暗的敌人”形象进行战斗的基础上。从第二次世界大战中的日本人和德国纳粹

① Manlio Dinucci, “La Pandemia della Spesa Militare”, *il manifesto*, May 5, 2020, see https://ilmanifesto.it/la-pandemia-della-spesa-militare/.

分子，到“冷战”中的共产党和苏联，再到后“冷战”——其中一个阶段是伊斯兰恐怖主义，最后是中国。为了维持内部凝聚力，不论特朗普还是美国统治阶级都会寻找一个敌人，但不能在本国内部寻找，不能在其经济社会结构中寻找，只能把矛头对准中国。

“推举”中国为其卓越的敌人不是无缘无故的，亦非偶然的。早在20世纪90年代美国对外战略的字里行间，就已露出端倪。在2007年至2008年的严重金融危机之后，这已成为美国统治阶级的妄念，超越了共和党与民主党两党之间的党争。中国也遭受了那场危机的冲击，但是由于社会主义制度以及中国共产党的有效引导和指导，经济得以迅速重组并继续保持了良好的业绩。2010年，中国成为世界第二大经济体。此后，中国坚持内部发展道路，逐步消除贫困，发展出了具有偿付能力的最大市场。此外，中国的政治制度得到加强，社会凝聚力得以提升。中国共产党在2017年召开的十九大中提出建议解决前几年发展中所产生的新矛盾。中国还成为世界上唯一一个向全世界提出共享双赢发展机遇的国家，其中“一带一路”倡议是该理念的重要支柱。这与美国的帝国主义全球化形成鲜明对比。

特朗普总统有一个特点——摇摆不定、公开讲话随意且前后不一，时而抨击中国，偶尔又对中国表达赞许。但事实上，他一开始就将中国作为竞争对手，然后升格为主要敌人，并自2017年起对中国发起贸易战。这场贸易战，尽管曲曲折折，但并未弱化，已经在世界市场上引起了极大的动荡，并引发了全球化和国际生产链的实质性倒退。在新型冠状病毒大流行之前的三年任期中，特朗普对中国逐步增加的进攻并非仅仅表现在经济领域，媒体的反华舆论活动愈演愈烈。美国煽动了在中国香港的反华运动，散播了中国“镇压维吾尔族人”的谎言。总之，这一切操作是从“冷战”期间美国的行为方式中习来的，而那时美国总统里根（Ronald Wilson Reagan）称苏联为“邪恶帝国”。

六、欧洲是美国攻击中国的域场

对中国攻击活动的不断增加，表明其基础远远超出了正在进行的总统选举活动。庞大的舆论动员和政治压力也表明了这一点。美国对与其缔结了军事和贸易盟约的国家发出了口令——“保持队形”，目标显然是结成反华联盟。这些国家在政治和经济制度上完全不同于中国，但在近几十年来与中国发展出了日益密切的贸易和文化联系。

对美国而言，世界上反华政策联盟的最重要目标地区之一（注意不是主要地区）是欧洲。这并非地缘意义上的欧洲，因此，俄罗斯并不在其中。中国是欧洲的第二大贸易伙伴，仅次于美国，而欧洲是中国的第一大贸易伙伴。[①] 双方致力于建立全球战略伙伴关系，这在《中欧合作 2020 年战略规划》中得到体现。此外，中欧和东欧国家在“一带一路”倡议下深化了“17+1 合作”。[②]2019 年春天，西欧多个主要国家与中国签署了有关“一带一路”的重要协议，这些协议在习近平主席的访问中占据了突出位置。意大利则是七国集团（Group of Seven，简称 G7）中首个签署共建“一带一路”谅解备忘录的国家。

在新型冠状病毒大流行期间，中国给予了意大利大量的援助。2020 年 3 月的民意调查显示，大部分意大利人将中国视为友好国家。[③] 现任政府内的政治力量（尽管存在一些差异）将目光投向了中国，满怀对加强双边经济合作及文化交流的期待。在其中一些人看来，与中国的合作，对多年来被危机困扰意大利的经济而言意味着一种重要支持。

为了充分利用欧洲国家并将之拉入反华十字军，美国充分利用主流媒

① 2017 年，欧盟是中国的主要合作伙伴，对中国的商品出口占 13%（2170 亿欧元），从中国商品的进口占 16%（3320 亿欧元）。同年，中国也是其欧盟外主要贸易伙伴，占非欧盟商品出口的 11%（1980 亿欧元），占非欧盟商品进口的 20%（3750 亿欧元）。

② 2012 年，中国与 16 个中欧和东欧国家建立的合作机制，包括希腊在内的 12 个欧盟国家都在其中——希腊、斯洛文尼亚、克罗地亚、捷克共和国、斯洛伐克、波兰、保加利亚、罗马尼亚、匈牙利、爱沙尼亚、拉脱维亚和立陶宛。此外还有 5 个非欧盟成员国：阿尔巴尼亚、波斯尼亚和黑塞哥维那、黑山、北马其顿和塞尔维亚。该机制是为促进贸易和投资而构建的，在“一带一路”倡议下不断深化。

③ 4 月初意大利著名民调机构 SWG 的调查显示：52% 的民众认为中国是友好国家，17% 的民众认为美国是友好国家。Francesco Bechis, “Se gli italiani preferiscono la Cina agli Usa (e alla Ue)”, April 21, 2020, see https://formiche.net/2020/04/italiani-preferiscono-cina-usa-ue/.

体进行大量报道，舆论攻势全面展开。如果我们看看今天最重要的欧洲国家——德国，就可以发现反华运动的影响。

我们以德国著名报纸《图片报》主编尤里安·赖希尔特（Julian Reichelt）于4月中旬给习近平主席的公开信为例。《图片报》是施普林格出版集团（Springer Group）在欧洲最畅销的报纸，每期发行超过150万份。该报已成为华盛顿精心策划的反华运动发言人，要求中国为新型冠状病毒大流行造成的“损害”“赔偿”数十亿欧元。中国驻德国大使馆也给《图片报》写了一封公开信，强调这一要求不仅非常荒谬而且毫无根据。赖希尔特写的这封信内容浮夸，公开冒犯了中国和习近平主席。信中都有哪些论点？不过重复了西方一贯的观点——中国缺乏民主，是“专制”“不透明”的政权，是“有监控的治理”，“剥夺了自由”。此外，他还指责中国“盗窃知识产权”，“利用他人的发明”充实自己，“而不是靠自己去发明”；未经华盛顿证实就“指控”新型冠状病毒是从武汉实验室逃逸而出的，进而在全世界传播，因此中国必须“付出高昂的代价”；最后，“援助的口罩不过是特洛伊木马，帝国主义藏匿其中”。太阳底下无新事。赖希尔特对中国的这些污蔑，都是些陈词滥调。而被“指控”盗窃知识产权的国家——受益于对基础教育和大学以及研发的巨额投资政策，已经成为信息和数字技术的领导者（如5G）。这种无端指责不过暴露了美国对与中国在5G上进行合作的敌意。

但是，这封令人反感的冒犯性公开信，在施普林格出版集团的首席执行官、德国最大的出版商马蒂亚斯·德普弗纳（Mathias Döpfner）加入反华阵营后，就变得黯然失色了。美国召集所有媒体加入反华战斗。正如人们所清楚认识到的，这个问题的关键并不是武汉实验室或者类似的实验室（尽管相关争论并未平息，还在发酵），而是事关未来的政治与经济。德国以及欧洲所有国家都被要求与中国“脱钩”，切断与中国的贸易往来。德普弗纳提出了一个二选一的问题：欧洲站在哪一边，美国那边还是中国那边？并再次对中国贴上“不民主”“专制”等陈词滥调的标签，请其他国家警惕其“貌似友好与和平的国际扩张”。他声称，同意中国2001年加入世界贸易组织（World Trade Organization，简称WTO）是“西方市场经济体在近代史上犯的最大错误”，从那以后，“美国（GDP）在世界总产值中的份额已从 2001 年的 20.18%下降到 15.03%（2019 年）。欧洲的份额从 23.5%下降到 16.05%，在不到 20 年的时间内下降了 7.45 个百分点。而同期中国的份额从 7.84%增加到 19.24%，年均增长率约为 9%”。在德普弗纳看来，这并不是由于中国社会主义制度的内在力量——它通过计划和市场的结合，以及国有企业和私营企业的结合来实施长期战略发展计划，从而极大地减少了贫困并迅速提高了工人的工资水平，决定性地改善了他们的生活条件；而是由于中国是“一种不民主的国家资本主义，利用贸易和竞争的最简单条件却不遵守相同的规则。结果是不对称的，且不是互惠的”。因此，德普弗纳认为，应当追随美国与中国“脱钩”的政策，“要么美国，要么中国。与两边同时修好不再可能……如果德国执意与华为合作扩大 5G 基础设施建设，那么将会把跨大西洋关系置于严峻考验之中。这会成为一个转折点，因为美国将不再能够信任德国”。德国不能也绝不应该脱离美国。在强烈反苏和反民主德国之后，美国“直接或间接地，使得德国统一成为可能”。德普弗纳还声称：不能允许“一个全球性的极权资本主义国家继续渗透乃至控制关键行业，如银行业——德意志银行，汽车业——戴姆勒和沃尔沃，机器人——库卡，以及商贸业——比雷埃夫斯港”。因此，他呼吁“尽管有特朗普，欧洲应继续坚守跨大西洋联盟，包括与后脱欧时代的英国，其他盟友如加拿大、澳大利亚、瑞士和亚洲民主国家建立明确且密切的联系”。而德国作为欧洲的经济引擎，应首先开启“一个严格的与中国脱钩的进程”，因为“经济联系终究也是政治联系”，“有一天，当我们醒来时，可能发现自己陷入了一个可怕的社会中，与中国及其他如俄罗斯、伊朗等独裁国家产生了含混不清的联系”。德国与中国的年贸易额约为 2000 亿欧元，而德国的对外贸易总额为 2.4 万亿欧元。对德国而言，对华贸易损失“并非不能承受”，但对中国而言是非常沉重的打击。“新冠肺炎疫情造成的大衰退给德国带来了新的灾难性经济后果，但这为我们提供了唯一一个重新回到正确轨道的机会。经济依赖只会是第一步。政治影响将随之而来。将来，谁在人工智能领域占主导地位，谁将首先在经济上然后在政治上占据主导地位”。[①]

这是一个来自德国最大报业集团的强有力呼吁，要毫不犹豫且无条件地加入美国领导的西方阵营——尽管特朗普持有一些“偏见”，但这意味着要加强德国与美国及其与北约之间的联系。关于这一点，德国的一些重要政治力量，如德国社会民主阵营的德国社会民主党和左翼党，意欲给德国与美国的关系松绑。5月初，联邦议院社会民主党领导人罗尔夫·米岑尼西（Rolf Mützenich），呼吁德国不要支持美国的核武器，便立即遭到美国驻柏林大使理查德·格伦内尔（Richard Grenell）的严厉谴责。有意思的是，格伦内尔提出加强跨大西洋联盟，以对抗“传统敌人”俄罗斯和中国的理由之一是，“俄罗斯入侵乌克兰，俄罗斯在欧洲外围地区部署了新的核导弹，同时中国、朝鲜和其他国家的新能力，都清楚地表明威胁已经存在”。

总之，美国向欧洲国家施加的“保持队形”的压力与日俱增。现在，北约完全要被整编为反华十字军。如果特朗普在竞选期间和任职初期，通常以戏剧化的风格表达了其对北约角色和有用性所持有的保留意见——但实际上，他的目的是要欧洲人对北约的财政贡献增加一倍，如今，面对日益迫近的俄罗斯和中国的“威胁”，北约得到了拯救并获得了充分的信任。

在德国，美国介入并阻止了与德国基督教民主联盟联合执政的德国社会民主党的自主尝试。此外，意大利也是被美国置于严密监控下的欧洲国家。意大利最近几次的民意调查显示，民众对中国的好感度高于美国，尽管国防部部长、民主党人格雷尼（Difesa Guerini）和外交部部长、五星运动党人迪·玛约（Luigi Di Maio）发表了亲大西洋的正式声明。几乎所有的主要媒体采取了通行于跨大西洋的传播舆论顺序——从武汉实验室“有意”或“因过失”“泄漏病毒”而造成瘟疫流行开始，不惜一切代价破坏中国的形象，最后要求强化北约以对抗中国的威胁。这一点非常清楚明确。欧洲主流媒体提出的这些观点

① Mathias Döpfner, “The coronavirus pandemic makes it clear: Europe must decide between the US and China”, *Businessinsider*, May 3, 2020, see https://www.businessinsider.com/coronavirus-pandemic-crisis-clear-europe-must-choose-us-china-2020-5?IR=T.

和提出的方式，与德国的德普弗纳和赖希尔特如出一辙。

5 月 4 日，意大利《新闻报》（La Stampa）刊发了保罗·马斯特罗里利（Paolo Mastrolilli）对美国国防部部长马克·埃斯珀（Mark Esper）的采访："俄罗斯和中国都在利用独特的形势来发展自己的利益……华为和 5G 就是中国进行此类恶意活动的重要例子。这就能够破坏我们的联盟关系。例如，对中国 5G 供应商的依赖可能会使我们合作伙伴的关键系统容易受到破坏，受到操纵以及间谍活动的侵害。这将使我们的交流和情报共享能力面临风险。为了解决这个问题，我们鼓励美国盟友和科技公司开发 5G 的替代性解决方案。"①

5 月 13 日，《共和国报》（La Repubblica）刊发了新闻记者达尔杰尼奥（Alberto D'Argenio）对北约秘书长的采访，仅看标题就能对内容了然于胸——《斯托尔滕贝格：北约联合起来反击俄罗斯和中国的虚假信息》（Stoltenberg: la Nato unita contro la disinformazione russa e cinese）②。俄罗斯和中国，通过散布新型冠状病毒的虚假信息，③或将开展破坏西方民主国家稳定的行动，以对北约和欧盟伙伴产生政治影响。像埃斯珀一样，斯托尔滕贝格也对华为的 5G 发出警告："盟国应避免可能损害我们通讯保密性的外国投资。"因此，北约完全被整编进了反华运动中。

意大利主要媒体和右翼代表几乎每天都在攻击中国。它们成了特朗普和蓬佩奥的传声筒。早在 1 月份，《意大利日报》（Il Giornale）就坚称病毒是从武汉实验室"泄漏"的。联盟领导人马泰奥·萨尔维尼（Matteo Salvini）（该党在 2019 年 5 月 26 日的欧洲选举中，以 34.26%的支持率成为意大利

① "US Defense Secretary: '5G networks, Industry and Aid, China and Russia Exploit the Virus to Have more Power in Italy'", May 4, 2020, see https://www.lastampa.it/esteri/la-stampa-in-english/2020/05/04/news/us-defense-secretary-5g-networks-industry-and-aid-so-china-and-russia-exploit-the-virus-to-have-more-power-in-italy-1.38801408.

② ALBERTO D'ARGENIO, "Stoltenberg: la Nato Unita contro la Disinformazione Russa e Cinese", May 13, 2020, see https://rep.repubblica.it/pwa/intervista/2020/05/13/news/stoltenberg_con_il_virus_russia_e_cina_vogliono_destabilizzare_l_occidente_-256546000/.

③ 意大利普利亚大区有一条谚语："牛说驴角"，意指贼喊捉贼，骗子指责对手在撒谎。美国散布病毒从武汉实验室泄漏的假消息，同时指责中国消息不实。

第一大党）在参议院最近的一次讲话中表示：“我们至少应该支持某个调查委员会的一个要求，弄清楚谁做了什么谁没有做什么。否则，我们的2020年将以非常荒谬的方式结束，即全世界只有一个经济体是增长的。它就是中国。无论有意也好，无意也罢，我不想作出评判。但中国在这场全球大流行之后，却踏着疫情侵袭后的废墟，开始收购意大利和全世界的公司、数据、电信和酒店。”①

几乎与特朗普在同一时间，萨尔维尼也对意大利缴纳的世界卫生组织会费提出了质疑。此外，还有前文提到的联盟党大区主席对中国提出了数十亿“索赔”。

但是，对中国的攻击也有以间接且更巧妙的方式进行的。由记者西格弗里多·拉努奇（Sigfrido Ranucci）主持，意大利国家广播电视台第三频道，即所谓的“左翼频道”播出的调查节目——《报道》（Report），与主流舆论步调一致，力图将中国打扮得面目可憎。在第73届世界卫生大会召开的前几天，即5月11日，《报道》播出了针对世界卫生组织的调查，特朗普也“恰巧”在世界卫生大会开幕当天给世卫组织总干事写了一封信，指责世卫组织为中国服务。《报道》早已领会并说出了这一观点。

5月11日节目的第一部分内容，主旨是破坏世卫组织总干事谭德塞（Tedros Adhanom Ghebreyesus）的形象。节目有个场景是在北京人民大会堂，总干事坐在习近平主席旁边（1月28日）。那么，总干事谭德塞的严重“过失”是什么呢？他公开赞扬中国政府对新型冠状病毒流行的治理，“但是”，节目中的记者说，“目前尚不清楚他的依据是什么，因为世卫组织尚未在中国进行真正的调查”。那么，谭德塞是谁？这是节目为其打造的邪恶形象：“在他的国家埃塞俄比亚，他先后担任卫生部部长和外交部部长，是政府中坚持对反对派毫不犹豫地使用暴力的人。他来自令人恐惧的蒂格雷人民解放阵线（Fronte Popolare di Liberazione del Tigrè）……在统治埃塞俄比

① “Salvini, Commissione Inchiesta su Cina”, May 27, 2020, see https://www.ansa.it/sito/notizie/topnews/2020/05/27/salvini-commissione-inchiesta-su-cina_49085fcc-ba96-49eb-8ac1-6ffe040bba70.html.

亚期间，蒂格雷人民解放阵线多次被控腐败。谭德塞不仅是那一届政府的成员，也是蒂格雷人民解放阵线的领导人之一。蒂格雷人民解放阵线曾是埃塞俄比亚的重要政治力量。”

因此，我们将不得不面对一个阴暗的人物，一个腐败（许多腐败事件）和专制（对反对派使用暴力）政府中的领导人物。但这还不够，政府中的主要政治力量蒂格雷人民解放阵线“与中国共产党，尤其是与现任国家主席习近平有着非常密切的关系，因为后者在埃塞俄比亚这个国家进行了大量投资”。《报道》非常明确地告诉我们，对“第一个爬到世界卫生组织顶端的非洲人”的任命，[①]并非由于其个人功绩，而是“因为中国”。中国对非洲庞大的基础设施投资，足以影响非洲联盟并使谭德塞当选。

《报道》后来甚至偏离到了中国的非洲政策。《报道》以非常遗憾的口吻说道，从经济的角度来看，非洲大陆上的许多国家与中国之间的联系非常紧密。但是，它也告诉观众，“中国对非洲大陆敞开的怀抱，并不是免费的”，而是为了“操控”非洲国家。这还不够，邪恶的中国人不仅收买了世界卫生组织总干事，还使其成为傀儡，为中国刺探非洲国家联盟的工作：“向非盟总部传输的数据，在其内部即被中国政府截获。”在最后的结论中，一个与犯罪活动相连的形象基本成型：“钱，投资，这就是使谭德塞此刻与中国保持联系的线索。”非盟也不过是中国人手中的一个玩偶。这一断言“掷地有声”，好像它已经得到证实，尽管“调查记者”并没有提供证据。

但这还没完：“好戏还在后面。”还有一个所谓“台湾在意大利的外交代表”安德烈·李新颖（Andrea Sing-Ying Lee）的访谈。作为职业记者，其有意无视中国驻意大利的唯一大使馆是中华人民共和国的使馆。意大利与世界上其他国家一样，坚持一个中国原则。而现在，美国政府在对中国的疯狂政治攻击中，就包含否认该原则的企图。

---

① 这句话如此表达，听起来很种族主义：一个“非洲人”设法“爬到”了世界卫生组织的最高层。如果将其与下面所说的联系起来则更糟糕。“攀爬”本就不是凭借自己的优势而发生的，却仅仅是由于中国与非洲国家联盟的暗箱操作。

七、“冷战”、两极化、单极化和“多极化”

越来越多的政治讲话和媒体，开始使用“新冷战”去描述当前美国与中国之间的关系。这种表述，正如语言学专家所言，并不是中立的，也不是无辜的，而是向读者或听众传递了一种既定的观点，倾向于预设一种观察视角。

根据当前新闻学家和历史学家的界定，“冷战”是指第二次世界大战后（1945 年）至东欧和巴尔干社会主义国家剧变（1989 年）以及苏联解体（1991 年）这一历史时期。什么样的国际关系格局预示着“冷战”？基本上是一个两极世界。在这个世界中，两个庞大的敌对且不可调和的集团相互对立。东方和西方，社会主义和资本主义——且各自内部存在一个超级大国。

两极对立，并非苏联领导人的主动选择，而是被美英两国强加的。美英成功地使所有西欧国家在美国的政治、经济和军事指挥下结成盟友。1949 年北约的成立及其此后的扩张，夯实了西方国家的联盟关系。而几年之后缔结的华沙条约组织，已于 1991 年解体。

甚至我们今天仍沿用的“西方”“西方价值观”、西方集团等概念，都是市场经济、自由民主和支持大西洋主义的代名词。这些替代性语义，形成于第二次世界大战后西方与苏联和中国的对立中。这两个社会主义国家被西方视为“专制”且“野蛮”的。马克思和恩格斯的共产主义思想、全人类解放的思想、反殖民地和反帝国主义思想，就以这样的方式被逐出了西方世界。

将世界进行简单且庸俗的两极划分，对于美国统治阶级是非常有利的。这迫使其他国家要么赞成要么反对西方集团，排除了中间立场和多元化立场的可能。不结盟国家运动的诞生，可以追溯到 1955 年的万隆会议。中华人民共和国首任总理周恩来为之作出了巨大贡献，其目的就是打破美帝国主义强加的两极格局。

甚至新闻语言中所使用的“超级大国”一词也具有误导性。因为，它从经济和军事上，将两个国家置于同一水平。但是，实际上两国存在巨大差距。由于20世纪30年代及以后的社会主义计划，苏联经济的确得到了长足发展，但是其经济实力仍远不如美国。不过，人们不应忘记苏联为击败纳粹和法西斯付出了怎样沉重的代价——经济遭到破坏，人员大量伤亡。反观美国，其本土并未遭遇战火侵袭。在美国咄咄逼人的进攻下，苏联被迫加入了军备竞赛。从某种意义上而言，这使苏联具备了一定的核威慑力，但并未使其获得与美国相当的实力。因为美国拥有世界上最强大的军工联合体。此外，由于苏联被迫加入军备竞赛，挪用了本该用于改善人民生活和福利水平的社会支出资源，从而削弱了人民对苏联政府和苏共的认同基础。苏联不是“超级大国”，这个标签具有意识形态运动的导向，以将其污名化为“邪恶的帝国”。

如果我们回顾一下苏联社会主义和欧洲社会主义失败的历史经验，就会发现第二次世界大战之后美国强加于苏联的两极冲突，对美国非常有利，以致在1991年后过渡到了一个以美国为唯一主导的单极世界。在1991年之后长达近30年的历史中，中国及其他社会主义政治和文化力量，以及反殖民和反帝国主义的解放力量，提出结束美国主导的单极世界，并为向多极世界的过渡而斗争。这种力量主张多极世界，不仅具有反对单极主义的特性，而且具有反对两极格局的特性。这种力量拒绝了帝国主义者选择的“冷战”战场。世界社会主义力量，为社会主义而奋斗的世界战略，高举多极世界的旗帜，吸取了20世纪的历史经验教训，认识到：21世纪的世界是由多个生产力和生产关系及其政治上层建筑发展水平不同的国家组成的；向更先进的社会主义生产关系的过渡不能同时发生，也不可能在社会主义和帝国主义两极冲突的最后时刻普遍发生，向社会主义的过渡，是通过巩固和发展社会主义两者相结合的方式——在这一点上中国和中国特色社会主义的作用是卓越的；是通过亚洲、非洲和拉丁美洲等地区的国家走出不发达状态并摆脱对帝国主义的依赖；是通过在欧洲资本主义国家进行的资本与劳动力之间的阶级斗争以及其他多种中间社会形式实现的。多极世界，将为走向社会解放和社会主义的更高级关系提供便利条件。

“一带一路”倡议推动世界朝着多极化方向发展。它不仅有基础设施建设，还为具有不同文化、经济和政治制度的国家创造了交流和互利的条件。

其中，尽管欧盟国家几乎都是美国领导下的北约成员，但它们与中国的贸易和文化联系也与日俱增。

现在的美国政府，意识到美国对世界的单极主导地位日趋不稳。因此，重新提出了曾使其在“冷战”期间取得成功的两极方案，并力图将中国拖入其中。美国越来越频繁地表达让盟友“二选一”的想法。如我们所见，施普林格首席执行官的观点非常典型：欧洲国家必须二选一，要么美国，要么中国。“一带一路”倡议的坚定反对者们，与美国的两极主义站在了一起，欲将欧洲国家纳入麾下开展反华运动。

八、开启了艰难且复杂的历史新阶段

针对当前美国把中国包装成“超级大国”并引发中美两极冲突的战略意图，世界社会主义力量和进步力量都应为之进行艰苦的斗争。这种斗争，一定要重视舆论和传媒领域。中国从未说过，也从未想过要成为“超级大国”。近年来，习近平对中国共产党人的世界观和具有全球战略视野的思想，又作了进一步的发展，其中体现了向社会主义过渡的漫长性和复杂性。在特定的条件下，多极化世界是进行社会主义斗争和改变权力关系同时避免战争灾难的最佳环境。今天，以和平发展为指导思想的中国，已经成为世界和平的主要堡垒之一。在多极世界中，行为者可以是多元的和彼此冲突的。社会主义力量能够不断前进，如中国、越南和古巴所呈现的卓越发展速度。而两极化的冲突催生壁垒，即便是中立国也必须选择阵营。但两极化，对能够有力控制媒体的帝国主义更有利。

在新型冠状病毒大流行及其带来的政治、文化和社会冲击下，世界新形势的未来走向，依然是多元且开放的。有可能走上有利于全人类的进步道路。但是，全世界的保守力量和反动力量，特别是美国的帝国主义力量，绝对反对任何可能的“人类命运共同体”。美国当前的统治阶级，是在美国的帝国使命文化及对整个世界无可争议的统治中诞生和成长起来的，它们不接受向多极化世界的过渡。因为，这种过渡建立在地位平等的国家之间以及国家集团之间互惠互利的基础之上。中国提出的关于全球卫生合作的建设性建议，得到的回应却是真实升级的战争宣言。美国不断升级对抗水平，试图将中国拖到其首选的战场上。这种两极对抗，使美国能够动员整个与冷战有关的政治军事同盟体系——主要是北约，并将严重损害到欧洲国家。

一个艰难而复杂的世界历史新阶段开始了。在这一时期，社会主义、进步的和社会解放的力量，如今都应以中国为根本参照。它们的历史任务是加强国际团结与合作，运用富于智慧的政治战略和灵活的战术来对抗帝国主义的反动力量，积极沿着建设“人类命运共同体”的道路前进。

新冠肺炎疫情下的资本主义与世界格局

[英国] 罗思义

雷晓欢[①] 译

① 雷晓欢，中国社会科学院马克思主义研究院助理研究员。

人物介绍

罗思义（John Ross），英国学者、记者、经济评论员，也是左翼政治活动家，曾担任英国伦敦经济与商业政策署（Department of Economic and Business Policy of London）署长，现为中国人民大学重阳金融研究院高级研究员。

提 要

世界各国正在采取两种完全不相容的应对新冠肺炎疫情的战略：一种是中国采取的“根除战略”；另一种是美国采取的、在没有有效控制的情况下，允许新型冠状病毒在人群中传播的战略。显然，中国政府采取的果断行动有效遏制了疫情威胁。因为人权影响着人们的真实生活，中国抗疫成功的原因之一就是从真正理解人权开始，而不是西方纯粹形式的“人权”的人为构建。但是，西方所谓的“人权”组织却抨击中国应对疫情的方法。西方的这种错误做法如今在美国和西欧造成了一场灾难。美国应对新冠肺炎疫情的致命政策使美国成为疫情的中心，并把世界一分为二，迫使各国重新考虑过去的同盟关系，也对世界地缘政治产生重大影响。

中国在 2008 年金融危机和当今新冠肺炎疫情中的表现都优于美国，这将使地缘政治发生有利于北京的转变。美国对灾难性流行病的应对持续时间越长，这种转变就会越明显。这一流行病有明确的全球进程。尽管新冠肺炎疫情暴发是先从中国发现的，但北京已迅速将其控制住——到 3 月底，国内传播病例数量几乎为零。与此相反，在美国和西欧，病例数量正以令人眩晕的速度上升，目前还看不到峰值。

按绝对数字计算，美国和意大利的新冠肺炎病例数量已经超过了中国。但绝对数字的比较大大低估了美国和西欧新冠肺炎疫情的严重程度，因为它们的人口比中国少得多。事实上，美国和西欧的新冠肺炎疫情的相对严重程度高于中国疫情最严重的时候，而且还在恶化。美国和西欧的灾难性失败将比 2008 年国际金融危机时更加严重，并将产生深刻的地缘政治后果。

一、应对疫情的策略不同，结果也会有所不同

当前，世界各国正在采取两种完全不相容的应对新冠肺炎疫情的战略。

第一种是亚洲、西太平洋和东欧部分地区采取的“根除战略”，即使用“封锁”（防止病毒进入该国）的方法将新冠肺炎病例数降至基本上为零或接近零。有关数据显示，这一战略取得了成功，至少在发达国家，任何声称新型冠状病毒无法从根本上根除的企图都是错误的。

美国政府明显遵循的是第二种战略，即在没有有效控制的情况下，允许新型冠状病毒在人群中传播，这意味着数十万人的死亡。

几乎没有政府敢再公开谈论最初在英国推行的“群体免疫”策略，因为公众对其涉及的大量死亡感到厌恶。但在现实中，这仍然是美国、巴西、瑞典和英国等其他一些国家正在推行的政策，因为它们目前还没有真正采取有效措施来全面控制新冠肺炎疫情。

二、中国政府采取的果断行动有效遏制了疫情威胁

中国政府防控疫情的行动是成功的。中国应对新冠肺炎疫情的行动在西方受到了以世界卫生组织为首的医学专业人士的高度赞扬，这些专业人士都拥有丰富的医学知识。然而，部分对医疗问题一无所知的西方媒体人士却正在借疫情攻击中国，这恰恰反映了大多数西方媒体的荒谬和完全不负责任的行为。如果疫情得不到控制，它将对全球和全人类构成严重威胁。但中国政府采取的果断行动有效遏制了这一威胁，受到了世界卫生组织和其他负责任的国际机构的高度赞扬。中国医务人员面临着严峻挑战，正在为遏制新冠肺炎疫情而战斗，他们不仅是战斗在中国抗击疫情的最前线，同时也是战斗在全人类抗击疫情的最前线。中国和整个世界都依赖他们。中国的成功带来了两个关键问题：中国是如何做到这一点的，它的国际影响是什么？

从技术上讲，中国控制新冠肺炎疫情的手段并不是未知的——隔离、向

居民提供必需品以让他们待在室内、强制戴口罩、核酸检测、向疫区派出医务人员。中国肯定比美国和西欧严格得多。但在技术差异的背后，是中国对社会的清晰理解。最根本的问题是，因为人权影响着人们的真实生活，中国是从真正理解人权开始，而不是西方的、纯粹形式的“人权”的人为构建。在一场致命的疫情中，生存是最关键的人权。

对真正的人而言，生活中最重要的问题不是使用脸书（Facebook），或者给竞选前后言行不一的政客投票，而该体系对这些政客是完全没有约束力的。最重要的是，在面对致命的威胁时真正有能力活下去，生活体面且生活水平不断提高，病有所医，学有所教，以及人类关心的其他问题。

在这种背景下，抗击新冠肺炎疫情的斗争规模如此之大，以致必须像一场战争那样进行——在中国，这经常被称为抗击疫情的“人民战争”。

这就是中国采取这些措施的原因。一旦理解了这个出发点，中国的策略就完全合乎逻辑。最重要的是，必须尽一切可能将病毒限制在武汉和湖北——如果它蔓延到整个中国，就更加不好控制。因此，中国果断采取的第一个措施是严格限制出行。如果允许人们离开武汉或湖北，那么大量人员可能会携带着病毒在中国传播——这正是美国或西班牙的情况，人们逃离纽约或马德里等疫情中心，同时传播了病毒。

三、“人权”在西方和美国的灾难性失败

但是，西方所谓的“人权”组织却抨击中国应对新冠肺炎疫情的方法。西方的这种错误做法如今在美国和西欧造成了一场灾难。中国与个别西方国家的绝对数字比较，掩盖了这种灾难性的规模。这掩盖了一个事实，即新冠肺炎疫情对西方国家的影响是中国最严重时期的好几倍——因为中国的人口数量远远超过任何西方国家——是美国的 4 倍多，意大利的 23 倍多。例如，世界卫生组织 2020 年 3 月 28 日的数据显示，美国日新增新冠肺炎病例 16894 例，是中国日最高纪录 3887 例的 4.3 倍。但中国的人口是美国的 4.25 倍。因此，按中国人口比例计算，美国的数字是 71799（16894 × 4.25）。因

此，新冠肺炎疫情在美国造成的影响的相对强度已经是其在中国最糟糕时候的 18 倍以上！美国的每日病例数呈强劲上升趋势。一场真正的灾难正在美国上演。

要了解这一点的影响，美国驻海外部队曾多次遭受严重的战争伤亡——第二次世界大战、朝鲜战争、越南战争、伊拉克战争。但在美国历史上，美国本土只发生过两次大规模死亡事件——南北战争和 1918—1919 年的西班牙流感疫情。除非美国政策在几天内发生戏剧性的不太可能的变化，否则美国将发生第三次大规模死亡事件。这必然会给美国经济带来比国际金融危机更严重的打击。

四、大多数国家对美国在疫情中推卸责任的做法不屑一顾

美国和欧洲的新冠肺炎疫情十分严重，许多西方国家政府无力制定战略政策。中国人民为抗击新冠肺炎疫情付出了巨大的努力、承受了巨大的痛苦，现在西方的形势比中国疫情最严重的时候还要糟糕很多倍。

这些死亡病例对政治局势造成的创伤效应在美国和英国等国家尤其严重，因为这些国家在第二次世界大战中没有发生大规模战争和人口的大规模死亡。

美国对其灾难性的死亡人数的反应是明确的。如果真相大白，那将对美国的国际意识形态和威望造成灾难性的打击——美国灾难性地未能保护本国人口免受新冠肺炎疫情的影响，而中国在保护本国人口方面比美国有效得多。因此，在美国看来，对其民众隐瞒真相至关重要。特朗普在新闻发布会上对新冠肺炎疫情的每日谎言是众所周知的。同样被歪曲的还有民主党候选人拜登的广告宣传——他们没有把重点放在特朗普没能让美国做好应对新冠肺炎疫情的准备上，而是荒谬地指责特朗普向中国投降了。

在其他国家，在新冠肺炎疫情的影响下，舆论出现了有利于中国的急剧变化。例如，在意大利最近的一次民意调查中，当被问及欧洲以外哪个国家是最重要的、应与之结盟时，36% 的人回答中国，30% 的人回答美国。

在其他西方国家，一场激烈的战斗正在上演，但结果待定。例如，在英国，今年早些时候，英国首相鲍里斯·约翰逊（Boris Johnson）领导下的政府不顾美国的压力，允许华为参与该国5G网络的开发。但是，就在美国试图推卸其在应对新冠肺炎疫情方面灾难性失败的责任时，政府代理首脑多米尼克·拉布（Dominic Raab）谴责中国应对新冠肺炎疫情失当，与美国有关的势力已重新发起行动，推翻该国此前对华为的决定。

然而，英国其他政治力量正在紧急寻求中国帮助抗击新冠肺炎疫情——英国政府指出，中国已向英国提供了1200万件防护医疗设备。卫生行业的主要代表，例如英国最重要的医学杂志《柳叶刀》（The Lancet），一直直言支持中国对新冠肺炎疫情的应对。但是，英国政府过于关注正在蔓延的新冠肺炎疫情灾难，以致政府最高层不太可能认真考虑战略外交政策。此外，与其他国家一样，这些冲突力量的结果只有在席卷西方的严重新冠肺炎疫情的影响得到缓解之后才会变得清晰。

五、美国应对新冠肺炎疫情的致命政策将把世界一分为二，迫使各国重新考虑过去的同盟关系

唐纳德·特朗普政府未能认真对待新冠肺炎疫情，不仅会造成数千人不必要的死亡，还可能永远改变全球政治版图。

（一）美国成为疫情的中心，对其国内政治产生重大影响

美国现在对地球上的每一个人都是一个致命的威胁——这是华盛顿决定解除其非常有限的封锁的必然结果，尽管新冠肺炎疫情继续在美国境内肆虐。就美国国内而言，这将意味着更多的美国人的死亡，造成的伤亡人数可与1918年西班牙大流感和南北战争相比。

更为重要的是，世界各国政府都面临着美国这个疫情中心对本国健康的威胁。此外，美国人也会抵制来自美国的运输，因为这些措施可能会传播新型冠状病毒。其影响不仅是医学上的，也是政治上的。在美国的压力下，未

能控制住新型冠状病毒传播的国家，都面临着社会不稳定的威胁。因此，美国成为世界上主要的新冠肺炎疫情中心，这将在政治上影响每个国家。

在美国国内，新冠肺炎疫情对美国政治的影响将是巨大的。这不仅仅是又有成千上万美国人面临死亡的问题。新型冠状病毒正从最初的大城市中心向较小的城镇和农村地区传播。这将影响到数百万美国人，因为他们每去一次超市都有可能危及生命。

全球经济也将受到严重影响。美国已经进入了自大萧条以来最严重的经济衰退。但由于亚洲或西太平洋国家已经控制住了新冠肺炎疫情，它们可以开始重新启动经济。

这个问题不仅中国已经注意到了，而且西方主流研究机构也注意到了。《经济学人》智库（Economist Intelligence Unit）在近期的报告中写道："由于中国是第一个摆脱新冠肺炎疫情危机的国家，因此也将是第一个走向复工复产的国家……基于他们潜在的强劲的投资、创新和生产增长力而言，中国和亚洲其他快速发展的经济体可能会更快地恢复经济。因此，这场新冠肺炎疫情可能会在未来几年内加速全球经济实力从西方向东方的再平衡。"

新冠肺炎疫情给全球经济和地缘政治带来的变化将是深刻的。但即使在事态发展之前，每个国家在未来数天或数周内都面临着一个将从根本上影响其未来的选择。美国政府已经踏上了一条必然会在国内造成大规模死亡的道路，并使美国成为全球大流行病的暴发中心。

（二）从国际层面看，世界将分成两个区域

第一场疫情以亚洲和西太平洋地区（包括澳大利亚和新西兰）为中心，已基本控制住了。但第二个区域以美国为中心，与巴西、瑞典和英国等少数国家结盟，从根本上取消了阻止新型冠状病毒传播的任何认真努力。

尽管美国一些州和城市强烈反对政府的做法，但它们没有联邦政府那么强大。美国联邦政策现在基本上允许新型冠状病毒在没有有效控制的情况下传播，直到 11 月的总统选举，这将给现任政府提供一个下台的机会。

人均死亡率最清楚地表明了全球形势。有关数据显示，大多数亚洲或西太平洋国家已经成功地根除或抑制了该疫情——中国每百万人的平均每日死亡人数为零，韩国为 0.01，澳大利亚为 0.01，新西兰为 0.03。与此同时，美国为 5.07，英国为 7.01。

但是，世界被划分为亚洲 / 西太平洋和一些东欧国家的“健康 / 清洁”区和美国与西欧部分地区的“不健康 / 疾病肆虐”区，这是一个不可避免的结果。

当然，这两个区域在同一个星球上是相互关联的。这意味着来自美国的每一架飞机或船只都将对其抵达的任何国家的人民构成致命威胁。亚洲 / 西太平洋国家现在面临着来自美国的病毒感染的现实可能性，而这两个地区以外的世界其他地区在几周内面临着生死抉择。全球新型冠状病毒传播的主要机制是航空运输。这是快速的，但在国际比较上是昂贵的。因此，疫情最严重的地区最初是中国，中国是一个相对发达的发展中国家。如今，疫情最严重的国家是那些发达国家——西欧和美国。

欠发达国家——非洲、拉丁美洲大部分地区和东欧部分地区——没有通过航空进行密集联系，它们现在才认识到新型冠状病毒的毁灭性潜力。迄今为止，这些区域的大多数国家的人均确诊病例数和死亡人数仍然很低，不比亚洲或西太平洋高多少。因此，这些国家会继续与亚洲或西太平洋的健康 / 低死亡率地区保持一致，还是会被拖入美国的不健康 / 高死亡率地区？

（三）对地缘政治和国内政治产生重大影响

到目前为止，在国际上与美国结盟的国家习惯于受到经济压力的威胁。例如，美国曾试图迫使德国放弃通往俄罗斯的北溪 2 号（Nord Stream 2）天然气管道，尽管该管道向德国提供的电力成本最低。美国还试图说服所有国家不要在 5G 通信系统的开发中使用中国的华为，但收效甚微。

这种局势的地缘政治后果既有短期的，也有长期的。从短期来看，目前为止，新型冠状病毒只在三个地区暴发——中国、美国和西欧。其他地区的国家将在未来几周感受到它的全部力量。他们可以尝试效仿中国的成功之路，也可以效仿美国的灾难之路。

此外，作为世界上最大的制造国，中国可以对他们提供决定性的实际援助。法国可以从中国订购10亿个口罩，这一简单的事实说明了什么是可能的。西方所谓“正规”人权概念的荒谬将被暴露在数十亿人面前，这将不可避免地产生有利于中国的地缘政治转变。

更长期的地缘政治后果将有多严重，取决于美国目前的灾难性进程将持续多久。现在，美国不可能避免一场严重的衰退——产出肯定会出现自大萧条以来最严重的下滑，甚至可能更糟。美国经济能以多快的速度复苏，取决于它能多快地解决医疗危机。但要做到这一点，美国就必须放弃其完全错误的人权概念，放弃将人的生命置于经济之下的做法，并从根本上承认中国的做法是正确的。在这场分秒必争的疫情中，美国如此巨大的转变恐怕不会来得那么快。

自2008年以来，世界经历了国际金融危机和新冠肺炎疫情两大全球性考验。在这两场考验中，中国的表现都远远超过美国。这必然会导致地缘政治向有利于中国的方向发生重大转变。美国目前这种灾难性抗疫反应持续时间越长，这种转变就会越明显。

世界应对新冠肺炎疫情的不同体制方案

[捷克]胡北思

唐芳芳[①] 译

① 唐芳芳，中国社会科学院马克思主义研究院助理研究员。

人物介绍

胡北思（Marek Hrubec），博士，捷克科学院哲学所全球研究中心（Centre of Global Studies in the Institute of Philosophy at Czech Academy of Sciences）主任、高级研究员。

胡北思博士的研究侧重于全球背景下的正义与社会改革，已经在社会与政治正义（Social and Political Justice）、文化对话、中欧合作、“一带一路”倡议、“17+1合作”等专题领域发表一系列研究成果。他最近出版的著作包括:《从社会正义到网络正义：关于正义、法律与伦理的批判观点》(From Social to Cyber Justice: Critical Views on Justice, Law and Ethics）（与 N. De Oliveira 和 E. Sobottka 合编，2018 年）和《社会改革与革命》(Social Transformations and Revolutions)(与 J. Arnason 合编，2016 年)。

提 要

当前新冠肺炎疫情引发的诸问题需要放到复杂的政治、经济和社会关系中加以考察，需要联系世界交往、沿着从过去到未来的历史轨迹进行分析。首先，分类考察世界各地应对新冠肺炎疫情的不同方案，尤其是中国的方案和新自由资本主义的美国方案，能够从中发现它们之间的根本制度差异。其次，中美关于新冠肺炎疫情的争议是中美贸易摩擦的延续，而世界交往是认识疫情期间和后疫情时代中美争端的前提。最后，为了解决疫情暴露出的一系列问题，有必要分析中国为促进全球合作所提出的“一带一路”倡议。中国在改革开放的基础上提出的“一带一路”倡议是全球合作的典范，将推动世界交往进入新阶段。新冠肺炎疫情暴露出的政治、经济和社会问题，只有在世界交往的历史中才能把握，在新的全球化进程中才能得到解决。

引 言

新冠肺炎疫情是当前全人类必须共同面对的问题，因为它已影响了许多人，还将影响更多的人。尽管人类为抗击疫情积累了丰富的历史经验，但今天的疫情防控任务仍很艰巨。一方面，人类在抗击疫情的历史中已掌握了更多科学、系统的知识。另一方面，过去几十年来，我们生活在一个非常复杂且全球联系紧密的社会中，这使疫情得以更快地传播。人类社会全球化进程加快，也更容易遭遇难以预料的风险，因为社会尚未为这种快速发展做好充分的准备。[①] 因此，加强全球合作比以往更为必要。中国及其全球合作伙伴已

① U. Beck, *The Metamorphosis of the World*, Cambridge: Polity, 2016。贝克（Ulrich Beck）曾分析世界交往的社会风险，参见 U. Beck, *World Risk Society*, Cambridge: Polity, 1999。后来，他进一步分析发展带来的一些意外后果以及或然性事件对解放趋势的影响。

经开始从局部层面，经国家、区域、宏观区域层面，直至全球层面，展开更可持续的合作交往，这种交往方式是全球合作的典范。

关于新冠肺炎疫情和新型冠状病毒的科学研究仍在进行。我们对新冠肺炎已经有了一些认识，能将其与各种呼吸道疾病和其他主要致死原因进行比较。① 我们察觉到由新冠肺炎疫情引发的许多后果。疫情使世界上很多地方的经济和社会几乎陷入停滞。各国政府、组织和普通市民都已尝试共同战"疫"。中国、世界卫生组织、联合国其他机构以及许多其他国家和组织已经展开合作，但是也有一些国家没有参与全球共同行动。

世界各地应对新冠肺炎疫情的不同方案分别以不同的政治经济制度为基础，基于中国特色社会主义的方案和基于"新自由资本主义"（Neoliberal Capitalism）的英美方案截然不同。中美之间在公共卫生方面关于新冠肺炎疫情的争议乃是中美贸易摩擦以另一种方式的延续。近年来，当美国开始挑起全球摩擦时，中美两国的不同制度就已发生了冲突。此次疫情暴露出的深层问题迫使我们重新评价当前的西方式全球化，它是由美国和英国在 20 世纪 80 年代发起的。为了找到解决问题的办法，我们需重视中国在过去 20 年间推行的世界交往方式及其发展方向，它将继续为推进全球化作出积极贡献。其中一个重要的问题是，中国推行的全球合作方式是如何形成的，它如何促进世界各区域、各宏观区域的合作，以及它将来如何进一步发展。新冠肺炎疫情与当前的政治、经济问题密切相关，我们不应只看表面现象，不应孤立地看待疫情，也不应仅以非历史的方式分析疫情；只有沿着从过去到未来的历史轨迹，在复杂的经济和政治关系中考察疫情引发的问题，才能真正地发现并解决问题。

从方法论上看，我聚焦于问题的历史轨迹，因为只有将理论和经验分析建立在历史方法论的基础上，我们才能对问题有更深入而充分的理解。在中

① World Health Organization (WHO), "Global Research on Coronavirus Disease (COVID-19)", April 30, 2020, see https://www.who.int/emergencies/diseases/novel-coronavirus-2019/global-research-on-novel-coronavirus-2019-ncov; WHO, "The Top 10 Causes of Death", May 24, 2018, see https://www.who.int/news-room/fact-sheets/detail/the-top-10-causes-of-death; WHO, " Up to 650 000 People Die of Respiratory Diseases Linked to Seasonal Flu Each Year", December 14, 2017, see https://www.who.int/news-room/detail/14-12-2017-up-to-650-000-people-die-of-respiratory-diseases-linked-to-seasonal-flu-each-year.

国和欧洲，有几种遵循历史方法论的解释主流。首先，在中国，有一种唯物主义的历史方法论，它是马克思主义传统的组成部分。其次，在中国的过去，回溯到 2500 年前，历史分析已经被看作是传统知识学派的基本组成部分。同样，在欧洲，历史分析在经验和理论著作中也起着非常重要的作用。

从内容上看，我的讨论分五个部分。第一，考察世界各地应对新冠肺炎疫情的不同制度方案，区分三种主要方案，并讨论新的防疫技术。第二，中美关于新冠肺炎疫情的争议是中美贸易摩擦的延续，世界交往是认识新冠肺炎疫情期间和后疫情时代的中美争端的前提，争端使全球合作情况恶化。第三，中国在世界上有各种合作机会，因此，它并不主要依赖美国。具体来说，我考察中国如何逐步形成有自身特色的全球合作方式，即“一带一路”倡议。与旧的西方式全球化相比，它实现了影响范围更大、更公平的合作。能够引领未来的正是基于局部区域和宏观区域合作的“一带一路”倡议。第四，“一带一路”倡议是在中国改革开放所形成的当代中国社会主义观念的基础上提出的，自 1978 年以来，改革开放引导中国在国内改革的基础上促进具有全球意义的开放。第五，中国与中东欧原社会主义国家地区的合作是“一带一路”倡议富有成效的具体表现，这些中东欧国家现有较完善的社会保障制度。我从中欧的视角认识社会主义和资本主义国家之间关于新冠肺炎疫情的争端，以期对这一主题的全面理解有所贡献。

一、不同的制度，不同的方案

世界各国政府选择不同的方案应对新冠肺炎疫情。然而，总结起来只有几种基本方案，每种方案中有各种选项。我将阐明三种基本方案，第一种和第三种方案相互对照，第二种方案介于二者之间。[①] 第一种是中国采取的方

① 受访者胡北思博士最近用捷克语在捷克《文学月刊》（Literarni Noviny）报上发表文章，分析几种防疫方案，并关注全球政治和经济力量的重组，参见 M. Hrubec, “Preskupeni globalnich sil”, *Literarni Noviny*, Dossier, priloha 5, April 30, 2020. ——译者注

案，以其不断完善的、将市场与国家战略计划和法规相结合的社会主义制度为基础，该方案被一些中东欧国家仿效。第三种方案基于“新自由资本主义”，主要以美国和英国为代表。第二种方案介于二者之间，它以这样的事实为特征：起初一些国家没有及时采取疫情防范措施，例如意大利，而后即使采取严格的措施也迟迟没能控制住疫情。

第一种方案采取限制性措施，包括隔离感染区、宵禁、戴口罩、停止生产活动、关闭商店等，以保护公众健康为目标。这种方案已由中国推行，一些欧洲国家仿效中国的做法，它们主要是参与“17 + 1 合作”的中东欧国家，例如，中欧福利国家捷克和斯洛伐克获得关于新型冠状病毒的信息后，及时采取疫情防控措施。捷克共和国是欧洲最早以严格措施应对新冠肺炎疫情的国家之一。与其相邻的欧洲国家也采取类似的应对措施。结果，与西欧国家相比，捷克等国家受感染人数和死亡人数相对较少。

为什么大多数中东欧国家受感染人数和死亡人数较少？除以上原因外，另一个原因在于，中东欧国家在其社会主义时期建立了广泛的医院网络并提供免费的医疗服务，还逐步将该网络现代化。例如，捷克共和国的重症监护病床数量比意大利多，尽管意大利的人口是捷克共和国的 6 倍，且意大利被认为是西方发达国家。此外，还有一个原因可能是，在社会主义时期，捷克等国家的全部人口（儿童和成年人）都已系统地接种了抵御其他疾病的疫苗，例如结核病。疫苗合成物质如今可能成为中东欧人群适合的免疫抵抗源。目前，这还只是一个有待证实的猜测。

欧洲大陆其他国家政府采取了与捷克共和国类似的应对措施。值得注意的是，与其他西方国家抗疫表现相比，德国作为一个较大的国家，虽然感染率较高（2020 年 5 月在世界中排名第八）[①]，但死亡率比其他西方国家低 2/3 到 3/4，这可能是由于先进组织化的医疗保健，其他福利制度措施，还可能

① “COVID-19 Coronavirus Pandemic”, May 30, 2020, see https://www.worldometers.info/coronavirus/.

由于前社会主义民主德国的人口接种了疫苗。[①]

采取第二种应对方案的国家，包括欧洲感染人数最多的国家，即意大利和西班牙，它们作出反应较晚。尽管它们后来像中国那样采取了严格的措施，意大利推行的措施尤其严格，但这些措施不再能产生最佳效果。法国、俄罗斯和巴西最初也没有充分估计到疫情蔓延的情况，尽管采取了限制措施，但是它们仍处在当前疫情最严重的国家之列。同样，土耳其和伊朗最初低估了新型冠状病毒的传播力，尽管采取了限制措施，它们目前仍是伊斯兰国家中感染人数最多的国家。而一些阿拉伯国家情况相对要好一些。次撒哈拉非洲（sub-Saharan Africa）的情况看似相对有利，但由于测试次数少和对问题记录得少，该地区仍面临疫情大规模传播的风险。

第三类国家是“新自由资本主义”制度的国家，其政府最不重视社会问题和公共卫生保健。新冠肺炎疫情开始时，美国和英国的保守派政府最初采取了自由放任的方案。英国政府宣布计划执行以初步估计将导致 20 万人死亡为代价的“群体免疫”策略之后，病毒蔓延的局势并没有缓解。在公共压力下，它被迫重新考虑其方案并采取更严格的法规，但估计死亡人数仍高达 4 万，[②] 而这在 2020 年 5 月已成为现实。英国的新冠肺炎死亡人数仅次于美国，而从感染人数和死亡人数方面看，美国是全球抗疫表现最糟糕的国家。[③]“新自由资本主义”带来了其致命的后果，可以说它是当今世界上最致命的制度。

美国的“新自由资本主义”方案对穷人和非裔美国人的打击最大。种族主义多次残忍杀害了黑人，并引发示威游行。例如，乔治·弗洛伊德（George Floyd）之死导致的抗议活动在明尼阿波利斯爆发，随后在美国数十个城市逐

---

① G. Gotev, “The Brief - Is Eastern Europe More Resilient to COVID-19? ”, *Euractiv*, April 2020, see https://www.euractiv.com/section/coronavirus/news/the-brief-is-eastern-europe-more-resilient-to-covid-19/.

② S. Boseley, “US Institute Revises Down Forecast for UK CoronavirusDeaths”, *The Guardian*, April 11, 2020, see https://www.theguardian.com/world/2020/apr/11/us-institute-revises-down-forecast-for-uk-coronavirus-deaths.

③ “COVID-19 Coronavirus Pandemic”, May 30, 2020, see https://www.worldometers.info/coronavirus/.

步升级，并导致了与警察的冲突。[1] 五角大楼命令陆军部署宪兵部队戒备。在英国，黑人受影响也更大，黑人住院患者的死亡率是白人的两倍，[2] 穷人也受到严重打击。

在此还应提及一种技术措施，它与中国采用的第一种方案有关，已经在东亚，尤其是在中国、新加坡、韩国等其他国家得到成功应用。在抗击新冠肺炎疫情的斗争中，越来越多的国家采取了这一措施。例如，捷克共和国推行了“智能隔离”和其他智能防疫应用程序，以追踪受感染者及其接触者等。平心而论，追踪受感染人群的接触者以及其他做法等，可以让我们了解到哪些人有可能成为将病毒传播给其他人的媒介。否则，通常的抽象术语说，“新型冠状病毒正在扩散”，即是把病毒的传播完全归咎于病毒本身被夸大的传播能力。尽管病毒可以在有限的程度上缓慢自行传播，但人们能动地通过乘坐汽车、飞机、轮船等方式，使新型冠状病毒得以超出其自身能力在全球传播，由此，人们为新型冠状病毒提供了主要的传播动力。

对于各国所采取的技术措施，必须从其所发生的更广泛的背景中去评价，即必须考虑到人们愿意在争取生存和健康的斗争中采取一些防疫措施，包括大范围的隔离，戴口罩，停产，关闭商店、办公室和学校等措施。这不仅是人类为生存而斗争，而且也是为被承认而斗争，人们希望能保护他们所爱的人和周围的人，希望因此而受到尊敬。尽管如此，在欧洲和美国，提及类似的数字化技术时，人们往往强调它侵犯个人隐私，这与数字化更充分渗透人们生活的东亚社会有所不同，但与此同时，他们却忘记了欧美地区的人们自愿将自己的数据提供给娱乐社交网络（如脸书、推特等），这实在令人惊讶。

新技术的使用不是孤立现象。显而易见，我们正在进入一个新时代的一

---

① Editor, “Live Updates on George Floyd Protests: Pentagon Orders Army Units to Stand By”, *New York Times,* May 30, 2020.

② A. Norfolk, “Black Coronavirus Patients Are Dying At Double The Rate Of WhiteIn Hospitals”, *The Times*, April 24, 2020, see https://www.thetimes.co.uk/article/black-coronavirus-patients-are-dying-at-double-the-rate-of-white-in-hospitals-lddtfs6vz.

个新阶段，这次疫情使新技术的应用成为可能。否则，人们在采取技术措施时可能更加谨慎。在未来应对与气候变化有关的自然灾害时，可能需要采取类似的技术和方法。新冠肺炎疫情刚刚朝这个方向又迈进了一步。人类在野外的干预活动日益增加，例如亚马逊雨林（Amazon Rainforest）的砍伐和大规模工业化农业，这与各种病毒以及疫情的暴发有关。在野外，人类可能会遇到之前已经与人类隔绝的各种病毒。[①] 此外，正在融化的永冻层（Permafrost）隐藏着远古的病原体，这些病原体可能会引发另一场疫情或病毒大流行。

随着现代工业社会的出现和发展，由人为干预而引起的环境的变化已经加剧，这是几千年来的一个长期问题，始于人类文明的建立，[②] 尤其是西方文明的建立。漫长的地质自然周期（交替的冰期和间冰期以及较短的周期）和地球上的突发事件也在此发挥作用。

二、世界交往中的中美摩擦

个别国家和国家集团并没有采用严格的防疫措施，并且自我孤立，不参与全球经济政治合作，其中有的国家在新冠肺炎疫情之前已处于紧张局势中。新冠肺炎疫情加剧了这些国家的社会矛盾，从而加速了历史进程。正如其他类似的历史事件一样，新冠肺炎疫情揭示并凸显了已存在的问题，它像一面放大镜，放大了各个国家和各种制度已存在的优点与缺点，使人们能看得更清楚。因此，无论中美贸易摩擦还是相关的世界交往都不会在疫情期间得到改善。

美国仍未能控制住新冠肺炎疫情这一事实，是其经济和政治实力衰落的

---

① S. Shan, “Think Exotic Animals Are to Blame for the Coronavirus? Think Again”, *The Nation*, February 18, 2020, see https://www.thenation.com/article/environment/coronavirus-habitat-loss; S. Shan,“Accelerating Habitat Loss Behind Covid-19. The Microbes, the Animals and Us”, *Le monde diplomatique*, March 2020, see https://mondediplo.com/2020/03/05coronavirus; O.Susa, “Global Risks and Conflicts: the Social, Environmental, and Political Consequences”, *Critical Sociology*, Vol. 45, No. 6, 2019, pp. 829–843.

② M.Hrubec, “Social And Environmental Conflicts Or Sustainable Development ？”, *Civitas*, 2019, Vol. 19, No. 2, pp. 281–295.

表征。美国和某些西方国家的发展状况，与其 20 世纪 80 年代初开始推行的最初版本的全球化密切相关。40 多年过去了，世界已经发生了深刻变化。旧的西方式全球化已经数次达到它的极限，上一次达到极限的表现是 2008 年金融危机。

美国在新冠肺炎疫情发生之前已经是一个日益衰落的大国，因此，它试图主要以经济和技术方式遏制成功的中国。美国一些政客以疫情为借口，谋求与中国进一步脱钩，并力图阻止各国与中国的合作。有的国家可能会屈服，但是大多数国家已经认识到哪种方式能、哪种方式不能应对疫情危机。在新冠肺炎疫情控制方面，我认为美国的表现很糟糕。

中国的历史情况却不同。中国过去几十年来能够参与全球合作，发展成为按名义 GDP 算的第二大世界经济体，并坚持其自主的经济和政治制度。自 1978 年以来，改革开放在中国落地生根并给中国带来了巨大的变化。尤其自 21 世纪之初加入 WTO 以来，中国在世界交往中变得越来越活跃。中国之所以能够应对 2008 年的金融危机，还因为中国政府债务相对于 GDP 比率远低于美国和许多其他西方国家。2014 年，美国 140 年来（自 1872 年以来）首次不能超过中国的世界 GDP 购买力平价（Purchasing Power Parity，简称 PPP）份额。现在，中国已回到世界舞台，成为一个重要的大国和文明国家。在后疫情时代，这将是中国所具有的优势。在世界正在发生深刻变化的当今时代，中国在未来一段时间内会做得更好。

中国还与联合国各机构合作密切。它开始以更有利于合作和促进发展的方式，为推进全球化作出自己的贡献。基于已经历的时代以及抗击新冠肺炎疫情的经验，一些国家希望重塑全球化。它们看到，由美国和英国几十年前发起的第一版全球化虽然有利于加强全球经济相互联系，但也在全世界引发了各种问题以及金融与经济危机。

发展中国家尤其认识到，中国在过去 40 多年间致力于改善基础设施，并使 8 亿多人口摆脱了贫困。此外，中国还发展了高技术经济和产业。毫无疑问，世界上很多发展中国家和发达国家都有与中国合作的动力。对后疫情时代而言，这是一个很好的起点。

新型冠状病毒有时简直被当作“平等主义者”。而事实上，尽管每个人都可能被感染，但具体说来，穷人的生活和工作条件更差，他们在恶劣的条件下比高收入群体更容易被感染。[①] 这种情况在发展中国家是个问题，例如，那里有许多人缺乏充足的饮用水和肥皂供给，尤其是在贫民窟和棚户区。据乐施会（Oxfam）估计，新冠肺炎疫情可能会把5亿人口推向贫困，除非我们立即采取措施帮助发展中国家。因此，新型冠状病毒会再生产当前的不平等状况，有时还会加剧不平等状况，尤其是当它激发偏狭和种族主义而不利于团结之时。

中国的表现说明，它与其合作伙伴在新冠肺炎疫情危机中能够团结合作。中国向许多国家提供了针对新型冠状病毒的医疗救助，这些国家遍及亚洲、非洲、美洲和欧洲。在非洲，中国帮助非洲疾控中心实现了现代化，并将防护设备提供给了非洲的许多国家，例如，提供给埃塞俄比亚、加纳和南非。[②] 在欧洲，中国将口罩、呼吸机和其他医用材料和医疗设备提供给意大利和其他受灾国家。欧盟委员会主席冯德莱恩（Ursula von der Leyen）表示，感谢中国为欧盟抗击新冠肺炎疫情提供支持，双方应当在彼此需要的时刻相互支持。[③]

从短期后果看，新冠肺炎疫情使经济活动的放缓幅度超过了2008年金融危机时的幅度；但从长远来看，疫情的影响可能并不那么激烈。疫情影响的积极方面在于，今天的疫情情况与2008年金融危机的情况截然不同。虽然此次疫情导致许多国家在短期内几乎停止经济活动，它比2008年全球金融危机的

---

① United Nations Global Compact, “Poverty”, April 30, 2020, see https://www.unglobalcompact.org/what-is-gc/our-work/social/poverty; World Food Program, “2020: Global Report on Food Crises”, April 20, 2020, see https://www.wfp.org/publications/2020-global-report-food-crises.

② S. Ebrahim, “China is Lending Africa a Hand during the Covid-19 Pandemic”, *IOL*, May 7, 2020, see https://www.iol.co.za/news/opinion/watch-china-is-lending-africa-a-hand-during-the-covid-19-pandemic-47654517.

③ J. Valero, “EU Allocates Chinese Aid to Italy to Fight Against the Pandemic”, *Euractiv*, March 19, 2020, see https://www.euractiv.com/section/coronavirus/news/eu-allocates-chinese-aid-to-italy-to-fight-against-the-pandemic/1444769/.

影响更大。但是，目前导致经济放缓的不是经济原因，而是非经济的疫情原因。因此，不妨假设，只要疫情原因一步步消失，从长期来看，全球经济几乎能够完全恢复到其原初状态。许多国家的经济已经开始恢复活力。

然而，事情从来不会完全回到其原初状态。今年许多国家的 GDP 预计将下降，明年仍不确定。对全球经济发生影响的一个重要因素是疫情逐渐蔓延全球，因此，负面经济影响是分阶段的，能部分缓解的。当此次疫情在中国已临近尾声时，在欧洲却将很快达到高峰。中国经济在 2020 年第一季度放缓，现在又开始改善。预计明年它可以恢复实力，但这将不仅取决于中国的公司、机构和消费者，还取决于全球经济将如何发展，主要是欧洲和美国的经济如何发展。无论如何，此次疫情还将持续，中国可能处于全球的优势地位，因为它比西方国家更早地恢复其经济活动。

暂时来看，生产和贸易领域中的所谓去全球化趋势可能会盛行，这将加剧全球经济金融体系现有的结构性问题，包括加剧中美贸易摩擦。但是，与几十年前的全球化程度相比，未来社会仍将是一个高度全球化的社会。这将是全球重组，而不是真正的去全球化。从历史发展来看，全球化是一个辩证矛盾的运动过程，即：由全球一体化发展到部分去一体化，最后朝向更大范围的全球一体化发展。

美国是世界上疫情后果最严重的国家，美国前国务卿兼国家安全顾问亨利·基辛格（Henry Kissinger）并没有低估局势的严峻性。在《新型冠状病毒大流行将永远改变世界秩序》[①] 一文中，基辛格强调有必要开始为新的不寻常的时代做准备。即使他心中所考虑的是不一样的需要和利益，我们也可以积极地应对这种改变，为更好地重组全球合作提供空间。中国能够在中国式的全球化（即全球范围的“一带一路”倡议）的基础上进一步获得发展，并加强其与欧亚大陆的发达国家和发展中国家以及非洲和拉丁美洲的发展中国家

① H.Kissinger, “The Coronavirus Pandemic Will Forever Alter the World Order”, *Wall Street Journal*, April 3, 2020, see https://www.wsj.com/articles/the-coronavirus-pandemic-will-forever-alter-the-world-order-11585953005?fbclid=IwAR0A_06PmvRcRQV2umVY4TNcpY8AYctG3pOSpjGh2ww2Jk1M47KoUAh8ZIs.

的合作。非洲和拉丁美洲尤其需要合作与帮助。

三、“一带一路”倡议

由美国和英国推行的最初版本的全球化在一定程度上仍发挥作用，它既在各个方面带来了强有力的全球联系，也在全世界引发了一些问题和危机。它的推行伴随着一体化和去一体化浪潮的此消彼长，但从长远看，仍需从全球一体化趋势的背景中去评价它。

中国是一个发展中国家，或更确切地说，是最大的发展中国家，它为全球合作作出了贡献。[①] 中国为世界交往提供了创新性的理念：全球化 2.0。在世界发生重要变革的当今时代，中国的“一带一路”倡议推动世界交往进入了新阶段。

“一带一路”源于中国历史的长期发展，它沿着古老的丝绸之路延伸向远方，在中国悠久的历史文明中孕育，在中国 40 多年来的改革开放的实践中萌发出来。“一带一路”倡议致力于在合作伙伴之间互相承认的基础上展开合作，为建立多极化世界格局作出重大贡献。“一带一路”倡议自 2013 年由习近平主席提出以来，得到国际社会广泛支持和积极参与，如今已经成为欧亚大陆和东非发展合作的典范，并继续延伸到拉丁美洲等世界其他地区，将发展成一个全球项目。它是“人类命运共同体”[②] 理念的体现。

“一带一路”倡议切合全球合作发展的新趋势。近年来某些国家推行单边主义，而中国和其他国家正引入多边合作的理念。“一带一路”是联通世界之路，它不仅联通金砖国家（BRICS），还联通墨西哥、印度尼西亚、土耳其，并且对接欧盟、欧亚联盟、上海合作组织（Shanghai Cooperation Organization，简称“上合组织”或 SCO）等宏观区域合作倡议。事实上，“一带一路”的正式名称已定义了多种合作路径：“丝绸之路经济带”和“21 世纪海上丝绸之

① 理解中国的内部发展和全球发展之间的相互联系非常重要。我打算对这个问题展开分析，我在这篇文章中的这一节和下一节讨论这个问题，我的另一篇文章着重讨论中国的改革与世界的改革的关系。

② 《习近平谈治国理政》第二卷，外文出版社 2017 年版，第 521—550 页。

路”，以及其各大经济走廊和许多项目，包括基础设施项目和产能合作项目。极地丝绸之路（Polar Silk Road）也可能会在将来某个时刻在北极建立。“一带一路”倡议致力于提升区域联通水平，发挥引领作用，将资金投入长期被忽视的落后地区，促进了世界各国在经济、研究与创新、文化等领域的合作发展，促进了民心相通。

“一带一路”倡议在全球范围内的影响力与日俱增。为了了解它的本质及其未来发展的潜力，我们需要联系它的根源，从物质上和概念上对它进行分析。在考察某个特定时刻推动“一带一路”倡议落地的特定动因时，研究者发现该倡议与金融危机的一些后果在时间顺序上相关。金融危机自 2007 年和 2008 年以来几乎在全球范围蔓延，特别是美国等西方国家的危机拖累了许多国家的经济。自危机爆发以来，西方国家对中国商品的需求呈下降趋势。由于中国经济是出口导向型的，中国政府在危机发生时尽力帮助中国的公司，扭转经济下行的趋势。为了抵消全球经济危机的负面影响，中国政府投入资金推动和支持国内公共基础设施和其他项目建设，在西方市场的不确定性持续了数年之后，中国开始活跃于国际舞台。中国于 2013 年提出的“一带一路”倡议是创造性的，它致力于以一种适合 21 世纪发展的新形式，重塑历史悠久的丝绸之路。在大众传媒时代，丝绸之路那略带乡愁的内涵，那将近 2000 年来穿梭于中亚和欧洲的、运输异国畅销商品的骆驼商队的画面，激发了人们的想象力，生动体现了该项目共赢合作的理念。

一般来说，“一带一路”倡议已经得到了很好的阐述[①]，在此不需要花大量笔墨介绍。值得指出的是，随着中国经济的开放，中国与各国和国际组织签署了超过 100 个“一带一路”合作协议。在“一带一路”倡议下，有关国家之间的货物贸易额截至 2018 年 6 月已超过 5 万亿美元。在该倡议的第一个五年中，中国对外直接投资超过 700 亿美元。在工程项目方面，中国新签

① Wang Y., *The Belt and Road Initiative. What Will China Offer the World in Its Rise*, Beijing: New World Press, 2016; Wang M., “Civilizations and its Conceptualizations in Ethnology, Social Anthropology, and Sociology”, *Journal of China in Comparative Perspective*, Vol.3, No.1, 2017, pp.44–47.

的工程合同额超过 5000 亿美元。“一带一路”倡议已为当地创造 20.1 亿美元的税收，创造了 24.4 万个就业岗位。[①]“一带一路”倡议建设经济发展走廊，联通欧亚大陆，其中一个铁路项目备受瞩目，它连接布达佩斯（匈牙利）和贝尔格莱德（塞尔维亚）以及今后很有发展前景的雅典的比雷埃夫斯港（Piraeus Port），此外还有一些环绕中巴经济走廊的项目，不胜枚举。

这些国家的人们已经意识到中国迄今取得的成就。中国不仅成为按国内生产总值（GDP）购买力平价（PPP）计算的世界上最大的经济体，而且显著提高了其人口所享有的生活水平。1976 年，中国超过 82%的人口居住在农村，其中大多数生活在贫困中。中国改革开放 40 年来，数亿人摆脱了贫困。这是人类历史上前所未有的成就。此外，中国东部沿海近 4 亿人的生活水平与欧盟的平均水平相当。发展中国家在考虑加入“一带一路”倡议时，根据这些数据而受到了中国发展方式的启发。最重要的是，最近几十年来，许多发达国家都开始将中国视为重要的合作伙伴。

当然，任何发展方式都不是完美无缺的，都有需要克服的局限性。值得强调的是，人们支持“一带一路”倡议并受中国发展经验的启发，认识到该倡议如何为积极发展全球合作作出贡献。考虑当今世界各种问题的背景，人们将此界定为多边主义的积极成分，认为该倡议值得支持和推动。

对于“一带一路”倡议产生的必要条件，有必要联系其形成之前的几十年加以考察，即联系中国 1978 年以来的改革开放时期进行考察，以说明中国如何在中国特色社会主义的内在发展方式的基础上提出“一带一路”倡议，提供全球合作的典范。

四、中国的改革开放

“一带一路”倡议是中国改革开放的逻辑结果。中国的改革开放是“一带

① Lu Y., “China’s merchandise trade with Belt and Road countries tops $5 trillion in 5 years”, *People’s Daily*, August 31, 2018, see http://en.people.cn/n3/2018/0831/c90000-9496013.html.

一路”倡议提出的必要条件。这意味着“一带一路”倡议深深扎根于时代发展背景中。习近平主席还提到“一带一路”倡议根植于历史土壤的丝绸之路精神。[①] 社会发展中的任何真正的、未异化的革新都必须遵循历史上形成的需要、利益、价值和可能性。

“一带一路”倡议建立在国际合作项目的基础上，这与中国40多年来的改革开放实践密切相关。邓小平设计了中国发展的具体方案。他知道照搬其他国家的制度是不切实际的，因为每个国家的国情都各不相同。[②] 再者，西方制度的建立与殖民主义发展的历史有关。在19世纪至20世纪上半叶，西方国家通过武力扩张它们的殖民地，在第一次世界大战中自相残杀，继而又将世界拖入第二次世界大战。西方国家虽然被迫放弃它们的殖民地，但它们极不情愿，在后殖民时期，它们还企图统治其前殖民地的领土，有时甚至部署军队。

邓小平不愿意在中国照搬这种方式。但是，他确实想向世界先进国家学习。[③] 从1978年起，邓小平就设计了一种能与中国新的历史条件相适应的方案：经济改革和向世界开放。内在形式与外在形式之间的关系在这里很重要。虽然许多发展中国家为了参与全球合作被迫接受西方模式，只有中国既能将它自身融入到全球经济合作中，同时又保持了中国特色。中国的改革开放为“一带一路”倡议下的全球合作奠定了基础。1978年不仅对中国发展而言是非常重要的一年，对世界交往而言也是如此。虽然每个合作伙伴都维护它自己的制度，但是某些制度有重叠之处，不同制度的国家也可以发展新的共同合作领域。合作交往也影响了美国和欧洲的经济。[④] 从20世纪90年代末起，中国政府通过“走出去”战略激励中国公司到国外投资，“走出去”逐渐

---

① Xi Jinping, *The Governance of China II*, Beijing: Foreign Languages Press, 2017, pp. 543-566.

② Deng Xiaoping, *Selected Works of Deng Xiaoping (1965-1982)*, ICP Intercultural Press, 2015.

③ E. F. Vogel, *The Four Little Dragons: The Spread of Industrialization in East Asia,* Harvard University Press, 1992; Yang B., *Deng: A Political Biography*, Armonk and London: M. E. Sharpe, 1998; P. Nolan, *China and the West: Crossroads of Civilization*, London and New York: Routledge, 2018, p.IX.

④ H.Schmidt and F. Sieren, *Nachbar China*, Berlin: Econ Verlag, 2006；Yang B., *Deng: A Political Biography*, Armonk and London: M. E. Sharpe, 1998.

成为中国对外开放的口号。

马丁·雅克（Martin Jacques）认为，1978 年是 20 世纪最重要的年份之一。[①] 我认为它是 20 世纪最重要的一年。中国提出了促进中国与世界经济联系的概念，并在实践中塑造一种具体的新方案。改革开放自 1978 年以来在中国落地生根，并将中国转变为世界第二大经济体（按名义 GDP 计算）。1978 年，中国的 GDP 为 1500 亿美元，到 2019 年为 14.2 万亿美元（名义 GDP），按购买力平价（PPP）计算约为 27 万亿美元。以 GDP（PPP）为标准，中国在 2014 年初成为世界上最大的经济体。中国经济目前已占世界总产量的 19%。经过两个世纪，中国又回到了世界舞台上，成为一个重要的大国和文明国家。

至关重要的是，在“一带一路”倡议下，中国的发展使 10 多亿中国人和全世界更多的人的生活水平得到了前所未有的提高。这些不是掩饰穷人的困境的抽象统计数据。在过去的 40 多年中，中国已经使 8 亿多人摆脱了贫困，还计划至 2020 年或 2021 年实现全面脱贫，并解决其他社会问题。[②] 这意味着改善社会权利。如果我们考虑到中国人口有 14.2 亿（根据联合国数据，截至 2019 年），即占世界人口的 18.4%，那么这一社会发展是人类文明史上的一项巨大成就。同时，中国政府认识到许多人的生活水平仍比较低，计划在未来几年内改善这种状况。因为中国已成为主要的全球经济体，其国内生活水平的提高，将通过“一带一路”倡议对国外生活水平的提高也产生重大影响，这都归因于中国的改革和向世界开放，故 1978 年至少可以说是 20 世纪最重要的一年，也许涵盖的时间范围还应更大。

支撑中国经济制度改革成功的主要原因有几个？[③] 在此，我们需要回答，

---

① M. Jacques, “Cambridge scholar lauds reform and opening-up while underscoring West’s ignorance of nation”, *Global Times*, October 28, 2018, see http://www.globaltimes.cn/content/1124826.shtml.

② Wang W., *Social Change in Contemporary China and the Theory of Social Contradictions*, Reading, UK: Paths International and China Social Sciences Press, 2015；Wang W., *Social Interests and Conflict: A Socialist Analysis of Contemporary China*, Reading, UK: Paths International and China Social Sciences Press, 2015.

③ Wei X., *Rethinking China’s Economic Transformation*, New York: Global Scholarly Publications, 2010.

中国经济增长的必要条件是什么？中国过去40年的改革开放背后的核心逻辑是，国际贸易不一定非得在采用同一制度的两个国家之间进行。不应将政治和经济制度不同的国家截然分开，不应认为西方国家站在一边而中国站在另一边。正如李稻葵所强调的那样，中国政府以积极的方式管理经济，这一事实被认为是中国经济快速发展的重要因素。①

社会主义中国有两个显著特征。首先，它依靠银行法规对一些公司进行投资，国家获得回报后将利润投入社会发展，这与许多西方国家往往将所积累的利润用于无效率的支出的情况不同。中国实施的一些社会项目旨在改善落后地区的状况，包括在发达的东部沿海以外的中国的贫困地区，并将在未来形成一种更加平等的解决方案。其次，中国经济改革之所以取得成功乃是因为"大国效应"。经济体量是一个决定性因素。中国的成功经验不能用亚洲四小虎②的发展方式来说明，但它能用一个更具影响力的模型来说明，即飞龙模型。这种发展方式把一个弱而廉的生产和贸易伙伴变成了一支经济发展的主要力量，它从历史中学习的发展观念。通过对外开放在实践中学习的复杂过程，比改革的个别方面更为重要，即与世界经济相联系的相对优势比对外国资本和技术的依赖更为重要。③中国人对教育和工作的举贤尚能在这里发挥了作用。

正是基于中国经济改革成功的力量，我们才可能将改革开放称为中国的第二次革命。这不是一场立竿见影的革命，而是跨越数十年历程，在一场革命性的改革之中实现发展的重大变革。④"一带一路"倡议是改革开放的重要成果之一。

---

① Li D., et al., *Economic Lessons Learned from China's Forty Years of Reform and Opening Up*, Beijing: Tsinghua University, 2018.

② "亚洲四小虎"指泰国、马来西亚、菲律宾和印度尼西亚。受访者认为中国发展的方式与亚洲四小虎都不相同，不能用"亚洲四小虎"的发展方式来说明中国发展的成功经验。——译者注

③ Li D., et al., *Economic Lessons Learned from China's Forty Years of Reform and Opening Up*, Beijing: Tsinghua University, 2018.

④ J. P. Arnason and M. Hrubec (eds.), *Social Transformations and Revolutions*, Edinburgh: Edinburgh University Press, 2016.

五、“一带一路”倡议与中东欧的原社会主义国家地区

丝绸之路促进东西方文明在交流中相互启发，为世界文明作出了巨大贡献。如果没有丝绸之路，亚洲、欧洲以及非洲等地区可能就没有今天的发展，因为创新理念主要从东方（中国、印度、波斯等）向西方传播。[①]“一带一路”倡议的目标之一，是在丝绸之路遗产的基础上以现代的方式进行建设。这是一项雄心勃勃的计划，旨在加强欧亚地区[②]以及非洲和拉丁美洲国家和地区之间的联系、沟通与合作。它遵守和平共处五项原则：尊重各国主权和领土完整、互不侵犯、互不干涉内政、和平共处、平等互利。

“一带一路”倡议的提出与习近平主席提出的“中国梦”相关。[③]而“中国梦”与中华民族的“伟大复兴”联系在一起，这体现在中国共产党从今天到 2050 年这一阶段的明确规划中：到 2021 年（中国共产党成立 100 周年）全面建成“小康社会”，到 2049 年（中华人民共和国成立 100 周年）把中国建成社会主义现代化强国，2035 年是两个目标之间的里程碑。中国改革的新时代，包括“一带一路”倡议，有时被看作第三次革命。如果我们以 1911 年为现代中国元年（Year Zero），以 1949 年为其第一次革命的里程碑，以 1978 年为其第二次革命的里程碑，我们也许能因“一带一路”倡议的提出及相关的“中国梦”构想的形成而将 2013 年看作第三次革命的开端。这几次革命和革命性的改革既取得了国内成果，也取得了一些全球合作成果，二者之间相互联系。

在国内问题方面，在当前动荡的全球化时代，各种问题需要在新的领导下用更完善的法规来处理，其他主要国家也出现了更坚强的领导。为了使中国经济减少对出口的依赖，尤其是对出口西方特别是对出口美国的依赖，中

① P. Frankopan, *The Silk Roads: A New History of the World*, New York: Vintage, 2017.

② A. Lukin, “Sino-Russian Cooperation as the Basis for Greater Eurasia”, *Human Affairs*, Vol. 30, No. 2, 2020, pp.174–188. I. Denisov, I.Safranchuk and D.Bochkov, “China-India Relations in Eurasia: Historical Legacy and Changing Global Context”, *Human Affairs*, Vol. 30, No. 2, 2020, pp.224–238.

③ Xi Jinping, *The Governance of China*, Beijing: Foreign Languages Press, 2014, pp. 37–75.

国通过拉动国内消费提供相应支持。在全球问题方面，习近平将一项外交政策调整规划为一项重大合作项目。[①] 2013 年，中国在提出“一带一路”倡议的同时，宣布成立亚洲基础设施投资银行（Asia Infrastructure Investment Bank）。它是作为亚洲及其他地区基础设施融资的开发银行。自那时起，它补充了世界银行（World Bank，简称 WB）和国际货币基金组织（International Monetary Fund，简称 IMF）的活动，其他项目随之跟进。

“一带一路”倡议强调跨国合作和全球在生产、贸易等领域的合作，也强调国内发展；它既与全世界各宏观区域的合作息息相关，又重视促进中国各省之间的相互联系，以改善各省的状况，特别是改善西部欠发达地区的状况。

“一带一路”倡议在世界各地之间建立联系，因此它侧重于该倡议的整个领域与特定的宏观区域和项目所涵盖的各区域的联通。[②] “16+1 合作”（即中东欧 16 个原社会主义国家地区与中国的合作）已于 2012 年建立，但它在“一带一路”倡议中发挥着重要作用。这由以下事实支持：希腊以其战略性的雅典比雷埃夫斯港口加入了该合作，该合作平台于 2019 年升级为“17+1 合作”。“16+1 合作”创立的初衷或许是为了发展中国与 16 个中东欧的原社会主义国家（Ex-Socialist Central and Eastern European Countries，简称 CEESs）之间的对话与合作。如今，人们已经以这样的方式来界定它，即认为它是“一带一路”倡议的一部分，是在“一带一路”倡议中侧重于某个特定宏观区域的部分。两者的活动都包括在投资、能源、运输、贸易、研究、教育、文化、环境等领域中的各种类型的项目。[③] 迄今为止，在“17+1 合作”中也像

---

① Wu Z., “Functional Logic of the Belt and Road Initiative: Based on a New Interpretation of Geoeconomics”, *SASS Studies*, 2018, 12, pp.28–68.

② 在此，我的论述基于我将“一带一路”倡议与“16+1 合作”联系起来所进行的比较分析。参见 M.Hrubec, “Innovation in Understanding and Cooperating the Macro-Regions: The Potential of Promotion of the 16+1 Cooperation and the Belt and Road Initiative”, in Huang Ping and Liu Zuokui (eds.), *How the 16+1 Cooperation Promotes the Belt and Road Initiative*, Beijing: China Social Sciences Press, 2017, pp. 34–53.

③ Huang P. and Liu Z. (eds), *China-CEEC Cooperation and the “Belt and Road Initiative*”, Beijing: China Social Sciences Press, 2016; Huang P. and Liu Z. (eds), *How the 16+1 Cooperation Promotes the Belt and Road Initiative*, Beijing: China Social Sciences Press, 2017.

在“一带一路”倡议中一样，中国强调了区域联通、基础设施建设等的重要性。“17+1 合作”每年举办领导人峰会，以一步步地建立起合作，并举办一系列学术会议和其他会议。这些活动都有助于加强联系与协作，克服过去的孤立性。

“一带一路”倡议的全球目标是为联合国“2030 年议程”的全球计划贡献强大力量。17 个中东欧国家也致力于为“2030 年议程”作出贡献。从这个角度来看，参与“17+1 合作”的 17 个国家既为“一带一路”倡议贡献力量，又在更广泛的全球议程中发挥作用。“一带一路”倡议和“17+1 合作”都是雄心勃勃的项目。虽然雄心勃勃的项目依其定义也包括各种风险，必须加以预防。例如，人工智能、5G 网络、物联网、安全和网络安全、新的社交媒体、国内和跨境电子商务等各项技术的开发和应用都为当今世界的发展带来了新的挑战。这在很大程度上取决于如何使用新技术来满足各个地区、国家、区域、宏观区域、文明以及相关环境中的人们的需要、利益和价值。

“17+1 合作”和“一带一路”倡议都旨在为这些项目的参与地区带来更多的对话、联系和合作。这两个项目都致力于将人们及其活动联系到一起的宏伟目标。但“17+1 合作”的重点是中欧、波罗的海国家和巴尔干半岛的宏观区域，以及该宏观区域与中国的关系，而“一带一路”倡议侧重于包括亚洲、欧洲、非洲和拉丁美洲的更为广阔的地域空间。在这两种情况下，中国及其合作伙伴都在开展具有国际维度和跨国维度的长期活动。①

结论：反对种族主义和偏狭

联合国关于当代各种形式的种族主义、种族歧视、仇外和相关偏狭的特别报告员阿基厄姆（Tendayi Achiume）批评了一些西方政客不负责任且

① M. Hrubec, “Approaches of the EU Towards the 16+1 Cooperation: Three Cases in the Framework of the Belt and Road Initiative”, in Huang Ping, Liu Zuokui (eds), *16+1 Cooperation and the Belt and Road Initiative: Europe's Responses*, Beijing: China Social Sciences Press, 2018, pp. 97–108.

带歧视性的言论，主要批评美国个别政客将新冠肺炎疫情与某些国家关联起来，尤其是与中国关联。[①] 同样，世界卫生组织总干事谭德塞呼吁不要以这种方式将疫情政治化。[②] 由于美国抗击新冠肺炎疫情的表现很糟糕，其政府应认识到采取不同的方式应对疫情是非常必要的。

我们可以从新冠肺炎疫情带来的政治和经济问题中学习，并把自己从这些问题中解放出来。我们人类必能共同控制住这次疫情，今后也终将能控制一次次疫情，处理疫情带来的健康风险和一系列经济社会问题，以及应对疫情对政治和环境的挑战。为了做到这一点，我们必须在世界交往的历史进程中理解疫情带来的问题。

中国的“一带一路”倡议是一种新的从局部到全球的有利于合作的交往方式，它有助于克服由当前的中美贸易摩擦带来的困难，并有助于基于更好的联通、合作与正义建立一种全新的世界交往。在历史根源方面，“一带一路”倡议不仅与 2008 年金融危机的刺激有关，而且还有更深的历史渊源。它源自中国 1978 年以来所实行的改革开放，中国的改革开放已有 40 多年历史，它使具有中国特色的社会主义成为可能，并将中国向世界开放。

根植于中国古代丝绸之路的历史土壤的“一带一路”倡议为多边的全球共同合作作出了具体贡献，这是我们考虑不同地区、国家、区域和宏观区域的需求、利益和价值，并把它们放到世界的不同地区中，放到它们具体的现代性和文明中，也放到其与人类文明的一般关系中加以考虑之后，得出的结论。“17+1 合作”是中东欧国家与中国之间富有成果的交往平台，是“一带一路”倡议在世界宏观区域合作领域的一个具体表现。它与中美之间的紧张关系形成了鲜明对照，尽管参与“17+1 合作”的某些国家仍需面对由这些紧张关系带来的各种挑战。

诚然，还有一些巨大的挑战需要所有参与者竭尽全力去面对，在“17+1

① P. Kenny, “UN expert hits out at COVID-19 xenophobia”, *AA*, March 3, 2020, see https://www.aa.com.tr/en/latest-on-coronavirus-outbreak/un-expert-hits-out-at-COVID-19-xenophobia/1776554.

② UN News, “No need to politicize COVID-19”, April 8, 2020, see https://news.un.org/en/story/2020/04/1061392.

合作”中和“一带一路”倡议下面对。“17+1 合作”的成员也将继续努力与欧盟及其他西方国家的合作伙伴寻求共识。“一带一路”倡议的参与者还将与其合作伙伴以及中国一起进行沟通。在“一带一路”倡议下，中国有必要重新审视与美国的关系，发展与金砖国家和其他大国及较小国家的关系，以在后疫情时期为全球合作发展作出重大贡献。

社会主义制度应对新型冠状病毒传播的有效性

——来自中国的启示及对西方的反思

[意大利] 弗朗切斯科·马林乔

李凯旋[1] 译

① 李凯旋，中国社会科学院马克思主义研究院副研究员。

人物介绍

弗朗切斯科·马林乔（Francesco Marigiò），意大利共产党中央委员、意大利新丝路促进会会长，并担任新华社、中国国际广播电台和中央电视台的外籍评论员。意大利二十一世纪马克思政治文化协会（Associazione Politico-Culturale Marx XXI）创始成员之一，组织出版了中国社会科学院马克思主义研究院学者的访谈——《对中国马克思主义者的访谈》（Interviste ai marxisti cinesi，2017 年），同时也是意大利文版《新时代的中国》（La Cina nella nuova era，2019 年）的主编之一。

提 要

全世界应对新型冠状病毒大流行的应急管理体系，可分为两种模式：即将人民健康置于首位的社会主义中国模式和追求私人利润而罔顾民众健康的资本主义国家模式。中国模式的成功令世界瞩目，同时也解释了为何近年来一直表示对领导全球事务已经失去兴趣的美国，主导了新一轮反华活动。在意大利，当公共舆论表达出可以在大西洋联盟之外与中国建立联盟关系时，一个横向的反华党迅速组建。当前，反华议题的破坏性，应得到各国主要智库和政要的密切关注。

击败新型冠状病毒后的世界，将与此前大为不同。尽管这并不意味着国际力量关系的彻底逆转，但主要资本主义国家的表现，却有山雨欲来之势。那么，中国政府对新冠肺炎疫情的抗击究竟给西方带来了什么启示，而这又对世界舆论产生了什么影响？

西方资本主义国家正在将人类抗击新型冠状病毒传播的斗争转变成针对中国和社会主义的全球性争端。

第一阶段，当确诊病例和被发现的新型冠状病毒几乎都在中国时[①]，我们看到西方世界展开了一场史无前例的投机活动。在武汉抗疫的关键时期，《纽约时报》（New York Times）、路透社（Reuters）及其他欧洲大陆的大媒体，先是众口一词指责北京行动迟滞，然后批评隔离和限制性措施侵犯了个体自由。它们没有表达出任何的人道主义同情，也没发挥出团结纽带作用，却向大众播撒了另一种在人类传播的“毒株”。这种“毒株”由攻击性的陈词滥调和种族主义偏见混合而成，且感染性极强。它使得被新型冠状病毒严重影响

① 一些中国专家认为，应对该病毒的地理起源存疑，因为无症状感染者高发且存在大量以前曾在其他地方感染该病毒而未被识别的人。这种新型冠状病毒只是最早在中国被发现并最早被隔离的。

的国家及其海外社群，都备受歧视和攻击。“中国病毒”成为社交媒体的推文话题，主流媒体上出现的“真正的亚洲病夫”[①]标志着对中国的偏见升级。我们无法忽视《华尔街日报》（Wall Street Journal）的这种说法。要知道，这是19世纪末20世纪初，对被殖民时代的中国的蔑称。

第二阶段，在中国之外发现了确诊病例。西方主流媒体和政策制定者，便将注意力转移到中国人及中国共产党在该病毒传播的“责任”上。尽管中国在第一时间就公开并共享了新型冠状病毒的信息，并向欧盟多国提供了帮助。其中，意大利是第一个受援国。

西方资本主义和帝国主义国家政府和媒体对中国的态度瞬息万变的原因在于，这个社会主义国家竟然在抗击新冠肺炎疫情的斗争中取得了阶段性胜利。2019年12月31日，中国向国际社会通报发现了一些原因不明的肺炎病例，几天后致病病毒被确定为新型冠状病毒。2020年1月23日，武汉封城。1月30日，世界卫生组织宣布新冠肺炎疫情继续构成“国际关注的突发公共卫生事件”，继而在3月11日宣布为“全球大流行”。但是，在3月18日，湖北便无新增感染病例；4月8日，封城76天的武汉解封。

一、疫情期间中国医疗卫生体系的普及性

一个国家应对突发公共卫生事件的综合能力取决于三个方面：基础医疗设施的流动性、科学认知水平和人口健康水平。这三方面的水平越高，系统性应急响应能力就越强。总之，更好应对卫生危机带来的挑战的关键，在于公共机构对医疗、教育和研发水平的结构性干预。因为今天的成功往往是此前一代又一代人的知识转移并积累到现在的结果。[②]

另一个关键因素是经济平等的总体水平。一些研究表明，只有减少不平

① “China Is the Real Sick Man of Asia”, *Wall Street Journal*, March 2, 2020, see https://www.wsj.com/articles/china-is-the-real-sick-man-of-asia-11580773677.

② 社会主义国家和资本主义国家，对技术进步的看法是不同的。后者的重点放在个人的行为上。这种做法将广告和媒体转变为神话，从而掩盖了集体实际上在技术进步中通常所发挥的公共作用。

等才能提高利用公共资源并促进集体利益的能力。反之，则会削弱国家机构的能力，扭曲公共资源分配，优化特定的私人利益。诚然，在过去40多年的蓬勃发展中，中国也出现了不平等现象和财富两极分化。但正如在此次事件中所表现出来的，中国与西方国家最明显的差异在于——政治决策者独立于私营系统的利润最大化需求，且后者被吸收和引导进入了抗击新型冠状病毒的斗争中。① 对于这一点，在后文会继续展开。

所有这些元素都非常有意义。我们也可以将它们作为更深刻地理解当代中国的典型案例。实际上，尽管迄今为止，中国尚未基于普及性、平等性和公平性等原则构建公共卫生系统（如意大利模式），并且总体福利支出水平仍然低于西欧国家（这一点在今天仍经常受到资本主义统治阶级的攻击②），但中国政府对此次疫情的系统性应对非常有高度且很高效。国家的干预使得医疗基础设施得以改善，科学预防知识得以广泛传播，从而为迅速限制病毒传播并降低病死率奠定了基础。在过去40年中，私营部门（包括在医疗领域）的作用逐步提高，但未影响国家加大科研和医疗经费投入的能力。③ 医疗投入的增加，缓和了过去医疗服务中的不平等现象——这一度导致最贫困群体的生存状况进一步恶化。

据悉，疫情在美国暴发后，进行新型冠状病毒检测的费用达3000多美元。而在中国，民众可以依靠国家的福利体系——截至5月底，中国各级财

---

① “阿里云免费为公共研究机构提供了AI研究功能，以支持病毒基因测序，以及蛋白质筛选和新药的研发。百度已向全球的基因检测机构，防疫中心和研究机构开放了其RNA预测算法LinearFold。东软医疗向武汉医院捐赠了高端CT扫描仪，人工智能医学影像，云平台和先进的远程后处理软件。Infervision推出了‘冠状病毒的AI解决方案’，这是一种一线医生在CT扫描中用于检测和监控疾病的AI软件”。摘自《世界经济论坛》,《中国公司应对冠状病毒的五种方式》，Dabid Aikman and Alan Chan, “Five ways Chinese companies are responding to coronavirussee”, February 24, 2020, see https://www.weforum.org/agenda/2020/02/coronavirus-chinese-companies-response/.

② 参见摩根大通,《还在半路上的欧元区调整》，首次发布于2013年5月28日。该文要求废除受社会主义思想污染的反法西斯宪法，压缩福利国家。该文件引起了激烈的争议，已无法在世界银行的网站上查看。但它仍存在于网络上，J.P. Morgan, “The Euro area adjustment: about halfway there”, May 28, 2013, see https://www.europe-solidarity.eu/documents/ES1_euro-area-adjustment.pdf .

③ 在过去的40年中，中国的医疗卫生支出占GDP比重，从1978年的3％增长到了2018年的6.43％，然而人口增长了45％。

政共安排疫情防控资金1624亿元人民币，约合200多亿欧元。确诊患者人均医疗费用约2.3万元，其中，重症患者人均治疗费用超过15万元，一些危重症患者治疗费用达几十万元甚至上百万元，全部由国家承担。在疫情“震中”以外竭力控制并减少感染量和降低感染率；同时，在“震中”武汉则投入更多的资源建立新医院，增加床位——16家由体育场馆、会展中心等改造而来的“方舱医院”累计收治1.2万余名患者，10多天内落成的“两山”医院收治了5000多名患者。同时，中国还动员了全国各地4万多名医护人员组成300多支医疗队支援湖北。国家给这些医护人员的补贴是每人6000元人民币，并要求给他们支付3倍工资，还要求给其他参与其中的工作人员支付2倍工资。

因此，中国提供了一个其他资本主义国家在任何情况下都无法提供的普及性医疗服务。这也表明社会主义中国（以及古巴和越南）采取了完全不同的应对新冠肺炎疫情的路径。

二、两种模式的对比

在与新型冠状病毒大流行的斗争过程中，全世界采用了两种截然对立的模式：一是通过隔离病毒来遏止其进一步扩散的中国模式——几乎为整个亚洲所采用；二是以“群体免疫”为标志的西方模式——即通过控制病毒的传播速度来允许病毒传播。这两种模式，是经济和生产领域的两种对立路径的产物。第一种模式，将挽救生命确定为优先目标。因此，尽管有经济影响，暂时停止不必要的经济活动仍被认为是可接受的。第二种模式，将数十万人的死亡视为自然现象，其目的是允许私人经济活动“自然”进行以继续产生利息和利润。

美英两国显然都是采取了“群体免疫”的国家。将这两国政治领导人与中国领导人的讲话进行比较，就可看出只有中国的模式将人置于政治倡议的中心。在2020年2月中旬，中国国家主席习近平在讲话中指出：“做好疫情防控工作，直接关系人民生命安全和身体健康，直接关系经济社会大局稳定，也事关我国对外开放……要统筹做好人员调配，尽量把精兵强将集中起来、把重症病人集中起来，统一进行救治，努力降低病死率。”[①] 几周后，尽管世界卫生组织对这种新型冠状病毒的危险性提出了警告，但美国总统却否认存在问题，而英国前任和现任首相甚至强调不应遏止病毒的传播。[②]

中国特色社会主义制度及其政府，将与病毒作斗争及民众的需要置于不容商榷的优先位置，并为此动员了整个国家的资源。中国采取的长时间隔离管制措施，不仅对隔离病毒产生了决定性作用，还建立了一个良性的社会氛围——推动民众采取负责任的行为以最大限度地减少社交接触和流行病的传播。就这一点而言，资本主义国家毫无可比性。在南欧国家（像意大利），由于独立乃至能够操控政治的经济强权所施加的压力，以及欧洲国家之间、中央与地方政府之间、不同政治势力之间的冲突，中央政府无法坚持暂停经济活动的路线。

新冠肺炎疫情及相关隔离管制措施对欧美和中国民众产生了不同的影响。过去十年间，中国的工资水平翻了一番，社会保障建设水平大幅提高，每 1000 人的病床数量为 4.34 张，明显高于经合组织的平均水平——2.9 张，也高于美国的 2.7 张和英国的 2.5 张。这是中国将疫情所致损失降至最低的重要能力。[③]

相反，过去十年，欧洲和美国的工人阶级遭遇了严厉的“新自由主义”紧缩政策，医疗卫生服务和社会服务被大幅削减。这是欧美新冠肺炎病死率居高不下的主要原因。

此次新型冠状病毒大流行，对欧美工人阶级造成的负面影响极大：失业人口增加，越来越多的家庭陷入难以维持生计的困境。在中国，中国共产党在企业停工停产的同时为工人提供收入支持。例如延后按揭、信用卡还款时间，

---

① 习近平：《在中央政治局常委会会议研究应对新型冠状病毒肺炎疫情工作时的讲话》，《求是》杂志 2020 年第 4 期，参见 http://www.qstheory.cn/dukan/qs/2020-02/15/c_1125572832.htm。

② 唐纳德·特朗普：“我们控制住了它，一切都会好起来的”，“President Donald Trump sits down with CNBC’s Joe Kernen at the WEF in Davos”, January 22, 2020, see https://www.cnbc.com/2020/01/22/cnbc-transcript-president-donald-trump-sits-down-with-cnbcs-joe-kernen-at-the-world-economic-forum-in-davos-switzerland.html; 大卫·卡梅伦，“其中一种理论是，也许你可以无怨无悔地忍受，任由其在民众中传播而无须真正采取许多严厉措施。我认为我们需要保持某种平衡”，“UK moving towards ‘delay’ phase of virus plan as cases hit 115”, March 5, 2020, see https://www.bbc.com/news/uk-51749352.

③ “List of Countries by Hospital Beds”, see https://en.wikipedia.org/wiki/List_of_countries_by_hospital_beds.

为工厂提供补贴以保障工资的发放，为隔离中的群众提供食物和药品的快递服务。

中国能够成功的关键在于有一支强大且结构化的共产党员队伍。中国共产党广泛扎根于社区和工作场所之中——这确保党能够时刻关注并及时满足民众的基本需求。然而，在西方主流叙事中，中国共产党即便尚未濒临崩溃，也是一个步履维艰且官僚化的政党。在成熟的资本主义国家，应急管理遭遇了政治权力的失调——美国各州抗疫中出台的五花八门的社交隔离政策就是最好的例证。这不仅导致民众对新型冠状病毒的真实危险性认识不足，而且致使政策极度碎片化。中国的社会主义制度则保证了全国能够采取统一行动抗击新冠病毒，保护人员。

三、西方的应对和意大利的情况

2020 年 4 月底，在撰写这篇文章的时候，美国新型冠状病毒的感染病例和病死人数均居世界第一位。白宫却将注意力全部集中在了对北京实施经济金融报复上。与此同时，全世界都注意到了纽约因新冠肺炎病人大量死亡而出现的令人震惊的万人冢。我们以为这是在世界贫困落后地区才会出现的悲剧。特朗普及其合作者不断敦促情报人员寻找有关中国“责任”的证据，尽管美国情报机构已排除这一可能。《华盛顿邮报》（The Washington Post）预测，这些做法将激起白宫所期望的新一轮中美竞争。[①] 这些做法背后，还隐藏着特朗普意欲通过剥夺或限制中国主权豁免权为成功地向中国“索赔”提供便利的企图。美国政府实际上已经在考虑新的贸易战：特朗普及其一些合作者甚至讨论了对未来从中国进口的商品实施 1 万亿美元的惩罚性关税。

而中国则表现出了团结精神，向那些遭到新型冠状病毒猛烈攻击的国

① “U.S. officials crafting retaliatory actions against China over coronavirus as President Trump fumes”, *The Washington Post*, April 30, 2020, see https://www.washingtonpost.com/business/2020/04/30/trump-china-coronavirus-retaliation/.

家，如意大利，提供医疗援助。但是，西方媒体却借机引发争论，暗示援助背后隐藏着北京（还有莫斯科和哈瓦那）利用欧盟的先天分歧，在北约核心国扩大影响力的企图。但媒体只字未提的是，欧盟已被始于 2007 年的经济危机深深地分裂和动摇了。2015 年以来的移民难民危机，英国脱欧和新冠肺炎疫情，都表明成员国无法实现政策上的团结。致使欧盟分裂和边缘化以及损伤南欧国家经济的，不是中国的“健康丝绸之路”倡议，而是德国、奥地利和荷兰所坚持的紧缩政策，以及阻止欧央行扩大公共支出并拒绝“欧洲共同债务”的强硬立场。欧盟由于创始条约中的初始规则和成员国之间权力的不平衡而陷入危机。对于一些成员国来说，与中国合作意味着将免于被欧盟机制所强化的债务负担压垮。

显而易见，这场反华舆论运动的目的是打造一个“同仇敌忾”的国际舆论氛围。其敌人不是新型冠状病毒，却是最先发现它的社会主义中国——因为中国的经济发展和治理有效性是有目共睹的。正如第二次世界大战后针对苏联的意识形态、政治、军事和经济动员，成为西方资本主义世界的黏合剂。今天针对中国和中国共产党的动员，意味着西方资本主义世界试图建立一个新的大型反共产主义联盟，该联盟的主要敌人是中国及其他一些未接受“华盛顿共识”的国家。美国还企图阻止盟友赋予中国以政治合法性。意大利就是这种情况。最近几周，意大利遭遇了强大的大西洋联盟压力，一些政府官员，如外交部部长迪·玛约，被指责对北京过分仁慈。中国在意大利民众中的受欢迎度迅速提升以及一些政治人物的亲华表现，使得有人认为意大利已成为中国在西方提升软实力的典型案例。①

① 其中受到强烈批评的是意大利外交部部长，也是五星运动的重要领导人迪·玛约的立场。迪·玛约在 2020 年 3 月 24 日 TG2 的电视采访中宣称：“那些嘲笑我们加入‘一带一路’倡议的人，现在应该承认，对这份友谊的投资使得我们现在能够挽救意大利人的生命。”不过，更重要的是，对他的攻击不仅来自外部，也来自五星运动党的内部。具有普遍代表性的是亚历山德罗·迪·巴蒂斯塔（Alessandro Di Battista）的言论，“迪·玛约声称我们与北京建立了‘优先关系，无论是否喜欢，这都应归功于前任经济发展部部长、现任外交部部长迪·玛约的工作’。但矛盾的是，中国是第一个受新型冠状病毒大流行影响的国家，但是却比任何其他国家都更好地走出了危机……中国将在不打一枪的情况下赢得第三次世界大战，而意大利可以将这种优先关系放在与欧盟的谈判桌上”。

而与此同时，这次因新冠肺炎疫情造成的损害而向中国“索赔”的国际运动也已在意大利扎根。标志性案例（媒体影响力一般，但具有典型性）源自意大利北部。位于意大利豪华滑雪胜地科尔蒂纳丹佩佐（Cortina d'Ampezzo）的德拉波斯特酒店（Hotel De La Poste），在当地贝卢诺法院“起诉”中华人民共和国国家卫生健康委员会，要求“赔偿损失”。然而，更为重要的是，伦巴第大区（这是意大利首先得到中国医生帮助的地区）要求北京“赔偿”新型冠状病毒大流行造成的200亿欧元“损失”。[①] 发起这项动议的是该大区的执政党，即右翼民粹主义联盟党。这个党在2019年意大利政府与中国签署“一带一路”谅解备忘录时，曾参与联合执政。联盟党党首如今声称欧洲应该“向中国索赔，大家都知道病毒来自何处”。与此同时，一位有名的意见领袖在一份全国性报纸《晚邮报》（Corriere della Sera）上作出了如下评论，“多年来，西方国家的阵线第一次因要求中国澄清新型冠状病毒如何产生及如何传播并发生了重组……这使我们认清了一个事实，即意大利是世界上唯一一个欣喜若狂地（付费）接收了来自中国的逾50万只口罩的国家”。[②]

为什么会发生上述情况？因为意大利正在实施一项资本主义重组计划，以阻止因疫情而激化的资本主义国家间矛盾带来的国际力量关系逆转。意大利是大西洋阵营与中国关系之间的楔子，尤其在“一带一路”和5G问题上，已经成为一个特殊的被观察对象。意大利的资本主义重组计划沿着两个方向展开：一个是加强内部压迫，压缩工人阶级的权利；另一个是在外部阻止意大利政府给予中国应得的政治合法性。大西洋阵营和欧盟对华的路线是清晰的：允许建立经济和商业关系，但禁止给予共产党领导的国家以政治平等性。按照欧盟在2019年3月发布的对华战略新文件，中欧是制度性竞争对手。

基于这一认识，我们再回头去看前几周发生紧急公共卫生危机时，意大利

① Adnkronos, “Lega: ‘Lombardia chiederà 20 miliardi di danni alla Cina’”, April 29, 2020, see https://www.adnkronos.com/fatti/politica/2020/04/29/lega-lombardia-chiedera-miliardi-danni-alla-cina_HTO6WCnZXEjrGlpJRuspGI.html?refresh_ce.

② Paolo Mieli, “Sulla Cina troppe ambiguità”, April 26, 2020, see https://www.corriere.it/editoriali/20_aprile_26/sulla-cina-troppe-ambiguita-5b11beb8-87e9-11ea-8a3a-5c7a635a608c.shtml.

进行了怎样的资本主义结构重组。首先，改变了意大利企业家联合会的路线并更换了领导层；其次，改变最大出版集团——杰迪集团的所有权结构，以极为暴力的方式撤掉了旗下所有报刊（包括《共和国报》《新闻报》等全国性大报和数十家地方性报纸）的总监，以明显亲大西洋者取而代之。这些动向表明，意大利出现了一个横向且强有力的“反华党”，它与私有经济、媒体和政治领域的代表一起，意图阻止本国舆论转向亲华。近期的民意调查和对民情的分析，为反华派敲响了警钟。这些分析的结果非常值得关注，且具有启发性。

在中国（3 月 13 日）和俄罗斯（3 月 20 日）的援助到达意大利后，对谷歌（Google）搜索索引以及社交和数字媒体的引文分析发现，民众对中俄的兴趣远大于对声称援意的美国和欧盟的兴趣。民情分析显示，从 3 月 1 日至 3 月 31 日，与“中国援助”有关的词汇引用频次超过 9.77 万。其中，积极情绪为 27%，超过消极情绪的 19.8%。变化趋势清楚地表明，中国援助即刻得到积极评价并被接受（3 月 13 日至 15 日到达峰值）。最后，对高频词的语义分析表明大量示例中的消极情绪，主要与意大利国内政治辩论以及欧盟和北约的关系有关，仅有部分是针对中国的“指控”。①

慕尼黑安全会议以及巴伐利亚军事和外交官大会，也表明意大利对华持有开放态度。假设美国分别与中俄发生冲突，意大利的百位受访者中支持中俄的比例在欧洲国家中最高。② 更值得关注的是 SWG 人口统计学研究所（Istituto Demoscopico SWG）两次被意大利国家电视台报道的抽样调查。2020 年 3 月 25 日至 27 日首次调查的核心问题是，哪些国家在政治、经济和外交等领域是意大利的友邦？哪些是敌对国？中俄位列友好国家前两位，第三位是美国。而德、法、英位列敌对国的前三名，美国排第四。换言之，反对援

① Gabriele Iacovino, Marco Di Liddo e Filippo Tansini, “Incertezze e Supremazia Informativa: l’Ecosistema Italia di Fronte alla Pandemia”, Centro Studi Internazionali, Aprile 2020, pp. 6–8.

② 在 100 位受访者中，有 65 位表示他们会在俄美之间发生冲突时选择中立，有 9 位表示不知道，其中 17 位选择站在美国一边，9 位站在俄罗斯一方——这是欧洲国家中的最高纪录。万一发生中美冲突，有 63 位受访者选择中立，有 10 位不确定，有 20 位站在美国一方，还有 7 位（再次在欧洲国家中名列前茅）选择支持中国。Munich Security Conference, *Munich Security Report 2020*, p. 19.

助意大利的国家，都被视为敌对国。4 月 1 日至 3 日，第二次调查的核心问题是，意大利应重点与欧盟外的哪个国家发展盟友关系。受访者中的 36% 选择了中国，30% 选择了美国。通过政治阵营归属的数据分析发现，中右翼选民对美国的兴趣更大——达 51%，民主党选民的 45% 支持中国，五星运动党对华态度最开放，支持者达 53%。

这些数字很好地解释了为什么欧洲各国的外交部部长以及大西洋俱乐部会拉响反华警报，并推动特朗普政府自任反华国际联盟首领。无疑，西方舆论导向的迅速变化，表明西方、西方的社会制度及其同盟的吸引力都已在近年来陷入危机。

结　论

在本文中，我尝试向世界各国人民揭示并强调：因新型冠状病毒大流行而建立的应急管理体系，清楚地表明了为维护私人利润而罔顾民众健康的资本主义国家与将人的生命置于中心位置的社会主义中国之间的巨大差异。不仅如此，社会主义中国的治理模式展现出了它的有效性。甚至对多年来与大西洋联盟和资本主义体系紧密相连的国家而言，这种治理模式也是可行的。这是史无前例的。这也解释了为何近年来一直表示对领导全球事务已经失去兴趣的美国，竟自任反华、反共联盟首领，并在最近几周对华发起激烈进攻。最后，分析了我自己的国家——意大利，在公共舆论表达出可以在大西洋联盟之外与中国建立联盟关系时，一个横向的“反华党”迅速组建。如今，反华议题的破坏性，应得到各国主要智库和政要的密切关注。

谨以此文献给给予意大利人民援助的中国医护人员，他们带来了在武汉抗击新冠肺炎疫情中积累的经验。此文亦献给在近期遭遇了歧视和排华活动的所有海外华人，以及所有在这场瘟疫中失去亲人的人们。新型冠状病毒，是全人类的敌人。全人类应不分国界、不分种族，团结应对。我们不仅是世界的一部分，还是命运共同体。

新冠肺炎疫情危机暴露资本主义制度根本弱点

［日本］大西广

朱旭旭[1]　译

① 朱旭旭，中国社会科学院研究生院马克思主义学院博士研究生。

人物介绍

大西广，1956 年生，男，日本京都人，庆应义塾大学（慶應義塾大学）经济学部教授、京都大学（京都大学）名誉教授，经济学博士。担任职务：日中友好协会（日本中国友好協会）副理事长，世界政治经济学会（World Association for Political Economy）副会长、东北亚学会（北東アジア学会）原会长、日本社会主义理论学会（日本社会学理論学会）执行委员、日本基础经济科学研究所（基礎経済科学研究所）原理事长、日本现代中国学会（日本現代中国学会）理事、国际亚洲共同体学会（国際アジア共同体学会）常任理事。主要研究领域：政治经济学（马克思最优经济增长理论）、统计学、现代中国政治经济问题、东亚经济问题等。

提 要

新冠肺炎疫情暴发之后，世界各国舆论掀起了关于国家制度与防疫效果关系的大讨论。疫情之下，本文以资本主义国家为研究对象，探讨国家制度和应对危机的能力、效果的关系，揭露了资本主义制度应对危机的根本弱点，以回应当今世界舆论。同时，在新冠肺炎疫情激化资本主义基本矛盾的社会背景下，展望未来社会主义社会。

一、新冠肺炎疫情舆论发生骤变

当新冠肺炎疫情最初向世界蔓延之际，西方国家主导的世界舆论以批判中国反应滞后和“专制体制”为中心，借疫情污名化中国。然而，随着中国有效控制国内疫情、支援并团结世界各国共同抗疫的协调推进，现在这种世界舆论已经发生彻底改变。这是因为批判中国的急先锋——美国，已经成为新冠肺炎感染扩大的“最大集群”，甚至在欧洲人口较少的国家也出现了感染人数和死亡人数大幅度增加的情况。

实际上，世界各个国家、各个地区针对新冠肺炎疫情所采取的防控措施的差异性非常大。在德国，政府严格要求实行核酸检测，虽然感染者人数出现暴增，但是，死亡率却远远低于其他国家；在韩国，疫情发生后由国家管理的“公共保健医生”被迅速派遣到全国各地，并大规模进行核酸检测；在中国，10 天之内就建成了专门收治新冠肺炎患者的医院，并封锁了城市。并且，政府通过在智能手机应用程序上使用健康码，进一步加强了对公民个人健康信息的管理。这充分体现出世界各国政府在应对新冠肺炎疫情过程中所采取的措施存在明显差异性。

二、新冠肺炎疫情防控政策不能作为判断国家制度的依据

当前，世界各国应对新冠肺炎疫情政策存在明显的差异性。西方国家将疫情防控政策视为判断是否是“专制体制”的依据，这简直令人匪夷所思。世界著名的历史学家尤瓦尔·诺亚·赫拉利（Yuval Noah Harari）就是持这种观点的典型代表。另外，2020 年 4 月 3 日，《日本经济报》[①] 也以世界各国在防疫过程中对国民个人行动自由限制的程度为基准，将世界上的国家划分为四种类型，由强到弱依次为中国、法意西英（法国、意大利、西班牙、英国）、德美（德国、美国）、日本等。同时，还报道了中国政府不承认在中国台湾隔离“成功”的约 460 名居民（德国也发生了类似的事情）等“独裁”结果的新闻事件。实际上，这是西方国家在学习中国抗疫经验过程中，为了阻止中国成为世界的引领者而刻意发动的意识形态斗争。

当前，西方国家关于当前世界各国新冠肺炎疫情防控的认知，已经完全违背了事实。世界卫生组织高级顾问、英国伦敦国王学院教授涉谷健司强调，针对新冠肺炎疫情防控对策，最基本的要求就是尽可能多的进行检测与隔离，这也是当前疫情防控的重点工作。目前，在东亚各国中，中国政府派遣 4 万多人的医疗队“封锁武汉”，韩国也严格实施核酸检测，这与日本为了防止和隐瞒感染者扩大而故意限制核酸检测具有本质不同。据有报道称，中日韩三国公民由于注射了预防结核病的“卡介苗”疫苗而对新冠肺炎产生了免疫力，就此误认为他们比欧美国家公民抵抗新冠肺炎的免疫力强。实际上，日本感染者数量少的主要原因，是日本政府有意控制核酸检测人数所导致的。有预测指出，未来日本感染者人数很有可能会超过欧洲各国。疫情期间，日本甚至出现了申请核酸检测人员在等待政府核酸检测期间死亡的案例。在这种情况下，日本的大街上和医院里没有得到及时检测和救治的感染者非常多。比如说，我所供职的庆应义塾大学的附属医院中来院看病的患者

① 秋田浩之,『対コロナ、負けられぬ日本』,『日本経済新聞』, 2020 年 4 月 3 日。

中有 6% 都是感染者，这已经导致医院的医疗系统处于瘫痪状态。当前，美国的疫情防控工作也非常糟糕，日本也成为东亚各国防疫最糟糕的国家。美国、日本等国家针对新冠肺炎疫情所采取的防控措施和政策，确实令人非常担忧。

三、日本在新冠肺炎疫情防控中的不足和缺陷

在新冠肺炎疫情防控工作中，日本不仅忽视核酸检测工作，也不重视隔离工作。比如说，今年 3 至 4 月份，一位分别经历过在日本和韩国居家隔离的自由撰稿人[①]在自己的博客中指出，日本政府对居家隔离工作表现出敷衍的态度。日本政府规定，从 3 月 5 日起，来自中韩两国的入境者需要到政府指定场所隔离 14 天，但是，他于 3 月 28 日在成田机场入境时管理人员根本没有对其进行检测，仅仅是给他发放了一份关于身体状况的调查表。“14 天居家隔离”也仅仅是口头要求而已，没有任何强制措施。并且，这个自由撰稿人在入境两周内又从成田机场飞回了韩国，这正说明在日本居民是可以随便离开自己住宅的，政府也完全忽视居家隔离。另外，从成田机场往返自己家时，日本政府要求禁止使用公共交通工具。但是，乘客只要在成田机场管理人员那里说：“家人来接我”，然后就可以走了。同时，有一位朋友说，即使被迫只能坐出租车，那也只是有钱人的事吧。在北海道和东北地区居住的人们，如果不乘坐公共交通工具怎么从机场回家呢？这也就是说，针对新冠肺炎疫情防控，日本政府采取了逃避的方针，也就是不负责任地制定了没有实效性的疫情防控政策。[②]与日本相比，韩国的疫情防控工作就显得比较积极、有效。据前面提到的那位自由撰稿人讲：一方

---

① 成川彩，『新型コロナが広がる日韓で自宅隔離を経験して考えたこと』，2020 年 4 月 28 日，见 https://globe.asahi.com/article/13299164。

② 实际上，日本感染新冠肺炎患者“暴发”的根本原因并不是“来自中国的病毒”所导致的，而是未能有效控制来自欧美国家的“第二波病毒”。据一位朋友的儿子讲，疫情期间，他从芬兰回国达到成田机场入境时，根本没有受到任何措施的限制。

面，在飞往韩国的飞机上，乘务员就给乘客发放“智能居家诊断指南应用程序说明书”，到达韩国后要求乘客在手机上下载并注册这个软件，详细填写自己的家庭住址，每天汇报两次自己的体温情况。而且，乘客如果是住在首尔市区的人，需要当场进行核酸检测。如果没有新冠肺炎症状的话，就可以到指定地点免费接受隔离。另一方面，政府为入境者准备了从机场回家的专用巴士和出租车。而且，入境者要严格遵守居家隔离的规定，违反者会被处以罚款。如果自觉遵守防疫规定的话，政府还会给他们发放消毒液、口罩、食物等防疫物资，也会发放生活补助金和带薪休假等（这是其他情报来源）。同时，为了解除 14 天的自我居家隔离，入境者在第 13 天时需要进行核酸检测以确保未被感染（来自别的情报）。因此，在韩国，为了实行有效的隔离而采取了这样有效的强制措施。同时，中国也有专门对入境者实施隔离的酒店。在天津和南京，无论到室外做什么事情，都会被检测体温。而且，所有超市也明确区分了入口和出口，以防止交叉感染。总之，韩国、中国实施了以政府为主导的、对疫情防控高度负责的应对方式，然而，日本政府却采取了“总之不要和任何人接触”这种煽动恐惧、极其不负责任的应对策略。

四、新冠肺炎疫情之下中日两国对企业生产活动控制的不同情况体现出中国社会主义制度优势

世界各国应对疫情的方式千差万别，西方国家将这种差异性概括为“专制”和“民主”这种国家制度方面的差异，这是极其荒谬的。比如说，在韩国，最严格的“民主”政治势力依然需要依靠“专制”才取得了效果如此显著的抗疫成绩。今日，在中日两国互联网极其火爆的、日本导演竹内亮拍摄的纪录短片《南京抗疫现场》中，[①] 报道了南京市民自发向政府提供自己在何

① 『中国在住の日本人ドキュメンタリー監督竹内亮氏のドキュメンタリーである』，2020 年 4 月 23 日，https://creators.yahoo.co.jp/takeuchiryo/0200056742。

时何地乘坐哪趟车次哪节地铁以及要到哪里去等非常详细的出行信息，这对中国做好新冠肺炎疫情防控工作是非常重要的。在互联网时代，市民通过智能手机和专用 App 上报自己的出行信息非常方便。同时，市民也愿意自发向政府提供自己个人的出行信息，这充分说明了市民对政府的高度信任。[①] 西方国家鼓吹疫情期间中国广大人民苦于遭受政府严格控制的社会舆论，完全违背了事实。实际上，市民是自愿配合政府开展防疫工作，主动上报个人出行的具体信息。

中国政府的这种疫情防控方法不仅对于管理市民是有效的，而且对于管理企业的生产活动也非常有效。我认为，这就是中国和日本在疫情防控中的重要区别。截止到今年 4 月初，日本广大工人每天依然被迫乘坐满员的电车上下班。即使政府发出“限制人与人接触”的疫情防控要求，依然有约一半的工人每天乘坐电车上下班。[②] 并且，根本没有像中国南京那样收集个人乘坐公共交通工具的详细信息，“防止交叉感染”更无从谈起。日本国民为了抑制接触，自觉限制自己在五一黄金周期间省亲访友或者外出旅行，还主动减少了和朋友、家人一起外出聚餐的次数。我所隶属的各种学会和中日友好协会等组织，所有的自主活动也都被迫取消。但是，日本企业的生产活动依然继续开展。我认为，在防疫工作中政府和市民承担责任的非对称性，是当前日本防疫工作的最大问题。

现代社会，工人阶级与奴隶的本质区别就是：工人阶级除了自己卖给资本家的劳动时间以外，其余的时间都由自己自由支配。但是，疫情之下，日本的资本家却呼吁“工作日努力工作，周末在家待机（隔离）”，依然自由地进行着自己的剥削行为，随意剥夺工人阶级的自由。同时，广

① 根据美国爱德曼民意调查公司舆论调查显示，2018 年在世界上 28 个国家进行“信任度晴雨表”调查过程中：回答“信任政府”人数最多的是中国，高达 84%。另外，根据法国的伊普索斯民意调查公司调查数据显示：2019 年，受访者回答信赖本国政府比例最高的是中国，高达到 94%。2019 年，梶谷怀高口康太《幸福的监视国家·中国》（NHK 出版社）一书，就中国国民对政府的信任度进行了深入研究，也具有一定的参考价值。

② 『ドコモ·インサイト·マーケティングの「モバイル空間統計」の調査結果』,『日本経済新聞』, 2020 年 4 月 28 日。

大工人只有在周末和下班后才拥有的最后仅有的自由时间，也被资本家无情地剥夺了。

然而，中国企业应对疫情的方式与日本的截然不同。据4月25日《日中友好报》[①]报道：天津开发区的汽车配件企业复工以后，对接送工人的巴士、办公室、厂区进行消毒，对从外地返回的工作人员实行隔离；为避免工作时的接触，工厂要求工人互相之间保持1.5米以上的距离；禁止使用电梯，戴口罩、勤洗手等防疫细节工作都作了明确规定。并且，政府还要求工人继续进行每天3次体温检测和上报。前文提到的关于南京的报道中也指出，企业有责任和义务为工人购买非接触型的体温计，每天要求工人多次进行体温检测。但是，在日本，政府要做到这样管理控制企业的生产活动，简直是不敢想象的。

关于新冠肺炎疫情防控，我更关注中日两国对企业生产活动管控方面的差异。在中国，企业和个人都被要求承担相应责任，然而，在日本则是公民个人的活动受到限制而企业活动却不受限制。这才是社会主义与资本主义两种制度在防疫过程中的差异性的具体表现。为了控制公民个人活动，日本颁布"紧急事态宣言"之后，对KTV、老虎机店、酒吧、[②]美容院、体育馆、电影院、演唱会等场所的活动有所限制。同时，这些相关行业资本家的经济活动也必然受到影响。但是，这归根结底是政府"抑制个人活动"的延伸，并不是一开始就把企业作为防疫控制对象。

另外，关于日本工人中的疑似感染者必须居家隔离的要求，逐渐变成了"不要因为感冒就请假"。为此，日本的药店里还准备了大量的感冒药。而且，如果工人中有无症状感染者去上班的话，就会被领导责骂"为什么来上班"。疫情之下，日本资本家这样自私的行为是行不通的，这也一定程度上体现出资本主义制度剥削人的本质。

---

① 『新型コロナ：中国国内の暮らしは今』,『日中友好新聞』，2020年4月25日。

② 实际上，现在，在日本面向大众的居酒屋已经被迫停业，然而，面向政治家、官僚营业的赤坂高级料理店却依然在营业。这就涉及后文即将探讨的"阶级问题"。

五、在新冠肺炎疫情之下暴露出来的资本主义的制度缺陷

在新冠肺炎疫情之下，从制度比较视域来看，不是“专制体制”的新加坡感染者人数急剧增加，美国感染者人数超过100万等，这充分暴露出资本主义的制度缺陷。在新加坡，政府虽然实施了抑制国民之间交叉感染的对策，但是，在同一个房间里聚集了10人左右移民工人而导致感染不断扩大的情况，几乎处于失控状态。另外，被美国医疗体系排除在外、又在疫情中被迫工作的贫民阶层，是导致美国疫情急剧暴发的根本原因。因此，这也表明“社会制度”是疫情防控效果好坏的根本原因。

实际上，与新加坡、美国相比，印度的喀拉拉邦是疫情防控效果很明显的地方。喀拉拉邦虽然是印度最早出现感染者的地方，但作为印度最平等且医疗体系最完善的邦有效控制了感染者的扩大，这也是印度共产党（马克思主义）在现在和过去长期执政的成果。

此次新冠肺炎疫情暴发之后，世界主流经济学者中出现了“资本主义……至少是暂时的……不得不给有准备的社会主义让路”[①]的议论。因此，面对此次疫情危机，我们需要认真思考的问题不是现行的各种各样的疫情防控对策，而是社会制度本身。

另外，此次疫情危机也要求工人阶级更加清醒地意识到自己的权利，并应该主张和捍卫自己的权利。例如，世界各国政府虽然要求全体国民严格控制自己外出，但在这个过程中不同阶级所付出的代价差别非常大。比如说，如果让拥有大房子或者庭院的人和只能去公园、图书馆的生活在公寓里的工人阶级遵守同样的疫情防控中“控制外出”这一规定，就显得非常不平等。更进一步说，不工作也能够持续不断获得收入的阶级与辞职后马上就失去收入的非正规雇佣工人阶级之间，也形成了鲜明对比。在这里，资本主义国家提倡的“自我控制外出要求”本身就是“反工人阶级的”。其实，拉美国家

① 『ウィレム·ブイター. 危機が招く「社会主義」経済』,『日本経済新聞』, 2020年4月23日。

的主流人士也反复强调过这种观点。巴基斯坦首相的发言中也包含了这层意思，“如果封锁城市的话，一方面，能够将人们从新冠肺炎疫情危机中拯救出来；另一方面，也将有人因此而饿死”。[①] 众所周知，在贫困者、贫困国家没有彻底解决新冠肺炎疫情危机的情况下，世界作为一个整体就无法彻底解决这一危机。世界各国加强联合抗疫，成为当前应对新冠肺炎疫情的核心问题。[②]

六、在新冠肺炎疫情之下对共产主义的展望

在全球化背景下，当今世界上最大的、不得不解决的问题就是：控制贫困国家新冠肺炎疫情扩散，这也成为世界各国关注的焦点。并且，针对贫穷国家的防疫对策，主要有两种观点：一是因为贫困者、贫穷国家无力实施有效的防疫策略，导致其被迫走上“群体免疫”的道路。之后，世界其他国家也被迫走上这条道路。二是正是因为贫困者、贫困国家无力应对疫情，才更应该把他们的问题当作自己国家的问题来看待，进而提供全面的医疗援助，与贫困国家团结起来共同抗疫，进而赢得全面的胜利。英国当初就采用了“群体免疫”的政策，瑞典实际上也采用了这种疫情防控对策并宣告取得了成功。虽然这种疫情防控策略有一定的合理性，但是，我们需要明白的是：瑞典的成功经验是建立在贫困人口少、医疗体系完善的基础之上。也就是说：瑞典的抗疫经验根本没有向贫穷国家推广的价值。另外，在这次新冠肺炎的传染威力和免疫等数据还没有完全搞清楚之前这一短时间内，世界各国首先选择封锁国门、封锁城市的做法是非常合情合理的。从现实情况来看：目

① 『新型コロナ：世界の労働者 16 億人が生計の危機、ILO 予測』，2020 年 4 月 8 日，见 https://www.nikkei.com/article/DGXMZO58624870Z20C20A4FF8000/。

② 虽然在这里没有讨论日本应对新冠肺炎疫情过程中的困境，但是，无法控制在日美军士兵行动的问题给日本防疫带来巨大困扰。比如说，在横须贺停泊的美国海军罗纳多·里根号航空母舰上出现了感染者，但是日本政府对他们在日本国内的活动以及一切行为不能采取任何限制性措施。这是美国士兵根据“在日特权”规定，可以无护照进入日本国内，并要求保障其行动自由。这个问题的症结在于日本对美国的从属体制。

前，第二种意见，要求加强国际互助就显得非常必要。中国首先在国内封锁城市等取得抗疫成功以后，也在以“健康丝绸之路”为口号，向全世界推广其成功的抗疫经验，这是非常值得肯定的。

在加强国际合作的基础上，各国国民之间的互助也将得到进一步加强。在这次抗疫过程中，中国的国民之间充分展现出团结互助态势，这非常值得世界各国学习。比如说：在武汉封城之际，中国政府派出4万多名医务人员支援武汉。为了支援这些援助武汉的医护人员，上海一家乳业生产商为他们支援了减轻佩戴口罩对耳朵造成伤害的材料，复旦大学为这些医护人员的孩子们提供了网上学习的志愿活动，内蒙古自治区的航空公司决定在管辖下的20个机场为支援武汉医护人员提供3年头等舱的休息室使用权，还有人写信鼓励支援武汉医护人员，等等。另外，在上海，志愿者慰问了治疗新冠肺炎的医院，也为居家隔离的人购物、扔垃圾、分发口罩等。[①] 马克思主义所追求的共产主义社会，不就是这样吗？居民的福利不是靠国家强制力参与后才更完善，而是依靠民间自发地构建起完善的互助网络体系，这才是马克思主义所追求的共产主义社会的本质。

在日本，处于疫情之下的工人阶级在家里借助于网络工作的方式得到广泛推广，工人从被监督者始终监管着的工作方式也逐步向自我管理自己劳动的方式转变。这也是“后资本主义时代”人们需要思考的重要问题。现在，整个世界都在讨论疫情之后世界结构将发生彻底变化。马克思主义经济学家关于“超越资本主义、进入社会主义社会”的呼声也越来越高。

① 这些事例由东洋学园大学朱建荣教授提供。除了文中事例之外，中国网络医疗服务企业竞相提供免费医疗服务，在此次疫情中也表现得非常出色。比如说，京东集团旗下的京东健康、阿里巴巴旗下的阿里健康、腾讯旗下的微医疗等。虽说他们事后将提供有偿医疗服务，并以赢利为目的，但是，在中国，在出现紧急的情况下，企业社会责任感已经成为决定其能否存续的前提和基础。这本身具有重要意义。

面对新冠肺炎疫情的策略

[美国] 路易·苏亚雷斯－维拉

高静宇[1] 译

① 高静宇，中国社会科学院马克思主义研究院助理研究员。

人物介绍

路易·苏亚雷斯－维拉（Luis Suarez-Villa）教授自 1982 年以来一直在美国加利福尼亚大学欧文分校（University of California，Irvine）执教，是规划、政策和设计系的共同创始人。路易·苏亚雷斯－维拉擅长从批判政治经济学（Critical Political Economy）和社会分析的角度研究公司资本主义（Corporate Capitalism）、技术、创新和国际发展，精通 5 种语言，并因其学术工作到过全球 69 个国家。他的主要著作有：《技术资本主义：以批判的视角看技术创新和公司主义》（Technocapitalism: A Critical Perspective on Technological Innovation and Corporatism）、《全球化与技术资本主义：公司权力与技术统治的政治经济学》（Globalization and Technocapitalism: The Political Economy of Corporate Power and Technological Domination）、《公司权力、寡头垄断与国家危机》（Corporate Power, Oligopolies, and the Crisis of the State），其主要探讨了以技术和科学为基础的 21 世纪新版资本主义的出现，随之而来的公司权力和对当代社会不断上升的影响力，特别是公司的寡头垄断对大多数部门和人类活动的权力越来越大，并在全世界范围内扩大其影响，很可能成为 21 世纪的主要标志。

提 要

新冠肺炎疫情表明所有影响人类生存的重大问题都需要全球范围内的团结一致，对于鼓吹国家范围内的自私自利、霸权主义、沙文主义、种族主义和帝国主义的世界领导人必须受到谴责。中国过去与帝国主义抗争以及发展建设的经验使中国完全有能力引领一种基于互相尊重、团结平等的世界新格局。面对当前的疫情，需要全球团结协作采取多方面、多层次的行动，如建立全球公共知识库、减少教育不公平、设立世界基金和褒奖制度鼓励年轻人学习医学和相关医疗项目、中国和古巴可以在建设世界医学机构和医药培训等方面进行合作。

所有与新冠肺炎疫情有关的事件都表明，需要全球范围内的团结一致。这不仅对于控制这次疫情和今后的任何流行病，而且对于解决影响人类生存的重大问题——如全球变暖、海洋水位上升和自然界的加速破坏——都至关重要。具体而言，新型冠状病毒大流行清楚地表明，我们的地球是多么的渺小，人类的合作是多么的重要——如果我们要想在 21 世纪面临的非常严峻的挑战中生存下来，就必须进行合作。

国家范围内的自私自利、霸权主义、沙文主义、种族主义和帝国主义——无论何种形式——都会对地球上的人类生存造成危害。世界上那些沉迷于鼓吹助长这种态度和观点的领导人必须受到谴责，必须让世界各国人民认识到他们所造成的损害。社会经济不平等现象的加剧、社会不公正现象的加深以及对其他国家资源的掠夺是这种态度和他们所采取的行动的必然结果。表现出反社会和非人道态度的国家和领导人将不可避免地失去在世界各国人民中的信誉和影响力。因此，重要的是，我们要在团结、合作和互信的基础上，向着新的全球力量格局迈进。

中国完全有能力引领一种基于相互尊重、团结平等的新的全球力量格局。中国过去几百年来与帝国主义打交道的经验对于理解这方面的情况非常重要，因为它可以让人们看到中国目前的政治经济体制是如何让中国克服了巨大障碍。例如，19 世纪帝国主义利益集团将鸦片传入中国，对中国人民造成了巨大的伤害。说到底，它是迫使中国屈从于剥削和掠夺中国资源的阴谋的一部分。据说，鸦片战争造成了数千万人因战争、残害、成瘾和疾病而死亡，后来的几代中国人都感受到了鸦片战争的影响。全世界都不能忘记这一可怕的悲剧，应该不遗余力地确保它不再重演。

我看中国环球电视网（它以前是中国中央电视台）已经很多年，每次都在早上最早的开播时间（加州时区）观看。我看了最早的所有有关新冠肺炎疫情的报告和采访，最让人印象深刻的是：中国如何克服困难情况、透明度、组织程度和所提供的详细数据量。我的第一张大学文凭是建筑学，我对建筑技术很熟悉——因此，我能够理解并欣赏我在武汉看到的医院最有效地建设，以及所使用的最先进的技术。我在 1987 年第一次来中国，我知道并欣赏中国已经发生的变化，并相信中国未来发展的道路是非常有希望的。我还必须说，中国人民和政府在这个困难时期表现出来的与其他国家和人民的团结将永远带着温暖和爱意被铭记于心。我了解中国的历史和中国人民坚忍不拔的精神，这些知识告诉我，你们的民族会平安地从当前的困境中胜出。

实际上，新冠肺炎的流行非常清楚地表明，在医疗和疾病控制的各个方面，需要全球的协调与合作。在任何流行病发生的情况下——甚至在大流行病发生的情况下更是如此——仅仅收集数据和提供信息是不够的，还必须采取具体行动来拯救生命——只有全球团结与合作才能确保这些行动。

这类行动之一就是建立一个全球公共知识库，了解不同疾病如何跨国界传播，以及人类可能采取的措施。然后可以将具体采取的措施和在全球范围内制定的适当政策编纂成典。由于通过人类接触传染显然是一个重大问题——就像新冠肺炎的情况一样——重要的是，每个人都必须认识到大规模传染的后果，以及必须同时作出个人和集体层面上的努力。例如，为此目的，可以考虑建立专门的传染病信息的多语言渠道。这可以成为在所有时区、每天24小时不间断的全球广播工作的一部分——通过卫星，即使在地球上最偏远的村庄和农村地区，也能让所有人看到。专门讨论传染病问题的会议和研讨会的视频可以在世界各地自由播放，而不是其他媒体机构可能提供的任何经过剪辑的新闻事件或情况报道。世界卫生组织完全有能力主导这样一个全球性的信息广播资源。中国本身也有丰富的医疗和医学经验。传播中医药知识可以是这类全球广播行动的一部分，也可以与世界各国的传统医药一起，以单独的渠道提供。

聚集起一股强大的力量来抗击大流行病和流行病，必须是一个多方面、多层次的努力，要让世界各国人民和各国政府都参与进来。其中一项工作是必须减少教育机会和教育质量的不平等。只有博学多知和受过教育的人，才能更加有效地应对大流行病或任何流行病所带来的严重问题。减少教育机会方面的不平等，也是增加医生和医务人员数量的根本。

为此，可以建立一个世界基金，使年轻人能够在任何地方——任何相关专业——学习医药和医疗知识。由于建立医学院和教育医生和医务人员的费用非常昂贵，我们必须记住，并不是所有的国家都能够参与这种行动。因此，可以向不能负担足够的医药和医疗相关的职业教育的国家提供包括所有医疗专业领域的医生和医务人员的国际医疗队。中国具有在二十世纪五六十年代实行赤脚医生项目的历史经验，今天，古巴的医疗队正在为全世界60多个国家的最贫穷人口提供服务，因此，古巴可以提供有关需要考虑的政策的宝贵经验。应设立全球褒奖制，以表彰和奖励那些从事这种工作的人。也许可以设立一个类似于诺贝尔奖的奖项，但专门用于奖励社会医学和在世界上最贫困人口中实施的医药或医疗项目。中国，由于其在世界上的影响力，以及它所能掌握的巨大资源，将是创建并为这一倡议提供实施之地的理想国家。

另一个重要步骤是建立一所世界一流的医科大学，以培训从事这项工作的人员。中国已经有医科大学能够实现这一重要目标，古巴也是——古巴的拉丁美洲医学院就是如此。就古巴而言，加强与中国的合作将是极其有益的。不止于此，古巴人口只有1100万左右，距离美国90英里（约145公里），尽管美国在半个多世纪以来对古巴进行了野蛮的、多方面的经济和军事侵略，但古巴在社会医疗方面却取得了卓越的成就。只有通过全球协调、一致的努力，才能应对地球当前的现实所带来的挑战——无论是在大流行病、流行病方面，还是在医药和医疗等任何方面。在这些领域，中国可以也应该起到带头作用。

2019 年古巴接待了约 400 万游客。中国国航每周有一个航班从北京飞往哈瓦那。或许可以鼓励中国的其他航空公司开辟飞古巴的航线，让中国人去古巴旅游。在社会医学方面，古巴的经验可能让许多中国学生感兴趣。也许，可以在古巴建立中国—古巴联合大学来促进中古的教育合作关系。一所社会医药和医疗的学校——教授中医药以及其他学科——可能是非常有益的。这将是拉美地区第一个这样的机构。中国已经是大多数拉丁美洲国家最重要的贸易伙伴，如果建立这样一个机构，可以把中国与拉美的关系提升到一个超越商业关系的新层次。

西方围绕“新型冠状病毒疾病”对中国的责难毫无道理

[西班牙] 胡里奥·里奥斯

靳呈伟[1] 李 鑫[2] 译

① 靳呈伟，中共中央党史和文献研究院研究员。

② 李鑫，山东大学马克思主义学院博士研究生。

人物介绍

胡里奥·里奥斯（Xulio Ríos），1958 年生，西班牙人，西班牙加利西亚国际关系研究院院长、西班牙中国政策观察所所长、“亚洲之家”顾问委员会成员、高等大学研究所教授。已出版：《迅速发展的现代中国》（China Moderna: Una inmersión rápida）、《中国：下一个超级大国》（China，a próxima superpotencia）等 20 多种与国际问题相关的著作。

提　要

本文在详细梳理“2019年新型冠状病毒疾病”暴发、蔓延过程以及一些西方国家对中国有哪些责难的基础上，从疫情时序、科学研究、特别是国际司法等角度分析了这些指责的无理性，并从西方国家政治意图的角度分析了他们责难中国的出发点，从疫情与全球化的关系角度分析了全球化的走向。

一、疫情暴发以来针对中国的敌对情绪有所增加

一些国家重复批评并极力散播关于病毒起源、中国的感染人数、所谓的中国国际援助的地缘政治意图等的质疑声音。通常情况下，此类声音来自受疫情影响程度深的资本主义国家（美国、法国、英国）或惯于支持霸权主义论调的资本主义国家。

现在，他们又声称要求开展“独立调查”甚至要求“赔偿”，加速所谓的逆全球化，坚信这能遏制中国不可阻挡的上升势头。在美国，各种报道表明，保守主义研究机构、极右翼组织，如自由观察（Freedom Watch）或共和党公众人物，如密苏里州参议员乔什·霍利（Josh Hawley）提出了诸如取消美国对华债务等荒唐建议。在英国，新保守主义智库亨利·杰克逊学会（Henry Jackson Society）发布了一份题为《新型冠状病毒赔偿？评估中国的潜在罪责和法律应对途径》（Coronavirus Compensation? Assesing China's Potential Culpability and Avenues of Legal Response）的报告，分析其他国家如何“起诉”中国。在澳大利亚和一些欧洲国家也出现了模仿者。

二、因疫情对中国的责难毫无道理

上述“指控”和“索赔”依据的是，中国“没有公开武汉疫情暴发的相关信息，违反了国际法”。疫情的时序表明，中国尽一切努力应对新冠肺炎疫情并与世界卫生组织开展合作，这是毋庸置疑的。耶鲁大学法学教授史蒂芬·卡特（Stephen L. Carter）发表在彭博社的题为《不，中国不能因新型冠状病毒受到起诉》（No，China Can’t Be Sued Over Coronavirus）的专栏文章，排除了任何诉讼的可能性，因为中国受到国家主权豁免原则的保护。

（一）“病毒起源于中国”等谬论已被各种研究所驳斥

诸如“新型冠状病毒源于武汉市的一个生物实验室”等荒谬论调业已被各种研究所驳斥。例如，《SARS-CoV-2 的近端起源》（The Proximal Origin of SARS-CoV-2）一文的作者之一克里斯蒂安·安德森（Kristian Andersen）博士说，“比较已知新型冠状病毒毒株的基因组序列数据，我们可以确定 SARS-CoV-2 源自自然过程”。

各类科学家和专家探寻新型冠状病毒的起源时，并没有否认病毒起源于中国之外的可能性，尽管中国是第一个对病毒进行诊断的国家。据说，数月前在美国、意大利、西班牙等国被诊断为非典型病毒症状的类似病例实际上可能是新型冠状病毒的变体。等待科学结论的同时，集中精力于通过国际合作实现最大效率的抗疫，才是理性和负责任的。

事实上，科学家和卫生健康专家仍有许多问题需要解答。我们正面临一种新疾病，有时我们会故作不知或忽略这一点。我们应该记住，识别和破译一种新病毒的特征不可能一蹴而就。正如世界卫生组织所声明的那样，中国不仅提醒了其他国家的政府，还毫无保留地分享了所有数据。毫无疑问，在没有人能免于犯错误的形势下，截至目前，已知的情况表明，如果说中国总体做得不错的话，西方国家则总体表现糟糕。

（二）对中国的责难没有法律依据

“指控”中国“故意不作为”的所谓依据是据称违反了世界卫生组织2005年通过的《国际卫生条例》（International Health Regulation，简称IHR）的规定。

首先，一般而言，国际争端的司法解决是一种基于当事国同意的制度体系。这是通过国际法去解决争端所面临的主要挑战。当事国应同意他们之间的争端应提交国际法院裁决。可以通过坚持所违反的国际条约和规范或借助某一协议的决定（当事国之间就争端应提交国际仲裁达成的特别协议）达成一致。

《世界卫生组织章程》（Constitución de la OMS）第七十五条规定，与章程的解释和实施相关的所有问题或争议，如果未能通过协商或经世界卫生大会解决，应提交国际法院。诉讼方可以自由选择解决争端的方式，而不必非得通过国际法院裁决。以2002年刚果的军事武装活动为例，国际法院根据《世界卫生组织章程》第七十五条认为，它有权处理关于该文书的解释和执行的任何问题或争议。因此，有关《世界卫生组织章程》解释和实施的任何争议，可以经由国际法院根据第七十五条规定的程序裁决。

近期，在乌克兰诉俄罗斯案中，国际法院解释了《消除一切形式种族歧视公约》（Convención sobre la eliminación de todas las formas de discriminación racial）第二十二条，因为它规定了法庭审判的替代先决条件，其中任何一项的执行将引致法庭审判。如果我们将《世界卫生组织章程》第七十五条解释为法庭在乌克兰诉俄罗斯案中的资源，一国或多国仅满足协商条件，没必要借助世界卫生大会。

《世界卫生组织章程》包含建立组织的框架、目标和宗旨、成员的架构和职责，它缺乏关于公共卫生法规的实质性义务和要求。因此，如果一国想针对中国发起“诉讼”，如何能提起“诉讼”是一大挑战。为了能提起“诉讼”，一国必须指出违反《国际卫生条例》的规范，作为与解释和执行《世界卫生组织章程》相关的问题或争议。

其次，为在疾病国际传播过程中保护人类，《国际卫生条例》应在全球范围内得到普遍应用。这是《国际卫生条例》第三条蕴含的原则之一。世界卫生组织应遵循《国际卫生条例》普遍适用的原则，同时遵守人的尊严、基本自由、人权等原则以及《联合国宪章》。

《国际卫生条例》第五条规定各国有责任发展、加强和维护公共卫生基础设施，以帮助发展、监测、报告和预警全球卫生危机事件。第六条则涉及国际关注的突发公共卫生事件，要求各国必须在确认事件性质后的 24 小时内，通过《国际卫生条例》国家协调中心以最有效的方式与世界卫生组织沟通其领土范围内发生的与公共卫生有关的所有事件和信息。中国就是这样做的。

此外，相关国家应向世界卫生组织提供关于公共卫生事件的准确、详细信息，包括风险的来源和类型、病例数和死亡数、为预防疾病传播而采取的举措等等。第七条则明确涉及与公共卫生有关的突发事件或不寻常事件，不论其起源或来源，规定各国有义务与世界卫生组织共享关于公共卫生的信息，即使相应国家本身不知道疾病的起源或来源。

根据《世界卫生组织章程》第三十七条，世卫组织总干事及其团队在行使职权时应保持独立和公正。为保持独立和公正，他们不应寻求或接受任何政府或外部机构的指示。世卫组织成员国则有义务尊重他们的国际性，不去影响他们。

“指控”中国的“论点”有两个前提。一个是中国政府在新冠肺炎疫情暴发之初隐瞒了必要信息；另一个是据说中国意图通过隐瞒信息、提供不准确或虚假信息以及在关键时刻不提供信息来影响世界卫生组织总干事及其团队。

但是，如何将违反《国际卫生条例》与违反《世界卫生组织章程》联系起来？可以援引《世界卫生组织章程》第二十一条和二十二条。第二十一条授权世界卫生组织采用与卫生和检疫要求相关的法规，明确关于诊断程序、疾病命名、死亡原因和公共卫生习惯等问题的规范。第二十二条涉及经世界卫生大会批准的法规生效的程序，成员国对于依据第二十一条产生的法规的拒绝或保留。因此，可以认为该争端与对《世界卫生组织章程》的解释和执行有关，那些所谓的“中国对《国际卫生条例》的违反间接地违反《世界卫生组织章程》的第二十一条和二十二条”。但是可以说，就性质而言，第二十一条和二十二条只是程序性规范，不是实质性规范。这两条仅涉及世界卫生大会作出决定和《国际卫生条例》生效程序的权力，并未强加实质性义务于成员国。

再次，分析事件的情况，即使以所谓的“中国的一些行为违反了国际法”的假设为依据，想提起“诉讼”的国家准备采取哪些补救措施？国际法委员会在其于2001年举行的第五十三届会议上批准了《国家对国际不法行为的责任条款》草案，并提交了联合国大会。尽管该草案对各国没有法律约束力，但它却享有相对权威并具有说服力。国际法院经常使用该草案来解释国际法并解决国家间的争端。该草案具有很强的说服力，主要因为其中的多数规定已获得公认的习惯国际法的地位。

该草案第一条规定，一国的任何国际不法行为含着该国的国际责任。根据该草案第二条，不法行为系构成不履行国际责任并根据国际法归因于国家的那些行为或不作为。当某一国家机关行使立法、行政和司法或其他权力时，不论其在国家组织架构中所处的位置，亦不管其系中央国家机关抑或地方机构的性质，都属于国家行为。

在此次新冠肺炎疫情过程中，据称，西方政客造谣说中国有意和故意不履行其与世界卫生组织迅速分享信息的义务。正如我们所见，所有这些责难都与实际情况不相符，纯属造谣攻击。

对该草案第十二条和第十四条的综合解读表明，当一国的行为或一项持续行为不符合相关义务要求时，意味着违反了一项国际义务。一国的国际责任具有法律后果。一国有义务充分赔偿因其非法行为（第三十一条所列行为）所导致的物质和精神损失。国际法院1949年就科孚海峡案的判决认为，任何国家不得有意允许其领土被用于损害他国权利的行为。赔偿应以恢复原状、归还、赔款甚至保证不重复不法行为等形式进行。恢复原状指一国有责任恢复不法行为之前的状况。如果在特定情况下无法恢复原状或仅恢复原状还不足以赔偿，受害国有权获得足以弥补其经济损失的赔款。如果两种赔偿形式都不令人满意，受害国还可以获得包括承认违法、表示遗憾或正式道歉等形式在内的赔偿。

总之，使一国在国际法院或任何其他国际法院面对受害国是一项艰巨的任务，如上所述，国际司法裁决基于同意。将争议提交国际法院是中国难以接受的。不应忘记，中国是联合国安理会常任理事国，当国家利益受到威胁时，中国可以使用否决权。

国际法院的决定应由争端各方自愿遵守。联合国安理会作为世界和平的守护者，在国际法院决定的执行程序中发挥至关重要的作用。《联合国宪章》第九十四条规定，在不履行裁决规定的义务或履行不充分的情况下，任何一方均可向联合国安理会提出上诉。安理会应采取必要措施，包括但不限于争议各方应接受的执行判决的建议或行动。作为安理会常任理事国，中国有权阻止联合国安理会为执行国际法院的假想判决所采取的任何行动。

尚为公开但也有可能的另一种不太有力的替代方式是诉诸国际法院的咨询管辖权。援引国际法院咨询管辖权不要求冲突各方的同意。根据《联合国宪章》第九十六条，联合国大会、安全理事会、联合国其他机构和专门机构经联合国大会授权，可要求国际法院就其活动范围内产生的任何法律问题提供咨询建议。问题在于，国际法院的咨询建议缺乏约束力，将决定的执行权留给争端国和联合国大会。

三、一些西方国家主要出于其政治意图责难中国

在一些国家，例如美国，对中国的怪异腔调与即将到来的 11 月份大选密切相关，特朗普希望在大选中谋求连任，将中国作为替罪羊是掩盖其治理此次公共卫生危机过程中的无能的简易方案。共和党显然将重新制定其竞选纲领，将右翼极端保守势力的主张和抨击纳入其中。为转移注意力，什么都值得。显然，那些因疫情加大力度批评中国的国家非常清楚，准许任何“索赔”程序的法律可能性非常小。在这场争端中占主导地位的是其政治意图，即以这种方式来掩盖其自身应对这次流行病危机的严重不足和无能，尽管中

国实施的严格管控措施为他们争取了数周时间。

那些支持“索赔”提议的人，自然不希望知道美国在 2008 年金融危机中的责任，也不希望知道美国应该为其在伊拉克（顺便说一下，用那些从未出现过的大规模杀伤性武器制造骗局）及其他许多地方造成的巨大损失支付赔偿。

中国在地方层面和与世界卫生组织合作应对新冠肺炎疫情，充分履行了责任和义务。此外，中国也带动了全球对新冠肺炎疫情的应对。中国的物资和捐赠运达世界各地，中国的医生和专家也是如此。曾经有一段时间，人们寄希望于美国的疫苗，但如今有更多竞争对手可能会超过美国。中国几乎独自承担了其全球责任，尽管现在有些人对此感到惊讶（甚至生气）并开展了别有用心的行动。

面对特朗普政府宣布中止对世界卫生组织的资助、世界卫生组织批评华盛顿未在适当时机采取认真态度、日本的自负和欧洲的杂乱，中国填补了特朗普政府留下的空缺。这是在美国退出《巴黎气候协定》（Elacuerdo delclima de París）、再次退出联合国教科文组织、又退出伊朗核协议之后发生的。正是美国的这些情况使中国得以在世界格局中重新定位。

许多人担心所有这些会使中国成为替代西方文明的典范。此次疫情危机暴露了西方国家政治、社会、工业、技术等方面的薄弱环节。正如世界银行前行长罗伯特·佐利克（Robert Zoellick）曾说过的，“我们终将面对自己的缺点，不要责怪他人”。在某种程度上，疫情具有预示作用。就应对新型冠状病毒而言，亚洲领先，欧洲落后。

四、全球化可能会因此次疫情有所改变，但不会消亡

呼吁逆全球化是一种间接“惩罚”中国的方式，使供应链返还国内也是基于同样的逻辑。他们相信与中国脱钩将取得一些好处，但代价高昂。全球化无疑正遭受新冠肺炎疫情的侵害，也有可能改变其机制，但不意味着被宣判死刑。相反，它很可能突出中国对一种新型全球化的领导，而远离“新自

由主义”的拥护者。

全球化即将消亡的第一个理由是，全球化体系已经处于一个非常紧张的状态。在此次疫情发生之前，全球化就已受到欧洲、美国、拉美和其他地区经济不满情绪推动的不断增长的民粹主义浪潮的挑战。另外，此次疫情发生在洲际战略竞争和贸易战加剧的时期，这侵蚀了支撑全球化的信任基础。在这个意义上，新冠肺炎疫情是最后一击。

全球化始终有让人不满之处，此前已克服过其他严重危机。经历了两次世界大战、冷战以及近期的反恐战争，全球化趋势依然持续。全球化也幸免于 1918 年的流感（被误称为“西班牙大流感”）、2003 年的严重急性呼吸综合征（SARS）、2009 年和 2010 年的甲型 H1N1 流感以及最近的埃博拉（Ebola）等流行病。

近期反对全球化的声音也不是一个新现象。数十年来，全球化引发了大规模抗议，但却依然存在。历时三年半、经由两任首相才实现的过程曲折的英国脱欧，是全球化遭遇的挫折，既展现了全球化体系的稳固性，也显露了其脆弱性。

全球化即将消亡的第二个理由更为直接，是关于新型冠状病毒为何导致全球化倒退的，认为全球化是新冠肺炎疫情的罪魁祸首，至少部分如此。有人认为后来新冠病毒相对较快地在全球传播，是因为国际旅行的便利，但从更深层次看，则是由全球化所致。实际上，阻断交通和割裂全球连接已成为国际社会应对新冠肺炎疫情的基石。

病毒是自然界的一部分。流行病在当今的全球化时代开启以前就已存在，并且很可能会持续很长时间。可以想象，就像近 20 年前的“9·11”恐怖袭击事件迫使对机场进行安全检查一样，新型冠状病毒危机将使各国重新考虑入境口岸的卫生控制。当然，采取的相应措施要眼光放长远。一个世纪以前，美国出于卫生原因对进入爱丽丝岛（Ellis Island）的移民进行了检查。面对当前的新冠肺炎疫情，途径亚洲、中东和其他地区的游客在进入一些国家之间要测量体温。这些都不意味着国际旅行的结束，只是增加了一个检测的环节。

全球化即将消亡的第三个理由，也许是最值得一提的，国际主义面对此次危机初期时的惨败。关于谁应该为这场危机负责的相互指责，扼杀了进行重大国际合作的可能性。甚至在欧盟这样的超国家实体内部，医疗援助也发生了变化，每个国家都专注于为其本国人民服务，一些国家甚至试图限制航班回返。

这些不足，是真实的，并且肯定会引起变化。新冠肺炎疫情蔓延后，各国将更积极地管理医疗保健行业，以确保本国在遭遇危机的情况下能够生产口罩、呼吸机和处方药等重要物品的能力。许多国家已经采取了相似的实用方法来监控其国防工业基础。因此，如果卫生保健行业发生这样的变化，很难说是一种新的做法，也不会给全球化以致命一击。

最重要的是，尽管其形式可能会有所改变，但全球化会持续下去，因为全球化趋势的内在驱动力没有变。像几千年来发生的那样，各国需要继续彼此提供商品和服务。一些国家将继续需要自然资源，一些国家将需要获得廉价劳动力，其他国家将有机会获得境外的人才、技能和资本。正如有史以来的大多数时间那样，各国之间需要交易。在全球化进程的最近几十年中形成的世界不同部分之间的联系不能轻易打破，因为很多人都有住在国外的朋友和家人。

新冠肺炎疫情的暴发不会影响以越来越快的速度向世界各地传播信息的电信技术的进步。实际上，随着近来远程办公的增加，全世界向通过网络日益紧密联系在一起转变的步伐也在加速。

国际合作将继续，因为必须这样做。如果世界希望战胜一种无国界的疾病，各国必须在应对疫情的过程中相互合作。否则，病毒可能会在一个地方被击败，在另一个地方重新出现，并摧毁一个国家所取得的任何胜利。

结 语

西方在应对此次新冠肺炎疫情危机的初始阶段的惨败，使针对中国的敌对情绪增加，并表现为营造仇视中国的氛围。从法律的角度讲，“索赔”要求缺乏根据，但这不妨碍由于政治、意识形态和战略原因所导致的非常规策略的持续存在。

疫情已成为“中国模式”和“西方自由主义模式”之间对抗的工具。就目前的结果而言，为世界卫生组织所赞扬的中国模式似乎在抗疫方面取得了成功。中国在抗疫方面取得的成就获得了广泛认可。中国建立的应对疫情模式，经过调整后在许多国家得到应用。中国的相对成功比一些西方国家挽救了更多生命。

但是，这并不一定意味着保护更多生命的制度会成为一种全球性选择。中国认为，一国政治制度的选择在很大程度上与其历史和文化相关，每个国家、每种文化、各自历史各不相同，中国没有也不会在世界范围内推广其政治制度，在紧急情况下更是如此。这种观点是中国外交政策理念的组成部分。几十年来，中国一直在探索寻找适合自己国情的道路，以实现发展和为民谋福利。

西方一些政府的担忧反映出他们拒绝中国政治制度。仍然有人认为自由主义模式是最好的、普适的，没理由担心其他国家会借鉴中国的成功经验。正是这种心态阻止了吸收借鉴中国防控疫情的经验教训。

世界经济正走向 1929 年大萧条以来的最大危机，超级帝国支持者的紧张警告表明，在这场危机中超级大国很可能会丧失其全球地位，正开启寻找一个“罪魁祸首”的疯狂道路。当前的新冠肺炎疫情印证了东亚治理面对西方疏忽时的效能，这加剧了美国的焦虑。因此，中国经济和科技的发展被美国视为巨大威胁。但是，如果特朗普通过打击中国来维持美国的超级地位，很可能会出现相反的情况，新冠肺炎疫情可能会加速推进中国的领导地位。

“好莱坞往事”

——驳齐泽克 * 关于“武汉病毒”的说法

[巴西]克里斯蒂亚诺·卡波维利亚

刘鑫鑫[①] 译

* 斯拉沃热·齐泽克（Slavoj Žižek），斯洛文尼亚哲学家、社会学家，当代西方马克思主义的代表人物，是20世纪90年代以来西方学界最耀眼的学术明星之一，被一些学者称为黑格尔式的思想家。齐泽克的言论在西方社会具有一定影响力。2020年2月，齐泽克在其新作《新型冠状病毒是对资本主义的致命一击》（载《武汉汤：疫情时期的当代思维》，巴勃罗·阿马多编，拉普拉塔：ASPO出版社，2020年）中多次提到“WuHan Soup”（武汉汤，又名为“蝙蝠汤”“穿山甲汤”等）的说法，这是对武汉以及中国的冒犯，也在西方社会引发了负面影响。巴西学者克里斯蒂亚诺·卡波维利亚通过东西方国家在应对新型冠状病毒全球大流行中的表现驳斥了齐泽克的说法。本文对挖掘西方国家污名化中国的深层次原因、资本主义国家应对新型冠状病毒不利的深层原因具有重要的参考价值。——译者注

① 刘鑫鑫，中国社会科学院马克思主义研究院助理研究员。

人物介绍

克里斯蒂亚诺·卡波维利亚（Cristiano Capovilla），巴西马拉尼奥联邦大学（Federal University of Maranhã）教授、哲学家，在各类院校任教已有20多年。克里斯蒂亚诺·卡波维利亚毕业于巴西马拉尼奥联邦大学哲学系，哲学硕士（皮奥伊联邦大学，Federal University of Piauí）、博士，里约热内卢州立大学（State University of Rio de Janeiro）理学硕士，马拉尼奥州莫里西奥·格拉布瓦（Maurício Grabois）基金会主任。

提 要

斯拉沃热·齐泽克（Slavoj Žižek）的有关新型冠状病毒的文章在海外广泛传播，其中污蔑中国武汉的内容并不鲜见。是什么原因导致了西方国家对中国的污名化？又是何种原因导致西方在抗击新冠肺炎疫情中毫无建树？要从制度内部找原因，而非在新型冠状病毒的源头问题上抹黑中国。

笔者刚刚读了关于“大众哲学家”斯拉沃热·齐泽克的有关新型冠状病毒的文章，其中包含“武汉汤”一类说法。首先，这本书的封面吸引了人们的注意，其设计暗示了蝙蝠聚集地。通过在图像上加上“汤”一词，我们可以回顾大流行开始之初的第一个虚假消息，即该病毒将通过武汉市人民的饮食习惯开始传播。世界卫生组织已严肃否认了这一错误信息。[①] 这也表明了以欧元为中心的西方国家的不公正现象十分严重。甚至在社会文化层面上，文明与野蛮之间的差异也令人生畏。

齐泽克作品不同寻常的封面与其内容不谋而合。齐泽克从新冠肺炎疫情大流行一开始就毫不掩饰对中国共产主义崩溃的欢呼。他推测，就像苏联一样，新冠肺炎疫情将会成为21世纪的“切尔诺贝利核工厂”，这与博索纳罗（Jair Messias Bolsonaro）总统的儿子联邦副主席爱德华多·博索纳罗（Eduardo Bolsonaro）的观点完全相同——大举污蔑进攻中国。[②] 齐泽克得出的结论是，中国的陷落将需要我们“基于对人与科学的信任来重塑共产主义”（2020年，

① 根据世界卫生组织（WHO）的说法，没有科学证据表明“蝙蝠汤”是导致新型冠状病毒在中国传播的原因。

② “Eduardo Bolsonaro diz que culpa de pandemia do coronavírus é da China”, March 18, 2020, see https://noticias.uol.com.br/politica/ultimas-noticias/2020/03/18/sem-provas-eduardo-bolsonaro-diz-que-culpa-da-pandemia-e-da-china.htm.

第 22 页）。美国导演昆汀·塔伦蒂诺（Quentin Tarantino）执导的电影《杀死比尔 2》（Kill Bill 2），不仅对中国施加致命一击，而且还对“针对全球资本主义制度”致命一击（2020 年，第 23 页）。今天，他们躲在好莱坞银幕背后，在隔离区中等待着二者灭亡结果的到来。

追根究底，这种看法是从哪里来的呢？答案是有些人认为，病毒的“灾难”将导致人们“重新思考社会的基本特征”（2020 年，第 24 页）。自然的“灾难”恰恰是导致与当前的政治和经济体系相对立的“某种有效类型的全球协调”（2020 年，第 25 页）的外因。包括由旱灾、高温等自然力量引起的一种乱象。

齐泽克假设该病毒在国家、阶级和个人之间产生了污染平等，即“我们都在同一条船上”（2020 年，第 25 页）。这种大流行的现象将成为市场之外“全球经济的紧急重构”（2020 年，第 27 页）的动力。因此，我们将最终通过新型冠状病毒塑造新的体系，即一种共同体的联合国。民族国家根据新时代的社会转型进行了必要的调整。齐泽克判断，这将是自由主义与共产主义的结合体，是个人自由与全球资本主义发生根本变化需求的结合体。

然而，事实远非如此。实际上，污染平等完全是抽象的，因为在客观现实中，这种污染是由国家和社会阶层之间深刻的经济不平等所导致的。在圣保罗，死亡比例最高的群体不是某一年龄段或产生某种并发症的人群，而是居住在城市最边缘地区的人们。卫生问题、医疗资源匮乏、低收入使那里的居民更容易感染疾病。纽约的数据显示，[①] 黑人、拉丁裔和穷人是死于与新冠肺炎相关病症的主要人群。污染远非经济和社会差异的主要均衡器，它暴露了我们积累扭曲和制度供给不足的问题，揭示了关于大流行蔓延的平均主义观点的欧洲中心论、古典和种族主义特征。

① “Coronavírus mata negros e pobres de forma desproporcional nos EUA”, Abr. 15, 2020, https://www1.folha.uol.com.br/mundo/2020/04/coronavirus-mata-negros-e-pobres-de-forma-desproporcional-nos-eua.shtml.

如今，齐泽克运用外部、独特和普遍的规则来评估新冠肺炎疫情大流行，得出的结论是获得扭曲的政治、经济和社会视野，掩盖在无知的伪装下的各国之间的异质性，以及其中国家之间、社会阶层之间的不对等。显然，病毒没有自然法则，它以一种对自然环境的内在正义在社会系统之外对我们进行判断，并以由我们的生产、生活方式造成的疾病来惩罚我们。

如果在资本主义制度中社会关系成为自然力量，自然关系成为生命，那么我们也不应在自然力量中转换诸如平等和正义之类的人类观念，因为它们是政治和社会条件。因此，它们是服从历史的，而不是物理学或生物学的。没有理由互相交换形而上学，因为它们都不能解决问题。

据此笔者怀疑，齐泽克被称为西方马克思主义的继承人是否够格？

意大利哲学家多梅尼科·洛苏尔多（Domenico Losurdo）迅速回答了这个问题：“今天齐泽克的成功让我们想到的不是西方马克思主义的复兴，反而是西方马克思主义的最后一口气”（2018 年，第 167 页）。因为自从柏林墙被推倒和苏联解体以来，这种西方左派思想传统在其对国际关系的诊断中就无视了反帝斗争的分析重点。无视殖民主义的影响和反帝斗争的作用导致这些思想家对资本主义权力体系建立了抽象的观点。

例如，齐泽克将世界划分为“威权和非威权资本主义”（Losurdo，2018 年，第 167 页）。前者包括中国、越南和委内瑞拉等国；后者包括美国、英国和法国等富裕的西方国家。在“非专制”的传统中，有过去的所有殖民主义大都市和现在的帝国主义。民主党人林登·约翰逊（Lyndon B. Johnson）于 1964 年当选美国第 36 任总统，并颁布了有关公民权利和社会保障的法律，与此同时，他下令投汽油弹焚毁无能和贫穷的越南农民居住的村落。所有这些都代表着帝国主义的地缘政治。齐泽克对“非专制主义者”的看法只是“对欧洲和美国统治阶级的自我意识”（Losurdo，2018 年，第 168 页），即这些国家使自己“看起来像”殖民者。在这一前提下，齐泽克无视整个帝国主义的权力体系，无视被入侵、被掠夺和被封锁的人民的必要的反帝国主义斗争。这样的逻辑也投射到了当前关于疾病大流行的争论中。

笔者认为，当前的主要问题是：在疾病大流行中，哪些变革可能会给国家带来灾难？答案只能在政治和体制斗争的实践中得到。从 2020 年 2 月末到 4 月下旬，即齐泽克撰文期间，自由主义没有行动手段、没有计划、市场混乱、国家脆弱性凸显，无法应对威胁和挑战。这些暴露的缺陷与中国的做法及成效形成鲜明对比。当笔者写下这篇文章时，中国已经从新冠肺炎疫情的重灾区成为对抗新型冠状病毒的顽强斗士。正是因为齐泽克没有考虑到这一点，所以他认为中国坚持不过两个月。这更加证明了他的主观性而非认真观察与反思现实。

美国，正是好莱坞电影中的“英雄”，曾经拯救世界人民于水火。而也正是美国，现在由于错误的政治和意识形态而遭受新冠肺炎疫情的影响。美国好莱坞电影向世界展示了美国的生活方式是丛林法则，只有最强者才能生存。齐泽克在谈到新型冠状病毒大流行时，就好像塔伦蒂诺的另一部电影《好莱坞往事》(Once Upon a Time in Hollywood)。

与齐泽克所言不同，中国已在抗击新型冠状病毒的过程中展现出惊人的力量。中国的行动正在打破社会中存在的恐惧，以自身行动回击了污蔑。世界应扪心自问，为什么美国和欧洲在与新冠肺炎疫情的战斗中被打败，而一个真正的共产主义国家中国却击败了病毒？答案藏在国家内部，而不是历史社会关系的外部。

新型冠状病毒蔓延显现出资本主义制度的劣势

[美国] 维克多·沃里斯

禚明亮[①] 译

① 禚明亮，中国社会科学院世界社会主义研究中心特邀研究员、南昌理工学院客座教授。

人物介绍

维克多·沃里斯（Victor Wallis）博士，1970年毕业于哥伦比亚大学（Columbia University）政治系，曾先后执教于圣劳伦斯大学（St. Lawrence University）政治系、印第安纳大学—普度大学安纳波利斯分校（Indiana University-Purdue University at Indianapolis）政治系，现任美国伯克利音乐学院（Berklee College of Music）政治系教授。

沃里斯在长达半个世纪的执教生涯中著作等身，主要研究领域为：生态学与技术、美国社会与政治、拉美政治等。近年来的著作有：《社会主义实践：历史和理论》（Socialist Practice: Histories and Theories）（2020年）、《被否定的民主：关于美国政治的五篇演讲》（Democracy Denied: Five Lectures on U.S. Politics）（2019年）、《红绿革命：生态社会主义的政治与技术》（Red-Green Revolution: The Politics and Technology of Ecosocialism）（2018年）等。他长期为美国左翼杂志《每月评论》（Monthly Review）撰稿，并担任《社会主义与民主》（Socialism and Democracy）主编。

提 要

这场新冠肺炎疫情大流行已经引发了全球范围内的灾难性的经济萧条，在应对疫情蔓延时，美国政府做得远远不够，不仅如此，特朗普还无耻地从事着以权谋私的腐败行为，而中国、古巴等社会主义国家对重大突发事件的反应实现了两个方面的结合：政府的行政命令与民众的主动性和参与度；在一个完全社会主义的框架内，政府为全体人民提供服务的质量将能得到更可靠的保证。

一、美国政府对新冠肺炎疫情蔓延应对不力

新型冠状病毒在3月底之前就已经开始在其他国家传播。众所周知，新型冠状病毒具有特殊的传染性，被它感染的人不一定表现出症状。除非满足某些要求，否则该病毒将迅速传播。因此，必须有充足的合适的诊断测试、个人防护装备和通风设备。

从基本的层面上看，必须有足够的卫生保健基础设施，如医院、卫生保健人员和辅助人员。还要求所有人都必须能够得到免费的诊断和治疗。更进一步地，需要决策以科学意见为依据，而不是以商业前景或政治利益为原则。应该向民众广泛宣传应对新冠肺炎疫情的专业知识，以便每个人都能理解采取任何措施的必要性。从更广阔的制度层面来看，还应该实施普遍的“病假”制度，而且应该为所有被解雇的人提供失业补偿。任何人都不应该缺少住房（没有住房，自我隔离是不可能的）。在提供医疗保健方面，公民或合法居民与不是这种身份的人之间不应该有任何区别（因为社会上的任何居民都可能是该病毒的传播者）。最后，政府必须既有能力又有政治意愿来采取必要的紧急资源调配措施。

在所有这些关键方面，美国都做得不够。此外，美国本届政府对危机的反应也特别反常。数周以来，即使在得知新冠肺炎疫情大流行的消息后，美

国政府仍对这种危险嗤之以鼻，政府没有促进国内和国际团结，反而鼓励以种族为借口寻找替罪羊（特朗普称这种病毒为“中国病毒”），加强对伊朗和委内瑞拉的制裁，并试图阻挠古巴实施国际医疗援助。特朗普还无耻地从事自私的腐败行为：他要求所有救济支票上都印上他的名字；他对各州援助的分配不是由各州的需要来决定的，而是由他喜不喜欢该州的州长来决定的；他不顾医学上的意见，推销一种价值不确定的药物，因为他的一位前律师在这种药物的生产过程中拥有经济利益。

我并不否认存在长时间经济停摆的危险，这将对公众健康产生破坏性的影响。

二、资本主义逐利原则与人民需求之间的冲突

美国医疗体系的缺陷是资本主义医疗方式的缩影。这种方法的本质是把医疗保健当作一种商品，并使能否得到治疗取决于人的支付能力。当然，这可能一部分是由医疗保险来实现的，但是如果保险也是资本主义性质的，个人可能仍然会承担沉重财政负担的风险。这种安排的荒谬性，已经在当前的危机中得到突显。在这场危机中，数百万工人突然间失去了他们的医疗保险和工作。

资本主义逐利原则与人类需求之间的冲突在医疗保健领域尤为突出，因为在我们这里，一个中等或低收入的人的支付能力与推荐的医疗程序的成本之间存在着极其明显的差距。通过市场来衡量需求的概念在这里完全行不通，以至于即使在其他资本主义国家，人们也普遍认识到，医疗保健的提供必须遵循社会主义原则。然而，社会主义原则的实施取决于来自有组织的工人阶级的压力（而工人阶级作为一种政治力量，在美国是出了名的弱小）。还有一个问题是，资本主义制度会削弱公共卫生保障，就像英国的情况那样，英国的国民医疗服务体系正日益因私有化而不断遭到破坏。[①]

---

① John Pilger, “The Dirty War on the NHS”, December 2019, see https://www.youtube.com/watch?v=rHZcXrc9_wk.

更彻底的社会主义方法是以社会主义的社会重组为前提的，这使得预防型医疗成为可能。如果社会主义方法不仅适用于医疗保险，而且也适用于卫生服务本身，那么就更容易根据需要分配技能和供应品。因此，社会主义性质的医疗措施不仅是回应市场需求或私人的利益，而是建立一种能够应对紧急需求的基础设施。这一点在中国表现得尤为突出。

相比之下，资本主义制度框架不仅存在着上述缺陷，而且在“新自由主义”形式下，越来越强调削减成本。制造业越来越多地转向“准时制”生产。医疗保健行业也同样如此，为了追求所谓“效率”，关闭医院、减少床位数量，因此在面临紧急情况时，就出现了短缺。

美国的独特体制体现了资本主义制度的优先次序，不仅体现在对任何“公共利益”的最小化约束上，还体现在它对成为世界头号军事强国的痴迷上。社会主义国家将国际舞台视为一个合作领域，而资本主义则强调竞争和支配。美国政府明确将其全球角色定义为确保不受任何挑战的军事霸权。这意味着，在美国看来，对“国防”开支永远不可能有任何限制。因此，其他预算项目就受到严重限制。从“国家安全”的角度来看，以军事开支为重点理应是合理的。然而，还有什么比政府无法保护人民免受病毒侵害能更严重地破坏一个国家的安全呢？

三、新冠肺炎疫情使资本主义社会根本缺陷受到前所未有的关注

新冠肺炎疫情大流行已经引发了灾难性的经济萧条。到目前为止（2020年4月下旬），美国已经失去了2600多万个工作岗位，总失业率预计将达到劳动力的30%。各国恢复正常经济活动水平的相对速度肯定会影响世界格局。在这方面，美国处于不利地位。

除此之外，这场疫情大流行使资本主义社会的根本缺陷受到前所未有的关注。这次疫情蔓延凸显出世界上最强大的资本主义国家无力应对人类的迫切需求。企业和政府的主要部门将利润和积累置于公共卫生之上。因此，一群纽约工人最近举出了一个巨大的标语，上面写道：“资本主义就是病毒。”

资本主义制度不仅使贪欲得以扩大，并且还将以公众健康问题为借口，加强对异见人士政治活动的长期监控和干扰。随着大萧条导致民众不满情绪的上升，资本主义政府将更多地诉诸这些措施。在新冠肺炎疫情出现之前，美国大多数民众都支持全民免费医疗的理念。然而，很明显，在短期内统治阶级对这一想法的反对之声将占据上风。在国际舞台上，美国政府已被视为是一支侵略性的力量，那么届时，它在国内也将被视为既无效率又不民主的政府。

一些美国政界人士指责中国未能遏制住新型冠状病毒，并将其传播到世界各地，使其成为代价高昂的全球流行病。这种说法是企图转移人们的注意力，使人们忘记自己政府未能在战胜疫情大流行方面发挥必要的领导作用。经济和公共卫生状况越严重，他们就越有必要把人民的疾苦归咎于某种外部因素。在目前的情况下，新冠肺炎疫情大流行引发的经济崩溃和系统性失灵比以往任何时候都更加明显。指责中国不仅是为了转移公众愤怒的焦点，而且也是为了抹黑任何将中国应对危机作为正面榜样的努力。

四、社会主义制度在应对重大突发公共事件上的优势

我所说的应对疫情大流行的措施适用于任何突发公共事件。在所有这些情况下，日常活动和责任落实都被打乱了。由资本主义所助长的个人自给自足的幻想现在完全破灭了。任何可能的救援都取决于整个群体。虽然在早期，团结一致的意识是一种常态，在资本主义制度下也并没有完全消失，但它只是作为一种边缘性的存在，常常被一种激进的个人主义意识形态所压倒。由此产生的“所有人对所有人的战争”心态使越来越多的美国人通过武装自己来应对这次疫情，导致枪支和子弹的销售量大幅增加。

团结仍然存在于家庭内部、朋友之间和志愿组织中，但在整个美国社会层面上没有团结的感觉。对国家统一行动的规劝仍然纯粹是仪式性的。无处不在的特朗普的口号——“让美国再次伟大”被广泛地理解为“让美国再次白起来”，因为它所唤起的记忆中的繁荣——1945 年后美国在全球经济上的

霸权——在很大程度上排斥了非洲裔美国人。自 20 世纪 70 年代中期以来，随着美国经济的相对衰落，工人阶级受到了两种因素的影响：1. 制造业工作岗位向低工资国家转移；2. 民主党和共和党都实施了“新自由主义”政策。特朗普的种族主义和排外言论将人们的注意力从这些政策上移开，鼓励白人工人阶级把自己的不幸看作是由外来移民、穆斯林和有色人种造成的。

美国最近发生的其他灾难进一步说明，在不受约束的资本主义制度下，各种各样的私人议程——往往由种族主义推动——是如何妨碍实现共同利益的。例如 2018 年加州森林大火期间，政府通过支付奴隶般的工资水平来雇佣囚犯，以此来增加消防人员的数量，而这些隶属于私人的消防公司却为他们富有的客户提供更为快速的专属服务。

一般来说，可以认为，任何公共服务包括医疗、教育和救灾，被吸收到私营部门的这些资源实际上正是从公共部门抽走的。当我们谈到的机构（医院、学校、邮局、巴士和地铁、消防部门，等等）能够服务于全体人民时，那么他们的服务质量就会比那些只服务于部分公民的机构要高。这是因为，当这些机构面向于全体人民（在一个阶级分化的社会背景下）而不是“单单”服务于工人阶级和中产阶级时，它们的运行更有可能得到政府的适当支持。

为人民服务、对人民负责，这就是社会主义。我的观点是，即使在资本主义框架内，这种方法的优点也早已显现出来。民主本身带有隐蔽的社会主义性质，因为民主所取得的成就依赖于被组织起来的工人阶级的主动性和广泛支持，而且不得不面对由资本主义带来的持续性挑战。在一个完全社会主义的框架内，政府为全体人民提供服务的质量将能得到更可靠的保证。也就是说，社会主义制度对重大突发事件的反应本身可能会有多种形式。但核心问题是，实现了两个方面的结合：政府的行政命令与民众的主动性和参与度。行政命令方式可能比民主方式更快地显示出效果，但这些方式鼓励权力的集中，造成的后果可能是不仅会疏远人们执行当前任务的意愿，还会破坏建立一个无阶级社会的长期目标。

抗击疫情的斗争在一定程度上也是抗击疫情所引发的经济崩溃的斗争。目前的情况是，由于流行病和大萧条的发生，公众的注意力至少极大地集中在共同关心的问题上。显然，本次疫情蔓延所展现的是资本主义的一次系统性失败，因此我们应该比以往任何时候都要更加开放地考虑激进的替代方案。

从长期来看，就应对此类病毒大流行的方法来说，唯一的可能就是考虑导致病毒大流行的潜在社会和环境条件，包括：1. 创设生物战研究的地缘政治议程[①]。2. 推进资本主义项目建设，用于大规模销售应对下一场可能的瘟疫的疫苗[②]。3. 停止大规模破坏自然栖息地、破坏物种生命，从而结束导致病毒以前所未有的方式扩散开来的行为。环境危机本身已经到了一个严重的阶段，但它不会立刻在所有地方都以同样的强度显现出来。但是，像大洪水或干旱引发的森林火灾一样，流行病是一系列警报信号之一，这些信号会周期性地击碎人们的普遍自满情绪，让每个人都对更严重的灾难或威胁保持警惕。要想“战胜疫情”，就必须使它成为扭转人类对自然环境的破坏的更广泛斗争的一部分。这场斗争显然是全世界所有人都关心的，尽管它像反对毒品的斗争一样，需要对必须克服的阶级利益有清楚的认识。

---

① For through discussion，see https://www.salon.com/2020/04/24/did-this-virus-come-from-a-lab-maybe-not-but-it-exposes-the-threat-of-a-biowarfare-arms-race/.

② See the April 2015 Ted Talk by multi-billionaire entrepreneur Bill Gates，https://www.youtube.com/watch?v=6Af6b_wyi.

秉持“人类命运共同体”理念共同抗击全球危机

[西班牙] 何塞·路易斯·森特利亚·戈麦斯

祝伟伟[①] 译

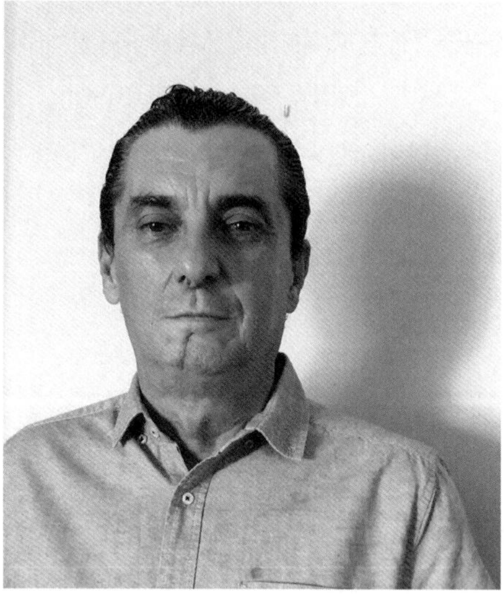

① 祝伟伟，中国社会科学院信息情报研究院副研究员。

人物介绍

何塞·路易斯·森特利亚·戈麦斯（José Luis Centella Gómez），1958 年 7 月 31 日出生，西班牙共产党人、政治家，前西班牙共产党中央委员会总书记（secretario general del PCE）。2018 年 4 月 8 日，在西班牙共产党第二十次代表大会的最后一次会议中，当选为西班牙共产党主席。

提 要

此次新冠肺炎疫情凸显了经济利益至上的资本主义制度的所有弱点。在疫情暴发之前，“新自由主义”和资本主义制度就已经呈现衰落的迹象，此次危机之后，这种趋势必将进一步加剧。新冠肺炎疫情是全人类面临的共同挑战，基于这一危机，当前的全球治理模式应让位于基于多边主义和国与国之间横向关系的新的世界治理模式。在这种新的世界治理模式中，构建“人类命运共同体”的理念具有重要意义。构建“人类命运共同体”，不仅可以通过相互合作和共享资源的方式推动我们尽快摆脱当前的紧急状况，而且可以帮助我们避免将来再次面临类似的危机，为全人类的利益发展一种全面、可持续、共享的安全概念。

此次新冠肺炎疫情席卷了全球大多数国家，有人说，这场危机是第二次世界大战以来世界在公共卫生领域面临的最突出的系统性风险测试，凸显了资本主义制度和社会主义制度治理能力的优劣。对此，西班牙共产党主席森特利亚·戈麦斯在2020年4月接受采访时表示，这场危机揭示了经济利益至上的资本主义制度的所有弱点。欧洲和美国还没有控制住疫情，正是因为资本主义公司统治着政府，它们不想损失自身利益。由于医疗卫生被资本主义市场绑架，因此欧美政府无法实现对全部人口的隔离，因此导致传染率更高。同时，由于政府丧失了对市场的控制，导致医疗和卫生材料被投机买卖，因此任何有钱人都可以迅速进行检测，而大多数普通人却没有机会接受检测。

毋庸讳言，此次新冠肺炎疫情必将深刻影响未来的世界格局。早在新冠肺炎疫情暴发之前，所谓的“新自由主义”全球化和资本主义的衰落就已经开始了。因为越来越明显的是，基于单极世界的国际关系体系无法解决人类的问题。在这种体系中，大国的利益是以牺牲最不发达的国家为代价的，即所谓的零和理论（Zero-Sum Theory）。而新冠肺炎疫情危机正在加剧这种衰退，从而引发新的危机，某些支持关闭边界的资本主义思想家的选择非常糟糕，他们会阻挠国际贸易、加剧国际关系的单边性质。很显然，此次疫情危机将对全球未来产生影响，而这些变化对于改善人类的生活条件可能是积极的。

在新冠肺炎疫情开始时，有人认为这次疫情似乎只会影响中国，并就此认为这可能意味着中国社会主义制度的衰落，而资本主义西方会重新成为世界的中心。然而，相对于"伟大的"资本主义国家面对疫情加重的不知所措，中国面对、控制和击败疫情的方式方法，以及中国对其他国家和地区所展现出来的团结，让许多原本不太认同中国的西方人对中国的支持度提高，并开始非常积极地评价中国的制度。因此，这意味着，此次医疗卫生危机之后，我们将对社会主义抱有更加美好的期望。

这次严重的新冠肺炎疫情可谓是全人类的敌人。基于这一影响全世界的危机，当前的全球治理模式有必要让位于基于多边主义和国与国之间横向关系的新的世界治理模式，新模式将发展出互惠互利的公平贸易，所有人都可以从中获利，埋葬零和理论，大幅变革国际秩序和国际机制。

在发展这一新的世界治理模式的过程中，习近平主席所提出的构建"人类命运共同体"的理念，体现了理解世界其他国家和地区的责任感。当前的首要任务是合作抗疫，通过不同国家之间的合作建立新的世界秩序，以实现全球所有人类的共同目标，直至他们有权享有有尊严的生活，在未来面临当前人类所面临的紧急情况时可以加倍努力地共同奋战。

构建"人类命运共同体"，不仅可以通过相互合作和共享资源的方式推动我们尽快摆脱当前的紧急状况，而且可以帮助我们避免将来再次面临类似的危机，为全人类的利益发展一种全面、可持续、共享的安全概念。

没有人能够否认，在当今世界上所有国家和地区之间都存在着相互依存关系，问题在于应以互惠合作的方式来面对这种相互关系，共享资源和技术进步、增加共享利润、制定明确的规则、帮助和保护最弱势和最脆弱的国家免受最强大和发达国家的侵略。

当前人类所经受的新冠肺炎疫情表明，新冠肺炎疫情是不受边界或大陆限制的；必须进行国际合作，发挥联合国的作用，以恢复《联合国宪章》所承载的价值和原则的适用性。因为，如果没有一个代表民主和代议性质的机构，没有一个能够约束国际经济组织、确保其帮助损失最重的国家的机构，就不可能有世界治理。从这种意义上说，在紧急状态下，国际经济合作必须进行重大变革，以制定新的规则，更好地利用经济改善深受新冠肺炎疫情影响的人们的生活。

在现代，生产力的发展、技术的进步以及医学发现使我们可以应对眼下这种紧急状况。应当制定相应的规则和管制措施，正确处理医疗技术使用与旨在战胜新冠肺炎疫情的经济政策之间的关系，而且必要的是，要终结由既没有控制力又没有道德的“新自由主义”市场来制定这些规则和管控措施。这些规则和管控措施，必须注重大众的利益，始终应当受国家指导，以捍卫人类的共同利益。

归根结底，全人类应当团结起来共度危机，只有全世界人民共同努力才能保证人类的未来。

中国取得抗击新冠肺炎疫情胜利的四个原因

[德国] 弗兰克·舒曼

雷晓欢[①] 译

① 雷晓欢，中国社会科学院马克思主义研究院助理研究员。

人物介绍

弗兰克·舒曼（Frank Schoeman）是德国著名出版社柏林东方出版社（Edition Ost Berlin）的社长，原德国《德意志民主共和国日报》（Tageszeitung）总编辑。弗兰克·舒曼1951年出生于民主德国。1970年至1973年在民主德国人民海军服役，期间加入统一社会党。1978年至1991年，舒曼在青年世界报（Junge Welt）社工作，曾先后担任科学/宣传部主任、文化版主编、报社总编辑。当时该报发行量为160万份，是民主德国发行量最大的报纸。1990年10月两德统一后，1991年成立柏林东方出版社。舒曼成为出版人和政治评论家。曾经编辑出版前统一社会党总书记乌布里希（Walter Ulbricht）、昂纳克（Erich Honecker）、克伦茨（Egon Krenz），前民主德国总理莫德罗（Hans Modrow），德国左翼党领导人居西（Gregor Gysi）、瓦根克内希特（Sahra Wagenknecht）等政治家的著作。

提要

对马克思主义者而言，新冠肺炎疫情不仅仅是一个医疗问题，我们更需要从政治角度来进行深入的研究分析。新冠肺炎疫情没有改变资本主义国家的生产资料所有制，阶级问题仍然继续存在。因此，资本主义国家对中国采取的抗击新冠肺炎疫情措施的评判是阶级问题。我们必须清醒地看到，不论西方国家如何诬蔑中国，中国人在与新冠肺炎疫情的斗争中取得了成功，而这种成功与中国的社会主义制度密切相关。

当前，关于新冠肺炎疫情，我们需要关注四个方面的问题。第一个是医疗问题，第二个问题是大流行对经济的影响，第三个问题涉及社会因素，第四个问题和政治相关，以及如何处理前面三个问题。对马克思主义者而言，关键的问题是第四个。其他所有问题——经济、社会和医学——都处于从属地位，因为它们是由统治阶级的政治决定的。生产条件决定了一个社会的特征，进而决定了应对新冠肺炎疫情的政策。

新冠肺炎疫情跨越了国家边界，但没有跨越社会边界。因为尽管该疫情对所有地区产生了影响并使之发生很大的变化，但它并没有改变生产状况的特点。生产资料的所有权仍然保持不变，共同创造附加价值的私人占有也仍然存在。阶级问题仍然继续存在。其他一切问题都源于此。因此，从根本上讲，资本主义国家对中国采取的抗击新冠肺炎疫情措施的评判是阶级问题。西方一些人的指责声称，中国共产党采取的措施是“不民主的”“侵犯人权的”。但是，当所谓的“民主国家”颁布了同样的限制性条例的时候，当中国的措施被证明有效的时候，这些“指控”就停止了。当然，西方仍然不承认中国成功应对新冠肺炎疫情的措施，也不承认西方国家在与新冠肺炎疫情的斗争中采取了与被诬蔑的中国同样的措施，并且指责中国官方发布的数据是经过美化的、设计的、虚假的。而且，不管中国如何做，都被认为是共产主义的宣传。在他们看来，共产主义者生来就是撒谎的。虽然某些西方国家没有明确地这么表示，但西方媒体暗示了并且仍然在暗示这一点。这些理由很拙劣，而且往往是错误的。瑞士的《新苏黎世报》(Neue Zürcher Zeitung)提到，北京多年来“填补了”联合国系统的“一个真空”，“这源自华盛顿对多边论坛毫无兴趣”。“毫无兴趣”是对美国在世界上独断专行的霸权利益的友好描述。美国无法应付多极世界。“美国优先”是建立在摩西“十诫”中“我是主，你的神，除我以外，你不可有别的神”之上的。这意味着：那些不服从美国意愿的人必须受到制裁。

西方媒体和西方政客应对当前这场新冠肺炎疫情的蛊惑人心的做法有一个先例：1918年的西班牙流感。当时，全世界死亡人数达到5000万到1亿人。死亡人数比1914年至1918年的整个第一次世界大战还要多。西班牙流感是一场流感大流行，但它并不是来自西班牙。今天大多数科学家认为它起源于美国，是由美国士兵带到欧洲的。西班牙当时是中立国，媒体也公开报道了西班牙国王的流感病情，这就是为什么“西班牙流感”一词在国外很常见。因为在被审查的交战国的报纸上没有报道这种疾病。它最多被认为是敌人的战争武器。美国人声称该流感是通过德国人毒死的罐装鱼走私到美国的。

中国的患病人数和死亡人数下降之后，美国的患病人数和死亡人数急剧增加。4月中旬，美国在感染人数和死亡人数上都位居榜首，而西欧则被甩在了后面。这些事实是反共、反华的宣传所不能抹杀的。这个话题在西方媒体中主要被当作医学话题，而触及根本的问题却不断地被无视。也就是说，媒体不会提及制度的问题。它甚至没有问：为什么中国设法控制住了新冠肺炎疫情，而我们却试图用大量资金缓解症状？原因很简单，资本主义的核心是资本，如果因为经济瘫痪而没有利润可赚，那么资本家就会变得焦躁不安、忧心忡忡。4月初，德国最重要的新闻杂志《明镜》周刊(Der Spiegel)展示了一捆明显被“破产病毒”侵蚀的钞票。“新型冠状病毒是如何影响我们的经济，吞噬就业和繁荣的。”与此同时，柏林《每日镜报》(Der

Tagesspiegel）给出的标题是“流行病威胁着数十亿人的工作”。然而，这些报道只是事实的一半。它们半真半假，有时甚至是彻头彻尾的谎言。真相是工人失去了工作——雇主失去了他们的收入，股东失去了他们的收益。但资产阶级报刊通过社会煽动，把资本主义生产的根本问题变成了工人的问题。

德国总理和联邦总统通过电视向德国人民发表讲话。这位联邦总统甚至宣称：“我们现在正处在一个十字路口。”当然，他指的不是这种或另一种社会制度的决定，而是个人行为的决定。“要么每个人都为自己努力奋斗”，“要么保持对他人、对社会新觉醒的承诺”。就世界范围而言，可以理解为：“我们是在世界上寻找出路，还是退回到孤立无援的境地？”国家元首对内和对外都呼吁团结一致。“在这场危机之后，我们将成为一个不同的社会。我们不想成为一个恐惧的、没有怀疑的社会。但我们可以成为一个更加充满信任、尊重和信心的社会。”默克尔的表态很明确：“不要相信谣言，只相信翻译成多种语言的官方消息。我们是一个民主国家。我们的生活不是来自强迫，而是来自共享的知识和参与。”换句话说，在没有民主的地方（即西方所谓的民主）存在着强制和无知。我们必须清醒地认识到，德国领导层在原有的道路上仍未改变。“途径”只是一种修辞。

我们必须清醒地看到，中国人在与新冠肺炎疫情的斗争中取得了成功。重要的是中国对待新冠肺炎疫情非常谨慎，并没有立即引起世界公众的恐慌。此外，有决心地行动也是很重要的。中国与其他国家一道，已经并将继续提供帮助和支持。中国以身作则，从而在世界上享有盛誉。中国之所以能够取得抗击新冠肺炎疫情的胜利，原因有以下四点。

第一，中国能够集中所有的力量来抗击新冠肺炎疫情。第二，他们不像西方世界的领导人那样，傲慢地自认为掌握了一切，什么都懂，什么都能做。中国领导人显然没有那种“优越性”的傲慢态度。第三，他们成功地激励了人民，使人们相信所采取的措施是正确的和必要的。没有全体人民的遵守纪律和团结，就不可能成功地抗击新冠肺炎疫情。这一切都与社会主义社会的性质有关。正如社会主义苏联在 1941 年至 1945 年的卫国战争中能够联合起来战胜法西斯敌人一样，中国也成功地动员了一切社会力量。最后，一切为了人民是社会主义社会的基本要素。人的需要是一切社会工作的中心，而不是某一群人的利益，也不是少数人或某一组织的利益。中国社会主义社会的性质允许有长远的发展规划。这不仅体现在“两个一百年”奋斗目标中，也明显地体现在卫生政策方面。在2016年夏季的全国卫生与健康大会上，习近平提出：“在推进健康中国建设的过程中，我们要坚持中国特色卫生与健康发展道路，把握好一些重大问题。”这在抗击新冠肺炎疫情中是显而易见的。尽管在2016年，包括习近平在内的所有人都没有预料到几年后武汉会出现“严重问题”。

新型冠状病毒给人类经济社会带来的挑战

[巴西]阿戈纳尔多·多斯·桑托斯

刘鑫鑫[①] 译

① 刘鑫鑫，中国社会科学院马克思主义研究院助理研究员。

人物介绍

阿戈纳尔多·多斯·桑托斯（Agnaldo dos Santos），社会学博士，巴西圣保罗州立大学（Universidade Estadual Paulista，UNESP）政治和经济科学院哲学与科学系政治经济学副教授、研究员。

提 要

新型冠状病毒的传播给人类带来巨大挑战，也引发了全球范围内关于资本主义经济未来的辩论。多个国家和地区采取财政紧缩政策，英国的脱欧、美国的唐纳德·特朗普和巴西的雅伊尔·博索纳罗（Jair Bolsonaro）当选都阐明了当前世界政治理念的变化。新冠肺炎疫情不仅考验各国的卫生体系，在抗疫将成为持久战的前提下，面对新冠肺炎疫情与2019年底经济低迷的双重挑战，经济重建成为首要问题。经济重建需要全球团结、共跨逆境。资本主义市场经济问题暴露越多，就越有必要寻找新的道路。新冠肺炎疫情暴发对经济造成巨大影响，人们围绕当前是否存在更具包容性的发展替代方案展开讨论。世界各地进步和左翼政治力量如何解决这一问题、社会主义建设如何应对将要面临的挑战，我们拭目以待。

从生物科学的角度看，由细菌和病毒的传播所引起的流行病在人类历史上并不鲜见。例如中世纪欧洲暴发的所谓“黑死病”（亚洲也同期暴发）、20世纪初被误称为“西班牙流感”的欧洲大流感。这些流行性疾病都给世界人民留下了深刻的印象。历史上关于此类疾病的报告林林总总。这种病毒的独特性状，对全球经济和卫生系统造成的影响，以及惊人的传播速度重创了整个世界。

自从受到世界卫生组织关注以来，新型冠状病毒的传播不仅造成医疗需求激增，还引发了关于资本主义经济未来的全球性辩论。人类本身正面临巨大挑战。资本主义市场经济以及西方对其“自我调节”的普遍信仰能否在生产、流通和服务的急剧减少中生存下来？国家对国民经济采取必要干预以增加总需求，是否标志着“新自由主义”的结束？在寻求应对新冠肺炎疫情之策的同时，国际社会是更加团结还是我们将进入一个新的“封建时代”？在这一时代中，国民经济陷入绝境，仇恨和仇外民族主义是否将加剧？

我们现在能做的就是尝试预测各种可能性。但目前似乎可以肯定的是，世界不会迅速回到新冠肺炎疫情大流行之前的状态了。我们能够通过预测不同可能性为世界各地的进步力量创造条件，以争取建设一个更好的世界。

本文将从南方国家（如巴西）视角出发，介绍本次流行性疾病大暴发时世界所处的一般境遇，不同国家当前应对这次疫情的方式以及未来走势。我们有理由相信此次疾病大流行将可能加强国际合作，但结果仍有待时间的检验。

一、新型冠状病毒大流行之前的世界

政治分析家普遍认为，21 世纪初，具体来说是 2008 年金融危机后，美国遥遥领先的“一超”地位遭到动摇。冷战结束、苏联解体，世界经济一体化进程加速，美国分析家将这一现象称为“全球化”。

在美国的影响下，国际货币基金组织和世界银行等多边机构下大力气推动全球价值链一体化，这也在一定程度上促成了分工专门化。许多近代工业化国家再次沦为商品生产者和进口制成品的消费者。此外，这些国家的保守政治力量也依此观点采取了财政紧缩政策，不分青红皂白地对战略性国有企业进行私有化、削减社会服务预算、放宽对经济部门的管制、削减公务员人数等。

20 世纪 90 年代以及 21 世纪初，金融危机初现端倪。尽管如此，美国、欧洲和日本主导的全球化依然不可抗拒。的确，有些新兴工业化国家在深陷危机之后通过重建已经成为全球舞台上的重要角色，例如中国以及鲍里斯·叶利钦（Boris Yeltsin）之后的俄罗斯。但全球化中“新自由主义”的霸权地位似乎并没有受到挑战。

2008 年，由次贷危机引发的全球性金融危机席卷了全世界的证券交易所。一些国家的经济行为明显与“新自由主义”鼓吹的自我调节市场的原则相矛盾。为避免造成更大的经济损失，人们纷纷呼吁国家出手帮助大型银行和公司纾困。

事已至此，仍有不同国家和地区的许多政客再次为恢复财政紧缩计划辩护。坚持这一议程的结果之一就是，左翼政党或完全或部分地接受了这一言论，并将其视为解决失业和经济低迷的一种简便方法。英国脱欧、美国的唐纳德·特朗普和巴西的雅伊尔·博索纳罗当选，这些事例都阐明了当前世界政治理念的变化。

当前，特朗普主政的美国对像中国这样的新兴经济体的敌意与日俱增。在新型冠状病毒大流行前，特朗普就已经明确表示有意与中国和其他与他的准则不完全一致的国家展开贸易战。由于其将在2020年进行连任竞选，因此这一策略已是意料之中。但新冠肺炎疫情在美国暴发后，该策略变得更为激进。

实际上，新冠肺炎疫情暴发前美国霸权就已表现出衰退迹象。第二次世界大战后美国不接受布雷顿森林体系（Bretto Woods System）建议的一揽子货币计划，而是将美元作为国际支付手段。1973年后，美国放弃了黄金的可兑换性，以维护其货币的地位。美国不仅可以根据自己的需要发行美元，而且还将该货币作为从经济上压制其非盟友的手段。

美国及其欧洲盟友接连否决了联合国、世界银行和国际货币基金组织等多边组织的改革提议。包括中国、俄罗斯、巴西、印度和南非等国家在内的二十国集团的重要性与日俱增，已展现出取代美国的单边主义之势。金砖四国和上述国家在世界舞台上崭露头角，新开发银行（New Development Bank，简称NDB）成立。尽管这意味着全球经济进一步一体化，但美国仍将这些国家和组织视为威胁。

2016年，前巴西总统迪尔玛·罗塞夫（Dilma Rousseff）遭弹劾下台，极右翼领袖雅伊尔·博索纳罗获胜当选，特朗普与印度民族主义者和解，美国同中俄关系紧张加剧。世界矛盾冲突频发，美国也在努力恢复原来的世界秩序。我们要从这一现实出发来看待美国总统所谓中国和世界卫生组织要对新型冠状病毒在全球范围内暴发和蔓延负责的荒谬指责。

我们要高度重视不同国家面对疫情扩散所采取的行动。这可以为我们判断未来国际合作将得以加强还是国际紧张局势或将加剧提供线索。

二、全球抗疫的战斗

2019 年底，中国武汉市新冠肺炎确诊病例激增，但至今新型冠状病毒的源头仍是未解之谜。很多专家认为此类冠状病毒首次在中国发现，但来源不一定是中国，也有专家推测这一病毒或源于欧洲和美国。尽管确定这种病毒毒株的出现地点具有重要的科学意义，但现在最重要的是确立应对这种疾病大流行的最佳方法，为感染者制订合适的诊疗方案。

新冠肺炎的主要特征之一是呼吸道衰竭。目前我们尚无疫苗或其他药物能够治疗这一症状。新冠肺炎传染力强、死亡率高，对于老年患者或基础性疾病患者尤为如此。由于中国在 2020 年初病例数量很多，疾病传染性强，病毒特征前所未见，所以必须采取严厉措施来实现隔离。这对经济造成了直接影响。

新型冠状病毒大规模传播后便引发了世界各地公共卫生系统的问题。在过去的 40 多年中，席卷全球的“新自由主义”浪潮破坏了部分国家的全民医疗保健体系，甚至使之无法运转。尽管以英国为代表的一些国家坚持推行国家医疗服务体系。但有些地方的公共卫生系统即使在有相关法律规定的保护下也无法获得充足的资金，巴西就是如此。在欧洲以外的一些福利国家中，国家虽然能够提供基本合理的保健服务，但医疗通常被视为商品。中产阶级和上层阶级通常选择私人医疗保险，这一点以美国最为典型。购买力低下的人会因价格高昂而放弃寻求医疗服务，或者只得选取项目很少、质量低下的医疗服务。

当前有的国家医院“一床难求”，重症监护室的床位尤其如此。即使是那些资金充裕的公共卫生系统也难以应对如此庞大的床位需求量。这也要求我们必须控制传染率，以免在短时间内使床位超载。因此，采取隔离措施迫在眉睫，有些问题严重的大城市甚至采取了封城的措施。根据新型冠状病毒大流行以来世界卫生组织定期公布的数据可知，该病毒在亚洲的遏制相对成功。而意大利却因封闭较晚遭到沉重打击。不幸的是，在美国和巴西，这一情况反复出现，原因在于两国总统最初低估了这种疾病的严重性。

很多分析家认为封城之举不负责任，因为通过社会隔离来遏制流行病的措施直接影响经济活动。全球经济多年来增长缓慢，西方经济更是如此。这些国家的领导人试图避免经济衰退的加剧。就唐纳德·特朗普而言，在他准备 2020 年连任竞选时新冠肺炎疫情暴发。特朗普和巴西的博索纳罗都选择利用政治仇恨言论来维持社会的基础支持，这纯属投机行为。

特朗普和博索纳罗这样做还有其他原因——他们与制药公司有着千丝万缕的联系。特朗普是一家生产氯喹和羟氯喹公司的股东。氯喹和羟氯喹可用于治疗疟疾和其他疾病，目前人们正在研究它们是否可以用于治疗新型冠状病毒的感染者。即使没有关于此药有效性的科学证据，特朗普也一直在鼓吹使用此类药物。博索纳罗则效仿特朗普这一行为，且支持他的政府的一名商人也参与了有关药物的生产。此外，他还命令巴西陆军生产大量氯喹。现在则需要处置因此产生的库存积压。

美国及巴西在北美和南美的邻国都担心，两国的行为将使这两国难以控制境内的病例。美国和巴西正在成为世界的两个主要疫区。此外，新冠肺炎的致死率表明，病毒并非人们染病的唯一因素，各国的社会不平等也是一个危险因素。各国政府必须制定保证收入和维持就业的相关政策以确保隔离措施取得成功。同时，人们的生活环境中也需要卫生基础设施，例如洁净的水源等。西方许多国家以其社会不平等和贫困程度而闻名，美国尤为如此。美国尽管经济繁荣，但就业率不稳定，失业和无家可归者的比例显著增长。巴西作为一个大型经济体，也被视作世界上最不平等的国家之一。巴西的医疗健康服务体系虽然资金不足，但至少能发挥基本作用。若医疗健康服务体系不稳定，而且收入保障政策十分脆弱，穷人就需要每天搭乘公共交通工具外出谋生。这将给他们的家人造成感染风险。

因此，如果我们回看新型冠状病毒大流行开始之前的情况就可知，最近几十年，除亚洲国家实现经济增长外，其他国家社会不平等现象均普遍加剧。新冠肺炎疫情暴发对经济造成巨大影响，人们围绕当前是否存在更具包容性的发展替代方案展开了讨论。目前得到的结论很多，从夸张的乐观主义到虚无的悲观主义都有。世界各地进步和左翼政治力量如何解决这一问题、如何应对将要面临的挑战，我们拭目以待。

三、全球团结，共跨逆境

首先，我们必须认识到，新型冠状病毒大流行将为世界带来巨大挑战。各国对经济下滑的预估虽有所不同，但大都是4%至6%的负增长。抗疫战争将是一场持久战。正如两次世界大战爆发时一样，体育和艺术活动被推迟或暂停。目前全世界都在讨论如何进行经济重建。

如前所述，2009年的金融危机并非源于生产性经济，国家中央银行的行动成功遏制了损失的进一步扩大，这是相当重要的。由于控制资金流动的机制尚未发生深刻变化，世界经济似乎显示出复苏迹象。因此，一部分“主流”学者和保守政治力量开始倡导恢复财政紧缩政策。一些处于世界经济体系外围的国家侧重于国家发展的政策被新一轮的自由改革所取代。而恰是这些被取代的政策在21世纪头十年帮助这些外围的国家取得了显著成果。处于世界经济核心圈的国家，尤其是美国和欧洲国家，在议会选举和总统选举中频频提出敌视新近工业化国家的排外提议。换言之，国家拒不推动经济复苏、采取激进的外交政策甚至引发贸易战争成为对抗新冠肺炎疫情和恢复世界经济增长中的两个障碍。

一些分析家认为，新型冠状病毒大流行引发的经济危机可能催生新的政治组织形式。越来越多的人意识到，针对自我调节市场的经济放松管制毫无效果。同样，没有国家计划和对私营部门的激励措施，经济复苏也是一纸空谈。除了就业和收入保障政策外，国家还要积极投资基础设施，新兴国家尤需如此。与中产阶级和上层阶级倾向于将大部分收入用于金融投资不同，只有大众将收入用于消费，市场才能恢复活力。

在相当长一段时期内，应对新型冠状病毒大流行对卫生资源的需求仍将持续。国家需要通过强大的市场监管来提供此类服务。健康不是商品，而是公共物品。病毒不会选择社会阶层，只有严密而广泛的制度才能控制将来可能发生的疫情，这一点毫无疑问。

建设公共卫生系统还需要有效的筹资机制。世界上最成功的案例表明，只有在累进税制下才能做到这一点。欠发达国家倾向于实行递归税收制度，其税收更多地是针对消费和低收入的，而非针对财富和高收入。因此，有必要在尚未建立福利国家制度的不同国家背景下解决这一问题。

改善卫生系统的政策同样适用于改善教育系统和国家创新系统。要想获得优质学校的入学机会，需要大量资金以及公共部门、私营公司和学术界之间的良好联系。由于此类活动需要大量资源，国际合作就显得十分必要，目前已有国家在朝着这一方向努力。

古巴在医疗领域已有悠久的合作传统。自新型冠状病毒大流行以来，这种合作一直在加强。例如，派遣医生前往疫情影响严重的欧洲国家，如意大利；或与世界各地的实验室合作研发药物。2020 年 5 月中国国家主席习近平在世界卫生组织召开的会议上宣布，中国治疗新冠肺炎研发成果将与整个国际社会分享。最近几十年，“新自由主义”全球化在很大程度上激发了个人主义和霍布斯式的“所有人反对所有人”的战争。这些举措将有效解决这一问题。

在国际社会主义运动中，大家普遍认为苏联解体不仅打击了共产主义者和社会主义者，而且对左翼势力也是沉重的打击。以中国和古巴为代表的社会主义国家要维护政权，就要被迫面对自由主义施加的重大限制。然而，恰恰是全球化和不同国家之间经济联系的增加为在全球范围内克服资本主义逻辑提供了可能性。

“新自由主义”论点自 1930 年以来一直备受推崇，并在 20 世纪末至 21 世纪初被广泛实践，最终却证明了所谓的“自我调节”市场的局限性。中国参与世界贸易的独特方式与开放的经济政策、赶超型工业化战略相结合大获成功，甚至得到了其对手的认可。虽然中国国情独特，但它具有中国特色的社会主义表明，社会主义政权可以成功减贫并实现国家发展。

在过去短短 10 多年时间里，“新自由主义”全球化面临两次深刻影响：

次贷金融危机和新冠肺炎疫情引起的生产性危机。当前国际地缘政治形势尚不明朗，或依多边地缘政治形势发展，或由军事超级大国美国引发的紧张局势加剧。在人类历史上，从未有过像现在这样的机会来建立一个更加理性、民主和环保的体系。卫生领域的研究者在新冠肺炎疫情尚未暴发之前就已作出巨大的合作努力。各地的进步和左翼力量正在加强联系，以共同面对世界上一些地方新法西斯主义的崛起。

四、结论

回望历史可知，物质和文化进步不是自发产生的，开放更不会自动实现。社会主义党派和力量需要在其国家范围内提出大胆可行的建议并进行广泛实践。“新自由主义”霸权陷入危机，新法西斯主义和极端右翼政党兴起。仇外心理和充满政治仇恨的轻松演说似乎对部分工人具有吸引力。社会主义党派和力量必须以卓有成效的实践成果应对这一问题。

南方国家（金砖国家等新近工业化国家）之间的国际合作推动了国家发展，也已在 21 世纪头十年初步勾勒出发展图景。政府需要在国家范围内实施基础设施投资项目，创造总需求，从而增加国内生产总值。这将进一步推动渐进式税收政策落地，通过对巨额财产征税以资助教育、卫生事业的研究与发展。在扩大就业政策的条件下，政府可以通过对私营部门的公共投资来激发国内市场。银行通过支持农业生产合作社等举措鼓励集体经济活动，从而推动区域发展。

促进国家繁荣和国际合作的方法多种多样。同时，它们也将对世界社会主义构成巨大挑战。资本主义市场经济问题暴露越多，就越有必要寻找新的出路。实际上，关于中国模式是否可能成为新的社会主义建设形式一直存在着巨大的分歧。存在即合理。非“新自由主义”的国家发展途径的存在恰恰证明了这一点。人类的未来就取决于我们能否找到这种替代方案。

疫情防控凸显出社会主义和资本主义治理能力的优劣

[美国] 大卫·科茨

张　莉[1]　译

① 张莉，中国社会科学院马克思主义研究院副研究员。

人物介绍

大卫·科茨（David M. Kotz），世界著名马克思主义经济学家，美国马萨诸塞大学经济系（Department of Economics in University of Massachusetts）政治经济学教授，世界政治经济学学会（World Association for Political Economy）副主席，通俗经济学中心（Center Popular Economics）经济学家。激进政治学经济学联盟（Union Radical Political Economics）成员及麻省教授协会会员。

中国中央领导人很快意识到新冠肺炎疫情所代表的危险，中国有效地应对了新冠肺炎疫情。全国能够动员起来作出全面反应，包括封锁重点地区、确保被封锁区的基本需求得到满足、迅速增强医院生产防护设备和医疗用品的能力、监控感染者的所有密切接触者。截至3月底，中国新冠肺炎疫情防控取得重要阶段性成果。然而，这一流行病在美国和其他国家迅速蔓延，而且一开始就没有得到控制。

在所有国家中，美国联邦政府的反应是最糟糕的，总统几个月来一直否认并尽量淡化这一问题，然后又拒绝让联邦政府接管。这使得各州和地方政府不得不争夺稀缺的供应。没有连续一贯的政策。总统拒绝让科学家带头，并亲自推荐危险的产品和行动，如注射消毒液到体内。现在总统正敦促取消在安全之前居家隔离的规定。在特朗普政府中，有能力的官员已经被赞扬特朗普却没有什么有用的技能的人系统性地取代了，就像中世纪的宫廷的情况一样。美国糟糕的应对措施部分原因在于特朗普总统，他既是一个右翼民族主义者，也有严重的心理健康问题，包括自恋（极端的自爱），无法在压力下承担责任、不断说谎、拒绝承认现实。但即使在特朗普上任之前，美国也没有做好应对大规模流行病的准备。因为几十年的“新自由主义”改革削弱了美国的公共卫生体系，削弱了政府解决困难和执行任务的能力，并不支持建立必要的必需品储备的准时生产方式。[1]

有人说，这是第二次世界大战以来世界公共卫生领域最突出的系统性风险考验，凸显了资本主义和社会主义治理能力的优劣。中国和美国对新冠肺炎的反应之间的差异主要是社会主义和资本主义的问题。总的来说，社会主义比资本主义更善于应对流行病。社会主义经济中计划措施能够更好地、更迅速地重新分配生产以应对突发紧急情况。这就是美国政府在1942年突然加入第二次世界大战之后引入了中央计划指令的原因，而且这项经济措施非常有效。社会主义制度的目的是满足人的需要，而不是追求利益，这是对付

① 准时生产方式是指实现“在必要的时刻生产必要数量的必要产品或零配件”。这种准时生产方式的核心是零库存和快速应对市场变化。

大规模流行病所需要的措施。大规模流行病疫情造成了一个典型的“公共产品”问题，即无论支付能力如何，每个人都必须获得健康和安全，因为任何被感染的人都会将病毒传播给他人。资本主义的驱动因素是对利润的追求，这与应对流行病疫情所需的准备和应对方式背道而驰。

一些资本主义国家虽然有资本主义制度带来的问题，但已经作出了有效的反应，尽管这仍需拭目以待。在某些情况下，社会主义思想影响了一些资本主义国家，如丹麦和新西兰。在某些情况下，政府有成功管理经济的历史，比如韩国。德国一直比较有效率，德国政府一直受到工人阶级政治力量的影响，德国需要与东部原社会主义国家地区竞争。很难预测这次疫情对美国政治和世界秩序的影响。到目前为止，它似乎降低了对特朗普和共和党人的支持率，但现在确定最终结果还为时过早。

在新冠肺炎疫情下：美国的衰落与中国的世界意义*

[美国] 威廉·琼斯

张 莉[①] 译

* 此文是作者在中国人民大学重阳金融研究院召开的智库会议上的发言，其中第四、五部分发表在“人大重阳”微博上。——译者注

① 张莉，中国社会科学院马克思主义研究院副研究员。

人物介绍

威廉·琼斯（William Jones）从1994年起担任《全球策略信息》(Executive Intelligence Review，简称EIR）华盛顿办公室主任。他曾服务于克林顿和小布什两届政府。在此之前，他是国会行政情报评论的记者。他在过去30年间，撰写了超过百篇的政治和经济方面的文章，近期在EIR发表《从新丝绸之路到世界大陆桥》(From the New Silk Road to a World Land-bridge)。他是伊朗新闻电视台特邀评论员。他作为EIR的外国记者在斯堪的纳维亚（Skandinavien）生活了18年。他曾在国会山为众多议题、案件做证，是众所周知的华盛顿智库界政策辩论的重要成员之一。

提 要

自新冠肺炎疫情在全球蔓延以来，作为“希望灯塔”的美国现在似乎已经迷失了方向。美国政府不作为及其造成的严重后果，逐渐削弱了其全球影响力，导致美国走向自我毁灭。中国抗疫战争取得巨大成果，中国对外人道主义援助以及中国两会对经济和政治发展的新方案表明中国的乐观信号为世界战胜病毒注入了信心。以美国为首的西方国家的“甩锅”行为是因为惧怕中国的崛起，以及惧怕疫情之后全球秩序的改变。借新冠肺炎疫情孤立和抵制中国，打破多年来建立双边重要供应链与逆转全球化过程的企图只会把自己推回黑暗时代。中国尽管在短期内经济会有损失，但是中国在从众多困难中走向复兴的道路上会越来越强大。

新冠肺炎疫情暴发后，世界各国纷纷对中国表示了同情与支持。中国医务人员在疫情中英勇奋战，中国人民坚忍不拔，为世界人民树立了榜样。中国能够克服这场危机，努力为世界各地提供所需物资，并积极研发疫苗。但与此同时，那些坚决反对中国加入世界强国行列的西方势力，将这场灾难视为一个机会，在中国崛起的道路上设置新的障碍。中国的抗疫措施和经验值得各国借鉴。新型冠状病毒是人类共同的敌人，没有任何国家能够独善其身。因此，各国应团结起来，携手抗击疫情。

一、“希望灯塔”已迷失，美国走向自我毁灭

许多国际观察家看到美国自 20 世纪以来在最严重的流行病中出现了令人目瞪口呆的行为：大学生在海滩上嬉戏，示威者在州议会不戴口罩要求停止隔离措施，以及社交媒体上虚假宣传警告接种疫苗的危险。这是一个疯狂

的社会，正在走向自我毁灭吗？

在历史上被称为“自由圣殿”和“希望灯塔”的美国现在似乎已经迷失了方向。从一个混乱的美国总统在“天字第一号讲坛”（指白宫）上发表的对中国的攻击和狂言看，他们已经变得完全歇斯底里（似乎这是这些政治精英的特征），因为他们预见到自己的影响力将会消失。

美国将于今年（2020年）11月举行总统大选，目前进入了关键的初选阶段。美国在战争时期的动员传统（类似于富兰克林·罗斯福在第二次世界大战期间所做的）早已被遗忘。从那以后，美国转向了“自由放任”政策和对“大政府”的文化恐惧。这些价值观已经在美国社会中根深蒂固。

当新型冠状病毒开始在美国各州传播时，人们很难相信这个事实。“留在家里”防止新冠肺炎疫情传播，可能阻止因为疫情对反对特朗普的民主党人更有利的局面。当纽约州变成这次新冠肺炎疫情的新中心时，特朗普却对这种疾病的致命性不屑一顾。虽然白宫似乎掌控了局面，总统更愿意将“重任”留给各州，承诺如有必要，联邦政府将获得“支持”。但各州都因新冠肺炎疫情负担过重，医疗设备和医院床位不足。

尽管中国在应对这次疫情方面提供了一个很好的范例，但白宫显然不愿“像中国那样行事”。相反，它甚至采取了一种与中国的应对措施相反的态度，并为之付出了巨大的代价。事实上，不鼓励戴口罩。总统为自己没有戴口罩而自豪。美国也没有足够的口罩，政府将必须采取主动措施让他们生产口罩。

应对像新型冠状病毒这样的流行病的威胁确实需要采取像罗斯福一样的应对措施。尽管罗斯福的大部分进步立法已经被支持“自由市场”的共和党（和民主党）搁置了数十年，但特朗普确实有《国防生产法》（Defense Production Act，简称DPA）可提供法律支持。该法授权他强制私营企业生产任何他们有能力做的东西，如口罩、呼吸机和核酸试纸。虽然特朗普援引了DPA，但他并没有实施强制执行，而是依靠行业的“善意”来执行他的命令。因为他怕自己受到攻击，怕过于支持“大政府”会危及他连任的机会。同样，他在把责任“推给各州”的时候，也希望任何新的“动荡”都可以归咎于各州州长，而不是白宫。但随着全国死亡人数的上升，特朗普政府很难推卸责任。国务卿迈克·蓬佩奥等人对“让中国为病毒付出代价”的牢骚，不过是一种把责任推给白宫以外的地方的显而易见而又廉价的伎俩。

但是，由于白宫的椭圆形办公室缺乏明确的指示，导致每个人都不能认真对待新型冠状病毒——直到它来到我们的社区。随着新冠肺炎疫情的蔓延，共和党内部反“大政府”的情绪高涨，从不支持特朗普的民主党两党制的瓦解，以及总统对摇摆不定的民调数字的痴迷，都意味着白宫从来没有发出过明确的抗击新冠肺炎疫情的战斗号令。

此外，美国充斥着许多“沽名钓誉的个人主义者”，他们也属于许多不同的宗教团体，宣称要从大多数社会生活形式中“独立”出来，加入非常危险的混杂局面。他们觉得，特朗普不是一个“建制派人物”，这样的人当选后，他们将重获新生。然而，不幸的是，在这场疫情中，即便是最高层人物的看法也无法达成一致，那些在海滩上游荡的大学生们也会认为自己的行为不会造成什么伤害，加之年轻人普遍认为他们是“不可战胜的”，这些就给美国抗击病毒的努力带来了严重的不利影响。

二、新信号表示中国正为世界注入信心

尽管中国正常化时间从 3 月初推迟到 5 月底，但中国能够举行全国人民代表大会和中国人民政治协商会议，作为第一批在新型冠状病毒暴发后成功恢复“新常态”的国家之一。这些会议为政府和立法者提供了一个机会，以便在新冠肺炎疫情造成重大破坏后能够规划前进的道路。

此外，随着许多受疫情影响的国家的保护主义情绪高涨，以及由美国某些政治团体发起的大规模反华运动的升级，中国人民和全世界都知道中国的发展方向是很重要的。中国两会期间，从发布的文件和人大代表的讨论情况看，一些事情已经相当清楚了。中国将继续对外开放，包括扩大对外投资开放，这在 5 月 22 日李克强总理的政府工作报告中体现得淋漓尽致。实行大幅简化市场准入负面清单制度，这意味着外资企业在华投资将更容

易进入市场。

中国还将更加重视制造业的创新和升级。新型冠状病毒无疑将极大地改变我们的工作方式和优先生产的领域。短期之内，那些仍与新型冠状病毒继续进行激烈斗争的国家急需医疗用品。中国已经将工业的大部分转向生产此类产品。然而，从长期来看，中国的问题是要在高端制造业保持技术优势。这也是中国政府的目标，其明确地强调科技。此外，新型冠状病毒暴发后国际市场不景气，美国企业的压力来自美国国会和特朗普政府，他们被要求减少在中国的投资，中国将继续努力使国内市场成为中国工业经济真正的增长源泉。2020 年是关键的一年，即中国要消除贫困和建成小康社会，这也有助于国内市场的发展。此外，中国还将大力融资推动基础设施建设和西部开发，重点是交通、能源和水等项目。

新冠肺炎疫情暴发后，中国的死亡人数远低于其他国家，这无疑增强了中国作为负责任伙伴的国际声誉。中国向包括美国在内的其他国家提供援助时非常慷慨，包括设备、应对建议，甚至派遣医疗人员。更重要的是，在这场危机中习近平主席反复强调“救人”，这是在严峻形势下的一项重要道德原则。可是中国之外的某些国家，在严重的疫情中有许多人失去生命，要么是因为这些国家的领导人缺乏远见，要么是因为他们在某种程度上对逝去的生命漠不关心。

今年中国召开的全国人大会议审议通过了《全国人民代表大会关于建立健全香港特别行政区维护国家安全立法的法律制度和执行机制的决定（草案）》，将在维护香港良好秩序和国家安全方面发挥更广泛的作用。这引起了很多西方媒体的注意。尽管华盛顿的中国抨击者对这一草案大为光火，但许多人包括许多香港本地人自己都松了一口气，因为中央现在将采取措施控制当前的局面。任何国家都不能允许这样一场公开的反政府活动在自己的领土上大肆发展，特别是有关香港问题，而这受到希望看到中国被肢解的外国势力的大力推动。香港未来将如何发展还不完全清楚，但中国的底线已经划定，这是正确的。

许多其他重要问题也在向前推进。新冠肺炎疫情暴发后，中国进一步加大对外开放，但也非常谨慎，以防止病毒再次暴发或从国外输入病例。习近平主席还在与来自中国疫情暴发中心——湖北省的人大代表的讨论会上明确表示，中国需要开发一种更好地监测新型冠状病毒等疾病的技术，以提升中国的医疗体系。习近平主席还在世界卫生大会上提出，建立以世界卫生组织为基础的公共卫生安全治理体系，更好地保护世界免受此类疫情的影响。

更重要的是，随着中国开始加快生产能力，来自中国的所有乐观信号都在帮助那些仍在抗击新型冠状病毒的国家树立一种更强烈的信心，即黑暗的尽头是光明。考虑到中国在世界经济中的角色，这也将增加那些几乎停止生产的国家所需商品的供应，尤其是医疗设备的供应。随着新型冠状病毒在医疗服务不足的情况下向拉丁美洲和非洲蔓延，中国的供应将成为挽救生命的关键手段。正如中国外交部部长王毅在 5 月 24 日的新闻发布会上所说，中国不会停止抗击新型冠状病毒，直到在全球范围内战胜它。

三、疫情之后对全球秩序的再思考

新冠肺炎疫情暴发后，世界上许多国家、团体和民众以不同方式表达了对中国的支持和帮助。但与此同时，一些惧怕、不能容忍中国崛起的西方势力，利用这场灾难，不断对华发展设置障碍。这种心理战也在《华尔街日报》2 月 3 日刊发的新保守主义领袖沃尔特·拉塞尔·米德（Walter Russell Mead）的文章中有所体现。他提出，中国作为一个大国的地位可能会因新冠肺炎疫情或他所称的“脆弱”的金融体系而减弱。像米德这样的“末日预言者”，实际上只是在“预言”他们所希望发生的事情。但现实却截然不同。特朗普总统将新型冠状病毒称为“中国病毒”，这是一个廉价的政治花招，可以转移民众对于他自己在早期阶段未能将这种病毒视为对美国的真正威胁的注意力，而且在道义上也应受到谴责，因为它在美国人民中造成了最严重的种族偏见。在经济上，有人提出，外国公司可能会转移到其他国家，或者试图与其他国家和地区建立新的供应链，而许多暂时离开的企业家可能不会再回来。但中国现在是一个工业强国，拥有非常先进和高度发达的技术部门。这些都是对中国崛起不满的人一厢情愿的想法。

到目前为止，我们还不知道这场危机会持续多久。有迹象表明，由于中国政府的果断和努力，中国可能正达到一个发展峰值。但无论情况如何，解决危机和恢复经济都需要很长时间。

这是一次悲剧性经历，就像我们正在经历的一次令人担忧的教训。治疗和战胜病毒的能力取决于人类的结构，即一个国家、一个城市、一个地区的普遍健康水平和经济结构。如果疫情蔓延至撒哈拉以南非洲，死亡人数可能会变成天文数字。这次新冠肺炎疫情也使我们认识到，需要建立更有效和更彻底的全球卫生体系。因此，后新型冠状病毒时代，我们将面临重建国际体系的需要。为此，我们必须牢记新冠肺炎疫情的教训。我们必须建立一个以人类为一体的观念为基础的制度，我们必须找到一个能够满足所有人需要的国际组织。这关系到公共卫生系统，也关系到经济系统，因为一个国家的健康完全取决于该国支持人民的能力。世界可能会出现新的病毒。这是我们无法阻止的。但是，如果我们建立国际结构，使全世界能够共同行动，而不是像一个分裂的国家那样行事，我们就能够发展应对任何新的病毒威胁的能力和手段。习近平主席曾谈到要建设“健康丝绸之路”，这对于世界摆脱目前僵局的形势来说，是个很好的概念。

特朗普总统宣布将于6月在白宫举行的七国集团峰会，希望在新冠肺炎疫情流行期间世界大量生产被封锁后，再次让世界经济重新运转起来。毫无疑问，他还将竭尽所能把七国集团拉到他的身后，支持其排斥中国的行动。虽然其他主要国家可能会应特朗普的邀请来到华盛顿，但它们是否会追随特朗普还远未可知。大多数国家并不认为“应该追究”中国对新型冠状病毒蔓延的“责任”，也不认为中国在应对新冠肺炎疫情时存在任何拖延。尽管美国仍然是七国集团内最主要的军事和经济大国，但其“软实力”已经开始失去光彩。

由于特朗普专横傲慢的态度，对美国的观点和应对措施持异议的国家甚至更多。尽管这些领导人之间个人关系保持友好，但他们的政治关系仍会有一些矛盾之处，在一些问题上仍会发生争执。最大的问题是，傲慢的白宫和自大的美国国务院对中国的猛烈抨击。但世界局势已不再像100年前那样，西方可以轻易地把由软弱而摇摆不定的清政府统治的中国推到一边。中国现在是世界经济发展的主要引擎之一，它已经证明自己是世界上的一支重要力量，并对世界产生了非常有益的影响。中国提出的“一带一路”倡议，为亚洲、非洲和拉丁美洲许多贫困国家提供了发展道路的基础，也为他们摆脱多年经济低迷的困境、重新走上发展道路提供了基础，特别是非洲所获得的发展绝对令人震惊。美国试图利用这次疫情暴发作为地缘政治工具的狭隘做法，将不会受到那些多年来一直被美国牵着鼻子走、却从未被兑现虚假承诺的国家的欢迎。

虽然特朗普让美国从阿富汗撤军、让美国从中东旷日持久的冲突中脱身的承诺在国际上获得了支持，但是因为他继续使用单边关税和回避多边协议，以便更容易维护他所认为的美国“特权”，很多人已经对美国政府的施压策略失去了兴趣。尽管包括G7“俱乐部”成员在内的许多国家从与中国的贸易增长中获得了巨大利益，但它们并不倾向于惩罚“下金蛋的鹅”。包括“一带一路”倡议在内的中国外交政策，得到了联合国等主要国际机构的高度赞誉。许多人意识到，中国有效地控制新冠肺炎疫情蔓延的速度，为其他国家赢得了宝贵的时间，但是许多国家浪费了这个宝贵时间。随着逐渐走出危机，中国开始生产其他国家所需的医疗设备和物资。尽管美国承诺取代这些国家与中国合作而获得的利益，但是，过去几年，中国通过“一带一路”倡议（特别是针对发展中国家的倡议）在全球范围内发挥了有益作用。而如今美国是否有能力发挥这种作用，人们对此几乎没有信心。

更重要的是，世界上的大多数人都认为，美国对中国日益增长的敌意，将推动世界走向两个拥有核武器的大国之间的军事冲突。你不必读克劳塞维茨（Clausewitz）的书就能明白，当政治紧张局势发展到极限时，这些问题最终将在战场上决定。在核武器时代，这可能是世界末日。唯一合理的解决办法是，美国和中国通过外交途径共同解决分歧。这需要美国对中国和中国共产党表现出应有的尊重。

考虑到理性——我相信这种理性最终会在政治决策中获胜——当特朗普总统吹响号角，动员军队对中国进行全面政治攻击时，没有人会支持他。但凡能在任职期间表现出一定程度理性的人，甚至包括总统本人，也可以恢复理智，回到他最初的计划中，为了人类的共同利益加强与俄罗斯和中国等国家的合作。

四、逆“全球化”只会把自己推回黑暗时代

随着新冠肺炎疫情的暴发，美国对华强硬派开始疯狂鼓噪，称美国应当与中国“一拍两散”。中国摆脱了贫穷，正在逐渐崛起。由于他们无法削弱中国日益增强的实力和影响力，于是便开始尝试利用美国的“软实力”孤立中国，手段便是说服“西方阵营”中的其他国家抵制华为等中国企业，以及不参与中国的“一带一路”倡议。

随着新冠肺炎疫情在中国的暴发，他们不遗余力地将中国说成是投资高风险国家。此类行为最赤裸裸的代表是《华尔街日报》上刊发的一篇名为《中国是真正的“亚洲病夫”》的文章。用“亚洲病夫”这个称呼让每个中国人都回想起“百年耻辱”的旧时代，那时的中国正遭受殖民列强的蹂躏。连《华尔街日报》中国分社的员工都呼吁应就此标题道歉。特朗普政府中新保守主义势力的“白衣骑士”美国国务卿迈克·蓬佩奥接过了《华尔街日报》的反华“大旗”，称中国采取的行动违反了新闻自由，要求对中国采取报复性措施。

蓬佩奥还宣称，新型冠状病毒在中国暴发是其“治理体系”造成的，尤其是其对新闻自由的压制，特别是对外国记者的限制。言外之意是，如果这些记者能够在中国各处自由穿梭，那就能更及时地发现病毒。很遗憾，西方记者，特别是美国记者，基本上都遵从编辑的指示。而编辑们则更加专注于寻找各种问题借以批评中国，而不是真的去报道新闻。总的来说，他们只会报道有损中国的内容。如果找不到这样的内容，那就开始胡乱编造。

目前，新冠肺炎疫情开始在中国以外的国家蔓延，包括美国（病毒源头

可能并非武汉海鲜市场）新保守主义者又开始了另外的盘算，要求为医药产品建立新的供应链。美国的此类商品多为中国进口。

针对这一依赖关系，特朗普政府里臭名昭著的经济顾问彼得·纳瓦罗（Peter Navarro）呼吁美国在本土生产这一领域的所需产品，一切皆打着“国家安全”的旗号。但除非世界疯了，否则没人会相信中国会在美国面临新型冠状病毒或类似威胁的紧要关头切断我们的药品供应。根据中国在这方面的一贯做法，他们必定会尽己所能帮助我们战胜疫情。

出于政治目的而使用经济制裁或限制手段是西方国家近些年的惯常做法，美国和英国尤甚，中国则不是如此。如果有人认为美国可以只依靠本土或“盟国”产品，那就太荒谬了。今天，国际分工决定着每个中等收入国家的消费水平。

经济学家兼政界人士林登·拉罗奇（Lyndon LaRouche）在20世纪70年代经常讲解经济议题。他的讲座通常以“世界咖啡”开场。也就是说，如果研究一下美国人的每早必饮咖啡，追溯一下其生产中的所有要素，你就需要到世界各地去寻找其供应链。

如果要限制这一供应链，或尝试自己生产一切，你会突然发现自己处于相当困窘的境地。“全球化”由来已久，甚至远早于15世纪的大发现时代。逆转这一过程的企图只会把自己推回黑暗时代。

中国在其中的作用尤为重要。每一个到沃尔玛（Wal Mart）或塔吉特（Target）购物的人，也就是大多数的美国人，都知道如果没有中国，多数货架会空空如也。美中两国是世界最大的经济体。我们的消费、生活水平和生产力完完全全取决于我们与中国的关系。打破多年来建立的重要供应链是荒唐至极的做法，会造成一些最重要的美国企业破产。这一点在最近的关税争端中就已经表现得很明显了。

所以我们应当停止一切妄言，因为美国也要面对新冠肺炎疫情的冲击。而在与这一病毒的斗争中，中国的做法最为成功。一旦新型冠状病毒的威胁在美国愈演愈烈，当然也势必如此，我们理应与中国更加密切地合作，从他们的经验中获益，而不是像蓬佩奥及其同僚那样毒害两国间如此重要的双边关系。

五、多难兴邦，中国加油!

新冠肺炎疫情的暴发给世界带来了冲击。中国中央政府和武汉地方政府采取的紧急措施，对于限制这种疾病在中国和世界其他地区的传播具有极其重要的意义。中国医务人员和公民为应对这个事件而作出的勇敢努力，考验了城市医疗基础设施能力。这是一定程度上的英雄主义，通常只有在战争中才能看到。

尽管目前尚不清楚该病毒传播的总体情况，但湖北省新增病例被大幅遏制的事实证明，当地采取的应对措施很成功，当地民众的积极配合也有效阻止了疫情的进一步蔓延，并为最终战胜疫情创造了条件。

虽然有西方国家将这次疫情的发生归咎于中国并利用危机谋取廉价的政治利益，但美国和世界各地的大多数人都对遭受这次巨大灾难的中国人民表示同情，并努力帮助中国渡过难关。这是因为，中国人民勇敢不屈的特征和中国政府在这次疫情中所表现出来的投入所有资源去努力战胜病毒的决心都将会持续下去。

尽管短期内中国经济会有损失，但我坚信，随着时间的推移，中国在走向复兴的道路上会变得更加强大。尤其是在过去 20 年里，中国为世界作出了很多贡献。现在中国虽受新冠肺炎疫情困扰，但还在持续影响着在“一带一路”倡议下已获益的非洲、东南亚和中亚地区。当中国从这一可怕的疫情中恢复过来，它将再次显示其强大的力量。我们的心与武汉和湖北人民同在，与全体中国人民同在。中国，加油!

被新型冠状病毒改变的世界

[摩尔多瓦] 马克·特卡丘克

陈爱茹[1] 译

① 陈爱茹，中国社会科学院马克思主义研究院副研究员。

人物介绍

马克·特卡丘克（Марк Евгеньевич Ткачук）于1966年9月26日生于苏联摩尔达维亚苏维埃社会主义共和国（Молдавская ССР）（即今摩尔多瓦共和国）的索罗基县（Сороки）。系摩尔多瓦政治家、摩尔多瓦“公民会议”党（Партия “Гражданский Конгресс”）中央执行委员会委员。在摩尔多瓦共产党人党执政期间，曾担任沃罗宁（Владимир Николаевич Воронин）的理论智囊。

提 要

新型冠状病毒大流行引发了对原苏东地区制度转型的思考，苏联解体之后，这些国家的制度性选择导致经济衰退和道德退化，甚至对公共卫生的价值和教育的价值都从经济效率的角度评估。新型冠状病毒的大流行是演示当代世界上的两条道路的“历史天平上的羽毛”（“历史天平上的羽毛”意指称量人性善恶）。显然，社会主义医疗体系更适合应对大流行病的挑战。中国抗击新型冠状病毒的斗争是一个清晰地展现在世人眼前的例证，即到底是哪一种社会制度最适应21世纪的非标准的紧急挑战。一个清晰的全球新规划正在展现，这个新规划要从根本上扩大就业和有支付能力的需求，建立一个公平、覆盖面广的社会保障、医疗保健和教育体系。只有把地球上的所有国家和文明都看成是一个统一的命运共同体，有意识地推动全球团结的目标，才能让人类在与新冠肺炎疫情、气候灾难和经济危机的斗争中占上风。

一、新型冠状病毒大流行引发的对原苏联东欧国家制度转型的思考

最近30年来，位于原苏联、东欧地区的各个国家始终相信这样一种说法，即经济、教育、文化和卫生保健领域的社会主义遗产，都是落后于时代的事物，应该毫不留情地予以消除。这些国家在这30年间先后实践过两种制度性选择：第一种是从苏联社会主义转向市场民主社会的某种过渡时期；第二种是基于市场经济本身会自发地形成更完善的执政制度、文化和文明。

实践结果表明，第一种制度性选择仅仅是一个经济衰退和道德退化的时期，如果说，这个过渡时期实现了某些目标，显然是一些没有什么重大社会

意义的目标。只有占人口总数百分之几的新权贵成为这种制度选择的受益者。数以千百万计的人变成了失败者。事实证明，所谓的“市场经济”——国家和当局如果不设定以社会为发展方向的战略——只能够形成一种“市场社会”，把最基本的人类价值观和文化价值观——团结、同情、人民友谊、民族尊严、多数人（老幼妇童）的健康全部变成商品，被标出“合理的”价格。

因此，30 年前的转型根本不是用进步的、灵活的通向资本主义的道路取代了陈旧的社会主义，而是在社会主义制度陷入危机的情况下，回到了前资本主义层面的制度。在这种前资本主义层面的制度下，半封建的后苏联时期的行政机关的精英利用野蛮的市场来达到其偷窃的目的。分散的、原子化的社会面对一个又一个可能出现的考验。在原苏联地区的各个国家中，市场年复一年地对科学、教育和医疗保健发起进攻，削减科学研究经费、取消免费教育、关闭学校和医院。自 2009 年以来，摩尔多瓦共和国已经关闭了 300 所学校和大量的区属医院。科学家、教师和医护人员为了赚取微薄的收入而离开了自己的祖国。这一整套政策都被政府称为“优化”政策，并获得了国际金融机构——国际货币基金组织和世界银行的支持。把无法用市场评估的价值——公共卫生和教育的价值——从轰动一时的经济效率的角度进行评估。

伴随着资本主义的新一轮危机同时发生的是新型冠状病毒的大流行。新型冠状病毒的大流行不是资本主义危机的根源，而是导火线，占主导地位的世界秩序面对公共挑战时的全部缺陷都被暴露出来。新型冠状病毒的大流行是演示当代世界上的两条道路的“历史天平上的羽毛”。

显然，社会主义医疗体系更适合应对大流行病的挑战。比如，苏联时期国内外都众所周知的谢马什科体系（Николай Александрович Семашко）（1924 年时任苏联卫生人民委员 A. 谢马什科建议的预算统一拨款和医疗救助统一管理的模式，这种模式一直运行到 1989 年）。此外，正是在与大规模流行性传染病（西班牙流感、天花、霍乱和结核病）的斗争中，才在苏联形成了世界上第一个大众免费医疗模式——谢马什科体系。该模式立足于积极的预防流行病政策，为普通公民提供所有类型的医疗服务，在紧急情况下，其整个系统具有快速而专业的动员能力。现在，不仅原苏联地区的国家，乃至欧盟成员国（如意大利、西班牙等），都在重新评估过去几十年间在医疗体系中实行的“优化”政策。

而且，显而易见的是，在资本主义国家没有构建起能够让绝大多数民众都获得平等救治权利的医疗保健模式。尤其令人感到痛心的是，甚至在传统上左翼政治家和左翼制度影响力均强大的欧盟，新型冠状病毒大流行也揭示了其所宣称的价值观与具体实践的不相匹配。欧盟成员国意大利在对抗新型冠状病毒大流行的时候，未能得到具有重要意义的全欧洲的团结和支持。

中国抗击新型冠状病毒的斗争是一个清晰地展现在世人眼前的例证，即到底是哪一种社会制度最适应 21 世纪的非标准的紧急挑战。同时，我们不仅看到了中国具有快速动员专业资源的能力，而且看到了最高的效率和最好的结局。中国是第一个遭受到新冠肺炎疫情打击的国家，也是第一个在这场可怕的对决中作为绝对的胜利者，摆脱了新冠肺炎疫情威胁的国家。中国表明，在社会主义建设中有三项基本原则：一是为社会上的绝大多数人谋利益；二是拥有可以不断地实现现代化的大众（而非精英）卫生保健系统；三是要成为不断完善的科学知识体系的领导者。

二、新型冠状病毒的流行给世界秩序带来的影响和变化

可能很多人已经注意到流行病与起义之间不可分割的联系。法国鼠疫或“黑死病”的直接结果是法国 1358 年最大的农民起义——“扎克雷起义”和英国 1381 年瓦特·泰勒（Wat Tyler）领导的农民起义，它们导致当时欧洲近一半的人口丧生。

相同的瘟疫于 1417 年至 1420 年在大诺夫哥罗德（Великий Новгород）暴发，并在 1418 年引发了诺夫哥罗德起义（Новгородское Восстание）。我们还记得在莫斯科公国动荡前夕流行的大饥荒和霍乱，伴随着流行病同时发生在罗斯（Русь）的南部爆发了赫洛普卡农民起义。

英国革命与伤寒和疟疾的暴发密不可分。现在人们认为，正是由于这

两种不幸的致命结合，导致独立派首领和革命军队领袖奥利弗·克伦威尔（Oliver Cromwell）去世。

在俄罗斯蔓延的黑死病拉开了1670年至1671年斯捷潘·拉辛（Степан Разин）领导的农民战争的序幕。这种流行病在农民战争爆发前的15年间传遍全国，播下了对有产者政权仇视的种子。

一个世纪后的1771年，在莫斯科暴发了一场大规模的鼠疫。此后，在传染病减弱的情况下，1773年至1775年爆发了普加乔夫（Емельян Пугачев）领导的农民起义。

霍乱在1830年至1831年从塞瓦斯托波尔（Севастополь）传播到莫斯科，震撼了俄罗斯。同期，爆发了波兰起义。

紧随着欧洲革命暴发的是1848年霍乱的流行。1871年天花流行是普法战争带来的特殊后果，随后建立了“巴黎公社”。“巴黎公社”揭示了一种不同的规律性，该规律性在20世纪显现出来。

第一次世界大战结束后，西班牙流感暴发，紧随其后，一场又一场革命遍布了全欧洲（俄罗斯、德国、匈牙利），在中国、印度、埃及也爆发了起义和无数的内战。西班牙流感、第一次世界大战和所有革命死亡的人数总计至少有5000万人。

新型冠状病毒大流行是全球经济危机状况充满戏剧性的浓缩。专家和政界人士都一致表示，世界将不再是从前的世界。他们主要谈论的是，我们将失去我们已经习以为常的很大一部分自由——交往的自由、国际旅行的自由、私人生活状况的自由。现在，这些都需要采取完全不同的标准。然而，悖论在于，世界上绝大多数人从未拥有过这些自由，大多数人仍然是被吸引的旁观者，充其量不过是“金十亿”[①]所给予其自己的生活方式的模仿者。

的确，世界再也不会是从前的世界了。全球危机尖锐地提出了一个问题：关于以“自由主义”原则为基础的经济已经不可能获得进一步的发展，关于“市场看不见的手”似乎无法对经济发展设定长期的战略目标和战略规

① 指生活在发达国家的十亿人口。——译者注

划。一个清晰的全球新规划正在展现，要从根本上扩大就业和有支付能力的需求，建立一个公平、覆盖面广的社会保障体系、医疗保健和教育体系。从这个意义上讲，需要重新评估过去的社会主义经验和中国正沿着前行的当代社会主义道路。

三、新型冠状病毒是全人类的敌人，其流行凸显了构建“人类命运共同体”的重要意义

新型冠状病毒在摩尔多瓦已经开始快速传播。新型冠状病毒战胜了摩尔多瓦政府，每 10 万人口中的染病人数的百分比证实了摩尔多瓦是全欧洲的“冠军”，每天的被感染者和死亡人数证明了这一点。摩尔多瓦社会正在等待对抗新冠肺炎疫情的有效举措。但是，当局和议会反对派不仅错过了时间，还利用宝贵的时间故意作出错误选择。他们隐瞒了在亨切什蒂地区（Хынчештский Район）已经暴发新型冠状病毒感染的事实，没有取消在那里举行的选举活动。总统多东（Игорь Додон）的团队和马娅·桑杜（Майя Санду）的政治集团共同在亨切什蒂地区建立了一个流行病学中心。毫无疑问，两位政治家都应为自己的所作所为负责。

在政治竞争中，每个人都有自己的角色和责任。执掌政权——这是第一位的行政职责。对反对派而言，第一位的是道德责任。然而，如果当局作这样或者那样的决定，却不承担道义责任，这很不好。反对派因为渴望权力丧失了理智，逾越了人类的道德底线，这也很不好。

在亨切什蒂地区不应该举行选举。实际上，摩尔多瓦的许多社会活动家都在怒斥这件事。可是，选举活动还是举行了。当天，很多哲学家评价说：他们在这些政治家身上看到了真正的“政治动物”（Политические Животные）。“政治动物”的说法让人猜想，指的是“真正的让人感到刺痛的、冷血的政客”。

要知道，动物有各种各样的。有马、狗、鹤，还有蠕虫、蟾蜍和老鼠。听听马娅·桑杜的支持者的刺耳尖叫，他们试图把罪责都推卸给当局；瞧瞧

反对派的领导人在亨切什蒂地区庆祝胜利的甜蜜日子里拍摄的照片中自鸣得意的样子，你就会知道，掌管摩尔多瓦政权的都不属于马和鹤这种善类。

“人类命运共同体”理念已经不再是宣言，不再是理论建构。中国国家主席习近平阐释的“人类命运共同体”理念，得到了从联合国到包括达沃斯论坛（World Economic Forum）在内的一系列国际论坛的支持，在新型冠状病毒大流行的危机条件下，“人类命运共同体”理念用实例阐明了各国建立新型合作关系的必要性。

面对新型挑战，人类极其脆弱。一方面，现有国际关系和国际交往表现出脆弱性和不稳固性。另一方面，新型冠状病毒大流行要求改变现有的世界秩序，要求世人认识到，只有以“人类命运共同体”为出发点，才能够构建新型国家关系。这种新型国家关系将减少暴力，充满同情心，促进技术、知识、专业技能和物质财富的共享。

只有把地球上的所有国家和文明都看成是一个统一的命运共同体，有意识地推动全球团结的目标，才能让人类在与新冠肺炎疫情、气候灾难和经济危机的斗争中占上风。

后疫情时期的欧洲重塑与中欧合作

[奥地利]沃尔特·拜尔

李　鑫[1]　于海青[2]　译

① 李鑫，山东大学马克思主义学院博士研究生。

② 于海青，中国社会科学院马克思主义研究院研究员。

人物介绍

沃尔特·拜尔（Walter Baier），奥地利经济学家，1994年至2006年担任奥地利共产党主席，也曾作为奥地利周刊《人民之声》（Volksstimmc）的编辑，2007年至今担任“转型！欧洲”网（Transform! Europe Network）的总协调人。

提 要

新冠肺炎疫情暴露了欧盟内部的尖锐矛盾及其结构性缺陷，欧洲经济衰退已经成为不争事实。自金融危机以来，一体化危机一直是欧洲政策的主题。这根源于市场与民主之间的冲突，因为资本主义国家在联盟中的一体化主要通过市场来实现，而市场并无法满足全社会的需求。后疫情时代欧洲的重塑，需要长期、弹性的超国家合作。左派需要将解决疫情危机与社会—生态转型联系起来，在“新自由主义”公共话语危机的缝隙上构建新的战略。新冠肺炎疫情和全球生态危机，表明“新自由主义”的世界市场计划作为一种文明模式已经失败，也凸显了加强国际合作的重要性。欧洲需要提出一种基于人民利益的现实方案。探索中国—欧洲交流、合作新形式，是构建一个更和平、平等和团结的世界的契机。

——预测是非常难的，尤其是对未来的预测

人们普遍认为，新冠肺炎疫情危机开启了一个新时代。我们同意这一观点，但是我们很难想象世界可能回到原状。世界不会再回到原状了。我们的观点是，新冠肺炎疫情并没有导致而是加速了关键因素，这将决定未来几年的全球发展。这尤其适用于美国单边霸权即将终结的世界体系。本文的目标是尝试从欧洲及其一体化进程角度展现这一问题。

2019 年 12 月 31 日，中国向世界卫生组织通报了武汉发生“不明原因肺炎”。2020 年 1 月 12 日，中国与国际平台（GISAIR）和世界卫生组织分享了 SARS–CoV–2 的全基因组序列。因此，当欧盟成员国的卫生部部长于 2 月 13 日在布鲁塞尔开会时，他们有足够的信息对此作出反应，但却未能采取预防措施来阻止疫情发展。随后，这些因数十年的紧缩政策而使医疗体系受到削弱的国

家，只能任由疫情迅速蔓延。3月中旬，尽管欧洲央行对迫在眉睫的疫情危机作出回应，推出了1200亿欧元的债券购买计划，但欧盟国家的财长们只是同意暂时搁置《财政协定》(Fiscal Compact)，这意味着他们为解决可能带来的问题提出了一个临时性方案，而如果没有《财政协定》，这些问题将根本不会存在。《申根协定》(Schengen Agreement)所赋予的欧盟人口自由流动的旗舰计划被废除了，这不是源于临时关闭边界的集体决定，而是由于欧洲各国政府决策时个别国家意见不一致所导致。3月初，德国甚至禁止了保护性医疗设备的出口，这不仅是对欧洲团结的嘲弄，也违反了原本神圣不可侵犯的国内市场规则。

因此，新冠肺炎疫情暴露了欧盟条约的尖锐矛盾，其指定成员国采取社会和医疗政策，却通过欧盟立法——主要是《增长和稳定条约》(Growth and Stability Pact)(即《财政协定》)——限制各国的财政基础。这损害了欧盟的声誉，尤其是那些受新冠肺炎疫情影响最严重的国家。这种损害在疫情过后能否得以修复，令人怀疑。欧盟发现这场生存危机正在无情地暴露其结构性缺陷：错误地将欧洲条约置于优先地位；主要关注点不是人民的福祉，而是市场运作的通畅；错误划分欧盟机构间的权限，从而以欧洲层面的政府与欧盟官僚机构间不透明的互动，取代了国家层面民主的、议会式的意愿形成原则。

截至到撰写本文时，新冠肺炎疫情在欧盟的急性发展阶段似乎已经结束。几乎所有国家都取消了对公民自由行动以及停止包括大部分经济活动在内的公共生活的限制。的确，人们担心新冠肺炎疫情会在秋冬两季卷土重来，但现在人们关注的焦点是经济危机的出现，人们无法确定其严重程度和持续时间。著名经济学家警告说，这可能是和平时期资本主义迄今最大的经济危机。鉴于其经济治理以及流行的“新自由主义”经济供给侧理论，我们有理由认为，欧盟没有准备好保护欧洲人免受经济危机的影响。

欧洲团结一致的时刻本应该成为“民族主义荒山上五朔节前夜”[①]的威

① 五朔节是欧洲传统民间节日。五朔节之夜是指4月30日晚间，传说当晚男女巫师会相聚一起、尽情狂欢，这里意指新冠肺炎疫情下欧洲各种民族主义“群魔乱舞”。参见Rosa Luxemburg, *Fragment über Krieg, nationale Frage und Revolution*, p. 367.——译者注

胁，而现在却变成激进右翼政党试图通过其激进话语来利用这场危机的时刻。民族主义思想认为，可以通过国家间相互争夺稀缺资源来解决全球性危机，这是完全不合理的，对于欧盟的中小型国家来说尤其如此。民族主义观点越荒谬，对独裁统治方式的诱惑就越大。事实证明，不自由的民主是通往独裁统治的捷径。

我们现在已经看到了政治和文化上的反弹，这表现为家庭暴力的增加以及妇女公共话语的位移。与之矛盾的是，现如今主要由妇女从事的护理和生育工作，在疫情期间证明了这类工作系统的重要性。欧洲左翼党需要直面严峻形势。资本主义遭遇其体制性局限。然而，如果要使这一表述不仅只是意识形态上的自我肯定，我们还需要就欧洲人民目前面临的选择以及通向一种新的生产和文化方式的可能路径进行讨论。

一、欧洲将如何面对衰退

欧洲经济衰退已经是不争的事实。尚不清楚是否会导致更长时间的大萧条。在上一次金融危机中，尽管有受害者，但并没有导致资本主义的崩溃。相反，世界上最富有的那部分人能够将他们的财富水平推到难以想象的极致，并通过金融市场比以往任何时候都更加牢牢地掌控着民众和国家。与此前的衰退相比，当前的衰退不是源于过度膨胀的金融部门的崩溃，而是由实体经济的供求面和价值链的突然断裂引发的。

从理论上讲，人们可以想象在新冠肺炎疫情的急性阶段结束后，各经济体会迅速恢复正常。与此相反的是，在新冠肺炎疫情暴发前，受地缘政治紧张局势影响的实体经济已经处于下滑状态。各国央行尝试利用扩张性货币政策来刺激投资和实体经济的做法是正确的，但这种做法能否持久有效令人怀疑。最重要的是，鉴于数字化和环境危机，资本主义经济正处于全面转型的门槛，它需要除新古典经济学教科书中所提到的策略以外的其他策略。

同时，失业率达到了惊人的程度。根据国际劳工组织的数据显示，全球有 27 亿工人受到部分或完全封锁措施的影响。欧洲数以百万计不受劳动法和社会权利保护的临时劳动关系所制造的社会定时炸弹，正处于爆炸的危险边缘。为了防止封锁对社会和经济造成的直接影响，各国政府已制定了前所未有的特殊计划。德国政府3月底颁布的一系列措施，提供的资金支持总额相当于GDP的10%。经济学家预计，欧元区成员国的债务水平与GDP之比将上升10至15个百分点。欧洲委员会将其自身局限于事后将各国作出的决定合法化，但相比之下，至少欧洲央行的行动表明它愿意以总价7500亿欧元的价格购买国债。这可以使情况达到暂时的缓解。

5月底，即将到来的危机最终显然可能演变成对欧盟和一体化进程的生存威胁，不能仅通过过度的货币政策手段来应对，而需要使用强有力的财政刺激措施。这不能留给成员国独自去解决。欧盟委员会主席范德莱恩（Van der Leyen）提出了一项7500亿欧元的欧洲发展计划“下一代欧盟”（Next Generation EU）。当该计划定稿时，成员国之间在一些议题上仍然存有争议，比如该计划如何筹措资金，以及对严重受到危机影响的国家提供补贴或可偿还贷款的比例，而此类补贴或贷款本来只有在限制性紧缩条件下才能获得。但该计划却被相关国家否决。这些国家的主权债务已经超过了任何可持续发展的水平，如果被迫接受新借款，其债务将进一步增加。因此，如果不大幅缩减开支，今天的新型冠状病毒危机将为明天的国家债务危机和紧缩政策指明方向。债务积累对各国的影响显然是不同的，因为利率使经济强国受益，而弱国则遭到歧视。

其影响是惊人的：尽管德国在欧盟经济中的份额只有26%，但迄今为止，其在欧盟成员国应对危机后果的支出中占了50%。因此，债务问题将进一步加剧南欧和东欧去工业化地区与欧盟经济大国之间的不平等。

然而一些重要的事情仍然不可预测。经济结构转型将改变行业、地区和国家在资本主义竞争中的地位，改变其金融影响力，并将给已存在的东西方和南北方断裂线增加新的矛盾和竞争，甚至可能影响欧洲一体化的核心。

此外，新冠肺炎疫情急性期结束后的经济重建，必须与工业的生态转型和经济的能源基础结合起来，这将需要前所未有的投资。因此，危机期间再次大量增长的私人和公共债务融资，将成为后疫情时期的关键问题。解决这个问题，是左翼现在需要面对的最重要的任务。

在这种情况下，2007 年金融危机期间就已经出现的关于欧洲债务互助化的争论再次升温。其思路是，通过发行欧元债券，可以利用欧元区成员国共同的财政力量来发放低息贷款，依据受疫情影响的严重程度和随后的经济衰退程度将这些贷款按比例提供给各国。但德国政府断然拒绝该提议，这给后疫情时代欧洲一体化的前景蒙上了阴影。

欧元债券可以缓解问题，但除非大幅度削减欧洲债务、改变资源与收入的分配方式，否则各国普遍存在的高负债问题及其对国家和阶级间物质与政治资源分配的负面影响将持续存在。

利用通货膨胀为国债融资的方案，将在某些欧盟成员国尤其是德国遭到政治上的强烈反对。替代方案要么是像上次危机那样通过紧缩和私有化计划将负担转嫁给民众，要么是通过减免债务、没收性资本税和资本利得税等方式，使占据最大贷款份额的巨额财富所有者自己承担公共预算的利息负担。

实施这样的政策需要同时实行资本管制，并保证对资本供资型养老金和医疗保险基金的债权，这应该通过公共部门接管这些基金来完成，必须由成员国来颁布，但在超国家层面上需要得到支持和协调。

在接下来的几个月中，即便是主流经济学家也会不厌其烦地保证说他们从来都不是“新自由主义”者。左派可以在公共话语危机的缝隙上构建战略。我们从上一次金融危机中获知，在主要欧洲大国的统治阶级内部就如何应对这场危机达成共识之前，这种机会之窗一直是敞开的。因此，左派应避免成为自由派主流的左翼。这不是主义之争。这场危机提出了相关社会利益的霸权问题，这在应对危机中至关重要。

虽然生态危机被暂时移出了公众话语，但其提出的划时代挑战依然存在。基于大多数人利益的替代选择，必须将这场严重危机的解决与社会—生态转型联系起来。决定性标准不是在欧洲各界已经存在的广泛目标间达成共识，而是要在实现这些目标的工具上形成共识。问题在于制度和阶级之间的权力平衡。我们必须有勇气在企业、城市、国家和欧盟层面谈论国家的新角色、财产、金融业社会化、资本管制、经济民主以及强化工资依赖者的地位。这是我们能够利用机会扩大新霸权的社会空间的唯一途径。

二、市场—民主—困境

2019 年底，欧洲委员会和欧洲议会表示已承诺就欧洲未来举行一场由公民参与的会议。因为新冠肺炎疫情的缘故，这一进程从一开始就被无限期地推迟了。自金融危机以来，一体化危机一直是欧洲政策的主题。2017 年，欧盟委员会发表了《欧洲未来白皮书》（White Paper on the Future of Europe）。这份文件揭示了欧盟未来的五种情景，其主要作者是时任欧盟委员会主席、但如今已被逐渐忘却的让－克洛德·容克（Jean-Claude Juncker)。同年 9 月，法国总统伊曼纽尔·马克龙（Emmanuel Macron）在索邦大学（Sorbonne）的主题演讲中提出"欧洲倡议"（Initiative for Europe），呼吁消除失业、生态转型、金融交易税、数字税、确立最低标准财富税率、社会标准融合显著增加欧盟预算以及欧盟机构民主化。马克龙在呼吁"重建欧洲"[①] 时，没有忽略任何欧盟赤字！但仅在不久之后，当德国和法国政府首脑在巴黎举行《德法爱丽舍条约》（Élysée Treaty）缔结 55 周年会议时，其闭幕词中并没有包含马克龙的提议。因此，讨论在欧洲议会选举之前已经陷入停滞。

成员国有可能达成协议的"旗舰项目"，是军备计划、拓展欧洲边界和扩充海岸警卫队（Frontex）。军事开支和防范难民显然是可行的，而银行业联盟则意味着大型银行为欧洲存款保险提供资金的金融义务被搁置了。冯德莱恩的委员会今年打算用以应对气候危机的《欧洲绿色协议》（European Green Deal），在融资范围和方式上同样令人失望。欧盟在社会和气候政策方面的失败不足为奇，因为资本主义国家在联盟中的一体化主要通过市场来实现，而市场并无法满足全社会的需求。《罗马条约》（Treaties of Rome）、《单一欧洲法案》（Single European Act）、《马斯特里赫特条约》（Treaty of Maastricht）和

① "Sorbonne speech of Emmanuel Macron (English version)", see http://international.blogs.ouest-france.fr/archive/2017/09/29/macron-sorbonne-verbatim-europe-18583.html.

《里斯本条约》(Treaty of Lisbon)等欧盟发展的里程碑，不断深化了欧盟的市场经济特征。就连马克龙也把国内市场称为“欧洲真正的灵魂”，这与他在索邦大学演讲时的创新姿态形成了鲜明对比。然而，通过市场实现一体化的策略从一开始就受到社会反趋势的反对。这种反趋势是因欧盟优先考虑中央计划的政治决定，通过国家和超国家机构将经济纳入政策目标。的确，欧洲一体化的历史可以解释为这两种趋势的冲突。

1951 年，欧洲煤钢共同体(European Coal and Steel Community)成立，取代了鲁尔国际管理局(International Authority for the Ruhr)，后者在战后将西德的重工业置于盟军的控制之下。除了没有关税壁垒的重工业产品贸易之外，还建立了具有广泛经济控制权的高级机构(High Authority)。1984 年，“政治—市场”冲突达到了高潮，当时第一届直接当选的欧洲议会接受了在阿尔铁特·斯皮内利(Altiero Spinelli)指导下撰写的《欧洲联盟条约草案》(A Draft of Treaty Establishing the European Union)。它规定欧洲市场经济要服从于社会目标，具体说就是充分就业、克服不平等、保护环境和文化进步。此外，塑造和进一步发展联盟方面的倡议，是转向关注欧洲议会，而不是限制国家议会的权利。随后发生的事情与斯皮内利的愿望相悖。1985 年，国家元首和政府首脑通过了《单一欧洲法案》，该法案设定了快速全面实现欧洲内部市场的目标，这标志着市场经济趋向的胜利。1992 年，在“新自由主义”确立和 1989 年发生历史性事件、世界经济和地缘政治格局发生了根本变化之后，当各国元首和政府首脑在马斯特里赫特举行峰会时，他们感到有信心通过以当今著名的“融合”标准建立经济和货币联盟来获得这一胜利[①]。

2005 年，各国元首提出《建立欧洲宪法条约草案》(A Draft of Treaty for Establishing a Constitution for Europe)的新构想，在征求所有成员国人民的批准时遭到了三个国家的拒绝，此后冲突再次爆发。两年后，由于《里斯本条

---

① “Draft Treaty establishing the European Union”, February 14, 1984, see https://www.cvce.eu/en/obj/draft_treaty_establishing_the_european_union_14_february_1984-en-0c1f92e8-db44-4408-b569-c464cc1e73c9.html.

约》绕开了人民批准的程序，失败的宪法在一次政府间会议上获得通过，这当然无助于提高欧盟的地位。

市场与民主之争的最新高潮发生在 2015 年，当时上台执政的希腊激进左翼联盟（Coalition of the Radical Left，简称 SYRIZA）试图摆脱“新自由主义”紧缩政策的束缚。寻求危机解决替代方案的努力被债权人压制，而强加其上紧缩计划的严酷性——爱尔兰和葡萄牙实施的紧缩计划更加严厉——吓坏了许多欧洲人，但它也重新唤起了激进左翼内部始终存在的对欧盟的态度分歧。

欧洲左派和各国左派都必须回答的问题是，在其看来，与现存欧盟不同的哪一种规模和形式的欧洲合作与一体化适合对抗当代资本主义。答案会因关注的焦点是整个欧洲还是个别国家而有所不同，也取决于每个国家的形势发展。

各国退出欧盟或欧元区的权利是不容置疑的。尽管分裂的趋势在增长，但至少在和平条件下，欧盟 27 个成员国或更多组成部分发生无序分裂的情况是不太可能出现的。更有可能的情况是，在德国主导下的中欧集团与法国领导的南欧和西欧集团之间旧的欧洲冲突重新出现。这种新秩序是否会导致更稳定的社会和政治关系值得怀疑。

事实上，在许多国家，对欧盟的长期幻灭已经演变成一种信念，即欧盟是“无法改革的”。我们不能忽视这种情绪变化，也不能通过妥协来掩盖对欧盟看法的差异，因为这构成了现在需要进行战略讨论的出发点。

如果战略任务是恢复人民主权，在面对金融市场的过程中不是相互对抗而是团结应对，那么就必须捍卫人民的民主自决及其对国家的控制。这意味着，每个进步政府都有权不遵守那些妨碍其国家和社会福祉的规则。因此，我们必须呼吁在新冠肺炎疫情危机期间已经失去活力的《增长和稳定公约》在危机结束后不再回归，必须被废除。取而代之的是，欧盟的金融工具——欧洲央行、欧洲投资银行和欧洲稳定机制必须资助国家计划，以重建医疗和社会系统以及除此之外的经济的生态转型。

通过动员超出当前欧盟预算范围的必要财政能力来加强社会基础设施、

重建欧洲工业和生态转型、消除区域差异、建立有效的能源和运输网，所有这些都需要长期、弹性的超国家合作。如果这不是市场的责任，则需要超过国家之间的密切政治合作来完成上述建设目标。

左派应该为这一合作构建一个战略计划。今天的欧盟是个奇怪的混合体：一方面是拥有官僚机构的自由贸易和单一货币区，事实证明这些官僚机构在危机中无法采取行动；另一方面，议会无权管理市场和官僚体制。这就引出了政治领导的问题。作为一支寻求领导权的力量，欧洲左翼也需要在欧洲政治舞台上保持活跃。要想获得政治领导权，就必须为扩大民主进行斗争。自由派认为，欧洲的民主赤字在于缺乏欧洲公众舆论，这个观点站不住脚。更准确地说，欧洲公民社会、工会和社会运动影响欧洲政策的能力有限，除了结构上的“新自由主义”和欧盟的非民主特征外，决定性因素仍然依赖于由相对经济和政治权重决定的成员国的层级结构。

可以这样说，左派的基本力量基础是民族国家。从战略上有必要保护其免受不受控制的市场经济的破坏性趋势的影响。因此，必须强调的是，在所有可以想象的欧洲合作或一体化体系中，各国仍然是拥有其自身权利的经济和政治力量，这在可预见的未来将继续如此。这需要在一个明确管辖范围的透明、有效的系统中得到体现，并在这些管辖范围和欧盟之间进行制衡。但是，由于各国的政治发展以不同的步伐前进并在不同程度上影响欧洲的发展，因此各国政府在欧洲政策中的过分权重成为阻碍社会变革的过滤器。这使我们陷入僵局。

克服僵局的唯一方法是使民主扩散到各级决策，这意味着在欧洲层面，多样化和敌对的政党也需要竞争影响力、相互合作或对抗。在基于后资本主义愿景的漫长的欧洲重建过程中，步骤之一是需要产生一个与工会、社会、生态和公民运动互动，且拥有主权、自由选举的议会。欧洲议会必须取代由国家元首和政府首脑组成的欧洲理事会，成为欧盟有权参与的事务的决策中心。其中的关键因素，是政党在欧洲机构层面的干预。欧洲左翼党应该呼吁各党派以欧洲名单参加欧洲议会选举，认真研究改进欧洲机构的办法。

三、泛欧主义的困境

英国脱欧不仅会改变英国境内 350 万欧盟公民以及欧盟各成员国中 120 万英国公民的生活，而且会改变整个欧盟。英国是欧盟第三大经济体，也是联合国安理会常任理事国五个“官方”核大国之一。它与美国平行谈判达成一项意义深远的自由贸易协定，这一事实说明了英国退欧在地缘政治层面的意义。欧盟在谈判中主要强调贸易和竞争，而英国似乎没有充分考虑这一点。欧盟委员会傲慢地指望英国对欧盟的经济依赖大大超过欧盟对英国的依赖。然而，仅凭这一点并不能告诉我们欧盟委员会的实际谈判实力。

英国方面也有一个大问题：它对英国金融服务公司继续畅通无阻地进入欧盟市场感兴趣。这将涉及损害英国其他部门如渔业部门的利益。此外，脱欧加剧了英国内部的解体趋势，苏格兰正认真考虑举行独立公投，然后重新加入欧盟，这将助长欧洲其他地区现有的分离主义倾向。与此同时，不能低估北爱尔兰爆发敌对行动的危险，因而由于英国退欧进而危及《贝尔法斯特协议》（Good Friday Agreement）进程绝非不可能。

无论何时缔结英欧伙伴关系条约，都必须经过欧洲理事会、欧洲议会和英国议会复杂的审批过程，也可能需要得到欧盟成员国议会的批准。这一过程可能会延续到 2021 年甚至更久。左翼当然赞成英国和欧盟之间达成公平公正的协议。谈判能否成功，结果还不确定。如果它们在相互指责中谈崩，则只会使英吉利海峡两岸的民族主义者受益。英国脱欧再次提醒我们，泛欧主义并不局限于实际的欧盟边界。我们必须以一种新的方式来看待实际存在的欧盟。

欧盟不是一个普适性的欧洲实体，在可预见的未来也不会是。正因如此而非仅仅是其明显的赤字，使欧盟不能在欧洲合作或一体化问题上要求垄断。因此，那种认为欧盟的“最终状态”是美国模式下不断扩张的国家的观点，是一种误导。最近，欧盟在乌克兰遭遇战略失败，这本就表明了这种渐进性扩张模式的危险。

四、欧洲在世界上的地位

2019年新冠肺炎疫情清楚地表明，社会面临的最危险的威胁不是军事威胁，而是社会和生态威胁，全世界人民逐渐且越来越意识到这个问题。

保护国家不受军事侵略首先是一项政治任务，这其中包括强化国际法与合作组织。美国和俄罗斯废除《中程核力量条约》（Intermediate-Range Nuclear Forces Treaty，简称INF Treaty）以及《削减战略武器条约》（Strategic Arms Reduction Treaty）的即将到期，造成了新的大规模毁灭性核武器的出现，这对欧洲构成了持续性威胁。结束军备竞赛和应对生态危机需要在全球范围内进行国际合作，欧洲必须重新定义其角色。这还需要复兴那些在公众看来已经消失在欧盟背后的欧洲论坛：联合国欧洲经济委员会、欧洲理事会和欧洲安全与合作组织——欧洲大陆所有国家都隶属于这些组织。

新冠肺炎疫情和全球生态危机表明，“新自由主义”的世界市场计划作为一种文明模式已经失败，不仅在南半球，而且在包括欧洲在内的发达世界都造成了人员伤亡。然而，全球变革的必要性在自身动荡不安的世界政治和军事秩序中碰壁。在这一背景下，我们必须把唐纳德·特朗普的总统任期更多地解读为美国霸权危机的后果而非原因。在美国总统试图利用指责游戏分散人们对其政府应对卫生危机不利的注意力，并指责中国缺乏合作时，《金融时报》（Financial Times）报道了美国科学家与其中国同事在调查新型冠状病毒起源方面正在进行的合作。不久之后，这位美国总统甚至将愤怒指向了他乘机与之合作的世界卫生组织。[①] 欧洲联盟必须确定它在这一不断扩大的紧张领域中的立场。

具有讽刺意味的是，就在欧洲新冠肺炎疫情暴发凸显了加强国际交流的重要性之际，欧盟委员会试图（至少在口头上）迎合大西洋彼岸的攻击性口

① “US and Chinese researchers team up for hunt into Covid origins”, *Financial Times*, April 27, 2020 , see https://www.ft.com/content/f08181a9-526c-4e4b-ac5f-0614bf1cffb3.

吻，宣布中国是其“制度对手”。我们绝非主张对中国及其国内和外部国际行动不加分析地采取支持立场。秉持民主社会主义价值观的多元化欧洲左翼，也不会在完全不同的环境中遵循中国的意识形态模式。但无论喜欢与否，中国不仅是世界上人口最多的国家，而且是仅次于美国和欧盟的最大贸易伙伴。更不必说由美国总统的对抗性政治诱发的政治和军事危险，也将危及全球贸易以及应对生态危机的全球合作。

因此，欧洲需要一种基于其人民利益的现实方案。中国是世界大国，对欧洲也有影响。欧盟不应该将中国与中东欧国家（中国—中东欧，“17+1”模式）的合作及其与欧盟成员国和非成员国之间的对话视为一种威胁，而应视之为提供了一种新的、有趣的政治和经济机遇的国际合作形式。原计划今年秋天在德国作为欧盟轮值主席国期间举办的欧盟—中国峰会因新冠肺炎疫情危机而推迟。这不仅是外交事件，更可能是在广泛的公众中讨论这两大力量如何发展外交关系，从而构建一个更和平、平等和团结的世界的契机。

新冠肺炎疫情导致的生物经济危机及其对世界的影响

［美国］赛勒斯·比纳

高静宇[①] 译

① 高静宇，中国社会科学院马克思主义研究院助理研究员。

人物介绍

赛勒斯·比纳（Cyrus Bina）是美国明尼苏达大学（莫里斯校区）（University of Minnesota, Morris Campus）经济学研究教授和促进和平与安全经济学家组织的研究员。他是石油全球化与能源一体化、世界经济全球化与美国治下的和平衰落的先锋理论家，也是现代伊朗与当代中东地区的专家。比纳著有《石油危机的经济学》（The Economics of the Oil Crisis，1985 年）、《石油：时间机器》第二版（Oil: A Time Machine，2012 年）和《政治经济学基础的前言：石油、战争和全球政体》（A Prelude to the Foundation of Political Economy: Oil, War, and Global Polity，2013 年）；合著《现代资本主义与伊朗伊斯兰意识形态》（Modern Capitalism and Islamic Ideology in Iran, 1991 年）、《超越生存：二十世纪晚期的工资劳动》（Beyond Survival: Wage Labor in the Late Twentieth Century，1996 年）、《竞争的替代理论：对正统理论的挑战》（Alternative Theories of Competition: Challenges to the Orthodoxy，2013 年）。他发表了 300 多篇学术论文、散文、章节、政策文件和百科全书条目。比纳是《商业与社会批判研究期刊》（Journal of Critical Studies in Business and Society）的编辑。

提 要

虽然大流行病无处不在，但这是资本主义生产方式第一次同时达到了生物、生物圈、生态、经济、地理和国际关系的外部极限，导致了摧毁整个地球的全方位危机。这场大流行病的后果是其以惊人的速度使全球公共卫生的基础设施不堪重负，短短几个月内就有数百万人感染，由此造成的经济损失和破坏的速度远远超过20世纪的大萧条。这也验证了资本“征服生产方式”的全球化是好是坏，并否定了大部分左翼把全球化等同于“新自由主义”的错误认识——即把一种学说当成一个时代。这意味着，这场危机必须让在非正统国际关系理论中那些聚集在考克斯－罗宾逊团体的人感到震惊，他们可能会坚持“新自由主义国际秩序”的海市蜃楼——当然，自欺欺人也有自相矛盾的陷阱。本文强调了价值理论时代化的真实性。

为了想象一个超越2020年新冠肺炎疫情危机和经济危机的双重危机的世界，有必要了解新冠肺炎疫情前的世界基本特征，以及这次生物和经济双重危机的触发背景和时间点。资本主义已经不是第一次濒临崩溃的边缘了。20世纪30年代的大萧条就是一个突出的例子。然而，这次是资本作为一种全球性的社会关系，第一次在涵盖整个地球的危机中，步调一致地达到了生物、生态、经济、地理和国际关系的外部极限。正如卡尔·马克思曾精辟阐释的那样：“任何社会秩序都不会在它所需要的所有生产力被充分摧毁之前被摧毁，新的优越的生产关系永远不会在其存在的物质条件在旧社会的框架内成熟之前取代旧的生产关系。”①

① K. Marx, *A Contribution to the Critique of Political Economy*, Moscow: Progress Publishers, (1859)1970, p. 21.

这场危机又证明了围绕着全球化概念的一个更深层次的问题，全球化是一种源于资本主义时代化的理论，它阐明了我们这个时代的特征，而不是作为“新自由主义”所展示的某些战略目标的行动过程、建议、项目和应用。资本主义生产方式体现的是一种社会关系，这种关系无法还原为具体而复杂的范畴，如国家政策或行政战略。除了其明显的时间线之外，“新自由主义”既不是一个适合于时代化的有效类别，也不是一个适合于识别我们时代的选项。因此，关键是不要陷入这些“新自由主义”政策的时间点和实践的诱惑，并通过还原到同样的时间点和实践来证明进入了这样的时代。还原是方法论上的罪魁祸首之一。全球化不等于“新自由主义”，因为新冠肺炎疫情很可能会消灭后者，前者虽然受到冲击和震荡，但据我们估计，（目前看）将在新冠肺炎疫情之后的世界保留。

以下各部分为新冠肺炎疫情前的世界提供了一个普遍的背景，可以勾勒出对未来世界所暗含的看法。通过摇摇欲坠的资本主义基础和所有惊恐不安、战战兢兢的机构遇到比它们庞大得多的超级灾难，可以想见新冠肺炎疫情后的世界。这种危机的警告是绝对可靠的：资本主义生产方式的普遍失败通过这场危机得到了表达和广泛的记录。在这个星球的犄角旮旯里，成百上千万的观察者，同时见证并受到资本主义整体无能的影响。全球居民认识到，另一个世界不仅是可能的，而且是必要的。

一

虽然新冠肺炎的流行是由一种与冠状病毒家族的病毒组合有关的特定的微小病原体引起的，但它本身并不是造成目前迅速席卷全球各地的危机的原因。事实上，它的传染速度之快，以及它对全世界普遍的社会经济结构和资本主义功能结构的压倒性影响，应该是这场危机排他性的切入点。但是，如果把关注的焦点清楚直接地转移到全球化上，那么“排他性”一词就是一个误称。自 20 世纪 70 年代以来，从社会民主党人到激进的马克思主义者等一系列传统左派人士都将全球化等同或类似于“新自由主义”。新冠肺炎流行是在全世界范围内“征服生产方式”的必然结果。这种“征服”要求马克思所预料的潜在的全球环境，以及（资本的）社会关系在世界生产地理上的广泛传播。

而且，这种“征服”反映了资本成为一种社会关系的全球化，并在第一时间实现了生物经济上的潜在霸权，揭开全球化时代的序幕。与命运多舛的泰坦尼克号的隐喻不同，新冠肺炎疫情揭开了一个简单的真相，即全球化是一个时代，它不允许两套验证或价值理论的存在，一套是“富国”的理论，另一套是“穷国”的理论，由垄断资本学派背书，并进一步展示为“全球北方 / 全球南方”。① 马克思著名的价值论概念，特别是他的不平衡发展和综合竞争理论会反驳这些重构。新冠病毒并不是一个死亡的幽灵，而是预示着国家内部和国家之间日益加深的两极分化，但同时又象征着全球地理上的跨国化和全球化。

虽然新冠肺炎的大流行迫使我们戴上口罩，但却揭开了包括马克思主义者在内的大多数左派所采用的方法的循环性：当政府政策（和战略）与资本的先天结构虚假一致时，资本在全球范围内的三方回路中获得了有机统一。换句话说，这种被称为全球化的当代结构性 / 时代性的表现是更深层次的现象（和范畴），远非自 20 世纪 70 年代和 20 世纪 80 年代里根 / 撒切尔意识形态政变以来被判定为“新自由主义”的外在的附带现象。尽管赋予“新自由主义”的多种标志与全球化是一致的，但如果除去这些标志与全球化的时代同一性，那么几乎没有任何一种标志能够独立存在。的确，三种资本的跨国化支撑了 20 世纪 70 年代以来的社会资本的全球循环。这为“新自由主义”的意识形态和政策提供了背景，与之前的凯恩斯主义政策产生了矛盾，

① 《每月评论》是传播垄断资本理论的主要阵地。对垄断理论的进一步批评，参见 C. Bina, “Synthetic Competition, Global Oil, and the Cult of Monopoly”, *Alternative Theories of Competition: Challenges to the Orthodoxy*, J. Moudud, C. Bina, P. Mason (ed.), New York: Routledge, 2014. 关于“全球北方和全球南方”的概念，参见 S. Amin, *The Implosion of Contemporary Capitalism*, New York: Monthly Review Press, 2013. 对每月评论学派和萨米尔·阿明的批判，见 C. Bina, “Specter of Globalization: Marx, Gramsci and Disjointed Time”, *World Review of Political Economy*, Vol. 10, No. 4, Winter, 2019, pp. 484–518.

凯恩斯主义政策也运用了一系列的配置政策，如战后美国治下的和平时期（1945—1979 年），前“第三世界 ”国家实施的进口替代工业化。[①]

因此，从方法论的角度看，全球化的时代先于一系列“新自由主义”政策，而这些政策本身首先就是似是而非的，更不用说实施了。换句话说，在这个讽刺的戏仿中，我们必须避免本末倒置。具有讽刺意味的是，这种导致新冠肺炎的微小病毒的到来给我们带来了喜忧参半的事，其中包括，压制了两位著名的马克思主义学者关于“新自由主义”的主张，以及他们试图将其发展为一个理论（时代）的范畴以解释当代阶段的资本主义生产方式的努力。[②]

新冠肺炎疫情普遍性的影响不能通过简单的观察“新自由主义”政策即“新自由主义”的表面和影响来真正理解。诚然，围绕新冠肺炎疫情的危机和经济复苏的要求与市场的意识形态和弗里德里希·冯·哈耶克（Friedrich August von Hayek）及米尔顿·弗里德曼等崇拜市场的经济学家形成了鲜明的对比。然而，以庆祝的方式关注这些“新自由主义”政策，对作为一个时代的全球化却没有什么影响。这种病毒揭示了世界已经变得多么有机地统一，但又是不均衡的，以及当我们谈论资本和资本的跨国化作为一种社会关系时，这意味着什么。因此，与萨德 – 费尔洛（Saad–Filho）和其他对“新自由主义”的失败感到欣慰的人相反的是，假设废除这种政策对全球化本身不会

---

① 在战后的美国治下的和平时期，凯恩斯主义是经济政策的标志，发展政策基本上围绕着进口替代工业化展开。在这里，“美国治下的和平”是一种结构，凯恩斯主义是一种政策。关于进口替代工业化及其与资本跨国化的关系，参见 C. Bina, and B. Yaghmaian, “Import Substitution and Export Promotion within the Context of Internationalization of Capital” , *Review of Radical Political Economics*, Vol. 20, No. 2-3, 1988, pp. 234-240；C. Bina and B. Yaghmaian, “Postwar Global Accumulation and the Transnationalization of Capital”, *Capital & Class*, No. 43, 1991, pp.107-130.

② 参见 B. Fine and A. Saad-Filho, “Thirteen Things You Need to Know About Neoliberalism”, *Critical Sociology*, Vol. 43, No. 4-5, 2016, pp. 685-706; A. Saad-Filho, “Coronavirus, Crisis, and the End of Neoliberalism”, *The Bullet*, April 17, 2020, see https://socialistproject.ca/2020/04/coronavirus-crisis-and-the-end-of-neoliberalism/.

有什么影响。[①]

因此，新冠肺炎疫情揭开了许多人太过常见的方法论错误，他们把“新自由主义”——一套外在表现形式——当作一个时代挂在嘴边，简单地把表象看成本质，在循环中争吵。正如马克思曾经说的那样：“如果事物的表象形式直接与它们的本质相吻合，那么一切科学都是多余的。”[②] 将“新自由主义”定位为一个时代，也可能不免遭遇出发点和回归点的并存。萨德 - 费尔洛所用的就是这种策略的一种，他将带引号的全球化放在了遭到大声反对的“新自由主义”政策之前，在他的判断中，“新自由主义”政策是这场大瘟疫的罪魁祸首。[③] 许多论及“新自由主义 ”的激进作者看起来似乎并不知道“扳机”和“开火机制”之间的区别——即国家政策或资本主义的时代所需的分析层次。奇怪的是，这个小小的病毒现在揭开了所有这一切的一小角。

二

要领会当今时代的理论基点，我们需要回到卡尔·马克思在《政治经济学批判大纲》中对政治经济学的批判。在那里，马克思试图解决大量关于资本主义物质性的问题，作为一个完整的、可理解的和具有一致性的理论，这

---

① 激进左派中存在着广泛的看法，将“新自由主义”等同于全球化，或有时将它们连起来使用成为一个短语，即“ 新自由主义的全球化”。下面的几个例子就是以这种方式来讲述与新冠病毒有关的因果关系的，参见 J. Orbie, and F. De Ville, “Will the COVID-19 Crisis Herald the End of Neoliberal Globalization …”, *United Nations University (UNU-CRIS)*, April 30, 2020, see http://cris.unu.edu/covid-19-end-of-neoliberal-globalisation; P. Rosenberg, “Does the Coronavirus Pandemic Mean the End of Globalization? Good!”, *Salon*, May 7, 2020, see https://www.salon.com/2020/05/07/does-the-coronavirus-pandemic-mean-the-end-of-globalization-as-we-know-it. Fine 和 Saad-Filho 将“ 新自由主义” 不仅等同于国家决策的一个时期，还等同于资本主义生产方式的新时期，参见 B. Fine and A. Saad-Filho, “Thirteen Things You Need to Know About Neoliberalism”, *Critical Sociology*, Vol. 43, No. 4–5, 2016, pp.685–706; A. Saad-Filho, “Coronavirus, Crisis, and the End of Neoliberalism,” *The Bullet*, April 17, 2020, see https://socialistproject.ca/2020/04/coronavirus-crisis-and-the-end-of-neoliberalism/.

② K. Marx, *Capital*, Vol. 3, (1894)1991, London: Penguin Books, p.956.

③ A. Saad-Filho, “Coronavirus, Crisis, and the End of Neoliberalism”, *The Bullet*, April 17, 2020, see https://socialistproject.ca/2020/04/coronavirus-crisis-and-the-end-of-neoliberalism/.

个理论阐明了资本主义的调节机制，以及在危机中的能和无能。《政治经济学批判大纲》是他自己做的电报笔记的汇编，根据这些笔记的重要性和理论含义，在《资本论》中进行了修正和使用。这些精炼的笔记之一是“在各方面征服生产方式，把它们置于资本的统治之下的必然趋势”[①]——资本作为一种社会关系以其所有批判的形式在地理上展现。[②] 在《资本论》第一卷中，为了理解蕴含在资本概念中的被盲目迷恋的和不可感知的价值形式，以及超越民族国家地理边界的“资本的生产方式的胜利”，马克思用可感知的表象来开始论述他的有说服力的理论。换句话说，资本不是一种普遍的价值，除非它从潜在的变成现实的，从而普遍地传播其生产方式。因此，这种普遍性为跨越生产、分配和交换地理范围的价值规律，为当今全球化的认同提供了准确的背景。

一方面是“生产方式的胜利”及其对生态系统的累积影响，另一方面是它对众多已经灭绝或目前濒临灭绝的物种所造成的严重后果。资本主义的生产方式历来在国家内部、国家之间的发展都是不平衡的。然而，在其所遇到的众多障碍中，上述两个非常明显的障碍（生态体系和生命支持 / 物种保护）在近几十年来明显受到了入侵和全面压制。这种过度扩张和征服的冲击毫不奇怪地与全球化同时发生，自 20 世纪 70 年代以来，在跨国生产、跨国金融和跨国商品交换中，世界范围内的生产地理被社会资本错综复杂的巡回所淹没。其进一步的表现是，由于冲动的城市化、大肆砍伐森林、为短期利益而盲目征服，众多已知和未知的物种和病原体灾难性地扩展到自然栖息地。换句话说，正如马克思所恰如其分地指出的那样：“资本主义生产的真正障碍是

---

① K. Marx, *Grundrisse*, London: Penguin Books, (1939)1993, pp. 729–730.

② 这一点对于结合资本主义的时代化来理解价值理论的历史维度和地域维度的辩证统一至关重要。全球化的概念在很大程度上要归功于这种理解。戴维斯·哈维（Davis Harvey）的“历史逻辑”和“地域逻辑”的二元对立，既不能提出相关的时代化理论，也不能提出有说服力的以价值论为基础的资本主义全球化概念，见 D. Harvey, *The “New” Imperialism*, Oxford: Oxford University Press, 2003. 对哈维理论的批判，参见 C. Bina, *A Prelude to the Foundation of Political Economy: Oil, War, and Global Polity*, New York: Palgrave Macmillan, 2013.

资本本身。”[①]

虽然新冠肺炎疫情目前正处于激增期，它的第二次和第三次卷土重来仍在眼前，但人们经常提出的问题是，为什么包括美国在内的发达资本主义国家没有预料到这种大流行病？以致没有准备好保持足够的医院病床、呼吸机、ICU 设备、医务人员和各种技术资源来处理这种可能发生的紧急情况。如果这些先进国家能预料到这一切，他们就能处理好疫情带来的后果。同样的问题或隐或显地也得到了激进左翼人士的回应，他们的注意力集中在 20 世纪 70 年代以来的“新自由主义”和“新自由主义时代”的严酷经济政策上。虽然这些“新自由主义”战略确实是造成目前新冠肺炎大流行和世界性经济危机的催化剂，但答案比这种琐碎的、重复的评价要深刻得多。换句话说，“新自由主义”的外表（类似于前面凯恩斯主义的外衣）在资本的时代化，即全球化中掩盖了资本的根基。正如马克思在大约 160 年前所说的那样：“资本主义的生产……决不应该被描述为它不是的东西，即描述为其直接目的是消费的生产，或为资本家享受方式的生产。这就完全忽视了它的具体特征，因为这表现在它基本的内在模式中。”[②] 因此，依靠传统的理性，推测需要供给多少生活设施和供给会缺多少，本身就没有对造成这种双重危机的主要原因进行批判性的思考。同样，对“新自由主义”的批判（和包括萨德－费尔洛在内的许多激进左翼分子对其终结的希望）又是另一次机会，展示了如冯·米塞斯（Ludwig von Mises）、冯·哈耶克或臭名昭著的“芝加哥男孩”等市场意识形态主义者为何尚未吸取教训。比如，为什么“公共选择”是私人掠夺的代号。事实上，这场双重危机应该让我们充分了解社会关系全球化和资本主义颤抖的时代。

三

这场始于一种微小的新型冠状病毒的传染的流行病，现在已经蔓延

---

① K. Marx, *Capital*, Vol. 3, London: Penguin Books, (1894)1991, p.358.

② K. Marx, *Capital*, Vol. 3, London: Penguin Books, (1894)1991, p.352.

到全球各地，根据官方统计数据，有近1000万病例和50万死亡病例（写此文时——作者注）。[①]然而，由于缺乏足够的检测和世界各地病例数与死亡人数的相关信息，官方统计的数据并不准确。在巴西、印度、伊朗、俄罗斯和美国等地，病例数和死亡人数往往比官方统计数字要高出许多倍。

新冠肺炎大流行揭示了这个全球化的世界在经济、生态、地理的岩层出现了许多断层和构造板块。第一，新冠肺炎大流行表明，我们之间的距离比我们想象的要近得多，所有人都是脆弱的。第二，它证实了“国家经济”的概念已经成为过去式。尽管全球的供应链和运输网络几乎全部中断，但病毒不需要护照就能跨越国界。第三，它凸显了富人和穷人之间的深刻鸿沟，清楚地说明了阶级（和阶级分化）是资本主义不合格的基础。第四，它证实了资本主义市场完全掩盖了劳动/生产过程中的深层关系和必需工人（Essential Workers，从事社会运转必需工作的人）的重要性。第五，它揭示了“新自由主义”——不管是旧的还是新的——都是由一套无耻掠夺的政策组成的。今天的撒切尔派/里根派思想家或奥地利市场贩子应该戴上口罩，在他们嘴上贴上封条。第六，新冠肺炎大流行告诉我们，我们都生活在一个全球化的世界里，全球化的时代是它得以迅速和致命传播的背景和典型证明。这次新冠肺炎大流行也暴露了美国昔日强权的本质，美国过去霸权主义的虚弱骨架绝望地在全世界展览。这场新冠肺炎疫情表明国际关系成为美国治下和平的僵尸，并宣告了美国外交政策的构建并不能达成和解。全球化与美国国家和外交政策的外在形式越来越不相容。[②]

新冠肺炎疫情是一个舞台，在这个舞台上，美国作为世界经济和政治的

① Virus - Documentary Film, “The Virus: What Went Wrong?”, *Frontline (PBS),* June 16, 2020, see https://www.pbs.org/wgbh/frontline/film/the-virus/; World Health Organization (WHO), “Coronavirus Disease (COVID-2019) Situation Reports”, June 18, 2020, see https://www.who.int/emergencies/diseases/novel-coronavirus-2019/situation-reports; World Statistics, “Coronavirus Cases”, June 19,2020, see https://www.worldometers.info/coronavirus/.

② 人们可以回溯这个问题，例如见 L. Panitch and S. Gindin, *The Making of Global Capitalism: The Political Economy of American Empire*, New York: Verso, 2012.

前霸主和目前的霸主争夺者，展示了自己的能力。新冠肺炎疫情并没有决定，而是生动地揭示了一个后美国的全球经济体，以及一个足够灵活的多极政体，能够在遥远的未来进行集体治理。然而，在新冠肺炎疫情后的世界里，阶级的两极分化（以及随之而来的种族的紧张关系）很可能会在国界内和全球各国之间进一步加深。此次疫情还提醒我们，美国治下的和平已成为遥远的记忆，美国真实的形象是自战后国际机构的瓦解和腐朽，国内社会严重的分裂和不平等，其中心地位在最近几十年早已消失，而且自美国内战以来，美国在阶级和种族关系上几乎没有任何进步。

新冠肺炎疫情结合警察的长期暴行是当下美国分裂的症状和外在表现，自 20 世纪 80 年代以来，美国就抵制新兴的全球化时代及其不可否认的全球衰退。[①] 新冠肺炎疫情恶化了阶级分化，加剧了种族间的紧张关系，产生了大约 5000 万失业者，数百万人面临被驱逐出他们的住所的处境，截至 2020 年 6 月，未充分就业的人数与失业人数相等。在全国范围内，特朗普政府——鉴于这个典型的“邦联 ”总统和“让美国再次伟大”的可怜而稚嫩的口号——不过是在意识形态上清晰地表达了失效的内部衰败和普遍的社会崩溃。这种内部混乱不过是几十年前随着战后美国治下的和平的崩溃而产生的美国外部潜伏的混乱。外部和内部的衰败是肉眼可见的，因为特朗普的总统任期就是这两者的表征。[②]

新冠肺炎疫情全面中断了整个全球供应链及其相互关联的全球生产序列。在这场世界性的经济危机中，新冠肺炎疫情产生的影响直指全球供应链和运输渠道的生产核心和动脉，从而有效地阻断了目前全球化世界经济中绝大多数贸易商品和服务的生产过程。正常情况下，资本主义危机首先会让金融市场震荡，然后沿着资本的商品和产业循环渗透到生产的核心。

① C. Bina, “Specter of Globalization: Marx, Gramsci and Disjointed Time”, *World Review of Political Economy*, Vol. 10, No. 4, Winter: 484–518, 2019.

② C.Bina, *A Prelude to the Foundation of Political Economy: Oil, War, and Global Polity*, New York: Palgrave Macmillan, 2013; C. Bina, “Homecoming to Nostalgia: The Inauguration of Donald J. Trump”, *The Bullet*, January 25, 2017, see https://socialistproject.ca/2017/01/b1361/.

这次是生产最先受到正面冲击，然后才向相互交织的商品资本和金融资本循环发出信号。因此，这是一种新常态。金融市场很快就在全世界范围内表现了这场巨大的灾难。其中，华尔街的蓝筹股在2020年3月18日暴跌超过1300点，“几乎抹去了特朗普时代的所有涨幅”。[①]全世界的交通网络虽然不是戛然而止，但也成了涓涓细流。这推动了能源市场的暴跌。2020年4月，纽约商品交易所的美国西得克萨斯州中间基原油（NYMEX WTI）期货标价为-37.63美元，这是自1983年该指数开始以来的全球石油史上绝无仅有的。[②]全球石油市场也相应表现出巨大的跌幅。一方面是需求不足，另一方面是新冠肺炎疫情造成的普遍不确定性，将企业的生命悬于一线。[③]与油价紧密相关的事件迅速传导到全世界的股票市场，并引发了进一步的暴跌。正如我在其他地方所说的：“尽管这次危机与以往的危机有本质区别，包括1929年的大萧条、1987年房屋储贷互助协会的崩溃以及2008年的全球金融危机。2020年的新冠肺炎疫情/经济危机通过冲击生产的核心，以及破坏全球供应链和分销中心，同时使全球商业运输系统陷入瘫痪而迅速展开。”[④]“2020年新冠肺炎疫情/经济危机的一个独特之处在于其传播速度与新冠病毒本身的传播速度相匹配。通过对比1929年、1987年和2020年三次危机的标准普尔数据，从危机的发生和‘交易日’的下降速度来看，1929年有35天，1987年有38天，但2020年的新冠肺炎疫情/经济危

① T. Telford and T. Heath, “Wall Street Seizes up as Pandemic-fueled Volatility Sends Dow into a Deep Dive”, *The Washington Post*, March 18, 2020, see https://www.washingtonpost.com/business/2020/03/18/markets-economy-live-updates-coronavirus/.

② NYMEX, *Crude Oil WTI May’20,* April 21, 2020, see https://www.barchart.com/futures/quotes/CLK20.

③ 把风险和不确定性的范畴混为一谈，漫不经心地把它们交给概率定律，这是正统人士的习惯。这种习惯促使艾伦·格林斯潘（Alan Greenspan，美联储前主席）在美国国会（当时正在探究2008年金融危机的根源）面前夸口说，在围绕金融市场和衍生品作用的问题上，他并非完全失败，而是“百分之七十”成功。他不知道，虽然基于其可用的概率分布，风险是可以计算的，但不确定性事先没有概率分布，因此无法计算，参见C. Bina, “Oil, COVID-19 and the Global Economy”, *New Cold War*, April 28, 2020, see https://www.newcoldwar.org/oil-covid-19-and-the-global-economy/.

④ C. Bina, “Oil, COVID-19 and the Global Economy”, *New Cold War*, April 28, 2020, see https://www.newcoldwar.org/oil-covid-19-and-the-global-economy/.

机只有16天。”[①]

这些仅仅是这一流行病暴发对一个脆弱系统所带来的影响的一个子集，这个系统已经充满了严重的不稳定、深刻的阶级分化和全面而惊人的不平等。新冠肺炎疫情之后的世界有一个集体努力修复伤口和清理沉疴的机会。

① J. Sergent and V. Bravo, "6 Charts Offer Lessons from Past Bear Markets", *USA Today*, March 17, 2020, see https://www.usatoday.com/in-depth/money/2020/03/17/coronavirus-how-stocks-moved-previous-bear-markets/5011397002/.

一剂沟通的多边主义良药

——促进世界卫生组织和会员国在新型冠状病毒危机中团结一致

[北马其顿] 伊丽莎白·德赫扎

[北马其顿] 斯尔詹·克里姆

秦振燕[①] 译

① 秦振燕，中国社会科学院马克思主义研究院助理研究员。

人物介绍

伊丽莎白·德赫扎（Elizabeth Deheze）是北马其顿一家战略企业情报公司的首席执行官。此前，伊丽莎白曾就职于企业、政府、投资行业和研究机构，担任业务开发、研究、情报和风险分析等高级职务。伊丽莎白曾就读于弗莱彻法律与外交学院（Fletcher School of Law and Diplomacy）、维也纳外交学院（Diplomatic Academy of Vienna）、博科尼大学（Bocconi University）和旧金山州立大学（San Francisco State University），精通英语、西班牙语、意大利语和德语。

斯尔詹·克里姆（Srgjan Kerim）是一位经验丰富的外交官、经济学家、学者和商人，曾担任马其顿共和国（今北马其顿共和国）外交部部长、大使，曾任第 62 届联合国大会主席，拥有 30 多年的国际政治经验。克里姆曾在贝尔格莱德大学（University of Belgrade）担任国际经济学教授，以此开始了他的学术生涯。除此之外，他还是德国汉堡大学（University of Hamburg）和纽约大学（New York University）的客座教授。克里姆还获得了联合国千年发展目标奖（United Nations Millennium Development Goals Award），并被意大利、德国、奥地利、美国等国授予荣誉勋章。

提 要

新型冠状病毒肺炎疫情是第二次世界大战以来世界面临的最严峻挑战。在这样的危机时刻，亟需国际合作与集体行动，但世界各国却出现了分裂行为和逆全球化的情况。当前，全球疫情仍在持续蔓延，人类面临抗击疫情与恢复经济的双重压力。因此，世界各国与联合国等国际组织应采取“沟通的多边主义”、进行相应机构改革以应对新冠肺炎疫情、恢复秩序，否则将会在政治、经济、社会等诸多方面产生灾难性后果，严重威胁人类的生存与发展。世界各国应搁置分歧、加强合作、团结一致、沟通交流，同时充分利用信息化等新手段战胜新冠肺炎疫情。

各国仍在就新冠肺炎疫情进行相互指责，这使得世界各国无法采取相互协作、多边响应的有效举措以对抗新冠肺炎疫情的蔓延。当前是人类社会自第二次世界大战以来，世界面临最严峻挑战的时刻，亟需国际合作与集体行动，但世界各国领导人却正在远离全球化，与此同时，公众对国际机构的信任也逐渐消失。我们认为，这种分裂行为与世界卫生组织和会员国之间缺乏清晰有效的沟通是相互影响的，因此，“沟通的多边主义”必须在战胜病毒方面发挥核心作用。世界卫生组织是联合国的一个专门机构，该机构的 194 个会员国授权其为相关国家提供科学建议，从而保护全世界人民的健康。早在此次危机发生之前，该机构就一直呼吁为流行病或大流行病进行更充分的准备，也一直在强调许多国家或地区的脆弱的卫生保健系统不足以应对这类危机。不幸的是，当这一刻到来时，由于世卫组织和会员国之间缺乏简单明了的沟通架构和共识，损害了该机构因以往所做的工作的出色表现而享有的良好信誉。

2019 年 12 月下旬，中国武汉首次报告了相关肺炎病例。当时，世界卫生组织就注意到了这一新威胁，并启动了一项流行病学独立调查以了解病因。

随后，1 月 10 日，世界卫生组织向会员国发布了临时感染预防和控制（Infection Prevention and Control，简称 IPC）指南概要，1 月 14 日，世界卫生组织向医疗系统发出警告——该病毒存在人际传播的可能性，1 月 20 日，中国方面证实了该病毒的人际传播，与此同时，该病毒已经出现国际传播，世界卫生组织经过长达十天的评估，宣布新型冠状病毒肺炎疫情为国际关注的突发公共卫生事件（Public Health Emergency of International Concern，简称 PHEIC）。国际关注的突发公共卫生事件是《国际卫生条例》（世界卫生组织会员国签署的共同致力于维护全球卫生安全的具有法律约束性协议）规定的最高预警事件之一。这导致一些会员国深感焦虑，但是从大多数会员国的应对措施来看，它们并不清楚国际关注的突发公共卫生事件预警真正意味着什么。

2 月 4 日，世界卫生组织总干事谭德塞博士宣布，鉴于中国以外的确诊病例数量较少，世界拥有一个做好预防和控制病毒蔓延的“机会窗口”。到 2 月 21 日，由于“机会窗口正在缩小”，谭德塞博士呼吁国际社会（立即）采取行动。当时，会员国是否真的重视这一信号？国际社会是否真的意识到我们将错过遏制病毒传播的最后机会？

从 2 月到 3 月，短短一个月内，世界卫生组织就发现全球（抗疫）一线存在医疗设备严重短缺的情况，最终在 3 月 11 日，也就是在首次报告（病例）后近三个月的时候，世界卫生组织宣布新冠肺炎为“大流行病”。

整个 4 月份，世界卫生组织都在竭尽所能地呼吁世界各国领导人搁置分歧，加强合作，采取一致行动以对抗新冠肺炎疫情。然而到目前为止，一些会员国只是力图在遏制疫情蔓延方面保持领先，只考虑本国利益，采取各种措施保护本国公民和边界安全，却没有时间考虑采取协调一致的多边应对举措。

截止本文撰写之时，全球报告的感染病例已经超过 520 万人，死亡人数超过 33.6 万人，可能还有更多未报告的病例。然而，疫情仍在肆虐。虽然中国宣告正在从疫情中恢复，但因担心其东北部城市舒兰出现第二波疫情，而仍保持该城市的封锁状态。与此同时，美国在这一问题上的确诊病例已有160多万，死亡人数超过9.5万，居世界之首。欧洲等其他地区正逐渐解除严格的封锁措施，但在拉丁美洲，确诊病例已超过50万，而且还在持续增加，其中巴西受影响最为严重。

这是自联合国成立以来，“我们各国人民”遇到的首次全球性健康危机：世界上的每一个公民都处于危险之中。这一流行病迫使各国政府实施严厉的限制措施，以避免其公共卫生系统出现崩溃，同时为其经济投入巨大的资金支持，以缓和金融冲击的影响。

然而，如果各国政府迅速协调应对，尽早合作，齐心协力，那么疫情带来的全球影响可能已得到遏制，恢复期也可能会缩短。此外，如果世界卫生组织能够更及时地进行更加明确的沟通，那么，即便是最自私自利的、准备不充分的会员国也会知道当疫情威胁增大时，他们应当采取何种预先警告措施，他们的公民本可以让他们的政府负起责任来。

从更广泛的层面上来看，联合国的应对措施也不尽人意。谁能比联合国更好地理解世界卫生组织的预警，并向其会员国传达准确的信息呢？谁能比联合国更好地通过安理会协调全球应对呢？全球伙伴关系论坛（Global Partnerships Forum）主席阿米尔·多萨尔（Amir Dossal）表示：“在艰难时期，联合国在团结世界各国和人民方面可以发挥巨大作用，以确保‘不落下任何人’。”

《联合国宪章》中有三条明确规定了联合国在这种紧急情况下的作用：第十三条规定了联合国大会在经济、社会和卫生问题上开展国际合作的作用，第五十七条描述了需要专门机构参与的问题，诸如世界卫生组织，并最终根据第九十九条，联合国秘书长必须提出任何可能威胁到维护国际和平与安全的事项，并提请安全理事会审议。不幸的是，迄今为止，由于美国政府采取错误的政策，联合国安理会尚未就应对新冠肺炎疫情发表任何有意义的声明。

当联合国秘书长安东尼奥·古特雷斯（António Guterres）将该流行病称为“第二次世界大战以来最大的挑战”，并承认“正常规则不再适用”的时候，联合国大会才于 3 月中旬开始着手处理新冠肺炎疫情，且仅仅通过了一项呼吁“加强国际合作以遏制、缓解和打败”新型冠状病毒的毫无约束力的决议。

尽管世卫组织在领导抗击“非典”（SARS）、中东呼吸综合征（MERS）、埃博拉（Ebola）、禽流感（Avian Flu）等疫情中发挥了重要的作用，并掌握了历史上关于各种流行病丰富翔实的资料，但会员国对世卫组织应对此次流行病的做法表示失望。其中最大的捐助国之一——美国，甚至中止了其资金支持，并威胁说，如果世卫组织不作出实质性的改变，它将放弃会员资格。澳大利亚等其他国家要求提高透明度，并对疫情暴发的原因进行独立调查。一项由欧盟 100 个会员国提出的议案要求对世卫组织应对新冠肺炎疫情大流行的措施进行独立调查。该提案在 5 月 20 日举行的世界卫生大会上获得批准（本次大会首次采取了网络会议形式，194 个会员国参会）。前一天，即 5 月 19 日，世卫组织突发卫生事件规划独立监督和咨询委员会（Independent Oversight and Advisory Committee，简称 IOAC）发布了关于世卫组织对该病毒的指导及应对措施的临时独立审查报告。

在任何国际危机中，沟通都是最为重要的举措，沟通的多边主义必须成为所有应对策略的核心。独立监督和咨询委员会（IOAC）的报告呼吁“加强全球团结和更强有力的多边合作”，但仔细阅读这些建议后就会发现，它所要强调的是，目前我们更需要提高世卫组织与会员国之间沟通框架的清晰度。

在独立监督和咨询委员会（IOAC）针对世卫组织应对框架提出的改革策略中，“沟通的多边主义”也成了建议进行改革的关键。据报道，一些会员国并不认为宣布某一事件为国际关注的突发公共卫生事件是一个“足够明确的触发点”，因为该国际关注的突发公共卫生事件涵盖了小范围暴发和大流行之间的广泛范围。芬兰著名外交官阿尔皮·鲁西（Alpi Rusi）最近向我们表示：“联合国亟需建立一个更有效的早期预警系统。”还有其他一些呼吁变革的合理呼声，包括“在《国际卫生条例》中增加预警级别和应对措施的激励机制”以及“国际卫生条例指定的各国政府联络点以充分发出预警”，这些都必须予以重视。

此外，人民必须能够让他们的政府负起责任，如果没有世界卫生组织简单有效的沟通方式、明确的预警类别和详细的应对措施，他们如何能够做到这一点？全球伙伴关系论坛主席阿米尔·多萨尔举例说明，“新冠肺炎正在对我们社会的健康和经济福祉造成严重破坏。作为个人，我们已欣然将改变生活的决策权交给我们的领导人，我们现在假定并深切期望他们作出符合我们最大利益的事情。”

独立监督和咨询委员会（IOAC）的建议提供了进一步探索现有机制的机会。正如会员国所知，这些机制可能“触发”世卫组织试图但未能向国际社会传达的迫切需要的紧迫感。我们可以从其他灾难的应对策略中获取经验，例如，对飓风和地震可能产生的影响有明确而简单的预警类别，这些预警类别已经经过了 50 多年的试验和测试，得到了政府、科学家和公众的广泛认同。

这种“沟通的多边主义”机制可能也需要对人民进行更好的教育，而现在正是实现这一目标的最佳时机。独立监督和咨询委员会（IOAC）建议“更有效地利用世界卫生组织在世界各地的合作中心、技术咨询机构和公共卫生机构等专家网络系统”，但我们认为，他们应该更积极地促进中小学、大专院校以及公众对卫生系统和流行疾病的了解。

人们普遍认为，此次流行病将在政治、经济和社会等方面产生深远影响。国际关系专家帕拉格·卡纳（Parag Khana）指出：“如果我们幸运的话，世界将在未来六个月内通过‘疫情的峰值’。但即便是在最理想的情况下，经济、政府和社会机构也需要数年才能够复苏。事实上，与其将‘复苏’理解为回到过去的状态，不如理解为进行一种明智的选择，那就是规划文明将朝着什么样的新方向发展。那也将会是一段艰难的旅程。接下来的三年至五年将使我们认识到，新冠肺炎仅是打雷之前的闪电。”

任何危机都孕育着机遇，但在我们改变延续数百年的社会运作方式之前，我们必须确定（当前的局面）是否应归咎于多边主义和全球化，还是该体系中存在导致我们陷入困境的其他不足，例如令人震惊的国家经济疲软，社会和卫生系统的缺陷？

我们必须警惕，不要让某些国家的政治精英利用日益紧张的地缘政治局势作为推行对内政策和战略的借口。这可能会在短期内产生效果，但从长远来看会适得其反。向民族主义的转变将破坏全球商品和服务的供应链，损害规模经济和援助的提供，从而使得卫生安全出现恶化。

如果全球资金流动中断，各国经济不但得不到加强，反而会变得更加脆弱。阿米尔·多萨尔补充说：“尽管发达经济体正试图通过为其公民提供补充支持计划来抵消疫情造成的影响，但很明显，由于发展中国家的卫生系统较为薄弱，社会安全系统缺乏基本保障，其人民可能会受到更为严重的经济冲击。我们不能忽视世界上穷人的困境。现在，我们比以往任何时候都更需要借助可持续发展的眼光以‘更好地重建’全球投资。”

世界各国领导人必须对其本能的紧缩反应有所妥协，相反，他们应该团结起来，寻求国际合作模式。至于联合国和世界卫生组织等国际组织，必须明确对它们进行改革，使其适应全球化数字时代的要求，这就需要“沟通的多边主义”。联合国秘书长安东尼奥·古特雷斯于 5 月 21 日启动了“认证”项目，这是朝着正确方向迈出的第一步，它将创建一支“数字化的急救先遣队”，以打击虚假信息。

新冠肺炎疫情的经济与政治后果

［希腊］斯塔夫罗斯·玛夫鲁戴斯

高静宇[①] 译

① 高静宇，中国社会科学院马克思主义研究院助理研究员。

人物介绍

斯塔夫罗斯·玛夫鲁戴斯（Stavros Mavroudeas）现任希腊潘提翁大学（Panteion University）社会政策系的教授。他的教学和研究领域包括：政治经济学、宏观经济学、经济思想史、劳动经济学、经济增长与发展经济学、希腊经济。他撰写了多本英文和希腊文书籍，如《危机中的希腊资本主义——马克思主义分析》（Greek Capitalism in Crisis—Marxist Analyses，2014 年），并因该书于 2018 年获得“21 世纪世界政治经济学杰出成就奖”。他还发表了多篇论文，如《发展与危机——希腊资本主义的动荡历程》（Development and Crisis—The Turbulent Course of Greek Capitalism，2013 年）、《工作更多或工作更努力？马克思〈资本论〉中工作的时长和强度》（Work More or Work Harder? The Length and the Intensity of Work in Marx’s ‘Capital’，2010 年）等。他是希腊政治经济学协会的创始成员，曾在该协会董事会担任秘书（2009—2013 年）和主席（2018—2020 年）。

提　要

在发生新冠肺炎疫情危机之前，资本主义经济已经走进下行通道，新冠肺炎疫情危机只是触发了经济危机。由于资本主义与社会主义经济体内在运行的逻辑不同，所以社会主义经济体更有能力应对像新冠肺炎疫情危机这样的突发事件。新冠肺炎疫情加剧了自2008—2009年经济危机以来的“去全球化”回归国家中心的进程，国际经济关系根据国家的联盟和政策而重新调整。“新自由主义”和“新宏观经济共识”的失败表明，左翼要坚持社会主义对资本主义的优越性和替代性。流行病是全人类的敌人，但却是特定社会经济制度和支配这些制度的阶级的产物，没有严格的阶级壁垒，却有阶级的不对称效应，这种特点凸显了复兴社会主义、打败帝国主义列强斗争的必要性。

一、资本主义与社会主义应对疫情的对比

新冠肺炎和1975年以后出现的更为普遍的“新流行病”，再次显示出我们必须对资本主义与社会主义应对这种公共卫生危机的能力进行对比。

新冠肺炎疫情造成了整个世界的健康危机，同时，全球经济也进入了现在被称为经济危机的衰退之路。因此，新冠肺炎疫情是一种卫生和经济的双重危机。这一点是经济思想界各方（正统派、异统派和马克思主义）所公认的。当然，卫生危机和经济危机之间具有非常不同的因果关系。正统派和异统派的观点认为，是卫生危机导致了经济危机，即如果没有前者，后者就不会发生。而马克思主义的观点则认为，发达资本主义经济体已经进入了导致

经济危机的衰退道路。[1]新冠肺炎疫情作为一个导火线，加速和加剧了危机的趋势。最近几份关于不同经济体状况的报告支持了马克思主义的观点。例如，美国国家经济研究局最近的报告宣布[2]，美国经济在2020年2月进入衰退，而这是在新冠肺炎疫情发生之前。同样，其他国家的许多报告——特别是制造业（如德国）的报告，以及整个经济的报告——指出了同样的趋势。因此，马克思主义正确地指出，资本主义经济已经走向经济危机，而卫生危机使这一趋势提前和恶化。

像新冠肺炎疫情这类的健康危机本身就会产生严重的经济影响。为了应对流行病，有必要暂停社会和经济活动（封锁、限制工厂和其他生产活动等）。当没有立即可用的医疗工具（疫苗、药品等）来治疗疾病时，这种封锁尤其必要。这种对社会和经济活动的限制有助于制止疫情的扩大，并使卫生系统有时间收集资源以应对卫生危机。同时，这种对经济活动的限制也会抑制经济的发展。如果这种情况发生在经济已经趋于衰退的时候，那么封锁就会加速这种趋势。

这种情况给政策制定者带来了一个关键的难题。当面临卫生和经济的双重危机时，应对一个危机所需的政策措施会加剧另一个危机，那么政策制定者就必须决定他们将优先考虑哪一个危机。正如古林查斯（Gourinchas）所描述的，“拉平卫生危机曲线的政策措施会使经济危机曲线变陡”。[3]

资本主义经济体和社会主义经济体如何面对这样的困境，存在着根本性的差异。

资本主义经济体以私有部门为基础，公共部门作为前者的支撑而运行。

① S. Mavroudeas, “The Coronavirus Pandemic and the Health and Economic Crisis”, 2020, see https://stavrosmavroudeas.wordpress.com/2020/03/25/4383/; M. Roberts, “The Virus, Capitalism, and the Long Depression”, Interview with Michael Roberts, *Spectrezine*, March 24,2020, see https://spectrejournal.com/the-virus-capitalism-and-the-long-depression/.

② “Determination of the February 2020 Peak in US Economic Activity”, June 8,2020, see https://www.nber.org/cycles/june2020.html.

③ P.O. Gourinchas, “Flattening the Pandemic and Recession Curves”, in R. Baldwin and Weder di Mauro B (ed.), *Mitigating the COVID Economic Crisis*, London: CEPR, 2020.

私有部门以营利为目的，因此，它从事获取利润的活动，放弃和 / 或退出非营利活动。此外，资本主义经济体为了克服卫生和经济危机，主要需要动员私有部门（因为这是经济的主导部门）。这就需要利用公共部门来补贴私营部门，给私营部门以足够的利润激励。这是一种间接机制，（1）它不确定是否能够发挥作用，（2）它在卫生危机发生时浪费时间。因此，在资本主义经济体中，政策措施是缓慢而模糊的。

相反，社会主义经济体是在经济计划的基础上运行的，其主导部门是公共部门。因此，如果由社会计划决定，公共部门可以有非盈余的活动，甚至可以有亏损的活动。非剩余生产活动是可能的，因为社会主义企业不以盈利为目的。亏损性活动也是可能的，因为它们是由社会计划确定的，并在结构上得到其他经济活动的补贴。此外，当面临紧急突发事件时，社会主义经济体能及时地、充分地调动资源，因为这是计划部门运作的直接机制，因此，（1）一定会发生，（2）一定会准时。

基于这些原因，社会主义经济体更有能力面对像卫生危机这样的突发事件。与社会主义经济体甚至国家资本主义相比，资本主义经济体只能够承受短期的经济封锁。正如特朗普对美国经济所说的那样，“美国经济不是为关门而建的”。根本原因就在于，资本主义企业是以盈利为目的的，否则，它们就没有存在的理由。因此，它们不可能在生产成本的层次上经营，更不可能亏损。除非有人补贴它们继续经营，否则它们就会倒闭。相反，社会主义经济体可以在不实现盈余（利润）的情况下，只需覆盖生产成本就可以生存。基于同样的原因，即使经济亏损，它也能生存得更久。另外，社会主义国家可以承受的负担比资本主义国家要大得多，因为前者的经济规模和实力要大得多。

从前一点可以看出，以公共卫生部门为基础的社会经济制度更能应对流行病问题。依此类推，拥有庞大而高效的公共卫生系统的资本主义经济体比那些公共卫生系统薄弱、主要依靠私人卫生部门的经济体（如美国）更能应对这一问题。

二、新冠肺炎疫情对世界格局的影响

新冠肺炎疫情对世界格局产生了深远的影响。在疫情发生之前，世界体系已经处于动荡之中。2008—2009 年全球资本主义危机结束了所谓的“全球化”时代，迎来了帝国主义竞争加剧的时期。原苏东阵营崩溃后，西方主要帝国主义强国开启了“全球化”：即资本国际化程度提高的时代。[①]“全球化”的支持者认为，这是一个全新的时代，是以前所无法预见的，这种根本性的变化将永远存在。此外，他们还认为，全球化意味着国家经济、国家冲突和战争的结束，以及（西方）民主在全世界的传播。马克思主义内部“全球化”的支持者甚至宣布了帝国主义的终结。这些“流行的事实”都经不起现实的检验。首先，至少在 19 世纪，类似的资本国际化程度提高的时代是存在的。而这个时代在 1873—1875 年第一次全球资本主义危机后就崩溃了，取而代之的是一个“国家化”（即回归国家中心）程度提高和经济与军事冲突的时期。其次，国家经济（及其政策）从未停止发挥重要作用。所有的主要西方帝国主义强国都是根据他们特定的国家利益来执行他们的“全球化”政策，只要有需要，民族国家的重拳就会毫无顾忌地使用。一言以蔽之，“全球化”实际上是指削弱大部分欠发达的经济体，并让它们接受西方主要帝国主义列强的剥削。这种资本的国际化对发达资本主义经济体的盈利能力下降起到了典型的反作用，从而支撑了它们的盈利能力和资本积累，牺牲了欠发达经济体的利益。

这个时代对西方帝国主义列强来说，一直顺利地运行到 21 世纪初。然而，很快资本主义的基本矛盾就随着资本国际化的抗衡能力的耗尽而重新浮现。西方帝国主义主要超级大国美国的衰弱就是例证。美国的经济，尽管受

---

① 详细分析见 S. Mavroudeas, “De-globalisation and the Return of the Theory of Imperialism”, in K. Kaoru Natsuda (et al), *Globalisation and Public Policy*, London: IJOPEC, 2019, see http://www.ijopec.co.uk/wp-content/uploads/2019/10/2019_13.pdf.

益于“全球化”政策，却开始步履蹒跚。类似的轨迹出现在所有其他主要西方帝国主义强国和日本。2008—2009年全球资本主义危机的爆发，标志着“全球化”的结束，标志着公开明确地回归国家政策，标志着帝国主义内部竞争的加剧。美国特朗普政府就是这一进程的公然宣示，然而这一进程在之前就已经在暗中开始了。

新冠肺炎疫情加剧了“去全球化”的进程，它已经成为美国试图让中国屈服的意识形态、政治和经济战场。但更根本的是，它加剧了“全球化”国际价值链的瓦解，即在“全球化”时代构建的国际化的生产和交换结构的瓦解。由于封锁和禁止人员和产品从一个国家到另一个国家的流动，国际生产和商业的链条被截断了。这导致了国际经济关系要根据新的联盟和更公开的国家政策来重新安排。这种趋势在新冠肺炎疫情之前就已经开始了（例如，英国脱欧），但疫情进一步加速了这种趋势。

三、新冠肺炎疫情对左翼运动的挑战

以新冠肺炎疫情为标志的时期对共产主义左派和工人阶级运动提出了严重的挑战。资本主义世界问题重重，但社会主义的替代性并不明显，因为它仍然受到20世纪80年代末90年代初东欧剧变、苏联解体的影响。此外，西方左派多数人迷失在文化战争和政治正确之中，忽视了阶级政治，成为资产阶级改良主义的同路人。资产阶级改良主义因在20世纪90年代全心全意地向“新保守主义”的政策屈服后，完全丧失了信誉，现在它正试图以反“新自由主义”的形式卷土重来。然而，这种新的反“新自由主义”只是一个幌子，背后依然隐藏着“新保守主义”的政策。

首先，如今“新自由主义”显然已经惨遭失败。在经济政策上，“市场是自我平衡的，国家应该退出经济”的观念成功地提高了劳动剥削的程度（即马克思主义所说的剩余价值率），但却无法应对资本的过度积累。因此，利润率没有充分恢复。此外，“新自由主义”教条式地认为经济危机是外生的，这让其特别无法制定克服危机的经济政策。同样，就卫生部门而言，“新自由主义”试图将公共卫生系统私有化（直接或间接地将其分割开来，在各部分之间制造竞争，并加强公私伙伴关系），严重损害了这些系统。

“新自由主义”在2008年全球经济危机后明显失败，标志着它被社会自由主义的新宏观经济共识所取代。这是温和的“新自由主义”与新凯恩斯主义的混合。更正式地说，它是一种短期内的凯恩斯主义、长期内的新古典主义的方法。当前的危机使这种继承性更加明显。自危机来临的苗头出现后，各国政府不仅采取了宽松的货币政策，还采取了扩张性的财政政策。就欧盟而言，新型冠状病毒的流行导致公共支出和赤字脱离了《增长和稳定公约》的约束。更为引人注目的是，欧元区那些受经济紧缩调整方案约束的国家（如希腊）放松了管制。

的确，由于货币政策的长期使用导致其效力耗尽，随着广泛的财政支持计划的宣布，经济政策的重心转移到了财政政策上。而且，一些在“新自由主义”时代不可想象的事情正在发生：官方考虑将经济的战略部门国有化（如意大利的意大利航空公司）。

此外，产业政策正在以一种非常积极和谨慎的方式明确回归。非常明显的是，在新冠肺炎疫情危机的背景下，大量的资金被用于卫生部门；相应的纵向产业政策不仅受到赞扬，而且得到了实际执行。需要指出的是，虽然“新自由主义”在总体上憎恶产业政策，但其继任者（新宏观经济共识）至少在最初只倾向于横向的产业政策。现在，它的钟摆正移向纵向产业政策一边。

其次，越来越多的迹象表明，“新宏观经济共识 ”也即将失败。它所倡导的政策——恢复了羞羞答答的国家干预主义和系统地反周期性地使用所有国家政策——可能避免了2008年全球危机前夕的灾难，但它未能纠正资本主义共同体中深层次的矛盾和问题。在其经济政策无法避免新冠肺炎疫情所触发的经济危机时，这些问题尤为明显。

共产主义左派和工人阶级运动不应该成为新的反“新自由主义”的资产阶级正统思想的同路人。相反，他们应该重新肯定社会主义对资本主义的优势。他们必须利用这场危机来解释，正是资本主义制造了危机、苦难和更频繁的流行病，用有计划的、民主管理的经济来取代资本主义，将提升现代社会大多数劳动者的生活水平。

除了这一战略目标外，共产主义左派和工人运动的力量还必须要求由资本来支付这两个危机所造成的花费。另外，公共卫生系统和一般的公共福利系统——再次被证明是唯一能够应付流行病的系统——在多年的资金不足和私有化之后，应该得到加强。社会医疗、强调初级保健以及提供普遍保健和福利应是这些制度的指导方针。

四、新冠肺炎疫情之下的“人类命运共同体”

流行病是全人类的敌人，但它们往往不是全人类的产物，而是特定社会经济制度和支配这些制度的阶级的产物。

在过去的三四十年间，资本主义越来越容易发生流行病，与此相反，人们普遍认为医学的进步和普遍发达的卫生系统的建立已经杜绝了这种现象。特别是在 1975 年以后，我们出现了“新兴流行病”，即几十种新的疾病，主要是由病毒引起的，其发生频率在历史上是没有可比性的。这些新流行病主要是人畜共患病，即动物病毒传染给人类。

对这一现象的一般解释在于马克思主义关于“新陈代谢断裂”的论述，即资本主义由于盲目提倡对自然的商品化和剥削，忽视了自然的局限性和社会后果，使人与自然的关系急剧恶化。这个论点并不意味着接受各种离谱的回归自然、去增长的生态学观点，因为这些观点忽视了这样一个事实：（1）所有的人类社会经济制度都在干预和促进自然的新陈代谢，也忽视了（2）这种新陈代谢甚至是保证大部分人的基本生存所必需的。但这确实意味着资本主义正在无节制地扩大这种新陈代谢，因为它的核心动机是资本的盈利，它的运行是一种盲目的逻辑（只要我得到我的利润，我并不关心这个系统的生存）。

但这种一般性的解释并不足以解释最近三四十年间流行病的增加，还需要用历史危机的决定性来进行补充。我们可以合理地找出以下因素。第一，

（原本必要的）工业化农业的无节制发展，导致了有问题的卫生方法的使用，然而这些卫生方法提高了资本主义的利润，并且已经引起了重大问题（如沙门氏菌）。第二，由于资本的国际化（所谓的“全球化”），国际上日益激烈的竞争使这些生产方式占据了主导地位，因为它们的成本较低。第三，资本主义农工联合体无节制的增长极大地减少了处女地，使人类接触到以前只限于处女地并涉及小型土著社区的疾病和病毒。这些社区要么已经获得了相对的免疫力，要么流行病只限于这些社区，并没有大幅扩散。第四，资本的国际化，世界边远地区之间的交通和通信线路的激增，促进了流行病在世界各地的快速传播，而在过去流行病比较有限，因此更可控。第五，对外来物种的使用和消费的商品化，加剧了人畜共患疾病的发生。

这些新的流行病大多数（1）没有严格的阶级壁垒，但（2）具有阶级不对称效应。它们没有严格的阶级壁垒，因为它们是通过消费品（在饮食中）和社交聚会传播的，因此不容易采用阶级隔离的传统方法（如，“让平民死在他们的贫民区”）。但是，它们的影响是不对称的，因为工人更容易受到感染（如“一线工人”），他们的工作和生活条件更不利于健康（如购买更便宜、更劣质的消费品），当然还有劣质的医疗服务。

新流行病的这种特殊性，凸显了复兴社会主义运动，为打败占统治地位的帝国主义列强而斗争的必要性。

新冠肺炎疫情与治理问题

［印度］谢　钢

张淑兰[①]　乐　清[②]　译

① 张淑兰，山东大学南亚研究中心研究员、山东大学当代社会主义研究所研究员。

② 乐清，山东大学政治学与公共管理学院硕士研究生。

人物介绍

谢钢，本名斯里坎斯·孔达帕利（Srikanth Kondapalli），是印度新德里贾瓦哈拉尔尼赫鲁大学的中国问题研究专家、教授，印度媒体的特约评论员。他的观点经常被 BBC 新闻，以及《中国日报》、《大西洋》月刊（The Atlantic）、《纽约时报》、《印度快报》（Indian Express）、《卫报》（The Guardian）、《印度时报》（Times of India）、《华尔街日报》、《华盛顿邮报》引用，也经常被新华社引用。

提 要

新冠肺炎疫情在中国和世界范围内蔓延，是一场巨大的人类悲剧，很可能将作为最具决定性的事件之一载入史册。中国采取了严厉措施遏制疫情蔓延，同时积极向其他受疫情影响的国家提供医疗援助，中国在国际合作方面是努力的及时的。事实证明，国际社会现有机构无法有效地应对新型冠状病毒，需要采取新的、更有效的多边对策。新冠肺炎疫情对公共卫生、经济、社会发展已经产生了巨大影响，对地区和全球秩序也具有潜在影响。

新型冠状病毒在世界范围内蔓延，酿成了一场造成 50 多万人死亡的重大人类悲剧，也反映了人类在应对日益增多的自然疾病和流行病方面的努力存在局限性。自 2019 年底以来，一种高致病性的新型冠状病毒引发的疾病（现更名为新冠肺炎，即 COVID-19），在中国中部城市武汉被发现。中国第一时间向世卫组织进行了通报。但由于西方国家应对不利，疫情在短时间内蔓延到全球大部分地区，影响到数十亿人的生命、健康和财富。疫情蔓延造成全球数百万人患病，成千上万人死亡，到处充斥动荡、混乱。据世界卫生组织估计，截至 2020 年 5 月底，216 个国家将有 600 多万人感染新型冠状病毒，超过 36.3 万人死亡。如今受影响最严重的地区包括美洲大陆、欧洲和其他发展中国家。新冠肺炎疫情还大规模破坏了旅游、交通网络、经济和政治制度。尽管人类在科学知识和药物研发方面已经取得了长足进步，但与应对其他冠状病毒毒株一样，针对新型冠状病毒尚未研制出疫苗，从而使全球数百万人的生命面临威胁。随着疫情蔓延到世界各个角落，一个接一个的国家采取了完全或部分停工、强制隔离和旅行限制措施，世界实际上陷入了几天、几周甚至几个月的停滞状态。在人类近年来的记忆中，没有任何一种疾病曾带来如此巨大的负面影响。2020 年 5 月 22 日，中国国务院总理李克强在全国人民代表大会上作政府工作报告，强调新冠肺炎疫情“是新中国成立以来传播速度最快、范围最广、最具挑战性的突发公共卫生事件”[①]。这也适用于其他国家。

因此，鉴于新冠肺炎疫情的全球规模及其在世界广大地区引发的空前恐慌、全面经济破坏（少数部门除外，如医药、环境部门等）以及给地区和全球秩序带来的全面混乱，新冠肺炎疫情很可能成为最具决定性的事件之一而被载入史册。据估计，为打破传染链，约 40 亿人将以某种形式被封锁在世界的各个角落里。

一、新冠肺炎疫情的暴发

新冠肺炎疫情在武汉暴发后，扩散到湖北省及其以外一些省份。中国春运期间，每年这个时候数以亿计的中国人要进行家庭团聚，这一情况使病毒迅速传播开来。据估计，春运期间有 30 亿人次在中国国内旅行，这对疫情传播造成了严重风险。但由于采取社区隔离政策，内蒙古自治区、西藏自治区、青海省等远离湖北的地区并未出现新冠肺炎病例。最近，新冠肺炎疫情向黑龙江省东北部扩散，疑似由一名回国人员传播感染。

鉴于新冠肺炎疫情的传播性强，中国采取了严厉措施遏制疫情蔓延。中国政府采取了以下五个层面的应对措施：1 月 23 日，武汉市采取关停的区域隔离措施；专注于临时隔离；建设雷神山和火神山救援医院；组织全国各省医务人员支援武汉市，以提高救治能力，迅速减少积压疑似病例；通过阻断社区传播和引入“i 深圳”“健康码”等手机应用，减少感染病毒的人数。

1 月 25 日，在武汉封锁仅仅两天后，中共中央就成立了一个领导小组。

① Li Keqiang, “Premier Li’s Speech at the Third Session of the 13th NPC”, *CGTN*, May 22, 2020, see https://news.cgtn.com/news/2020-05-22/Full-text-Premier-Li-s-speech-at-the-third-session-of-the-13th-NPC-QHaP1FpB8k/index.html.

2007 年 11 月 1 日起实行的《中华人民共和国突发事件应对法》规定，国务院总理负责处理“突发事件”。领导小组的任务是去湖北协调，“救治感染病人，加速医务人员的增援，协调军民医疗资源”。国务院总理李克强被任命为这个小组的组长（李克强总理于 1 月 27 日到武汉考察），其他成员包括孙春兰副总理（分管卫生工作）。李克强总理还指示从其他省份调补医生和护士，近 4.3 万名医护人员随后赶到武汉。1 月 28 日，习近平主席在会见到访的世界卫生组织负责人时指出：“疫情是魔鬼，我们不会让魔鬼藏匿。”① 习近平主席在武警部队讲话时称形势“严峻复杂”。在 1 月至 5 月期间召开了 14 次中共中央政治局常务委员会会议，这表明中国最高政治领导层对这个问题高度关注。武汉建立两所治疗医院，全国各地派出 4 万多名医务人员援助医疗救治。3 月 10 日，习近平主席赴武汉考察。截至 4 月 8 日，中国宣布武汉和其他地区没有报告新的新冠肺炎病例，对大部分人群的检测正在广泛开展。虽然报告了一些无症状病例，但新感染人数得到了控制。

在中国以外，1 月 8 日泰国首先报告了首例新冠肺炎病例，1 月 14 日确诊了一名患者。日本也报告了另一起病例，随后“钻石公主号”游轮在横滨停泊时报告了多起病例。意大利最早的感染病例可追溯到 1 月至 2 月期间。1 月 30 日，有两人在罗马被检测出新冠病毒抗体阳性。2 月 3 日，56 名意大利游客抵达罗马，其中一人在 2 月 6 日被检测出新冠病毒抗体阳性。2 月 20 日，意大利西北部的洛迪报告了首例新冠肺炎病例。意大利报告的大多数病例来自伦巴第、威尼托和艾米利亚－罗马涅三个地区。新冠肺炎疫情目前进一步蔓延至 216 个国家，其中最严重的是南北美洲和欧洲。值得注意的是，尽管进行了大量的检测和初步药物治疗，但新型冠状病毒正在世界许多国家和地区再次出现。据称，无症状病例和病毒突变病例呈上升趋势。这表明，人类在对自然的理解、所掌握的科学技术能力和对流行病的控制方面，尚存在局限性。

---

① “Xi Jinping Meets with Visiting World Health Organization (WHO) Director-General TedrosVAdhanom Ghebreyesus”, January 29, 2020, see https://www.fmprc.gov.cn/mfa_eng/zxxx_662805/t1737014.shtml.

二、新冠肺炎疫情与国际合作

尽管存在这些局限，一些国家还是挺身而出，在国家和国际范围内研发新型冠状病毒疫苗或提供紧急医疗必需品。鉴于新冠肺炎疫情在全球范围内的传播，将全世界的科学知识、经验、医疗专业技术和设备集中起来已是当务之急。联合国及其机构，如世界卫生大会和世界卫生组织正在就新冠肺炎疫情的传播向国际社会发出重要警报。

中国在国际上的应对措施分为两个层面，一是支持多边努力，二是向受疫情影响国家提供医疗设备援助。

早期，北京在邻近地区组织了欧亚和南亚卫生官员网络虚拟会议，以协调他们的工作。3 月 26 日，习近平主席在沙特主持召开的二十国集团领导人虚拟会议上发表讲话。中方建议“加强信息分享，开展药物、疫苗研发、防疫合作，有效防止疫情跨境传播”。①2020 年 5 月 13 日，上海合作组织召开网络会议，强调联合国系统在应对新冠肺炎疫情方面的中心地位。2020 年 5 月 18 日，习近平主席在世界卫生大会上发表讲话，宣布向发展中国家提供 20 亿美元援助，帮助他们应对新冠肺炎疫情。此外，据中国驻欧盟代表张明介绍，中国将支持世界卫生组织发起的“COVID-19 ACT 加速器”计划，并与流行病防范创新联盟（The Coalition for Epidemic Preparedness Innovations，简称 CEPI）、全球疫苗免疫联盟（The Global Alliance for Vaccines and Immunisation，简称“疫苗联盟”或 GAVI）等国际机构在药品、疫苗、检测等方面开展合作。总体而言，据新华社报道，中国“向 150 多个国家和国际组织提供了抗疫物资，与 160 多个国家和国际组织举行了 120 多次视频会议，向 19 个国家派出了 21 个医疗专家团队”。② 中国提供的医疗援助包括医疗设备（手套、口罩、个人防护装备、

① “What China has Done to Boost int’l Cooperation against COVID-19”, *Xinhua* , May 17, 2020, see http://www.xinhuanet.com/english/2020-05/17/c_139064005.htm.

② “Fighting COVID-19 Through Solidarity and Cooperation Building a Global Community of Health for All”, May 18, 2020, see https://www.fmprc.gov.cn/mfa_eng/zxxx_662805/t1780221.shtml.

检测包等）、技术合作（医务人员、视频会议等）、与世界各国的友好城市以及非政府组织合作或企业资助（如阿里巴巴的捐赠等）。

国际货币基金组织宣布向其 189 个成员国提供 1 万亿美元的援助，并根据灾难控制和救济信托基金的规定，承诺取消 25 个国家半年内的债务安排付款。欧盟和其他国家承诺提供 80 亿美元资金，用于进一步研发抗新型冠状病毒药物和疫苗。

在双边层面也有一些具体的国际合作项目值得一提。在武汉等地新冠肺炎疫情暴发初期，已有多个国家积极开展医疗救助。其中最值得一提的是，日本援用“山川异域，风月同天”的古典名句，积极捐赠医疗设备。2020 年 3 月，印度向中国提供了 15 吨医疗设备，印度空军运输机在武汉空投了这些物资。

随着疫情的蔓延，中国也向疫区国家提供了医疗设备并派出援助人员。在疫苗研发方面，中国的康希诺生物股份公司（CanSino Biologics）与加拿大国家研究委员会达成协议，为未来的试验做准备。此前，中国向加拿大出口了 32 吨医疗设备，用于抗击新冠肺炎疫情。

中国向美国和南美国家运送了呼吸机、检测包、口罩、手套等物资。在埃博拉病毒危机期间，中国向疫区国家派遣了 1000 多名医务人员，并提供了 7.5 亿元人民币援助。为应对新冠肺炎疫情，中国向埃塞俄比亚、布基纳法索等国派遣了医疗队。正如习近平主席所说，中国还向非洲大陆派出了五支医疗专家组。70 多年来，非洲共有 2 亿多人次接受了中国医疗队的照顾和治疗。目前，中国有 46 支驻防医疗队在非洲帮助当地防控疫情。[①] 在西亚地区，鉴于库姆等地新冠肺炎疫情大规模暴发，中国对伊朗的医疗援助备受关注。中国还向土耳其、伊拉克、巴勒斯坦等国输送医疗救援物资，并与以色列开展医药合作。对南亚、东南亚等其他地区，中国在合作方面的努力是积极的、及时的。

---

① “Fighting COVID-19 Through Solidarity and Cooperation Building a Global Community of Health for All”, May 18, 2020, see https://www.fmprc.gov.cn/mfa_eng/zxxx_662805/t1780221.shtml.

三、新冠肺炎疫情与全球秩序

新冠肺炎疫情在世界各地的暴发和蔓延，不断增加的死亡人数，经济损失，供应链断裂，旅行、跨境流动受阻，能源价格崩盘等，都对全球和地区秩序产生了深远影响。正如美国战略家亨利·基辛格（Henry Kissinger）所言，新冠肺炎疫情将永远改变世界秩序。①

自新冠肺炎疫情暴发并蔓延至世界诸多地区以来，随着死亡人数的持续增加，现有国际机构已证明无法有效应对这种病毒。传统的全球治理模式是建立在西方自由国际主义趋势之上，其主张加强制度合作。这种观点的支持者之一，詹姆斯·罗森诺（James N. Rosenau）在《没有政府的治理》一书中提到全球治理是“目的性行为、以目标为导向的活动、规则体系……是指以共同目标为后盾的活动，这些目标可能来自或不来自法律和正式规定的责任”。② 随后，约翰·鲁吉（John Ruggie）提出：“治理，无论在何种层次的社会组织中发生，都是指处理公共事务：任何集体管理其事务的权威性规则、机构和做法的组合。”③ 更为突出的是，罗伯特·基欧汉（Robert Keohane）和约瑟夫·奈（Joseph Nye）认为，治理是“指导和约束一个群体的集体活动的

---

① “The Coronavirus Pandemic Will Forever Alter the World Order”, *Wall Street Journal*, April 3, 2020, see https://www.wsj.com/articles/the-coronavirus-pandemic-will-forever-alter-the-world-order-11585953005; Kurt Campbell and Rush Doshi, “The Coronavirus Could Reshape Global Order — China Is Maneuvering for International Leadership as the United States Falters”, *Foreign Affairs*, March 18, 2020, see https://www.foreignaffairs.com/articles/china/2020-03-18/coronavirus-could-reshape-global-order; Thomas L. Friedman, “Our New Historical Divide: B.C. and A.C. — the World Before Corona and the World After”, *New York Times*, May 17, 2020, see https://www.nytimes.com/2020/03/17/opinion/coronavirus-trends.html.

② James N. Rosenau, “Governance, Order and Change in World Politics”, in James N. Rosenau (ed.), *Governance without Government: Order and Change in World Politics, Vol. 20: Cambridge Studies in International Politics*, Cambridge: Cambridge University Press, 1992, p.4.

③ John G. Ruggie, “American Exceptionalism, Exemptionalism and Global Governance”, in Michael Ignatieff (ed.), *American Exceptionalism and Human Rights*, Princeton NJ: Princeton University Press, 2005, p.307.

正式和非正式的过程和制度”。[①] 在目前许多国际机构效率低下的背景下，联合国安全理事会的任务是处理世界上紧迫的安全问题，但在这方面却没有形成积极有效的势头。世界卫生组织在性质上仍然只是一个咨询机构。显然，随着世卫组织成员国的资助削减，连这种职能也会受到影响。尽管布雷顿森林机构暂停了发展中国家的债务偿付，其他机构如七国集团、二十国集团、国际货币基金组织、世界银行或亚洲开发银行（Asian Development Bank，简称 ADB）也没有发挥出多大作用。由于对病毒的名称产生分歧，3 月 25 日的七国集团外长会议未能发表声明。当前国际机构的这种瘫痪在很大程度上是由于美国和中国这两个世界上最大的经济体之间正在出现的“脱钩”或“大国竞争”造成的。[②] 在这一过程中，许多国际机构在应对新型冠状病毒方面被证明是无效的。这表明国际社会需要采取新的且更有效的多边对策。

多数国家的经济增长率已被国际货币基金组织和其他信用评级机构大幅下调。由于许多国家的全面封锁导致需求不足，进出口减少（世界贸易组织估计贸易额将下降两位数），供应链中断，旅游业受到冲击，能源价格波动等几乎造成了经济萧条。根据国际货币基金组织的估计，全球债务已超过 2.5 万亿美元。个别国家已经宣布了一揽子货币和财政刺激计划，但这些计划似乎不足以解决全球衰退问题。由于新冠肺炎疫情造成的封锁，许多国家正面临正式和非正式部门的失业问题。全球的外国直接投资也下降了 40%。如果不在全球范围内解决总需求和总供给问题，如果不尽快解决美国的单边主义问题，如果第二波和第三波新型冠状病毒感染病例增加，预计在不久的将来，人类将面临重大经济考验。据估计，2020 年商品和服

---

① Robert O. Keohane and Joseph S. Nye, “Introduction”, in Joseph Nye and John Donahue (ed.), *Governance in a Globalizing World* , Washington DC: Brookings Institution Press, 2000, p.12.

② 张宇燕认为，以前的“一超多强”已经发生了转变。全球化的影响之一是大规模贸易蓬勃发展，但中国也成为其主要受益者。随着美国的民族主义和保护主义趋势，COVID-19 增加了这一贸易供应链的不确定性。张宇燕认为现有的多边机构将会被改变。参见张宇燕：《新冠疫情与世界格局》，载《世界经济与政治》2020 年第 4 期。

务生产将损失逾 8.5 万亿美元，这个缺口即使在经济回升的条件下也很难弥补。这些都表明，需要加强宏观经济协调工作。当然，很多国家试图利用科技创新、大数据、人工智能、云计算等来应对新冠肺炎疫情危机，但这也需要新的商业模式。

很多学者认为，新冠肺炎疫情后的世界秩序特别是在国际合作方面为中国提供了机遇。阎学通指出，虽然国际体系容易出现挫折以及产生国家间的冲突，而且尽管与美国“脱钩”，但全球化进程有可能加快。他提出，新冠肺炎疫情不具备第二次世界大战那样改变国际格局的能力。[①]但是，杨洁勉将当前形势称为国际体系中新兴力量平衡的“质变拐点”，美国力量下降，中国在世界银行、国际货币基金组织、气候变化、世卫组织等机构中的影响力增强。不过，杨洁勉认为变革的过程将是缓慢的。[②]中国国际问题研究所的崔洪建则谨慎地认为，新冠肺炎疫情带来了一种僵局，未来取决于“助推器还是分水岭”因素的变化。[③]李海东在《环球时报》上撰文指出，疫情的蔓延将导致全球经济危机，重塑当前国际关系。他认为，在后疫情秩序中，那些卫生安全措施和环保机制较强的国家将成为全球化新形态的领导者，有效的疫情防控还将转化为“国际关系行为的正当性”，这有利于中国。[④]在王义桅看来，由于中国制度的优越性和高效的应对机制，中国不仅要建设“健康丝绸之路”，也要通过加强人民币的流通，为在国际体系中的定位做好准备，克

① 宋晓玲：《阎学通：新冠疫情不会对世界格局产生根本影响》（Yan Xuetong, “Covid-19 will not Have a Fundamental Impact on the World Pattern”），2020 年 4 月 11 日，见 http://www.sss.tsinghua.edu.cn/publish/sss/8393/2020/20200411211002811944109/20200411211002811944109_.html。

② 杨洁勉：《大疫背景下的国际战略格局变动》（Yang Jiemian, “Changes in the International Strategic Landscape in the Context of the Epidemic”），2020 年 3 月 30 日，见 http://www.siis.org.cn/Research/Info/4910。

③ 崔洪建：《疫情对世界格局变化的双重作用》（Cui Hongjian, “The Dual Effect of the Epidemic Situation on Global Pattern Change”），2020 年 6 月 8 日，见 http://www.ciis.org.cn/gyzz/2020-06/08/content_41178069.htm。

④ 李海东：《疫情深刻改变国际关系格局》（Li Haidong, “The Epidemic Profoundly Changes the Pattern of International Relations”），2020 年 3 月 31 日，见 https://opinion.huanqiu.com/article/3xdewES5D3V。

服美国将其产业从中国转移的威胁。[①]

上述讨论表明，新冠肺炎疫情的蔓延，带来了近年来前所未见的诸多问题。疫情对公共卫生、经济、社会产生了巨大影响，对地区和全球秩序也具有潜在影响。在最近发布的《抗击新冠肺炎疫情的中国行动》白皮书中，中国表示对新冠肺炎疫情的防控工作是高效、及时、透明的。2020 年 2 月以来，中国积极推进和参与卫生健康领域国际合作，并在多边进程中阐述了这一立场。

① 王义桅：《新冠肺炎疫情如何影响国际格局？专家解读 7 大方面，两项直接关系中国》(Wang Yiwei, “How does the Novel Coronavirus Epidemic Affect Global Landscape – Expert Interpretation of 7 Major Aspects”)，2020 年 4 月 2 日，见 https://www.jfdaily.com/wx/detail.do?id=232181。

处于1989年混战与2020年全球“卫生战争”的罗马尼亚

[罗马尼亚]康斯坦丁·克列楚

于海青[①] 李 明[②] 译

① 于海青，中国社会科学院马克思主义研究院研究员。

② 李明，中共中央对外联络部研究员。

人物介绍

康斯坦丁·克列楚（Constantin Crețu），1949 年 10 月 17 日出生于罗马尼亚。1969 年至 1972 年，任雅西大学化学系大学生联合会主席。1992 年至 1996 年，任罗马尼亚社会民主党全国理事会委员。1996 年至 1998 年，任罗马尼亚工人党副主席兼国际联络部部长。1998 年至 2003 年，任罗马尼亚社会主义劳动党副主席兼国际部部长。2003 年至 2008 年，为社会主义联盟党创始成员，并任党的副主席兼国际部部长。2004 年至 2008 年，为欧洲左翼党创始成员和党的执行委员会委员，欧洲左翼党与圣保罗论坛合作委员会委员。2010 年至 2012 年，任罗马尼亚共产党重建委员会创始成员和副主席。2012 年 8 月 8 日至 2016 年 6 月 27 日，任罗马尼亚共产党组织和登记工作委员会主席。2016 年 6 月 27 日，21 世纪罗马尼亚共产党注册登记，任该党创始主席。

提 要

21 世纪罗马尼亚共产党是 2016 年新建的共产党组织。党主席康斯坦丁·克列楚撰文回顾了罗马尼亚共产党失败的历史原因，着重介绍了罗马尼亚社会主义的历史及其剧变后艰难曲折的重建之路。他认为目前在这场全球爆发的“卫生战争”中，新型冠状病毒这个无形的敌人没有国籍，也没有民族和信仰，它无情地攻击了世界上所有的国家。避免这种新型冠状病毒传播的方法首先是减少国与国之间的人口流动。从这个角度来看，罗马尼亚处于不利地位。21 世纪罗马尼亚共产党认为，北约必须进行改革，以适应世界变化的现实，最终根据全球防御协议而走向自我解体。这个协议必须包括中国、俄罗斯联邦、印度和伊朗等国。

2020 年 4 月 17 日，是罗马尼亚社会主义共和国大国民议会第九届会议召开 31 周年纪念日。此时，我想起罗马尼亚社会主义共和国总统尼古拉·齐奥塞斯库（Nicolae Ceausescu）的话：“正如我在 1989 年 3 月 4 日召开的罗共中央全会上所说的那样，1989 年 3 月，罗马尼亚在其千百年的历史上第一次没有任何外债，也不再向任何人纳贡，罗马尼亚在政治上和经济上是真正独立的。”没有经济独立就谈不上政治独立。我们在偿还债务和社会主义发展方面所取得的成就，都与罗马尼亚共产党的政策密切相关，都是罗马尼亚共产党坚定地将科学社会主义原理运用于罗马尼亚具体实际的结果！

然而，罗马尼亚还清外债并不符合世界金融帝国主义的愿望，后者从宣传上进行了准备，并从破坏国民经济入手摧毁了罗马尼亚和欧洲的社会主义制度。它们为此整整花费了 1.5 万亿美元。此后，在一个精心编织的谎言基础上，他们将那些不服从世界金融帝国主义的国家领导人全部挑选出来，称之为“独裁者”，把他们赶下台，并像尼古拉·齐奥塞斯库总统一样被处决。

齐奥塞斯库在走向刑场时曾高呼：“自由和独立的罗马尼亚万岁！历史将为我们报仇！”

1989 年 12 月 2 日至 4 日，苏联总统米哈伊尔·戈尔巴乔夫与美国总统乔治·布什在马耳他举行会晤。布什借此机会说服了戈尔巴乔夫放弃意识形态安全观以换取经济安全。但是，这种安全从未实现过。双方还商定，美国可以介入巴拿马，并清除诺列加（Manuel Antonio Noriega）总统。而戈尔巴乔夫在受北约指使的弗朗索瓦·密特朗（François Mitterrand）总统支持下，在罗马尼亚进行一场由特种部队组织的、以军事政变为基础的混战，这场混战后来被称为“革命”，其目的是将齐奥塞斯库总统从罗国家领导层中清除掉。

唯一预见到戈尔巴乔夫与布什 1989 年 12 月 2 日至 4 日在马耳他达成谅解对欧洲社会主义体制造成灾难性后果并采取行动发出警告的人是教皇约翰·保罗二世（Saint John Paul II）。在马耳他会晤前夕，教皇亲自告诉戈尔巴乔夫：“变化不宜发生太快。任何人宣称欧洲和世界发生的变化都必须遵循西方的模式是错误的。欧洲作为世界历史的参与者必须用双肺呼吸。”

为此，1989 年 11 月 27 日，尼古拉·齐奥塞斯库总统致信米哈伊尔·戈尔巴乔夫说：“我们认为，在国家间关系中提出去意识形态化是错误的，也是不可理解的。我们党认为，只要帝国主义存在，就不能在国际生活中抛弃意识形态。”

罗马尼亚领导人在 1989 年 12 月的这一立场，现在既为唐纳德·特朗普总统的态度（特朗普公开宣称，要“清除”中国共产党在中国的领导地位），也被美国参议院和其他资本主义国家领导人的行动所证实。他们嫁祸于中国，并采取行动要“起诉”中国，“起诉”中国的所谓“理由”是，中国在全球范围内“制造”了这种病毒。这一立场更为 30 多年来世界范围内防止共产党出现并开展活动的反共立场所证实。

现在，在 1989 年 12 月军事政变发生后的第 31 年，我们看到，罗马尼亚 2004 年成为北约成员国，2007 年成为欧盟成员国，已从一个各个领域成就卓著、获得国际公认的，享有免费教育、免费医疗的，中等发达的社会主义国家，转变成为国际社会帝国主义的殖民地，其损失超过 3 万亿美元。民族工业和农业被摧毁，矿产资源被掠夺，并为跨国公司所占有，45%以上的可耕地出售给了外国人，600多万罗马尼亚人被迫出国寻找工作。教育和公共卫生系统大部分被私有化，而根据欧盟的指令，140多所医院被解散，医务人员被迫出国寻找工作。

在北约方面，由于与美国建立了军事战略伙伴关系，罗马尼亚每年被迫从国民生产总值中支付2%用于军备，自己出资建立和支撑军事基地，供美国军队常驻，并自费派军队赴美国军队开辟的战场。

为加入欧盟，罗马尼亚被迫毁掉了社会主义工业和农业，实行"全部退还式"的、损害国家利益的私有化，国家的自然资源出售给了跨国公司，投资计划被缩减，罗马尼亚已成为发达资本主义国家廉价劳动力出口国。

同时，通过与美国建立军事战略伙伴关系，罗马尼亚失去了主权国家的决策权，罗马尼亚的外交政策和经济政策均听从美国和欧盟主要资本主义国家驻罗马尼亚大使的指挥。这也是多年来罗马尼亚没有被接受加入申根的原因。虽然罗马尼亚已经满足了欧盟的全部条件，但是她仍不能参加欧盟每年与中国签订的合同。在丝绸之路框架下试图开展经贸和基础设施合作的尝试也没能予以实现。

在此严峻的内部和外部环境下，罗马尼亚应欧盟的要求削减了医院的数量，导致大量高素质医务人员出国。罗马尼亚执政者对维持和装备国有医院并配备所需的医务人员漠不关心。目前，在这场全球爆发的"卫生战争"中，新型冠状病毒这个无形的敌人没有国籍，也没有民族和信仰，它无情地攻击了世界上所有的国家。

众所周知，避免这种新型冠状病毒传播的方法首先是减少国与国之间的人口流动。从这个角度来看，罗马尼亚处于不利地位。因为，目前罗马尼亚在国外的600多万公民中，有200多万人没有劳动合同，不享有医疗保险，没有个人住房和失业救济金等。其中很大一部分人已经或即将在最短时间内返回国内。

尽管罗马尼亚请求德国提供帮助，向罗马尼亚提供必要的防疫设备，但是遭到了德国的拒绝。2020年4月初，在罗马尼亚正全面应对疫情时，罗马尼亚政府颁布了军事令。根据军事令的规定，罗马尼亚居民必须待在家中。

然而在德国的要求下，在不考虑罗马尼亚公民面临的危险的情况下，有 9 万多人被派往德国采摘芦笋。

同时，欧盟对其成员国也采取了区别对待的态度。欧盟向德国和法国提供了 3000 亿欧元的资金，用于抗击新型冠状病毒，但仅向罗马尼亚提供了 20 亿欧元。

大家知道，多年来罗马尼亚的失业率一直令人羡慕，根据正式统计数据，罗马尼亚失业率一直远低于 5%。但是，这些报告仅反映了部分事实，因为大多数有劳动能力的人由于在国内找不到工作，而选择了去欧盟发达国家就业。事实上，罗马尼亚“出口”了失业，因而从统计数据难以看到罗马尼亚国内的失业。

目前我们所面临问题是，罗马尼亚没有任何资金来支持国内的任何经济活动。因为跨国公司赚走了我们的钱。在 2020 年的预算案中，经济发展仅占 GDP 的 1%。由此，可以得出结论，并非新型冠状病毒摧毁了罗马尼亚人，而是殖民主义和金融帝国主义。如果说 1989 年 3 月罗马尼亚已不再持有外债，那么目前罗马尼亚的外债水平已经远远超过 1000 亿美元。

随着找到了更有效的方法抗击和遏制新冠肺炎疫情，一场严重的经济危机和粮食危机开始显现。这就需要以一种新的方法对待国际关系，即需要更大程度地发挥团结与合作的作用，而不是进行不正当竞争和对其他国家内部事务进行干涉，要以更快的速度回归旨在能够进行自主管理经济和社会发展的主权国家。

对于罗马尼亚来说，最近大家越来越普遍地感觉到，加入北约后，罗马尼亚并没有得到加强，反而使国家安全变得更加脆弱，成为俄罗斯联邦与美国及其盟国对抗和恐怖组织袭击的潜在目标。

21 世纪罗马尼亚共产党认为，北约必须进行改革，以适应世界变化的现实，最终根据全球防御协议而走向自我解体。这个协议必须包括中国、俄罗斯联邦、印度和伊朗等国。在此意义上，21 世纪罗马尼亚共产党致力于罗马尼亚回归传统的反应政策，而不是目前所实行的超主动政策，以实现黑海和巴尔干半岛的无核化。要使罗马尼亚获得积极中立的地位，并得到中华人民共和国、俄罗斯联邦、美国和联合国的保证，以经济战略轴心取代与美国的军事战略轴心。在互惠互利、不干涉内政和尊重罗马尼亚独立、主权和领土统一的基础上发展与世界经济强国的关系与合作。

关于欧盟，我们加入欧盟时所面临的问题，不仅仅是入盟谈判过程中某些时刻缺乏战略眼光，而且也是罗马尼亚执政者的愚蠢无能、胆怯，甚至背叛。我们不仅没有就尊重我们的切身利益获得充分的保证，在资源转让上保持平等并获得补偿，切实做到共同使用，甚至还作出了让步，为这些让步至今仍在付出代价。

我们在这里首先指出的是，我们加入欧盟接受了去工业化政策，但在加入欧盟后并未按照当时确定的具体的时间表，通过融入政策得到真正的补偿。此后，罗马尼亚的司法部门也为外部势力所控制。所谓的反腐斗争已失去既定目标，即消除腐败，成为用于消灭罗马尼亚政治、经济、行政管理、学术和军事等领域精英的政治工具。

加入欧盟后，由于罗马尼亚一些国家领导人的屈从，把罗马尼亚从欧盟的伙伴、合作者和盟友变为附庸。这些领导人免费将国家拱手相让，以便获得外部支持，将新殖民者抢劫后留下的财富据为己有。因此，当我们批评那些推行自己的利益而没有考虑比我们更多地保护罗马尼亚利益的外国人时，我们就不会忘记罗马尼亚执政者的错误。因此，罗马尼亚人——我现在不谈论罗马尼亚，因为我不知道她是否仍然存在或现在她是谁——有理由抱怨欧盟已将其视为低级公民。

21 世纪罗马尼亚共产党纲领强调，我们致力于建设一个由独立、主权和统一的民族国家组成的欧洲，一个没有双重标准的欧洲，一个能够确保所有成员国平等发展的欧洲。德国和法国推崇欧洲发展速度多样化。在此情况下，尽管罗马尼亚加入欧盟已有 13 年，但至今尚未获准加入申根区，也尚未摆脱 MCV 检查。同时，在未经罗马尼亚同意的情况下将一些形象不佳的人提拔担任欧盟的领导人，这些都成为罗马尼亚主权主义运动走强的因素，我们党对此予以鼓励和支持。

与新冠肺炎疫情斗争的同时也要同霸权主义进行斗争

[新西兰] 卡乔西亚·布伊辛克

宋丽丹[①] 译

① 宋丽丹，中国社会科学院马克思主义研究院副研究员。

人物介绍

卡乔西亚·布伊辛克（Katjoesja Buissink），出生于2000年，是新西兰奥泰罗阿新共产党（New Communist Party of Aotearoa*）中央委员会主席。布伊辛克少年时代在澳大利亚悉尼居住期间就参与了澳大利亚共产党的活动，回到新西兰之后，领导了新西兰共产党的重建，现就读于新西兰惠灵顿维多利亚大学（Victoria University of Wellington）。他撰写过关于马克思主义、工会组织的文章和小册子，如《生态社会主义或生态帝国主义？环境运动的两条道路》（Eco-Socialism or Eco-Imperialism?: Two Roads for the Environmental Movement）、《为什么共产党有和平政策》（Why does the Communist Party have a Policy of Peace?）和《社区联盟主义导论：理论与实践》（An Introduction to Community Unionism: Theory and Practice）等。

* 奥泰罗阿（Aotearoa）是“新西兰”在毛利语中的发音。

提　要

新冠肺炎疫情使社会主义和资本主义的制度优劣有了鲜明的对照，为人民服务和“利润至上”的不同价值观，导致了疫情防控的不同结果。疫情将会对世界格局产生重大影响，美国的外交政策可能会变得更加绝望和不稳定，因为它在世界上的主导地位进一步被合作和不结盟所取代。世界反帝和平力量的团结是人类争取共同未来的斗争和反对干涉主义斗争的基石。

2020年新冠肺炎疫情暴发之初，中国医疗系统面临巨大压力，但经过全国上下的一致努力，目前疫情已经得到了很好的控制。而西方国家却因为某些政客的“群体免疫”“这就是命”等不负责任的观点付出了沉重代价，确诊人数、死亡人数不断攀升，令世人胆战心惊。这场疫情带给世界的反思与其创伤一样深刻。

一、社会主义和资本主义应对疫情的不同反应形成鲜明对比

我们认为，中华人民共和国对新冠肺炎疫情的回应突出了社会主义制度在照顾公民需求方面的优越性。

简单地说，在社会主义制度下，劳动人民当家作主，这体现在社会主义“中国模式”在疫病控制的有效性上。新型冠状病毒这种全新的病毒对任何国家的公共卫生体系而言都是极限的挑战，因此，在找到应对它的办法的过程中必然带来一系列的阵痛。这一过程中最重要的是反应的速度和奉献精神。

中国对新冠肺炎疫情的反应的有效性可以从西方反华势力的疯狂抹黑中得到验证，中国做得越好，他们越是气急败坏。这些反华势力在抹黑中国抗疫时却无法自圆其说，这反衬了他们的色厉内荏。

首先，在新型冠状病毒传遍西方前，他们竭力声称，用“封城”和类似措施来控制病毒传播是“专制的”和不必要的。一旦他们自己的国家被新型冠状病毒所制服，其疫情远超中国时，他们转而又谎称中国“隐瞒了该病毒严重的传染性”并且没有尽力控制疫情！反华势力不得不如此厚颜无耻地撒谎这一事实凸显了中国的反应力度，世界卫生组织等不持偏见的组织也从正面证实了中国的成绩。

起初，中国是世界上披露疫情最充分也是受疫情影响最严重的国家。中国采取了最严格的措施，才能在不到两个月的时间里，设法控制了这一疫病的蔓延，并为世界其他国家赢得了与这一疫病进行斗争的宝贵时间。我认为中国在这场战争中迅速取得阶段性成果的重要因素是社会主义制度——尤其是近几十年来社会主义民主与法治的完善，使中国有了如此出色的反应。

中国各族人民的团结、中国党和政府及人民解放军为人民服务的性质绝对是中国社会主义制度的瑰宝。看看解放军运作医院的令人难以置信的工作，他们在公共卫生领域中发挥了至关重要的作用。在抗日战争期间，人民军队要在打击侵略者的同时为人民服务，毛泽东同志还强调人民军队在和平生产中也要发挥有力作用。在当前相对和平的时代，人民解放军在公共卫生等领域服务于中国人民。而西方的任何资本主义军队对人民及和平绝对不会有这样的献身精神。

反华势力竭力声称解放军寻求军事征服世界。但当解放军的主要活动是管理医院和保护人民的健康时，他们怎么能证明这一点呢？

以基层民众为基础的中国政治制度也非常重要。相比西方国家，中国的体温检测、检疫制度和食品运送都能更好地实现自我隔离。社会主义制度下的自我隔离和检疫措施都非常有效，而在大多数西方国家，疫情期间的劳动人民却不得不像平常一样出门工作和购物等。

在 2020 年 3 月底，中国取得了控制病毒传播的重要成就。然而，新冠肺炎疫情却在美国和其他国家迅速蔓延，根本没有得到控制。美国是现代帝国主义的中心，也是肆虐世界的“华盛顿共识”的创造者。毫不奇怪，美国是受新冠肺炎疫情大流行打击最严重的国家，因为美国政府并不在乎公共卫生服务。美国不能入侵病毒，也不能在病毒内部引发“颜色革命”。近年来，美国甚至利用公共卫生方案作为海外军事行动的掩护。美国评论人士质疑，为什么他们的政府没有更认真地对待这一流行病，因为它的死亡率高于美国在侵越战争和“9·11”恐怖袭击中的死亡率。

对新冠肺炎疫情的不同反应在社会主义国家和资本主义国家之间形成了鲜明的对比，并且这种对比是难以置信的过于简单。新西兰是对抗新冠肺炎疫情最成功的资本主义国家之一，部分原因是地理因素，部分原因是新西兰政府愿意完全封锁该国，更重要的是，政府为企业提供了工资和业务的财政支持，以确保封锁后仍然能够正常运作。而像美国和英国这样的国家秉持的是“紧缩资本主义”的政治学说，私人企业及其利润被认为是唯一重要的政治考虑因素。政府把大公司的利润放在优先地位，使他们在面对疫情时缺乏及时的反应，违背了广大人民的利益，并使新型冠状病毒猖獗。有人说，新冠肺炎这一流行病是第二次世界大战以来世界面临的公共卫生领域最突出的系统性风险测试，突出了资本主义和社会主义治理能力的利弊。

马克思主义基本原理认为国家是阶级统治的工具，因此国家必然是服务于占统治地位的阶级的利益。资本主义制度下的资产阶级专政是剥削性的，它最关注的是资本主义再生产。这意味着，广大劳动人民——每个国家的大多数，没有一个服务于他们利益的国家，同时他们的国家的所作所为最终是与他们的利益背道而驰的。

资本主义社会下的社会福利和公共医疗体系使工人阶级受益（往往是共产党人带领人民赢得了这些福利），但这些方案只是作为保证资本主义延续的让步而实施的。列宁把这些改革称为“革命运动的副产品”。这就是为什么没有一个资本主义国家能够采取必要的措施，如全面国有化和资本税来资助应对措施，来应对新型冠状病毒。

不同政治范式的资本主义国家采取了从完全无视人类生命到相对充分的福利计划的措施，但它们都保持了对劳动人民的剥削和对资本主义企业的扶持。与发展中国家（包括社会主义国家）相比，发达资本主义国家在其新冠肺炎疫情反应中的最大优势仅仅是可能用于应对疫情的资金。社会主义制度下劳动人民当家作主，符合人民的广泛利益，它显然包括健康权。之前我们讨论了社会主义制度的一些特殊性，譬如人民军队和居委会。

在抗击新冠肺炎疫情的响应中，社会主义制度另一个值得赞扬的特点是中国共产党和中国政府的人事政策和各级官员以人民为中心的思想。这意味着新冠肺炎疫情作为一种火线考察，干部和官员根据他们在其中的表现得到晋升、调任或免职。这也意味着，基层在贯彻对抗疫情的政策措施上不会有任何的迟疑和拖泥带水。我认为这将对中国特色社会主义法治体系的健全有重大而持久的正面影响。

二、新冠肺炎疫情将会如何影响世界格局

我们正在经历世界格局的重大变化。恰逢其时，习近平主席呼吁加强国际合作。

大多数国家在一个粗浅的水平上支持国际合作，如支持世界卫生组织，以及支持在防控新冠肺炎疫情基础上建立国际公共卫生系统。尽管社会和政治制度多种多样，但这些国家也反对日益上升的冷战心态。塞尔维亚、俄罗斯、巴基斯坦、委内瑞拉、津巴布韦和古巴是这些国家中立场更为鲜明的国家。

而另一极则是对世界和平与国际合作构成最大威胁的国家，如美国、澳大利亚和乌克兰等。中国台湾的民进党在国际合作中也发出了不和谐的声音。这些国家或政党破坏联合国和其他多边机构，敌视中国，并迫使亚太地区处于其军事影响下。

新西兰、欧盟和大多数其他发达国家都处于中间地位，这反映了它们对美国垄断资本的忠诚同其与世界其他国家的独立经济关系之间有着对立的利益关系。

过去，美国和苏联之间的竞争使强大的不结盟运动崛起，后者为和平与多边主义挺身而出。

三、不结盟运动增强了社会主义阵营的影响

原南斯拉夫联邦执行委员会第一副主席爱德华·卡德尔（Edvard Kardelj）认为不结盟是拒绝世界分裂为不同的集团。然而，21 世纪的不结盟运动似乎是以不结盟集团的形式出现的。一个松散的集团，不管怎样也是一个集团，不仅集中在不结盟运动，而且集中于国际机构，如上海合作组织、美洲玻利瓦尔联盟、非洲联盟，尤为重要的是“一带一路”倡议。这些组织不是北约或马歇尔计划那样实施帝国主义霸权的组织，但也不是原华沙条约或经济互助委员会（The Council for Mutual Economic Assistance，简称 CMEA）这样的社会主义的国际主义机构。这些多边倡议为建立不受大国霸权和帝国主义干涉的共同发展与合作提供了必要的结构——这是不结盟合作的真正意义所在。

美国将对其霸权的衰落和世人对其“世界警察”政策的拒绝采取何种应对措施，是对世界和平的一个令人担忧的威胁，尤其在经济继续衰退的背景下。美国和北约已经在政治、外交和经济上对俄罗斯、中国、委内瑞拉和其他不结盟国家采取了进攻性政策——委内瑞拉正面临着要将其拉回到美国控制下的军事入侵的真正风险。美国的外交政策可能会变得更加绝望和不稳定，因为它在世界上的主导地位进一步被合作和不结盟所取代。

在新冠肺炎疫情暴发后，中国国家主席习近平作出了重要指示，要求坚决依靠群众取得防治疫情的决定性胜利。中国还与世界卫生组织密切合作，迅速向世界通报抗疫进展情况。

然而，一些政治家，如美国的政治家和一些媒体一再指责中国的努力。一些美国高级官员公开造谣说中国隐瞒疫情，甚至有美国律师无端“起诉”中国，无理要求“赔偿”100 亿美元，他们谎称中国未能遏制新冠肺炎疫情并将其传播到世界，使其成为代价高昂的全球疫情。其他国家也有类似归罪于中国的企图。

这背后的原因是什么？在历史唯物主义和辩证唯物主义中，我们可以区

分必然性和偶然性。随着中华人民共和国的发展，国际垄断资本将越来越不接受中国的崛起，不论中国是经济竞争对手还是社会主义国家。新冠肺炎疫情是一个“意外”，它提供了一个与中国进一步对抗的直接因果关系。在疫情肆虐之时，资本主义国家对中国仍是老调重弹。它们试图将新冠肺炎疫情的扩散归咎于中国，使人们对西方政府处理疫情无能的关注转移到反共的和种族主义的情绪。

四、抗击新冠肺炎疫情的建议

西方资本主义的存在是全球对抗新冠肺炎疫情的主要障碍。它恶化了对新冠肺炎疫情的防控，不仅是因为它忽视了劳动人民的健康和需要，也因为美国帝国主义的制裁和战争恐吓使一些国家对抗新冠肺炎疫情更加困难。例如，古巴公共卫生部被告知，它不能再从瑞士进口呼吸机，因为供应商被一家美国企业集团并购了，这在美国封锁下是非法的。类似的制裁影响了伊朗和朝鲜等国对抗新冠肺炎疫情的战斗。

一个多世纪以来，人们一直希望西方资本主义国家走上社会主义道路，西方共产主义运动经历了动荡。

当前共产主义运动全球策略的关键任务是加强反帝和平运动，这不仅意味着一如既往地反对制裁和干涉主义，而且还意味着保护诸如世界卫生组织等多边机构及其所促成的双赢合作。世界卫生组织的巨大价值可以从美国对它的敌意和中国、委内瑞拉和伊朗等国对它的感激中看出。

与反对美国干涉主义或法国核试验相比，国际主义者支持反帝和平运动可能“赶不了时髦”，但如果大多数人口要么等死要么已经失去生命，那么一个无核的、“和平”的世界也是毫无价值的！这种多边主义，特别是在公共卫生领域，是资本主义与社会主义和平共处的重要组成部分。

世界工会联合会、世界民主青年联合会和世界和平理事会等国际组织与共产党和工人党的国际合作在维护人民权利与和平共处的持续存在方面发挥着重要作用。

尽管原苏联和原东欧人民民主国家地区为资本主义和社会主义之间的和平共存、和平竞赛作出了最大努力，但垄断资本主义从未停止其复仇主义，最终它的“和平演变”战略取得了悲剧性成功。

我们目前看到美国和欧洲反华势力的活动正在增加，他们为中国寻求类似苏联的命运。世界反帝和平力量的团结是人类争取共同未来的斗争和反对干涉主义斗争的基石。

依靠本地解决的全球挑战：新冠肺炎疫情

［波兰］帕特莱恰·彭德拉科夫斯卡

王　珍[①] 译

① 王珍，中国社会科学院马克思主义研究院助理研究员。

人物介绍

帕特莱恰·彭德拉科夫斯卡（Patrycja Pendrakowska）是研究中国创新与政治活动方面的分析师，麦克·博伊姆亚洲与全球研究所（Michal Boym Institute of Asian and Global Studies）的创始人，华沙大学哲学研究所博士候选人。

帕特莱恰·彭德拉科夫斯卡于华沙大学获得汉学、哲学和社会学三项学士学位，以及民族学和金融法学硕士学位，并在慕尼黑的路德维希－马克西米利安斯大学学习社会学。2011 年，她在加德满都综合发展研究所研究尼泊尔的移民问题。2016 年至 2017 年，她在战争研究大学安全研究中心任职。在 2017 年至 2019 年，她担任波兰亚洲研究中心主席。

提 要

新冠肺炎疫情对世界政治、经济和社会产生了巨大影响。然而，由于美国政府追求国内政治利益，将疾病过度政治化，因此无法团结国际社会共同抗疫。虽然世卫组织和无国界医生组织为抗疫作出了贡献，但本应全球合作的抗疫工作，最终只能依靠各国在本地各自为战地进行。而疾病的流行造成了巨大经济损失，最终可能需要发展中国家来承担。从社会层面来讲，一些不同政治体系下的国家不约而同采取了严格的抗疫措施，效果比实施灵活措施的国家要好。抗疫措施的制定，政府和民众需要建立更好的沟通机制。各国政府需要调整城市规划，纾解人口，开发非接触式生产技术，发展可持续的治理手段，为在未来降低疾病危害做更充分的准备。

一、前言

事实证明，新冠肺炎疫情对世界政治、经济和社会产生了巨大影响。虽然目前学者们已经提出了许多观点来讨论世界在“后新冠肺炎”时期将如何发展，现在评估新冠肺炎疫情对我们社会运行方式的长期影响还为时过早。但有一件事是肯定的，自 2020 年 1 月以来，这种病毒破坏了全球卫生系统的稳定。此外，既往的疾病暴发历史被证明能够改变政治、改变社会，并导致不同形式的歧视。新冠肺炎的传播者本人既可能有症状、也可能无症状，大多数感染病毒的人只有轻微症状。该病传播速度快，控制疫情难度较大。尽管如此，世界各地的医务人员仍在进行研究，以开发适当的治疗方法和疫苗。目前，在 213 个国家或地区共有 7273958 例新冠肺炎病例，413372 人失去生命（截至 2020 年 6 月，数据来源：无国界医生组织）。[①] 到目前为止，美国的病例（2064092 例）比其他任何国家都多。

病毒的起源问题不仅是科学家们的未解之谜，政治家们也想知道答案，但是政治家倾向于将病毒政治化，以便在国内和国际政治层面实现短期目标。这种将疾病政治化的结果就是中美政客之间关于病毒来源的相互指责博弈。在新型冠状病毒危机中，包括世界卫生组织在内的，制定全球标准和程序的国际组织也被批评为无能并带有党派偏见。事实上，大流行病应该是一个全球性的挑战，但由于华盛顿对北京的敌意，国际社会在抗击新型冠状病毒的斗争中出现分歧，缺乏团结的领导，[②] 因此这种疾病主要是由发病地区当地处理的。此外，国际战略研究所（International Institute for Strategic Studies）副所长科里·舍克（Kori Schake）等专家认为，由于美国可能失去国际领袖地位，世界格局将不可避免地发生变化。与该流行病有关的另一个重要现象是，这种疾病被连续且持久地政治化了，而这种做法的目的往往是为国内运动和选举等政治目的服务。这种政治化也是糟糕经济局势的后果，经济下滑与世界各地的社会动乱密切相关。

本文旨在通过分析各国面临的主要问题和挑战，探讨病毒暴发的可能后果。第一，本文展示了新冠肺炎大流行时期，大众对国际机构和组织作用的恐慌。第二，正如一些分析人士所预测的，新冠肺炎在全球范围和各地区的暴发将使得各国维持国内生产变得举步维艰，但同时也变得更加至关重要。本文梳理了这方面的争论。新冠肺炎全球大流行对许多所谓南半球国家构成威胁，那里建有大量的产品加工厂。第三，本文分析了危机对社会和种族不平等的挑战。该疫情清楚地表明，社会对于穷人的排斥，加上种族的歧视和刻板印象共同分裂了发达国家的社会环境。此外，不同的政治制度被形容为

① Doctors Without Borders, “Facts and Figures about the Coronavirus Disease Outbreak: COVID-19”, June 12, 2020, see https://www.doctorswithoutborders.org/covid19.

② Reuters, “U.N. Chief Laments Lack of Global Leadership in Coronavirus Fight”, June 10, 2020, see https://www.reuters.com/article/us-health-coronavirus-guterres/u-n-chief-laments-lack-of-global-leadership-in-coronavirus-fight-idUSKBN22C3IS.

"自由"或"不自由"。本文还讨论了不同政治制度的国家如何抗击疾病大流行。本文最后一部分是关于流行病可能给工作文化和公共空间设计带来的潜在变化。

二、国际机构和组织

关于国际组织和机构是否对流行病的威胁作出了充分反应，来自不同背景的分析人士和学者持有不同的观点。最重要的是，在中国和美国之间的紧张关系中，世界卫生组织成为政治辩论的众矢之的。特朗普总统威胁要退出世卫组织，原因是世卫组织对疫情反应不力，他同时指责世卫组织总干事谭德塞偏袒中国。[①] 我们应该在指责博弈的大背景下审视特朗普总统自 2020 年 2 月和 3 月以来的各种反应。这表明博弈的主要焦点是病毒的起源。世卫组织对疫情最初迹象的反应也成为争论的焦点，华盛顿和北京之间日益加剧的敌对情绪加剧了这一点。但是，关于世卫组织对大流行病的反应，人们的看法有很大不同。

例如，约翰·霍普金斯大学社会学和医学史助理教授亚历山大·怀特（Alexander White）强调，世界卫生组织对新冠肺炎的反应非常迅速："世卫组织对新冠肺炎的反应组织得非常迅速。自 2005 年以来，世卫组织制定了一系列协议和标准，为各国国家卫生系统作出了预案，为'国际关注的突发公共卫生事件'（Public Health Emergency of International Concern，简称 PHEIC）作出定义。世卫组织于 1 月底宣布新冠肺炎为'国际关注的突发公共卫生事件'，[②] 从而突出了威胁的严重性。"另一些人则认为，世卫组织对中国出现新病毒的信息反应迟缓。特朗普政府也支持这种观点，认为世卫组织未能及时通报，未能遏制病毒的全球传播，病毒在 2020 年 1 月初就有可

① The Guardian, "Global Report: Trump Threatens to Pull out of WHO Over 'failed response' to Pandemic", June 4, 2020, see https://www.theguardian.com/world/2020/may/19/global-report-trump-threatens-to-pull-out-of-who-over-failed-response-to-pandemic.

② John Hopkins University Hub, "How Pandemics Shape Society", April 9,2020, see https://hub.jhu.edu/2020/04/09/alexandre-white-how-pandemics-shape-society/.

能开始流行了。美国指责世卫组织和中国的另一个重要理由是，他们没能提供在2019年底该疾病的充分信息。然而，事实并非如此。由于新冠肺炎对于医务人员和科学家来说尚且是一种新疾病，这种情况下，对于那些以每天情况为依据处理政治问题的专家和分析师来说，更加难以独立评估新型冠状病毒起源问题，以及所谓的中国对于疾病潜在的掩盖或忽视情况了。重要的是，这些不确定性确实助长了对这些问题进一步的过度政治化。

另外，许多组织在世卫组织协调下成功地、积极地开展了国际合作。无国界医生组织（Doctors Without Borders/Médecins Sans Frontières，简称MSF）是非政治化组织的一个很好的例子，这一组织以可靠且负责任的方式为抗击病毒传播作出了贡献。该组织总部设在日内瓦，在全球70多个国家应对新型冠状病毒紧急情况，并在因冲突和战争而分散的地区开展工作。无国界医生组织正在关注世界上被遗忘角落的局势。比如也门，该地区多年来一直被战争撕裂。自疫情暴发以来，无国界医生组织持续关注难民营、世界各地的冲突现场和失业率不断上升的第三世界国家。这些地方的许多居民仍然流离失所，在这种情况下，保持社交距离可能只是一句空话。

三、世界范围与局部地区

世界各国的政府和各组织都认为，为了抗击疫情，全世界需要团结一致，而不是相互攻击和政治化。无国界医生组织主席强调，疫情给世界每个角落带来痛苦和死亡，“除非人人都能安全，否则不可能独善其身”。[①] 然而，由于缺乏适当的医疗保健系统、新出现的冲突、经济放缓和高失业率等原因，全球发展中国家似乎更加脆弱。特别受到影响的是难民、寻求庇护者和国内流离失所者，他们无法居家或保持社交距离。

① Doctors without Boarders, “You will not be Safe from COVID-19 until Everyone is Safe from COVID-19”, June 9, 2020, see https://www.doctorswithoutborders.org/what-we-do/news-stories/story/you-will-not-be-safe-covid-19-until-everyone-safe-covid-19.

疫情引发了激烈的全球政治辩论，尤其是当新型冠状病毒开始在美国快速传播之后。特朗普政府指责中国提供了错误信息。但与此同时，华盛顿似乎没有在危机之后接管全球领导地位。因此，包括国际战略研究所副所长科里·舍克在内的许多人预测，美国最终将失去其国际领袖地位：

> 由于美国政府狭隘的利己主义和笨拙的无所作为，美国将不再被视为国际领袖。如果国际组织能更早地提供更多的信息，那将给各国政府提供更充分的时间去准备和调配资源，将其用于最需要它们的地方，这一流行病的全球影响将会大大减弱。美国本来可以组织起来实施此事，表明虽然它是自私的，但它没有做有利自身的事。华盛顿未能通过领导能力测试，世界因此变得更糟。①

特朗普的“美国优先”政策似乎在白宫占上风，因为他主要关注国内局势。与此同时，中国的口罩外交也变得非常活跃，中国成为世界上医疗设备和物资最重要的来源之一。中国设法控制病毒在其本土的传播之后，北京开始促进“健康丝绸之路”的发展，并在其外交政策中添加人类未来共享社区医疗方面的倡议。美国死亡人数的上升，特朗普在局势失控时寻找替罪羊，这进一步加剧了华盛顿和北京之间的竞争。此外，包括美国在内的西方国家似乎对北京日益活跃的行动感到担忧。一方面，中国在向危机中的欧洲国家运送医疗物资方面发挥了重要作用。另一方面，在疫情源头不确定的情况下，这一做法也在世界范围内引发了各种外交摩擦。

此外，许多西方政策制定者认为，由于政治制度和价值观的差异，中国抗击新冠肺炎的模式无法在他们国家实施。中国已向非洲、拉美、东亚、西南亚、欧洲等数十个国家提供了医疗设备或医疗援助。北京尝试向第三方国家提供解决方案和医疗专业知识，是在努力传递团结的信号。外交关系委员

① “The Coronavirus Pandemic Will Change the World Forever”, June 10, 2020, see https://foreignpolicy.com/2020/03/20/world-order-after-coroanvirus-pandemic.

会（The Council Foreign Relations）声称，“健康丝绸之路”可能会让中国在国际舞台上挽回其国家声誉。然而，要想在美国和中国这两个世界大国之间建立统一战线，实在涉及太多纷繁复杂的政治利益。欧盟决定在这两个超级大国之间找到一条中间道路。①

联合国秘书长安东尼奥·古特雷斯谴责了美国挑起的世界大国之间的竞争，他强调了分裂的国际社会缺乏领导。他还担忧贫穷国家无法获得充足的援助。② 尽管国际组织作出了艰苦努力，但疫情目前与其说是一种全球性挑战，不如说变成了本地危机。

不仅安东尼·古特雷斯为无法在抗击流行病方面达成共识而感到遗憾。弗兰克·斯诺登（Frank Snowden）著有《流行病与社会：从黑死病到现在》（Epidemics and Society: From the Black Death to the Present）一书，他认为：“对这些事件，最重要的防护措施就是我们需要意识到，作为人类，没有人可以置身事外。如果某处一个人受到影响，那别处的所有人都会受到影响。因此我们每个人都是同一个物种不可分割的一部分。我们需要树立这种思维方式，而不是关注种族和民族、经济地位等其他原因造成的分歧。”③

一些分析人士声称，全球化的特点改变了，变得更加本地化和区域化。

四、社会不平等和社会排斥

新冠肺炎疫情引发全球经济衰退、社会动荡和恐慌情绪。这一流行病揭示了现有的社会不平等现象，它侵蚀了许多国家和跨国公司的经济稳定基础。数以百万计的南亚工人失去了工作，也失去了在大城市的房子或房间，而不得不

① “Mapping China’s Health Silk Road”, June 10, 2020, see https://www.cfr.org/blog/mapping-chinas-health-silk-road.

② “U.N. Chief Laments Lack of Global Leadership in Coronavirus Fight”, June 10, 2020, see https://www.reuters.com/article/us-health-coronavirus-guterres/u-n-chief-laments-lack-of-global-leadership-in-coronavirus-fight-idUSKBN22C3IS.

③ “How Pandemics Change History”, May 31, 2020, see https://www.newyorker.com/news/q-and-a/how-pandemics-change-history.

回到农村。数百万人正面临缺乏住房、水、食物和医疗用品的严重挑战。目前，当世界主流的传媒聚焦于中美日益加剧的对立，或聚焦于经济衰退时，南半球的问题往往被遗忘。联合国副秘书长阿米娜·穆罕默德（Amina Mohammed）认为，新冠肺炎使那些边缘化或生活条件恶劣的人面对的威胁又增大了好几倍：

> 我们已经遭遇了卫生突发事件，人道主义突发事件，现在又加上发展的紧急情况。这些紧急情况加剧了现有的不平等。在发达经济体，我们发现已经被边缘化的群体死亡率更高。在发展中国家，这场危机对脆弱民众的打击将更加严重。①

造成这一问题的原因之一，是西方国家对各种进口产品的需求减少，而如南亚、东南亚等国家和地区主要依赖外国市场。这种情况严重打击了孟加拉国的工厂工人。许多工人不能失去工作，但与此同时，在恶劣条件下重返工作岗位可能导致感染新冠肺炎。据称，大量服装厂没有保持社交距离的条件，也没有遵守健康安全准则。

阿米娜·穆罕默德强调说，据世界银行估计，大约4900万人将重新陷入极端贫困。此外，性别不平等也将加剧，女性劳动者在非正规的黑市经济中占到了60%。与此同时，她们挣得更少，陷入贫困的风险更大。在全世界，不论发达国家还是发展中国家，妇女都正面临家庭暴力。儿童也是大流行病的受害者，因为在世界许多地区，儿童无法上学。在线教育是富人的特权，他们可以负担得起电费、电脑和提供在线课程学校的学费。在欧洲联盟的一些国家，出身贫困的儿童遭到排斥也是一个严峻的问题。另一个挑战加剧了不平等程度，由于游客缺乏，各地企业纷纷关门。在南欧和东南亚，旅游业本来是一项蓬勃发展的行业，但由于疫情已经有数百万人失去了工作。不确定性和萎缩的需求导致了失业率的上升。

---

① UN Deputy Chief, “COVID-19 Pandemic Exposes Global ‘Frailties and Inequalities’”, June 13, 2020, see https://news.un.org/en/story/2020/05/1063022.

不幸的是，新冠肺炎还助长了针对陌生人的种族主义或歧视行为。一开始，中国人被视为所谓的“潜在的病毒携带者”而受到歧视。在美国，遍布各地的抗议活动揭示了强烈的社会分裂和持久的种族主义问题。

五、不同政治体系应对疫情的策略

新冠肺炎疫情对世界所有政治制度都造成了冲击。它挑战了自由和非自由政治体系中的执政者，让政策制定者面临着巨大的困境。各个国家、联邦州和城市采取的行动和方法差别很大。公共卫生利益受到经济形势的挑战。事实上，执政者无论作出封锁的决定还是之后放松封锁的决定，都必须考虑到经济和国家利益的承受能力。

一些自由民主国家，如瑞典，决定采取灵活的方式。它的政策制定者决定给自己的公民广泛的自由，并没有实施封锁。然而，这种做法导致了社会中大量老年人的死亡。而像中国这样的国家自 2020 年 1 月以来迅速采取行动，实施大量检测，并不断发展数字化监测系统，以追踪潜在的感染者。在这些情况下，管制和服从常常有助于有效遏制新冠肺炎的传播。但是，瑞典等一些国家没有采取这种措施，导致每 10 万居民的感染率较高。

哪种方法更理性？这个问题的答案并不是显而易见的。此外，有一些民主国家，如韩国或以色列等国家，决定采取切实限制公民自由或强行追查受感染个人的措施。套用埃里希·弗洛姆（Erich Fromm）的说法，这种现象可以被描述为逃避自由。因为个人和社会放弃他们一定范围的自由，屈从于统治阵营的权威。按照弗洛姆的概念，我们还可以指出，欧洲社会融入了一致性，这可以被描述为避免真正的不受限制的想象。正如弗洛姆所说，不受限制的想象通常会引发焦虑。在困难时期，服从可能更容易实现，相反人们可能不会自由地讨论和破坏政策制定者作出的、未经公众辩论的决定。在很大程度上，由于对新冠肺炎的恐惧，这种过渡非常草率，政府和个人之间没有进行磋商。雅罗斯瓦夫·奎兹（Jarosław Kuisz）和卡罗琳娜·威古拉（Karolina Wigura）认为面对威胁，在公共领域的沉默并不具有积极意义：

在古典政治哲学中，它与专制主义的危险联系在一起（……）。民主的特征是一个强大而活跃的公共领域。与民主相反，在专制主义中，人们的兴趣和活动转移到私人领域，在那里他们关注物质产品而忘记了社会。这威胁到了民主，因为当人们全神贯注的时候，政治制度就会发生不可逆转的变化。①

在匈牙利等中欧国家也可以看到专制的痕迹，这些国家在没有进行适当辩论的情况下实施了紧急状态和特殊法律行动，以赋予执政党更大范围的权力。在波兰，由于缺乏预防流行病的程序和战略，导致立法混乱：

很多时候，首相的讲话（行政权力）成为解释新规则的来源。围绕这一流行病的法律混乱可能对波兰公民社会造成各种长期影响。一方面，它可以导致更多人同意将特设的决定和立法措施固定下来，但从长远来看，这可能导致对自由的追索。另一方面，由于在没有社会共识的情况下独断专行，会导致对执政党的广泛批评。事实上，突发紧急情况促进了世界各地政府对权力的掌握。②

联合国副秘书长阿米娜·穆罕默德也观察到并描述了突发事件促进掌握权力的全球趋势，她声称，大规模的流行病“侵蚀民主的规范，而民主规范是保护权利和确保社会凝聚力的核心”。③ 事实上，由于流行病的威胁，参加集会和示威等民主程序的人数因此受到限制。从长远来看，社交媒体似乎并

① “Coronavirus is Now Contaminating Europe’s Democracy”, *Guardian*, June 13, 2020, see https://www.theguardian.com/world/commentisfree/2020/apr/01/coronavirus-contaminating-europe-democracy-viktor-orban-seize-more-power.

② P. Pendrakowska, “Managing Fear and Easing Lockdown in Poland”, *The Observer Research Foundation*, June 13, 2020, see https://www.orfonline.org/expert-speak/managing-fear-and-easing-lockdown-in-poland-67372/.

③ UN Deputy Chief, “COVID-19 Pandemic Exposes Global ‘Frailties and Inequalities’”, June 13, 2020, see https://news.un.org/en/story/2020/05/1063022.

没有为这个问题提供足够的解决方案。它们在证券交易所上市，因此并不特别以政策或民主为导向。实际上，他们的核心意识符合资本的理性——通过广告和个人数据交易增加利润。

在欧洲，新冠肺炎大流行还导致了一系列其他现象，如民粹主义的欧洲怀疑主义卷土重来、新的阴谋论的诞生以及对全球化信念的抛弃和对国内经济的依赖。越来越明显的是，我们所生活的世界需要适当的信息流通和适当的公民教育，这样人们才能有效地区分虚假新闻和错误的指控。

六、空间，设计和生态

当前，关于新冠肺炎的讨论大多被高度政治化，因此很难形成一个强大的、团结一致的全球力量来帮助各国抗击病毒。当然，国际人道主义组织和机构发挥了至关重要的作用，但它们由各国政府资助的活动已成为国际诉讼的主题事项。世界需要的可能是努力共同收集数据，来构建最佳的长期解决办法，这样可以尽量减少未来其他流行病或自然灾害带来的经济损失。

一些专家预测，新冠肺炎疫情可以促进城市空间转型。决策者可能需要重新思考人口稠密地区的规划。特别是在贫民窟，政府应该特别注意散热、通风和充足的采光。一些国家的首都，如加德满都，仍然缺乏卫生设施或自来水供应，达卡一些地区的建筑密度可能会妨碍消防车到达吉尔。

一种新的气候友好型的交通方式也很有价值。例如，布鲁塞尔为了减少交通废气排放，计划给自行车留出更多空间。对一些地区来说，去城市化不失为一个解决办法，因为它可能有助于在大城市之外的地区创造平等的机会。新冠肺炎的威胁已经促使许多专业人士选择在家办公，而不是通勤到商业中心。这也有助于降低人口密集地区的空气污染。

公司和雇主应考虑采取一些措施来提供更好的工作条件。一些专家提出了非接触式的想法，这将在整个工作场所实施非接触式导航：员工可以无须按动公共按钮，而是通过使用智能手机来向电梯或员工咖啡机发送命令。事实上，珀金斯与威尔设计事务所（Perkins and Will）在他们的新办公室就有这样一个咖啡机。会议室可以配备声控技术，用来控制照明、音频和视觉设备。开门或冲厕所时只需要挥下手就可解决，而办公室自助厨房将被自动化或专用服务器所取代。其中一些解决方案也可以在居民区中实施。

疫病大流行时期，与城市设计和工作空间方面相关的应对经验应在全球共享。我们相互联系，大流行病既涉及发达国家也涉及发展中国家，共同采取行动同样符合各方利益。此外，对公共场所设计实施变革，有助于加强应对气候变化和公共卫生等挑战的行动和参与度。新冠肺炎证明了我们的社会是多么脆弱，这种认识可能提高对未来各种危险的警觉。从长远来看，新冠肺炎可能会增强基层机构和地方层面的社会行动能力。世界需要的是更多的专业知识和可持续的治理手段，而不是政治化。

七、结论

综上所述，新冠肺炎大流行虽然成为全球性挑战，但主要是依赖当地来解决的。美国方面缺乏领导能力无疑是导致只能依靠各国国内层面抗击疫情的主要原因之一，许多评论人士对美国此举持负面看法。有传言称，美国在全球的影响力将进一步减弱。这个超级大国忽视其他第三方机构、其他国家和社会的诉求，转而推崇“美国优先”政策。此外，在2020年4月和5月，美国成为全球新冠肺炎疫情最严重的国家，其政府也未能合理控制病毒的传播。目前，华盛顿正面临与乔治·弗洛伊德死亡有关的国内种族主义重大危机。欧盟成员国决定关闭边境，也限制了各地对病毒的本地治疗措施。这是申根国家历史上前所未有的情况。新冠肺炎疫情揭示了全球的排他主义、怀疑主义和愤怒。有了这些认知，我们应该考虑如何为秋季可能出现的第二波疫情做好准备，并得出可能惠及未来几代人的政策建议的长期结论。

编译

资本主义大流行与治疗方案 *

[俄罗斯] 德米特里·诺维科夫

康晏如 ① 译

人物介绍

德米特里·诺维科夫 (Дмитрий Новиков)，1969 年 9 月 12 日出生于苏联哈巴罗夫斯克（今俄罗斯）。1992 年诺维科夫加入俄罗斯联邦共产党。2004 年当选为俄共中央委员会成员。2013 年，在俄共第十五次代表大会上，当选为俄共中央副主席。在 2011 年和 2016 年，诺维科夫分别当选为第六届和第七届俄罗斯国家杜马代表，俄共党团成员。2017 年，在俄共第十七次代表大会上，当选为俄共中央委员，在第一届全会上当选为主席团成员和俄共中央副主席。

---

* 本文原标题为“Пандемия капитализма и рецепт спасения”，摘编自俄罗斯共产党官网，2020 年 4 月 20 日，见 https://kprf.ru/party-live/cknews/193531.html。

① 康晏如，中国社会科学院马克思主义研究院助理研究员。

提 要

新型冠状病毒大流行显露了两种社会经济制度的优缺点。中国已迅速控制住了新冠肺炎疫情，而以资本为主导的国家则无法迅速制止这场灾难。中国现有制度能够直接确保有效遏制病毒的传播。被全球资本所憎恶的社会主义道路及共产党的领导成为这一阶段性胜利的必要条件。中国在极短的时间内实现了对人力资源和物力资源的动员，并制定了周密的计划防止疫情扩散。计划实施后，数百万人的行动清晰明了，没有自乱阵脚，无数创举将永远被写入历史。毫无疑问，中国抗击新型冠状病毒的胜利是社会主义的胜利。社会主义和计划经济的优势又一次得到证明。资本主义国家难以遏制疫情的蔓延，其深层次原因在于“新自由主义”教条。新冠肺炎疫情的蔓延正在推动世界发生重大转变，资本主义的普遍危机正在加剧。与新型冠状病毒斗争的情况清楚地展现了社会主义制度的有效性和资产阶级模式的无效性。只有社会主义道路才能让人类摆脱面临的主要威胁——资本主义大流行。

新型冠状病毒大流行已经成为全世界的考验，它显露了两种社会经济制度的优缺点。中国已迅速控制了疫情，而以资本为主导的国家则无法迅速制止这场灾难。

一、资本主义的反共谎言

反共主义者对社会主义的主要指责是“低效”。他们认为，在社会经济生活的主要方面，社会主义制度都输给了资本主义制度，社会主义政策将不可避免地导致贫穷、危机和崩溃，而苏联的毁灭则成为这些结论“坚不可摧”的主要论据。粗制滥造的廉价谎言四处传播并非偶然。正如100年前一样，积极的反共主义是资产阶级的主要思想支柱之一，他们视社会正义与平等思想为其统治的主要威胁，依据“镰刀和锤子就是死亡和饥饿”的谬论向公众讲述蛊惑人心的恐怖故事。事实上，资本根本不关注人民的福祉。

显然，只有社会主义才能遏制全球化主义者掠夺世界并用惨无人道的法则支配人类的可能，这亦是资产阶级恐惧和愤怒之所在。社会主义反对者在仇恨中无耻地歪曲了事实，将自己的恶习归因于更先进的制度。让我们读读这些话：“到处都有社会主义和共产主义带来的痛苦、腐败和衰落。社会主义者对权力的渴望导致扩张、干涉和压制……1917年布尔什维克革命之后，我们在俄国观察到残暴的共产主义意识形态带来的后果：苦难、压迫和死亡。共产主义使人的不可剥夺的权利服从于臆构出来的公共利益，这导致宗教自由、私有制、言论自由、生命保障被破坏。”这些言论是由美国现任总统发出的。唐纳德·特朗普可能甚至没有怀疑，他正是按照阿道夫·希特勒的歇斯底里的逻辑说的：“马克思主义提出了三种离谱而荒谬的理论：第一，它否认个人的重要性；第二，它否定私有制的价值；第三，它意味着人类文化的破坏和经济在更高级别的崩溃（因为经济的前提始终是私有财产）。”

作为资产阶级意识形态的一个不可或缺的特征，反共主义在资本主义危机期间变得更加强烈，并采取了极端的形式。在20世纪20—30年代的危机期间，正是大资本催生出法西斯怪物。借助法西斯主义，大资本试图阻止左翼思想的胜利前行并已经摧毁了苏联。今天，我们观察到类似的趋势。资本主义纠缠于各种无法解决的矛盾，为了自救，资本主义重拾保护主义政策，以“保护传统价值”的谎言欺骗劳动人民。在这种情况下，共产主义者再次被列为主要敌人，并被标上“反民族力量”“祖国的敌人”等标签。目前，这项政策在美国、巴西、波兰、乌克兰和许多其他国家都具有典型性，这些国家的政治制度正竭力为大型反动资本的利益服务。

反共主义者没有任何道德准则。他们公开利用人类的灾难，像兀鹰一样盘旋在预期的猎物上。新型冠状病毒的流行清楚地证明了这一点。中国碰巧成为第一个面对这一危险挑战的国家，于是资产阶级的宣传活动大肆利用这一事件来攻击中国的国家体制及社会经济制度。西方媒体还有什么样的“虚假”捏造不出来？它们幸灾乐祸地预言，中国将遭受重大损失，经济行将崩溃，政权更替不可避免。美国主流刊物《华尔街日报》刊登了一篇标题为《中国是真正的“亚洲病夫”》的嘲讽式报道，使用了19世纪末和20世纪初西方殖民主义者用来形容被分割和掠夺的中国的极具贬义的词语。

这种恶意的信息报道似乎获得了成功：中国是第一个受到打击的国家，没有抗击新型冠状病毒的经验。的确如此，中国当时没有任何抗击疫情的经验。在这种情况下，即使是极短的时间也很重要，它可以让人着手准备抗疫物资。人口的高密度性和高流动性让情况更加复杂，武汉市是一个拥有1200万人口的大都市，而以武汉市为中心的湖北省人口超过6000万。

二、社会主义中国的有效方案

与各种诽谤之声相反，中国成功经受住了这场考验。中国现有制度能够直接确保有效遏制病毒的传播。被全球资本所憎恶的社会主义道路及中国共产党的领导成为这一阶段性胜利的必要条件。中国在极短的时间内实现了对人力资源和物力资源的动员，并制定了周密的计划防止疫情扩散。计划实施后，数百万人的行动清晰明了，没有自乱阵脚。

以下这些创举将永远被写入历史：武汉在短短的10天内建成火神山医院，用于接收新型冠状病毒感染者。该医院占地25000平方米，可容纳1000名患者。三天后，另一家医院——雷神山建成。这座宏伟的医院建筑面积更是达到60000平方米，设有1600张病床。在短短10多天内，中国就建成了16座拥有最先进设备的方舱医院，仅武汉市就增加了6万张病床。所有部门在最危险的地方通力协作、重拳出击。为了遏制疫情，全国各省向湖北省派出了约4.3万名医生，提供了1.7万多台呼吸机。中国在高科技领域取得的成就在这次疫情中被充分利用。例如在武汉，机器人消毒机被广泛使用。

中国把抗击疫情视作一场军事行动，不仅中国人民解放军积极参与到这次行动中，全体人民的凝聚力和铁的纪律也让成功成为可能。人们将国家的灾难视为自己的不幸，通力合作，完全相信国家和领导人的决策。在这次行动中，公众的参与度很高。希望成为感染中心志愿者的医生和普通人的数量远远超出了需求，其中最活跃的是共产党员。2020 年 1 月末，习近平特别呼吁所有党组织，所有中共党员应站在抗击疫情的最前线。数以百万的共产党人响应了这一号召，他们以自己的行动驳斥了西方的污蔑，后者称中国共产党是“资产阶级政党”，党员是“野心家”，只关心个人利益。

新型冠状病毒挑战的不仅仅是健康。在高压环境下，中国的所有机制都可以正常运转，如通信、食品供应、治安……其中任何一个系统都未发生严重故障。不仅中国人自己，甚至滞留在中国的外国人也注意到这一点。例如外国人提到的“助农”计划。由于卫生和检疫措施，许多农民无法出售蔬菜和水果。为了解决这一问题，采取了紧急措施，“助农”计划在几天之内就部署完毕，困难得以解决。同样，对农民和农业的支持是俄罗斯共产党人一直秉持的信念。奥廖尔国际经济论坛再次确认：对农村的支持是保障国家安全的最重要环节。2020 年 4 月 12 日，俄罗斯联邦共产党中央委员会主席团发表抗疫声明，提出了十项反危机措施，其中就强调要确保“粮食播种和收获”，应“紧急调整燃料价格，充分执行农村扶持计划”。

我们并没有把中国的情况理想化。例如，中国存在个别疏忽职守、不适应新工作节奏以及无法迅速作出最佳决定的官员。在居民中则存在极少数惊慌失措者和试图趁机谋取私利的人。中国领导人设法最大限度地减少此类现象的负面影响，并及时制止了某些投机行动，严惩投机者，迅速缓解了疫情初期出现的产品和卫生设施短缺情况，相关产品严格遵守国家规定的价格。政府严格控制与疫情有关的信息议程，可能会危害公众的虚假消息被立即删除。中央领导明确与违纪行为坚决斗争，一些高级官员相继被免职。

结果，2020 年 3 月 18 日，中国首次出现无新增确诊病例的情况。中国向全世界展现了中央集中统一领导的高效率，党和国家机构的整体性。习近平指出：“我们党在内忧外患中诞生，在磨难挫折中成长，在攻坚克难中壮大。敢于斗争、敢于胜利，是中国共产党人鲜明的政治品格，也是我们的政治优势。”①

三、中国抗击新型冠状病毒的阶段性胜利是社会主义的胜利

中国的胜利已得到全世界的认可。世卫组织助理总干事、中国和世界卫生组织联合考察专家组联合主席布鲁斯·艾尔沃德（Bruce Alyward）于2020年2月末表示，中国为防治疫情扩散采取的措施是唯一正确的措施，其有效性已得到证明，中国人民表现出空前的凝聚力和团结力。比利时鲁汶大学医学院病毒学教授约翰·内兹（John Natz）对此表示赞同。据他介绍，中国采取的果断而有效的措施帮助其他国家获得宝贵时间，对病毒流行作出预防和应对措施。

即使在美国也有人呼吁要借鉴中国的经验。前北约盟军最高司令詹姆斯·斯塔夫里迪斯（James Stavridis）在给彭博社的一篇文章中强调了中国人民解放军在应对疫情扩散方面的作用。他认为，五角大楼需要学习如何向军队有效地转交民用任务，部门间如何协调行动有效合作。美国《纽约时报》也对此作出了回应，并很不情愿地写道：“……局外人，尤其是在西方，把目光转向了中国的威权政治体制，这迫使他们不再计较中国决策可能付出的代价和现实性。”然而，在美国抗击疫情失败的背景下，其政治精英们不能轻易接受中国的成功。华盛顿目前的态度是一种“挑衅”，美国的宣传试图否认中国抗击病毒胜利的方式，一些高层政治家呼吁就病毒流行追究所谓“中国责任”。

然而，没有人能够否定中国有效抗击疫情并迅速取得阶段性胜利的事实。包括共产党在内的一大批世界上最大的政党在联合声明中预先回应了华盛顿的暗示，并特别指出：“我们注意到中国和其他一些国家在预防和控制流行病方面取得了巨大成功，这些国家能够赢得时间并与国际社会分享经验。

① 习近平：《毫不放松抓紧抓实抓细各项防控工作　坚决打赢湖北保卫战武汉保卫战》，《人民日报》2020年3月11日。

我们高度赞赏包括中国在内的国家以开放、透明和负责任的态度及时披露与该流行病有关的信息，交流有关抗击新冠肺炎和治疗患者的经验，并尽自己所能向其他受影响国家提供医疗援助。”

毫无疑问，中国抗击新型冠状病毒的阶段性胜利是社会主义的胜利。北京掌握并严格遵循了苏联的某些基本原则，这些原则曾让苏联得以进行加速工业化、取得伟大卫国战争的胜利、迅速恢复国民经济、制造核弹和将宇航员送入太空。这种模式是制定大规模的国民经济发展计划，实行严格的领导责任制，合理利用资源，将国家利益置于优先地位。原苏联的医疗卫生体系，即谢马什科体系彰显了公正与平等的原则，公众可以免费获得所有类型的医疗救助。该医疗卫生体系以国家对国民健康的集中统一保障原则为基础，重视疾病预防，并始终警惕流行病暴发的可能性。

四、自由主义幻象的崩塌

社会主义和计划经济的优势又一次得到证明。随着新型冠状病毒在其他国家的传播，这些优势表现越来越明显。尽管其他国家有时间对病毒流行作出预防，但实际情况令人沮丧，其发病率和死亡率均超过中国纪录的峰值。欧洲和美国面临的局面极具严峻。仅在人口数量刚刚超过6000万的意大利，病毒感染人数就超过了人口数量为十几亿的中国。可是西方国家长期以来一直标榜自己是世界其他地区应该效仿的对象！

资本主义国家的疫情确实是灾难性的，其深层次原因源于“新自由主义”教条。

首先，医疗卫生系统的“最优化”整合。2008年世界金融危机爆发后，西方国家的医疗卫生体系采用最积极的形式，引入了能够节省预算的各种机制，医院、病床和医务人员的数量达到所谓“最优”和“与平均需求相对应”的水平，并没有考虑突发事件的出现。这在意大利导致的后果就是医院病床和呼吸机等设备严重短缺。这种情况同样也出现在其他国家。例如，英国的医院拒绝接收咳嗽严重但体温37.8摄氏度以下的患者，因为类似的症状被称为“轻症”。美国耶鲁大学的科学家作出了令人震惊的预测。他们提醒说，美国 1/5 的居民（即 6000 万人）要么根本没有医疗保险，要么只能享受很低的医疗服务。此外，在没有带薪病假和其他劳工权利的情况下，美国人担心失去工作和因为接受治疗而破产。2009 年的 H1N1 流感疫情也表明了这一点，当时 1/3 的病患继续上班。结果，美国的新型冠状病毒感染者和死亡人数居全球首位。

其次，公共部门效率低下，无法在危机条件下运行。究其根源还在于“新自由主义”的价值观，即尽可能减少国家参与，一切以利润最大化为原则，拒绝计划和调控，并把计划和调控视为“极权主义的污点”。以资产阶级社会意识为基础的个人主义和利己主义原则也起到了消极作用，这充分表现在“欧洲团结”的崩溃上。每个国家都单独采取行动，而不是由整个欧盟的力量建立防御机制。这导致出现了一种自相矛盾且耐人寻味的局面：意大利最先得到的帮助不是来自欧盟伙伴，而是来自中国、古巴和委内瑞拉。

新型冠状病毒大流行变成了真正的“真理时刻”，它向人类、国家和社会系统展示出什么是真正的价值。被资本打上“专制”和“非人道”烙印的社会主义国家，不分年龄、性别和种族，把人民的生活和健康置于最优先地位。但是在“进步的”资本主义社会中，马尔萨斯主义嘴脸却暴露了出来。英国《每日电讯报》（The Daily Telegram）的主要观察员杰瑞米·沃纳（Jeremy Warner）坦率地表示：“从纯粹的经济角度来看，新型冠状病毒将产生积极影响，因为老年人将以最大的比例被剔除出社会。”这简直就是法西斯主义。英国政府的首席科学顾问帕特里克·瓦朗斯（Patrick Vallance）提出“群体免疫”说：“由于大多数人都以轻型形式耐受，因此它将帮助我们发展群体免疫力，从而使更多的人获得针对这种疾病的免疫力，从而减少进一步的感染。”显然，英国当局忘记了老年人和患有慢性疾病的公民，他们是新型冠状病毒感染的主要危险人群。

五、抵御资本主义大流行

以获取利润为导向的自由市场在任何危机情况下的表现都一败涂地，且越来越严重。现在很难预测新型冠状病毒流行的规模，但是很明显，它正在推动世界发生重大转变。资本主义的普遍危机正在加剧，资产阶级像往常一样，将通过发动战争寻找出路，荼毒人类和文明，人为地恢复法西斯主义和宗教极端主义的反人类意识形态。人类的唯一出路是社会主义。与新型冠状病毒斗争的情况清楚地展现了社会主义制度的有效性和资产阶级模式的无效性。这对于全球数以百万计的人来说是显而易见的。

对于俄罗斯来说，每一次危机的打击都让其自由主义道路的危害更加明显。石油价格的下跌暴露了多元化政策的失败及其对原材料出口的持续依赖。新型冠状病毒大流行显示出社会领域优化政策的巨大危害性。但是，政府仍然回避对叶利钦—盖达尔的自由改革进行坚决改变，这意味着相同腐朽的意识形态仍是现政权的基础，因此也出现了对布尔什维克、列宁和苏维埃政权的荒谬指控。反苏联的谎言通常始于事实欺骗。例如，有人认为，俄国在十月革命前的经济增长率是“惊人的”，并确保了俄国在世界工业生产中的比重从 1896 年的 5%增加到 1913 年的 5.3%。作为对比，我们来看看苏维埃政府的成就：从 1929 年到 1939 年的短短十年间，苏联在世界生产中的比重从 5%增长到近 20%！

在资本主义精英的意识形态构建中，反共主义长期以来都是与恐俄主义合二为一的。通过建立叶利钦中心，资助反苏电影的制作，煽动“大饥荒”的歇斯底里，指责苏联发动第二次世界大战，全球资产阶级正在谋划肢解俄罗斯，使其作为一个独立国家最终消失。因此，捍卫历史真相是拯救国家不被资本主义掠夺者瓦解的必要条件。

现今，当全球矛盾达到顶点时，不能束手无策地等待即将到来的暴风雨。这种情况下，只有展现出人民与政府的凝聚力的中国才有可能继续前进。但是，资本主义世界建立在“新自由主义”、反共产主义和君主主义的伪爱国主义混合的腐朽基础上，团结是不可能实现的。只有社会主义道路才能让人类摆脱面临的主要威胁——资本主义大流行。

资本主义灾难和新冠危机：新冠肺炎和灾难资本主义、商品链和生态—流行病学—经济危机 *

[美国] 约翰·贝拉米·福斯特

[美国] 印坦·苏万迪

王　珍[①] 译

人物介绍

约翰·贝拉米·福斯特（John Bellamy Foster）是《每月评论》杂志的编辑，也是俄勒冈大学（University of Oregon）的社会学教授。最近，他与布雷特·克拉克（Brett Clark）合著了《掠夺自然：资本主义与生态裂痕》（The Robbery of Nature：Capitalism and the Ecological Rift）和《回归自然：社会主义与生态》（The Return of Nature：Socialism and Ecology），均由《每月评论》出版社于 2020 年出版。

印坦·苏万迪（Intan Suwandi）是伊利诺伊州立大学（Illinois State University）社会学助理教授，著有《价值链：新经济帝国主义》（Value Chains：The New Economic Imperialism）一书。

---

*　本文原标题为"COVID-19 and Catastrophe Capitalism: Commodity Chains and Ecological-Epidemiological-Economic Crises"，原文刊登于美国《每月评论》杂志 2020 年 6 月第 72 期。

①　王珍，中国社会科学院马克思主义研究院助理研究员。

提 要

2020 年春季，新冠肺炎在全球发生大流行。然而，这不是单纯的流行病学危机，而是晚期资本主义破坏生态环境的产物。资本通过遍布全球的商品链进行劳动力套利和土地套利，从而实现资本的循环并获取高额利润。正是资本循环造成了环境的迅速变化和疾病的全球大流行。全球商品链及其所引发的各种联系已成为疾病迅速传播的媒介，全球金融垄断资本制度已成为生态和疾病危机的根源。同时，这一系列危机反过来打破了自身赖以生存的全球商品链，进而阻碍了全球资本循环，有可能使流行病危机转化为严重的金融危机。目前，出现了一种来源于历史唯物主义传统的“结构性共享健康”模式（Structural One Health），它研究全球资本循环和其他文化历史背景，如何影响区域农业经济和相关的跨物种疾病动力学。当代历史发展的逻辑点需要基于公共利益的社会再生产制度，在这一制度下，相关的生产者能够合理地调节他们和社会与自然的新陈代谢，从而在节约能源和保护环境的基础上，促进每一个人的自由发展。

新冠肺炎比以往任何时候都更加突出了生态、流行病和经济相互关联的脆弱性，这种脆弱性正是资本主义制度的产物。当世界进入 21 世纪的第三个十年时，我们正目睹灾难性资本主义的出现，因为资本主义体系呈现全球性的结构性危机。

自 20 世纪后期以来，资本主义全球化越来越多地通过由跨国公司控制的相互连接的商品链，连接生产区和终端。各个生产区主要位于发展中国家，而世界消费、金融和积累的顶点主要位于发达国家。这些商品链构成了全球资本的主要物质循环，与普遍垄断金融资本的兴起结合起来，构成了晚期帝国主义现象。[1] 在此系统中，通过控制的帝国全球生产可以获得超额租金。一方面超额租金通过跨国公司的外围系统疯狂剥削产业劳动力，从全球劳动力中实现套利；另一方面，也越来越多地通过全球土地进行套利，即农业跨国公司在发展中国家剥削廉价的土地和劳动力，生产作物主要是出口销售到全球发达国家。[2]

跨国企业管理者依赖供应链和价值链，管理当今全球经济中复杂的资本循环。供应链代表产品实体的运动，而价值链代表从原材料到最终的产品每个节点上“附加值”的生产。[3] 这种对供应链和价值链的双重强调，在某些方面类似于卡尔·马克思在分析生产和交换中的商品链时所使用的更加辩证的方法，即使用价值和交换价值。在《资本论》第一卷中，马克思强调了在“发生在商品世界的一般变形链”中的各个环节之间存在的自然—物质使用价值（“自然形式”）和交换价值（“价值形式”）的双重现实。[4] 马克思的方法在鲁道夫·希法亭（Rudolf Hiferding）的《金融资本》一书中得到了发扬，他在书中写道“商品交易中的各个环节相互联系”。[5]

20 世纪 80 年代，世界体系理论家沃勒斯坦（Immanuel Wallerstein）和特伦斯·霍普金斯（Terence Hopkins）在马克思理论的基础上重新引入了商品链

① John Bellamy Foster, “Late Imperialism”, *Monthly Review* 71, No. 3, July-August, 2019, pp.1-19; Samir Amin, “Modern Imperialism, Monopoly Finance Capital, and Marx’s Law of Value”, New York: Monthly Review Press, 2018.

② “On the Global Labor Arbitrage and Commodity Chains”, in Intan Suwandi, *Value Chains*, New York: Monthly Review Press, 2019, pp. 32-33, pp.53-54. 关于单位人工成本的数据分析，我们与 R. Jamil Jonna 合作完成，参见“Global Commodity Chains and the New Imperialism”, *Monthly Review* , Vol. 70, No.10, March 2019, pp. 1-24. 关于全球土地套利，参见 Eric Holt-Giménez, *A Foodie’s Guide to Capitalism*, New York: Monthly Review Press, 2017, pp. 102-104.

③ Evan Tarver, “Value Chain vs. Supply Chain”, *Investopedia*, March 24, 2020.

④ Karl Marx, “The Value Form”, *Capital and Class* 2, No. 1, 1978, p.134; Karl Marx and Frederick Engels, *Collected Works*, Vol. 36, New York: International Publishers, 1996, p.63. See also Karl Marx, *Capital*, Vol. 1, London: Penguin, 1976, p.156, p.215; Marx, *Capital*, Vol. 2 , London: Penguin, 1978, pp.136-137.

⑤ Rudolf Hilferding, *Finance Capital* , London: Routledge, 1981, p.60.

的概念。[①] 然而，在后来的马克思主义（和世界体系）对商品链的分析中，使用价值的物质形态方面被普遍忽略了，一些分析将商品链视为单一的经济/价值现象。马克思从来没有忘记资本循环所存在的自然—物质界限，他始终强调资本主义价值增值对于人与自然整体的自然生产条件和新陈代谢的“消极的，即破坏性的一面”。[②] 相互依存的社会新陈代谢过程中，存在无法弥补的裂痕（代谢断层）。这种代谢断层构成了资本主义对地球的破坏性，比如它迫使土壤贫瘠，“迫使英国的农田用海鸟粪施肥”。这种代谢断层表现出明显的“周期性流行”，造成其制度发生同步的有机矛盾。[③]

这种理论框架集中于商品链的双重性和矛盾性，即包括使用价值也包括交换价值，为理解晚期帝国主义的生态、流行病学和经济危机倾向提供了基础。它让我们认识到晚期帝国主义下的资本循环是如何通过农业综合经营与疾病的病因联系在一起的，以及这种联系是如何导致新冠肺炎疫情大流行的。此外，关注商品链，让我们了解以物质商品形式存在的使用价值流动的中断，是如何引发的价值流动的中断，并最终引发严重而持久的经济危机。其结果是，将已经停滞的经济推到边缘，且有可能导致金融制度的上层结构崩溃。最后，在所有这些之外，还有今天的资本主义灾难所造成的更大的地球生态裂痕，这些裂痕表现在气候变化和各种地球边界的跨越上，其中目前的流行病学危机只是另一个剧烈的表现。

资本循环和生态流行病危机

值得注意的是，在过去十年中，出现了一种新的更全面的“同一个世界同一份健康”的疾病病原学研究方法，主要是针对最近出现的人畜共患疾病，如 SARS、MERS 和 H1N1 等从野生或驯养的非人类动物传播给人类的疾病。

① Terence Hopkins and Immanuel Wallerstein, “Commodity Chains in the World Economy Prior to 1800”, *Review* 10, No. 1,1986, pp.157-170.

② Marx, *Capital*, Vol. 1, p.638.

③ Karl Marx, *Capital*, Vol. 3, London: Penguin, 1981, pp. 949-950; Marx, *Capital*, Vol. 1, pp.348-349.

“同一份健康”模型在生态学的基础上整合了流行病学分析，将生态科学家、医生、兽医和公共卫生分析人员聚集在一个涵盖全球范围的研究体系中。然而，推动“同一份健康”的原始生态框架所代表的更新的、更全面的人畜共患疾病研究体系，最近被世界银行、世界卫生组织和美国疾病控制和预防中心等占主导地位的组织霸占或部分否定。因此，多领域协作的健康研究方法快速转换成另一种模式，这种模式虽然将公共卫生、私人医学、动物卫生、农业和大型制药公司等各方的利益加以整合，但只着重研究加强应对目前的流行疾病。关键是，这种模式受到日益崛起的战略资本，特别是农业产业资本的主导。其结果是，流行病学危机与资本主义世界经济之间的联系在一个貌似整体的模型体系中被淡化了。①

于是关于研究疾病的病因，出现了一种新的、革命性的方法，它被称为“结构性共享健康”，这种模式批判性地建立在“同一份健康”的基础上，但根植于广泛的历史唯物主义传统。对于“结构性共享健康”方法的支持者来说，关键是要确定当代全球经济中的大流行病是如何与资本循环相联系的，正是资本循环造成了环境条件的迅速恶化。一组科学家，包括罗德里克·华莱士（Rodrick Wallace）、卢克·伯格曼（Luke R. Bergmann）、理查德·考克（Richard Kock）和罗伯特·华莱士（Robert G. Wallace）等，一起写了一系列疾病控制著作，如《明确控制疾病：资本主导的森林砍伐、公共卫生的紧缩和媒介传染》一书和 2020 年 5 月《每月评论》刊发的《新型冠状病毒和资本循环》一文。“结构性共享健康”被定义为一个新的领域，它研究全球资本循环和包括深刻的文化历史在内的其他基本背景，如何对区域农业经济和相关

① Robert G. Wallace, Luke Bergmann, Richard Kock, Marius Gilbert, Lenny Hogerwerf, Rodrick Wallace, and Mollie Holmberg, “The Dawn of Structural One Health: A New Science Tracking Disease Emergence Along Circuits of Capital”, *Social Science and Medicine*, Vol.129, 2015, pp.68–77; Rob (Robert G.) Wallace, “We Need a Structural One Health”, *Farming Pathogens*, August 3, 2012; J. Zinsstag, “Convergence of EcoHealth and One Health”, *Ecohealth* 9, No.4, 2012, pp.371–373; Victor Galaz, Melissa Leach, Ian Scoones, and Christian Stein, “The Political Economy of One Health”, STEPS Centre, *Political Economy of Knowledge and Policy Working Paper Series*, 2015.

的跨物种疾病动力学产生影响。[①]

以“结构性共享健康”为代表的、革命性的历史唯物主义方法与主流的“同一份健康”方法在以下方面有所不同：“结构性共享健康”（1）侧重于将商品链作为大流行病的驱动因素；（2）不考虑通常采用的“严格按地理位置分类”的方法，即集中研究新病毒出现的某些地区，却忽略了全球经济传播渠道；（3）不把大流行病视为偶发的问题，也不把它视为随机的“黑天鹅”事件，而是把它视为一种普遍的资本结构性危机的反应，伊斯特凡·梅扎罗斯（István Mészáros）在他的《超越资本》（Beyond Capital）一书中解释了这种意义；（4）采用辩证生物学的方法，哈佛大学生物学家理查德·莱文斯（Richard Levins）和理查德·勒沃汀（Richard Lewontin）在合著的《辩证生物学家》（The Dialectical Biologist）中探讨了此方法；（5）坚持以促进可持续的“行星新陈代谢”（Planetary Metabolism）的方式彻底重建整个社会。”[②] 罗伯特·G. 华莱士在他的《大农场制造大流感》（Big Farms Make Big Flu）和其他著作中，利用马克思的商品链和代谢裂痕的概念，批判了紧缩政策和私有化（这些政策增加了私人财富并破坏了公共财富）。因此，这些批判传统的思想家们借助辩证方法来研究生态的破坏和疾病病因学。[③]

自然，流行病学界新出现的历史唯物主义者并不是凭空出现的，他们的研究是建立在传统的社会主义斗争和对流行病的关键分析这两者基础上的。其理

---

① Rodrick Wallace, Luis Fernando Chavez, Luke R. Bergmann, Constância Ayres, Lenny Hogerwerf, Richard Kock, and Robert G. Wallace, *Clear-Cutting Disease Control: Capital-Led Deforestation, Public Health Austerity, and Vector-Borne Infection* , Cham, Switzerland: Springer, 2018, p.2.

② Rob Wallace et al., “The Dawn of Structural One Health: A New Science Tracking Disease Emergence Along Circuits of Capital”, *Social Science and Medicine* Vol.129, 2015, pp.70-72; Rob Wallace, “We Need a Structural One Health”; Rob Wallace, Alex Liebman, Luis Fernando Chaves, and Rodrick Wallace, “COVID-19 and Circuits of Capital”, *Monthly Review* 72, No.1, May 2020, p.12; István Mészáros, *Beyond Capital*, New York: Monthly Review Press, 1995; Richard Levins and Richard Lewontin, *The Dialectical Biologist* , Cambridge, MA: Harvard University Press, 1985.

③ Rob Wallace, *Big Farms Make Big Flu*, New York: Monthly Review Press, 2016, pp.60-61, 118, 120-121, 217-219, 236, 332; Rob Wallace, “Notes on a Novel Coronavirus”, MR Online, January 29, 2020. 关于“劳德代尔悖论”，见 John Bellamy Foster, Brett Clark, and Richard York, *The Ecological Rift,* New York: Monthly Review Press, 2010, pp.53-72.

论原因包括一系列历史性的著作：（1）弗雷德里克·恩格斯的《英国工人阶级状况》探讨了传染病的阶级基础；（2）马克思在《资本论》中对流行病和一般健康状况进行了讨论；（3）英国动物学家（查尔斯·达尔文与托马斯·赫胥黎的门徒和马克思的朋友）E. 雷·兰斯特（E. Ray Lankester）在其著作《人类王国》中对人类疾病的人为来源及其资本主义农业、市场和金融的基础性作用进行了研究；（4）莱文（Richard Levins）著有《资本主义是一种疾病吗？》一书。①

在与“结构性共享健康”相关的新历史唯物主义流行病学研究中，尤其重要的是，这一研究方法明确认识到全球农业综合企业的作用并将其与疾病病因学的各个方面的详细研究结合起来，特别是新的人畜共患病。正如罗伯特·华莱士在《大农场制造大流感》一书中所说的那样，这些疾病是“无意中产生的生物后果，其本意诱导动物个体和生态发生变化，从而有助于跨国集团盈利”，在这一盈利过程中产生新的致命病原体。② 外包的养殖造成单一栽培的、基因相似的家畜（因此消除免疫防火带）；大规模生猪饲养场和巨大的家禽农场兴起，同时森林被快速地砍伐；野生鸟类和其他野生动物和食品工业产出的动物制品同时混合售卖，这种情况不仅出现在传统集市。这些都为产生新的致命的病原体创造了条件，例如 SARS 病毒、埃博拉病毒、甲型 H5N1 流感病毒，现在是 SARS-CoV-2 新型冠状病毒。全球有 50 多万人死于 H1N1，而死于 SARS-CoV-2 的人数可能远远超过这个数字。③

“农业综合企业，”罗伯特·华莱士写道，“正在把他们的公司转移到南半球，以利用廉价的劳动力和土地，”并“将他们的整个生产线扩展到世界各地”。④ 鸟类、猪和人类相互作用产生新的疾病。华莱士告诉我们，只要特定

① John Bellamy Foster, *The Return of Nature* , New York: Monthly Review Press, 2020, pp.61-64, 172-204; Frederick Engels, *The Condition of the Working Class in England* , Chicago: Academy Chicago, 1984; E. Ray Lankester, *The Kingdom of Man,*New York: Henry Holt, 1911, pp. 31-33, 159-191; Richard Levins, “Is Capitalism a Disease?”, *Monthly Review*, Vol. 52, No. 4, September 2000, pp.8-33. See also Howard Waitzkin, *The Second Sickness*, New York: Free Press, 1983.

② Rob Wallace, *Big Farms Make Big Flu*, New York: Monthly Review Press, 2016, p.53.

③ Rob Wallace, *Big Farms Make Big Flu*, New York: Monthly Review Press, 2016, p.49.

④ Rob Wallace, *Big Farms Make Big Flu*, New York: Monthly Review Press, 2016, pp.33-34.

的菌株首先进化，流感现在可通过企业饲料生产和贸易的全球化网络出现。随着羊群和牛群从一个地区转移到另一个地区，多种流感毒株不断被引入充满易感动物种群的地区。[①] 大规模商业养殖的家禽已被证明有更高的概率感染这些致命的人畜共患病。价值链分析已用于沿着家禽生产商品链追踪 H5N1 等新流感的病原学研究中。[②] 研究证明流感在中国南方的传播是一种历史的展现。在不同时期，源于各地的农业生态学病毒偶然进行了重组，产生致命的混合物。历史上，这些传播载体包括古代的大米，早期现代的鸭子和今天的集约化养殖家禽。这种分析也被激进的地理学家所扩展，比如伯格曼，他超越了利用单一的商品链研究生物学和经济相融合的视角，而将研究视角延伸到全球经济结构高度。[③]

农业产业相互关联的全球商品链，为人畜共患病提供新的表现形式，使得这些病原体迅速从一个地方传播到另一个地方，利用人类的相互联系和全球化，通过人类宿主在几天甚至几个小时，就能传播到另一个地方。华莱士和他的同事在《新型冠状病毒和资本循环》中写道："一些病原体直接从生产中心出现。但许多像新冠肺炎一样的疾病都起源于资本生产的最前沿。事实上，至少 60% 的新型人类病原体是通过从野生动物传播到当地人类社区而产生的（在更成功的病原体传播到世界其他地方之前）。"他们总结了这些疾病的传播条件，潜在的前提是，导致新型冠状病毒等病原体产生的原因，并不仅是其未被任何一个传染病或其临床病程观察到，而更是在生态系统关系方面，资本和其他领域的制度性因素已经锁定了自己的优势。各种各样的病原体，代表不同的类群、源宿主、传播模式、临床过程和流行病学的结果，在每次暴发时都不断向人类的研究机构展示各种特征，表明在土地利用和价值

① Rob Wallace, *Big Farms Make Big Flu*, New York: Monthly Review Press, 2016, p.81.

② Mathilde Paul, Virginie Baritaux, Sirichai Wongnarkpet, Chaitep Poolkhet, Weerapong Thanapongtharm, François Roger, Pascal Bonnet, and Christian Ducrot, "Practices Associated with Highly Pathogenic Avian Influenza Spread in Traditional Poultry Marketing Chains", *Acta Tropica*, Vol.126, 2013, pp.43–53.

③ Rob Wallace, *Big Farms Make Big Flu*, New York: Monthly Review Press, 2016, p.306; Rob Wallace et al., "The Dawn of Structural One Health: A New Science Tracking Disease Emergence Along Circuits of Capital", *Social Science and Medicine*, Vol.129, 2015, p. 69, 71, 73.

积累的循环中，不同的部分和发展路径都留有病原体的踪迹。①

20 世纪末和 21 世纪初的帝国主义生产重组，主要依赖全球劳动力套利和对发展中国家工人的过度剥削，包括有目的地污染当地的环境。这种重组主要受益者是全球资本和金融中心。但这在一定程度上也是由跨国农业综合企业进行的全球土地套利所推动的。根据埃里克·霍尔特·吉梅内斯（Eric Holt-Giménez）所著《资本主义的美食指南》，发展中国家“土地价格”和与土地租金相比是如此之低（土地的价格和土地产品的价格相比很低），以至于套取低价格和高地租之间的差价（套利）将为投资者提供可观的利润。实际种植作物的任何好处都是次要的，重要的是通过将能产生高额租金的新土地引入全球土地市场，可以实现土地套利机会。在全球土地市场上，租金实际上可以被资本化。② 这其中的大部分是由所谓的“畜牧革命”（Livestock Revolution）③ 原则喂养的，这一过程中牲畜成为一种基于大型饲养场和基因单一栽培的全球化商品。④

各发展银行大力推广这些措施，委婉地称其为“区域重组”。这些措施中包括在农业综合企业等跨国公司的要求下剥夺农民和小生产者的土地，并快速砍伐森林和破坏生态系统。这也被称为 21 世纪的土地掠夺。2008 年和 2011 年基本食品价格的飙升推动了这一过程，以及在 2007—2009 年金融危机之后，面对不确定性，私人财富基金寻求有形资产进行投资，也加速了这一进程。其结果是人类历史上最大规模的人口迁移。在全球非农化进程中，

---

① Rob Wallace et al., “COVID-19 and Circuits of Capital”, *Monthly Review*, Vol.72, No.1, May 2020, p.11.

② Eric Holt-Giménez, *A Foodie's Guide to Capitalism*, New York: Monthly Review Press, 2017, pp.102-105.

③ 畜牧革命（Livestock Revolution）这一概念由克里斯托弗·德哥多（Christopher Delgado）等学者提出，他们认为发展中国家的人口增长、城市化和收入增长，大幅推动了消费者对动物食品的需求。各国政府和工业界必须协调长期政策和投资，推动畜牧产品生产集约化，将畜牧业转变为主要进行肉类及乳类生产的专门部门，提高产量，以满足消费者需求，提高从业者收入。参见 Christopher Delgado, Mark Rosegrant, Henning Steinfeld, Simeon Ehui, Claude Courbois, “Livestock to 2020: The Next Food Revolution”, *Outlook on Agriculture*, 2001, Vol. 30, Issue 1, pp.27-29. ——译者注

④ Philip McMichael, “Feeding the World”, in Leo Panitch and Colin Leys (ed.), *Socialist Register 2007: Coming to Terms with Nature*, New York: Monthly Review Press, 2007, p.180.

人们被剥夺了土地，整个地区的农业生态被改变了，传统农业被单一文化取代，人口被推入城市贫民窟。[①]

罗伯特·华莱士和他的同事注意到，历史学家和批评城市理论学家迈克·戴维斯（Mike Davis）等发现那些新的城市化景观已经成为全球农产品流动的本地集散地和区域连接点。因此，病原体的各种原始来源，不再局限于某一偏僻之地。它们跨越时间和空间，在流行病学意义上讲，已经具有了相关性。SARS病毒仅仅几天就走出了它的蝙蝠洞穴，突然发现自己传播到大城市人类身上。[②]

商品链断裂和全球牛鞭效应

农业企业无意中产生了新病原体，这本身并不是天然材料对于人类的使用价值，而是资本主义生产体系的有毒残留物，农业企业商品链正是资本主义全球化食品制度的一部分。[③]今天的全球商品链和农业综合企业的行为，导致新冠肺炎大流行，造成了生态灾害和流行病学灾害的连锁反应。[④]这种反应被恩格斯和兰基斯特（R. Lankester）描述为隐喻性质的“复仇”。正是这种复仇，反过来干扰了整个的全球生产体系。受到封锁和隔离的影响，全球关键领域的生产被迫停滞，动摇了国际上的供应链和价值链。这在全球商品链的供给端和需求端产生了巨大的“牛鞭效应”。[⑤]此外，新型冠状病毒

---

① Farshad Araghi, “The Great Global Enclosure of Our Times”, in Fred Magdoff, John Bellamy Foster and Fredrick H. Buttel (ed.), *Hungry for Profit*, New York: Monthly Review Press, 2000, pp.145–160.

② Rob Wallace et. al., “COVID-19 and Circuits of Capital”, *Monthly Review*, Vol.72, No.1, May 2020; Mike Davis, *Planet of Slums,* London: Verso, 2016; 麦克·戴维斯接受采访，“Mike Davis on Pandemics, Super-Capitalism, and the Struggles of Tomorrow”, *Mada Masr*, March 30, 2020.

③ Rob Wallace, *Big Farms Make Big Flu*, New York: Monthly Review Press, 2016, p.61. 论剩余物和剩余物概念的辩证法意义，参见 J. D. Bernal, “Dialectical Materialism”, in Hyman Levy et. al (ed.), *Aspects of Dialectical Materialism*, London: Watts and Co., 1934, pp.103–104; Henri Lefebvre, *Metaphilosophy*, London: Verso, 2016, pp.299–300.

④ Karl Marx and Frederick Engels, *Collected Works*, Vol. 25, New York: International Publishers, 1975, pp.460–461; Lankester, *The Kingdom of Man*, p.159.

⑤ Matt Leonard, “What Procurement Managers Should Expect from a Bullwhip on Crack”, *Supply Chain Dive*, March 26, 2020.

大流行是在“新自由主义”垄断金融资本的全球制度背景下发生的，这一制度迫使全世界实行紧缩，包括在公共卫生方面。在全球商品链的管理中普遍采用准时制生产和以时间为基础的竞争，这使企业和医院等设施存货很少，而部分人口紧急囤积某些商品使这一问题更加严重。[①] 其结果是整个全球经济异常混乱。

今天的全球商品链，或者我们所说的劳动—价值链，主要是为了利用发展中国家较低的单位劳动力成本（考虑到工资成本和生产力），而这些国家现在是世界工业生产过程的主要发生地。2014 年，印度的单位劳动力成本是美国的 37%，而中国和墨西哥分别是 46% 和 43%。印度尼西亚的单位劳动力成本略高，但也只有美国的 62%。[②] 这在很大程度上是由于发展中国家的工资极低，只有发达国家工资水平的一小部分。与此同时，根据跨国公司的规格进行的离岸生产，凭借先进技术引进到全球发展中国家的新出口平台，在许多地区产生的生产力水平可与发达国家相媲美。其结果是，在一个一体化的全球系统中，发达国家和发展中国家相比，两者之间工资水平的差异大于生产力的差异。因此，发展中国家单位劳动力成本很低，在贫穷国家那里生产并出口商品的价格可以产生巨大的经济盈余。

南半球产生的巨大经济盈余被计入北半球的国内生产总值（GDP）中。然而，它们更应该被理解为来自南方的价值。这种与生产全球化相联系的全新的国际剥削体系构成了 21 世纪晚期帝国主义的深层结构。这是一种围绕全球劳动力套利而形成的世界剥削体系，它导致穷国所创造的价值大量流失到富国。

这一切都得益于交通和通讯领域的革命。随着标准化集装箱的激增，运输成本大幅下降。光纤电缆、移动电话、互联网、宽带、云计算和视频会议等通信技术改变了全球连接方式。航空旅行 2010 年至 2019 年间，每年平均增长

① 以时间为基础的竞争和准时制生产，见“What Is Time-Based Competition”, Boston Consulting Group.

② Intan Suwandi, *Value Chains*, New York: Monthly Review Press, 2019, pp.59–61; John Smith, *Imperialism in the Twenty-First Century*, New York: Monthly Review Press, 2016.

6.5%[①]，降低了快速旅行的成本。美国出口中约有1/3是棉花、钢铁、发动机和半导体等制成品的中间产品。[②]目前的全球商品链体系就是在这些迅速变化的条件下形成的，这种结构产生了一种日益一体化和等级化的国际积累结构。其结果是，全球各地在一个压迫的世界体系中相互连接，而在美国对华贸易战和新冠肺炎疫情对全球经济的影响下，这种连接现在显示出不稳定的迹象。

新冠肺炎大流行造成的封锁和社会隔离，是“第一次全球供应链危机”。[③]这导致经济价值损失、大量失业和就业不足、公司倒闭、剥削加剧以及普遍的饥饿和物资匮乏。要理解当前危机的复杂性和混乱，关键是要了解，在世界任何地方，跨国公司的执行总裁都没有公司商品链的完整地图。[④]通常，企业的金融中心和采购官员了解他们的第一层供应商，但不了解他们的第二层供应商（即他们的供应商的供应商），更不用说第三甚至第四层供应商。正如伊丽莎白·布拉（Elisabeth Braw）在《外交政策》中所写的，“德国慕尼黑大学供应管理教授迈克尔·埃西格（Michael Essig）计算出，像大众这样的跨国公司有5000个一级供应商，平均每个一级供应商有250个二级供应商。这意味着该公司实际上有125万个供应商。其中绝大多数是不认识的”。这没有包括三级供应商。当新冠肺炎疫情在中国武汉出现时，全球5.1万家企业在武汉至少有一个直接供应商，500万家企业在武汉至少有一个二级供应商。2020年2月27日，当供应链的断点还主要集中在中国时，世界经济论坛援引邓白氏（Dun & Bradstreet）的一份报告称，《财富》榜上超过90%的跨国公司有一级或二级供应商受到病毒影响。[⑤]

---

① Walden Bello, “Coronavirus and the Death of ‘Connectivity’”, *Foreign Policy in Focus*, March 22, 2010; “Annual Growth in Global Air Traffic Passenger Demand from 2006 to 2020” , *Statista*, April 22, 2020.

② Shannon K. O’Neil, “How to Pandemic Proof Globalization”, *Foreign Affairs*, April 1, 2020.

③ Stefano Feltri, “Why Coronavirus Triggered the First Global Supply Chain Crisis”, *Pro-Market*, March 5, 2020.

④ Elisabeth Braw, “Blindsided on the Supply Side”, *Foreign Policy*, March 4, 2020.

⑤ Francisco Betti and Per Kristian Hong, “Coronavirus Is Disrupting Global Value Chains. Here’s How Companies Can Respond”, *World Economic Forum*, February 27, 2020; Braw, “Blindsided on the Supply Side”, *Foreign Policy*, March 4, 2020.

受病毒的影响使得公司迫切需要绘制他们的整个商品链，但这非常复杂。当福岛核灾难发生时，人们发现福岛地区生产了世界上 60% 的关键汽车零部件，世界上很大一部分锂电池化学品，以及世界上 22% 的 300 毫米硅片，这些都是工业生产的关键部件。当时一些垄断金融公司试图绘制他们的供应链。根据《哈佛商业评论》(Harvard Business Review) 的报道，一家日本半导体制造商的高管告诉我们，在 2011 年的地震和海啸以及福岛核灾难之后，一个 100 人的团队花了一年多的时间，才将公司的供应网络深入描绘到各个子层。①

商品链中的许多环节是看不见的，这些环节在许多地方都被打破了，企业在马克思所谓的“商品形态变化的锁链”中，在物质产品的生产、分配和消费上，面临干扰和不确定性，同时面临总体供应需求的不稳定变化。新型冠状病毒大流行的规模及其对世界积累的影响是前所未有的。全球经济成本仍在上升。3 月底，地球上大约有 30 亿人处于隔离状态或社交距离模式。② 大多数公司没有应急计划来应对供应链的多次中断。③ 这个问题的严重程度在 2020 年的头几个月就表现出来了。在数以万计的不可抗力声明中，问题首先出现在中国，然后蔓延到其他地方。在这些地方，不同的供应商表示他们由于特殊的外部事件而无法履行合同。伴随而来的是大量的“空船”，货船的预定航行被取消，货物因供应或需求不足而滞留。④ 4 月初，美国全国零售联合会 (National Retail Federation) 指出，2020 年 3 月，20 英尺 (约 6 米) 集装箱的船货出货量降至五年低点，预计从那时起，海运货物出货量的下滑速度

① Braw, “Blindsided on the Supply Side”, *Foreign Policy*, March 4, 2020; Thomas Y. Choi, Dale Rogers, and Bindiya Vakil, “Coronavirus is a Wake-Up Call for Supply Chain Management”, *Harvard Business Review*, March 27, 2020.

② “Nearly 3 Billion People Around the Globe Under COVID-19 Lockdowns”, *World Economic Forum*, March 26, 2020.

③ Lizzie O’Leary, “The Modern Supply Chain Is Snapping”, *Atlantic*, March 19, 2020.

④ Choi et. al., “Coronavirus is a Wake-Up Call for Supply Chain Management”, *Harvard Business Review*, March 27, 2020; Willy Shih, “COVID-19 and Global Supply Chains: Watch Out for Bullwhip Effects”, *Forbes*, February 21, 2020.

将快得多。[①] 世界各地的航空客运航班减少了大约 90%，导致美国主要航空公司“为货运航班进行改造，飞机的腹部和客舱座位经常被移走，利用空通道确保货物安全”。[②]

根据世界贸易组织 4 月初的估计，新冠肺炎大流行的经济影响将导致 2020 年世界贸易额在较乐观的情况下下降 13%，在较悲观的情况下下降 32%。在后一种情况下，这一年的世界贸易崩溃程度，相当于 20 世纪 30 年代大萧条三年期间所发生的情况。[③]

新冠肺炎大流行期间全球供应链中断的可怕后果在医疗设备方面尤其明显。普莱米尔（Premier）是美国医院的主要采购组织之一，该组织表示，通常每年给作为其会员的医疗服务机构提供采购 2400 万件 N95 口罩，而仅在 2020 年 1 月和 2 月，其会员就使用了 5600 万件口罩。3 月底，普莱米尔订购了 1.1 亿至 1.5 亿个医用口罩，而接受该组织调查的医院和养老院等成员机构显示，它们的医用口罩供应储备不足一周。医用口罩的需求飙升，而全球供应却冻结了。[④] 在 3 月下旬中国加快生产之前，全球新冠肺炎检测试剂盒长期短缺。[⑤]

许多其他商品也出现供应短缺，而在混乱的仓库里却堆满了时装等需求大幅下降的商品。在准时制生产和以时间为基础的竞争的世界中，存货通常被减少到最低限度以降低成本。在经济没有疲软的情况下，美国的汽车和

① “Estimated March Imports Hit Five Year-Low, Declines Expected to Continue Amid Pandemic”, *National Retail Federation*, April 7, 2020.

② Emma Cosgrove, “FAA Offers Safety Guidance for Passenger Planes Ferrying Cargo”, *Supply Chain Dive*, April 17, 2020.

③ “Trade Set to Plunge as COVID-19 Pandemic Upends Global Economy”, *World Trade Organization*, April 8, 2020; S. L. Fuller, “WTO: 2020 Trade Levels Could Rival the Great Depression”, *Supply Chain Dive*, April 9, 2020.

④ Deborah Abrams Kaplan, “Why Supply Chain Data is King in the Coronavirus Pandemic”, *Supply Chain Dive*, April 7, 2020; O’Leary, “The Modern Supply Chain Is Snapping”, *Atlantic*, March 19, 2020; Chad P. Bown, “COVID-19: Trump’s Curbs on Exports of Medical Gear Put Americans and Others at Risk”, Peterson Institute for International Economics, April 9, 2020; Shefali Kapadia, “From Section 301 to COVID-19”, *Supply Chain Dive*, March 31, 2020.

⑤ Finbarr Bermingham, Sidney Leng, and Echo Xie, “China Ramps Up COVID-19 Test Kit Exports Amid Global Shortage, as Domestic Demand Dries Up”, *South China Morning Post*, March 30, 2020.

许多零售供应链可能会在 5 月初出现长期供应短缺。正如特斯拉供应链战略的负责人、目前负责电动汽车初创公司 Lucid Motors 采购的彼得·哈森坎普（Peter Hasenkamp）所言：“制造一辆汽车需要 2500 个零部件，少一个零部件都不行。”新型冠状病毒检测试剂盒在美国供应不足，部分原因是缺少棉球拭子。① 到 2020 年 4 月中旬,81% 的全球制造企业正面临供应短缺，从新型冠状病毒出现前的年初到 3 月，不可抗力声明增加了 44%，停产增加了 38%。其结果不仅是物质短缺，而且是现金流的危机，从而导致巨大的“财务风险激增”。②

对于今天的跨国公司来说，只要它们能产生交换价值，就不太关心它们所销售的使用价值，供应链中断的真正经济影响在于它们对价值链，即交换价值流动的影响。尽管全球供应链中断的全部价值影响在一段时间内还不为人所察觉，但从企业所经历的价值损失中可以看出这场危机对积累的影响。在过去的几十年里，包括波音、耐克、好时、太阳微系统和思科在内的数百家公司遭遇了严重的商品链中断。基于对大约 800 个案例的研究表明，供应链中断对企业的平均影响包括：营业收入下降 107%，销售回报下降 114%，资产回报率下降 93%，销售增长下降 7%，成本增长 11%，库存增长 14%，而负面影响通常会持续两年。同样的研究表明，在供应链中断的公告日期一年前到两年后的三年时间里，遭受供应链中断的公司的股票回报率比行业基准低 33% 到 40%。此外，在中断后的一年里，股价波动比中断前一年的波动高出 13.50%。③

虽然即使是在单个公司的情况下，也没有人知道目前这一切在将来会如何发展，资本有充分的理由担心其对保值和积累的影响。世界各地的生产都

① Kapadia, “From Section 301 to COVID-19”, *Supply Chain Dive*, March 31, 2020; “Companies’ Supply Chains Vulnerable to Coronavirus Shocks”, *Financial Times*, March 8, 2020; Bermingham, Leng, and Xie, “China Ramps Up COVID-19 Test Kit Exports Amid Global Shortage, as Domestic Demand Dries Up”, *South China Morning Post*, March 30, 2020.

② “COVID-19: Where Is Your Supply Chain Disruption?”, *Future of Sourcing*, April 3, 2020.

③ Thomas A. Foster, “Risky Business: The True Cost of Supply-Side Disruptions”, *Supply Chain Brain*, May 1, 2005; Kevin Hendricks and Vinod R. Singhal, “The Effect of Supply Chain Disruptions on Long-Term Shareholder Profitability, and Share Price Volatility”, June 2005, see http://supplychainmagazine.fr.

在下降，因为公司在裁员，失业人数在飙升。而在美国，工人们只能自己照顾自己。现在，各大公司都在竞相拉动自己的商品链，并在这场似乎无所不包的危机中营造一些稳定的表象。此外，全球劳动力套利失败所涉及的对整个变形链的破坏，有可能在仍然以停滞、债务和金融化为特征的世界经济中造成金融崩溃。

被暴露的最重要的弱点是所谓的供应链融资，这种融资允许企业在银行融资的帮助下推迟向供应商付款。据《华尔街日报》报道，一些企业的供应链融资义务数额巨大，令其公布的净债务相形见绌。这些欠供应商的债务通过其他金融利益以短期票据的形式出售。瑞士信贷持有家乐氏（Kellogg's）和通用磨坊（General Mills）等美国大公司的票据。① 由于商品链的普遍中断，这一本身是投机对象的复杂的金融链本身就处于危机状态，使本已脆弱的金融系统更加脆弱。

帝国主义、阶级和大流行病

SARS-CoV-2 病毒，像近年来出现的其他危险病原体一样，其产生包含一系列密切相关的复杂的因素：（1）全球农业的发展与扩大化的遗传单一栽培，使得人畜共患疾病从野生动物经过家养动物到人类的传播易感性被增强了；（2）破坏野生环境，扰乱野生物种的活动；（3）人类生活的距离越来越近。毫无疑问，全球商品链和它们所产生的各种联系已成为疾病迅速传播的媒介，使整个全球发展模式受到质疑。耶鲁大学管理学院的斯蒂芬·罗奇（Stephen Roach），作为前摩根士丹利（Morgan Stanley）首席经济学家和全球劳动力套利概念的主要发起者，认为在新型冠状病毒危机的背景下，金融企业总部想要的是低成本商品。不管那些成本效益是否来自压缩公共卫生投资，或者压缩在环境保护和气候质量方面的投资。这种“成本效率”的不可

① “Supply-Chain Finance is New Risk in Crisis”, *Wall Street Journal*, April 4, 2020; “CNE/CIS Trade Finance Survey 2017”, *BNE Intellinews*, April 3, 2017.

持续做法导致了当代全球生态和流行病学危机及其金融后果，进一步破坏已经表现出金融泡沫特征的“过度激增”的体系。[①]

目前，发达国家既是疫情中心，也是金融影响的中心，但由疫情引发的整体危机，包括其经济和流行病学影响，将更严重地打击贫穷国家。这类全球危机的处理，最终都要通过帝国主义阶级体系进行逐级执行。伦敦帝国理工学院的新型冠状病毒反应小组在 2020 年 3 月发表了一份报告，表明如果在全球新型冠状病毒流行时，没有社交距离和隔离措施，世界上会有 4000 万人死亡。富裕国家比贫穷国家的死亡率更高，因为富裕国家 65 岁以上的人口比例比贫穷国家更大。这一分析表面上考虑了富裕国家享有更多的医疗服务。但它忽略了营养不良、贫穷和贫穷国家更容易感染传染病等因素。然而，基于这些假设，帝国理工学院的估计表明，在一个模拟的场景中，东亚和太平洋地区死亡的人数会达到 1500 万人，南亚 760 万人，拉丁美洲和加勒比地区 300 万人，撒哈拉以南非洲 250 万人，中东和非洲北部 170 万人，欧洲和中亚 720 万人，北美约 300 万人。[②]

基于帝国理工学院的分析，耶鲁大学的艾哈迈德·穆什菲克·莫巴拉克（Ahmed Mushfiq Mobarak）和扎卡里·巴尼特－霍威尔（Zachary Barnett-Howell）在《外交政策》上写了一篇题为《穷国需要对社交距离三思》的文章。他们在文章中，非常明确地指出：“流行病学模型清楚地表明，不干预的情况下富裕国家的代价将是数十万到数百万人死亡，这一结果比可以想象到的最严重的经济衰退还要糟糕得多。”换句话说，在高收入社会中，“为了拯救生命”，保持社会距离的干预和激进的压制，即使伴随着相关的经济成本，也是绝对合理的。然而，他们指出，对于贫穷国家来说，情况并非如此，因为在这些国家的总人口中，老年人口相对较少。根据帝国理工学院的估计，这些国家的死亡率只有富国一半左右。他们承认，这个模型没有考虑到慢性

① Stephen Roach, “This Is Not the Usual Buy-on-Dips Market”, *Economic Times*, March 18, 2020.

② COVID-19 Response Team, Imperial College, *Report 12: The Global Impact of COVID-19 and Strategies for Mitigation and Suppression*, London: Imperial College, 2020, pp. 3–4, 11.

病、呼吸系统疾病、污染和营养不良在低收入国家更普遍的情况，这些可能会增加新型冠状病毒暴发的死亡率。但基本上这些作者坚持认为，考虑到这些国家的贫困和巨大的失业与就业不足，最好不要实践社交距离或积极的检测和抑制措施，并且需要努力实现经济生产，确保在上游低工资国家基本保持完整的全球供应。[①] 毫无疑问，这些作者认为，全球发展中国家数千万人的死亡是资本帝国持续发展的合理代价。

正如迈克·戴维斯所言，21 世纪的资本主义指向了“人类永久的分类……一部分人类注定最终走向灭绝”。他问道：如果新冠肺炎在缺乏药物、营养不良、忽视健康、免疫系统受损的人群中传播，会发生什么情况呢？年龄优势对非洲和南亚贫民窟的贫困青年来说，价值要小得多。

还有一种可能性是，贫民窟和贫穷城市的大规模感染可能开启新型冠状病毒的感染模式，重塑疾病的性质。在 2003 年“非典”出现之前，高致病性冠状病毒的流行仅限于家畜，尤其是猪。研究人员很快发现了两种不同的感染途径：攻击胃和肠组织的粪口感染，以及攻击肺部的呼吸道感染。在第一种情况下，死亡率通常很高，而在第二种情况下，死亡率一般较轻。目前有一小部分的新型冠状病毒阳性病例，尤其是邮轮病例，报告了腹泻和呕吐，用一份报告的话说：“不能低估 SARS-CoV-2 病毒通过污水、废物、空调系统和气溶胶传播的可能性。”这种流行病现在已经蔓延到非洲和南亚的贫民窟，那里到处都是粪便污染：在水里，在自家种植的蔬菜里，在风吹来的灰尘里。这不是更有利于病毒通过肠道传染吗？就像动物的情况一样，这会导致更致命的感染吗？

戴维斯的观点清楚地说明了《穷国需要对社交距离三思》一文的立场，即在应对流感大流行时，应在富裕国家而不是贫穷国家采取社交距离和积极抑制病毒的措施，这是严重不道德的。这样的帝国主义流行病学策略都是恶

① Ahmed Mushfiq Mobarak and Zachary Barnett-Howell, “Poor Countries Need to Think Twice About Social Distancing”, *Foreign Policy*, April 10, 2020; Zachary Barnett-Howell and Ahmed Mushfiq Mobarak, “The Benefits and Costs of Social Distancing in Rich and Poor Countries”, *ArXiv*, April 10, 2020.

性的。全球发展中国家的贫困人口是帝国主义的产物，帝国主义流行病学策略追随马尔萨斯或社会达尔文的方法，以数百万人死亡为代价来换取全球经济增长，其目的是造福那些制度的顶端。社会主义领导的委内瑞拉采用与此相反的方法，该国在拉丁美洲国家中平均死亡率最小。在古巴和中国，更是开展集体有组织的社会隔离措施，并向社会提供大范围的测试和充足的医院与卫生保健措施，通过大量个性化筛选来确定最脆弱的人群。①

在经济上，除了流行病的直接影响之外，所有发展中国家注定要付出最高的代价。由于发达国家订单的取消以及全球各地的社会封锁，造成全球供应链的崩溃以及随之而来的商品链的重塑，将使整个国家和地区遭受毁灭性打击。②

在这里，最重要的是要认识到，新冠肺炎大流行之前，唐纳德·特朗普已经发动和管理全球霸权针对中国的经济战争，其规模大约相当于世界经济自 2008 以来所有累积增长的 37%。特朗普政府认为这是通过其他方式进行的战争。由于关税战争，许多美国公司已经将他们的供应链从中国撤出。例如，李维斯（Levi’s）已将其在中国的制造比例从 2017 年的 16% 降至 2019 年的 1% 到 2%。面对贸易战争和新型冠状病毒大流行，最近在美国各行业 160 位受访高管中的 2/3 表示，他们已经或者打算转移，考虑将业务从中国转移到墨西哥。现在那里的单位劳动力成本比较低，也更靠近美国市场。目前，华盛顿对中国的经济战争很激烈，特朗普政府直到 2020 年 3 月才同意下调个人防护设备的关税。个人防护设备对于医务人员至关重要。特朗普同时任命彼得·纳瓦罗担任《国防生产法》政策协调员，采取行动应对新冠肺炎危机。此人正是支持特朗普与中国经济霸权战争的经济学家顾问。

---

① “President Maduro: Venezuela Faces the COVID-19 With Voluntary Quarantine Without Curfew or State of Exception”, *Orinoco Tribune*, April 18, 2020; Frederico Fuentes, “Venezuela: Community Organization Key to Fighting COVID-19”, *Green Left*, April 9, 2020.

② “Analysis: The Pandemic Is Ravaging the World’s Poor Even If They Are Untouched by the Virus”, *Washington Post*, April 15, 2020; Matt Leonard, “India, Bangladesh Close Factories Amid Coronavirus Lockdown”, *Supply Chain Dive*, March 26, 2020; Finbarr Bermingham, “Global Trade Braces for ‘Tidal Wave’ Ahead, as Shutdown Batters Supply Chains”, *South China Morning Post*, April 3, 2020; I. P. Singh, “Punjab: ‘No Orders, No Raw Material’”, *Times of India*, April 1, 2020.

作为指导美国针对中国的贸易战争的顾问和《国防生产法》政策协调员，纳瓦罗先是无端指责中国引入“贸易冲击”，摧毁了“超过500万个制造业岗位和70000家工厂”“杀害成千上万的美国人”，破坏了他们的工作、家庭和健康。他现在宣布，紧随其后的是“中国病毒冲击”。[①]在这种宣传的基础上，纳瓦罗围绕抗击所谓的“中国病毒”以及将美国供应链撤出中国的必要性，整合了美国对疫情的政策。然而，由于目前全球大约1/3的中间制造产品是在中国生产的，其中大部分是在高科技行业，而且这仍然是全球劳动力套利的关键，尝试这种重组将会造成极大的破坏。[②]

一些已将生产移出中国的跨国公司后来才明白，这一决定并没有“解除”它们对中国的依赖。例如，三星已经开始将电子元件从中国空运到它在越南的工厂。越南是那些渴望逃避贸易战公司的目的地，但越南也很脆弱，因为它们严重依赖中国提供原材料或中间零部件。在邻近的东南亚国家也发生了类似事件。[③]中国是印度尼西亚最大的贸易伙伴，印度尼西亚大约20%到50%的工业原材料来自中国。2020年2月，印度尼西亚巴淡（Batam）的工厂已经不得不应对来自中国的原材料枯竭的问题。该地区生产的原材料中，有70%来自中国。那里的公司表示，他们考虑过从其他国家获得原材料，但“并不容易”。对许多工厂来说，可行的选择是“完全停产”。[④]福耀玻璃工业

---

① David Ruccio, “The China Syndrome”, *Occasional Links and Commentary*, April 14, 2020; Alan Rappeport, “Navarro Calls Medical Experts ‘Tone Deaf’ Over Coronavirus Shutdown”, *New York Times*, April 13, 2020; John Bellamy Foster, *Trump in the White House*, New York: Monthly Review Press, 2017, pp.84–85.

② Cary Huang, “Is the Coronavirus Fatal for Economic Globalisation?”, *South China Morning Post*, March 15, 2020; Frank Tang, “American Factory Boss Says Pandemic Will Change China’s Role in Global Supply Chain”, *South China Morning Post*, April 15, 2020.

③ John Reed and Song Jung-a, “Samsung Flies Phone Parts to Vietnam After Coronavirus Hits Supply Chains”, *Financial Times*, February 16, 2020; Finbarr Bermingham, “Vietnam Lured Factories During Trade War, but Now Faces Big Hit as Parts from China Stop Flowing”, *South China Morning Post*, February 28, 2020.

④ Fadli, “Batam Factories at Risk as Coronavirus Outbreak Stops Shipments of Raw Materials from China”, *Jakarta Post*, February 18, 2020; “Covid-19: Indonesia Waives Income Tax for Manufacturing Workers for Six Months”, *Star*, March 16, 2020.

的创始人曹德旺等中国亿万富翁预测，疫情过后中国会弱化其在全球供应链中所扮演的角色。但他们也认为，至少在短期内，很难找到一个经济体取代中国在全球产业链中的位置。其原因包括东南亚国家存在“基础设施缺陷”，发达国家的劳动力成本更高，因此“富裕国家”想要“重建国内制造业”必须面对很多的障碍。

新冠肺炎危机不应被视为外部力量的结果或不可预测的“黑天鹅”事件，而是属于危机趋势的综合体。这种综合性危机本身是可以预知的，尽管在准确时间上无法预测。今天，资本主义制度的中心正遭遇生产和投资方面长期的停滞，依赖超低利率、大量的债务、其他国家的资金外流和金融投机来实现顶部财富的扩张和积累。收入和财富不平等正在达到前所未有的水平。世界生态的裂痕已经蔓延到了全球性的程度，使得地球环境正在转变成一个不再保证人类安全的场所。在全球垄断金融资本制度的基础上，正在出现新的大流行病，这种制度已使自己成为疾病的主要传播媒介。无论在“新自由主义”的外衣下还是在新法西斯主义的外衣下，世界各地的国家制度都趋向于到了更高的压制水平。

这一制度的本质是超乎寻常的剥削性和破坏性。蓝领工人都已经被美国国土安全部正式定义为必不可少的关键性的基础设施劳动者，期望他们在没有防护装备的情况下实施生产，而更多可有可无的特权阶级却能有条件保持社交距离。[①] 真正意义上的隔离措施范围要大得多，需要国家的准备和计划，以确保所有人都受到保护，而不是只关注于保护经济利益。正是由于社会距离的阶级性质，以及获得收入、住房、资源和医疗的途径差异，美国新冠肺炎的发病率和死亡率在有色人种中较高，而这些人种的经济和环境不公平状况也最为严重。[②]

① Christopher C. Krebs, “Advisory Memorandum on Identification of Essential Critical Infrastructure Workers”, U.S. Department of Homeland Security, March 28, 2020.

② Lauren Chambers, “Data Show that COVID-19 is Hitting Essential Workers and People of Color Hardest”, Data for Justice Project, American Civil Liberties Union, Apr. 7, 2020.

社会生产和行星新陈代谢

马克思唯物主义观点的基础是他所说的“需求层次”。[1] 这意味着人类是一种物质存在，是自然世界的一部分，同时也在自然世界中创造自己的社会环境。作为物质存在，他们必须先满足自己的物质需要：吃与喝。保证食物、住所、衣服和健康生存的基本条件，然后才能追求充分实现人的潜力所必需的更高层次的发展需要。[2] 然而，在阶级社会中，绝大多数人，也就是真正的生产者，总是被降级到为了满足自己最基本的需要而不断进行斗争的境地。这并没有从根本上得到改变。尽管几个世纪以来的增长创造了巨大财富，数以百万计的人甚至在最富有的资本主义社会仍然在一个不稳定的条件下生活，缺乏基本的食品安全、住房、清洁的水、卫生保健和交通运输等条件，而三个亿万富翁在美国拥有的财富相当于一半的底层人口的财富。

与此同时，局部和区域环境，就像作为人类安全庇护所的世界生态系统和地球系统本身一样，已经处于危险之中。资本对全球“成本效益”的追求，实际上是遮在掠夺廉价劳动力和廉价的土地面前的遮羞布。资本为了这一目的，创建了跨国资本全球商品链的复杂系统。这一制度在全球商品链中每一节点上进行过度剥削来实现利润最大化，同时也把整个世界变成一个房地产市场，成为农业综合企业操纵的领域。其结果是，全球体系外围的盈余被大量抽干，全球共有资源遭到掠夺。在资本所采用的狭义价值核算体系中，大部分物质存在，包括整个地球系统和人类的社会条件，只要不进入市场，就被认为是外部性，可以为了资本积累的利益而被掠夺和剥夺。正如盖伊·斯坦丁（Guy Standing）在《公地的掠夺》（Plunder of the Commons）中所指出的，“公地的悲剧”是一种错误的描述，“私有化的悲剧”

---

① Karl Marx, *Texts on Method* , Oxford: Basil Blackwell, 1975, p.195.

② Frederick Engels, “The Funeral of Karl Marx”, in Philip S. Foner (ed.), *Karl Marx Remembered*, San Francisco: Synthesis, 1983, p.39.

才是更合理的解释。今天，劳德代尔伯爵（Earl of Lauderdale）在19世纪早期提出了著名的劳德代尔悖论（Lauderdale Paradox），即为了增加私人财富而破坏公共财富，整个地球都已经成为这个悖论的生动展示了。[①]

近代帝国主义的资本循环已将这些趋势发挥到了极致，造成了一场迅速发展的地球生态危机，有吞噬我们所知的人类文明的危险。这是建立在一个积累系统之上的，这个系统脱离了任何与金钱无关的人群需求的理性排序。[②]总的来说，财富的积累和聚集越来越依赖于推广各种浪费。在这场灾难中，一场新的冷战和热核战争的可能性越来越大，而日益不稳定和咄咄逼人的美国首当其冲。这导致《原子科学家公报》将其著名的“末日钟”移至午夜前100秒，这是自1941年开始使用以来距离午夜最近的时刻。[③]

新冠肺炎大流行以及不断增加的、更致命的疾病大流行的威胁，也是这种帝国主义晚期发展的产物。全球性的开发和征用不仅破坏了生态，也破坏了物种之间的关系，制造了病原体的有毒混合物。造成所有这一切的包括：推广遗传单一栽培的农业综合企业；不受控制的物种混合在内的大规模生态系统破坏；以及一种不考虑自然和社会限制的全球体系，它将土地、身体、物种和生态系统视为许多“免费礼物”而对其进行残酷的剥削。

新的病毒也不是目前唯一出现的全球健康问题。农业企业中抗生素的过度使用和现代医学都导致了细菌成长为超级细菌的危险正在增加，这进一步导致越来越多人的死亡。到21世纪中叶，因此死亡的人数可能超过每年因癌症死亡的人数，并促使世界卫生组织宣布进入“全球卫生紧急状态”。[④]由于资产阶级社会的不平等条件，传染病在工人阶级和穷人中最为严重。正如恩格斯在19世纪所指出的，在人群的外围，如果一项制度为追求财富而造

① John Bellamy Foster and Brett Clark, *The Robbery of Nature*, New York: Monthly Review Press, 2020, pp.167–172.

② John Bellamy Foster and Robert W. McChesney, *The Endless Crisis*, New York: Monthly Review Press, 2012.

③ “It's Now 100 Seconds to Midnight”, *Bulletin of Atomic Scientists*, January 23, 2020.

④ “Microbial Resistance a Global Health Emergency” , *UN News*, Nov.12, 2018; Ian Angus, “Superbugs in the Anthropocene”, *Monthly Review*, Vol.71, No. 2, June 2019.

成此类疾病，可以因社会谋杀罪名而起诉它。正如流行病学上以“同一份健康”和“结构共享健康”为代表的革命性发展所表明的那样，新大流行病的病因可以追溯到资本主义带来的生态破坏的整体问题。

在这里，就像过去多次出现的那样，有必要再次强调“革命性重建整个社会”的重要性。[①] 当代历史发展的逻辑点需要更多基于公共利益的社会代谢繁殖制度，在这一制度下，相关的生产者能够合理地调节他们和社会与自然的新陈代谢，从而促进每一个人的自由发展，这种自由发展是以节约能源和环境为基础的。[②]21 世纪人类的未来不在于增加经济对生态的剥削和征用，那是帝国主义和战争的方向。相反，马克思所倡导的“总体自由”和可持续的“行星新陈代谢”正是当前关乎人类现在和未来的第一要务，这甚至可称得上是关乎人类生存的最紧迫的需要。[③]

① Karl Marx and Frederick Engels, *The Communist Manifesto*, New York: Monthly Review Press, 1964, p.2.

② Karl Marx, *Capital*, Vol. 3, p.949.

③ Karl Marx and Frederick Engels, *Collected Works*, Vol. 1, New York: International Publishers, 1975, p.173; Rob Wallace et. al., “COVID-19 and Circuits of Capital”, *Monthly Review*, Vol. 72, No.1, May 2020.

构建“人类命运共同体”是破除新型冠状病毒全球蔓延的出路所在 *

[西班牙] 何塞·路易斯·森特利亚·戈麦斯

禚明亮[①] 译

人物介绍

何塞·路易斯·森特利亚·戈麦斯（José Luis Centella Gómez），1958年7月31日出生，西班牙共产党人、政治家，前西班牙共产党中央委员会总书记（secretario general del PCE）。2018年4月8日，在西班牙共产党第二十次代表大会的最后一次会议中，当选为西班牙共产党主席。

* 本文原标题为 “The Community of Common Destiny’ as a Way Out of the Global Emergency Caused by the Coronavirus-COVID19”，原载 http://www.solidnet.org/article/CP-of-Spain-THE-COMMUNITY-OF-COMMON-DESTINY-AS-A-WAY-OUT-OF-THE-GLOBAL-EMERGENCY-CAUSED-BY-THE-CORONAVIRUS-COVID19/，2020年3月20日。

① 禚明亮，中国社会科学院世界社会主义研究中心特邀研究员、南昌理工学院客座教授。

提 要

由新型冠状病毒蔓延引发的全球性危机显露了以经济利润为原则的资本主义制度的脆弱性，中国政府所积极倡导的构建“人类命运共同体”的主张可能加速全球破解当前疫情困局的步伐。当前时期，必须要结束冷战政策，彻底消灭商业战争，终结帝国主义性质的全球化进程。国际社会尤其是欧洲国家，要更多地关注“人类命运共同体”理念，实现全人类的团结一致。

当前，世界正遭遇第二次世界大战以来的最严重的一次卫生、经济和社会紧急事件，即全球疫情蔓延。人类历史上很少有哪一个政治决议能够像今天这样展现得如此地淋漓尽致。我指的是由中华人民共和国主席习近平提出构建“人类命运共同体”的理念，这一主张号召世界各国团结一致，应对人类面临的共同难题。这种全球合作有着共同的目标，即使世界各国人民都享有有尊严地生活的权利。

由新型冠状病毒蔓延而引发的全球性危机已经显露了以经济利润为原则的资本主义社会的脆弱性，资本主义通过“新自由主义”的全球化将一切经济资源分配到获取最大利润的地方，而由少数人掌控着全部经济权力。正是在这种背景下，习近平关于世界各国共同努力抗击全球突发事件——就像今天人类面对的新冠肺炎疫情——的倡议的价值才非常清晰地展现出来。

构建“人类命运共同体”，实现共同合作是可能加速全球破解当前疫情困局，并通过变革全球治理的基本制度，实现资源共享的路径所在。上述目标的实现将以互惠互利和捍卫可持续的共同安全理念为基础。

首要的问题是要结束冷战政策，彻底消灭商业战争，终结帝国主义性质的全球化进程，为基于友好团结精神的经济、社会和制度的国际主义让路。

当今世界，谁也无法否认所有的国家和地区之间都是相互依存的。关键在于能够从互惠合作的立场出发来面对这种依存性，能够分享资源和技术进步成果，共享利润成果，制定清晰的原则来帮助和保护穷国、弱国免受发达国家的侵略。因此，习近平提出世界各国发展合作伙伴关系，各国之间秉承一致平等，相互尊重主权和领土完整、文化和每个国家的特殊性是构建"人类命运共同体"的基础。

此次由新型冠状病毒蔓延导致的紧急危机已经超出了各国和各大洲的界线，需要通过加强联合国的作用来推进国际合作，使联合国履行其《宪章》中所写明的价值观和基本准则，真正发挥其促进世界各国共同合作的平台作用。

与此同时，新冠肺炎疫情蔓延所造成的危机使我们认识到，有必要对当前的国际经济体制进行改革，使其能够更好地帮助疫情最为严重的国家。从这一层面来看，国际经济合作必须经历一场大的变革，并建立一系列能够改善疫情最为严重的国家的人民生活的规章制度。

社会生产力的进步、科学技术的发展、新的医学成果的不断产生等使我们在面临像疫情一样的紧急状况时具备了更强的应对能力。现在只需要做的是与"新自由主义"的市场（它既不受管控，又没有道德法则）决裂，着手构建"人类命运共同体"的相关工作。这一"共同体"将通过制定的一系列规则和管控措施，盘活旨在摆脱当前疫情危机的经济政策与人民的整体利益（一直处于国家的控制之下，用来捍卫共同利益）之间的关系。

中国人民也在这场自第二次世界大战结束以来最严重的社会危机中饱受折磨，但中国动用了全部经济力量来抗击疫情，用纪律约束、献身精神和精神伟力，集结了所有的政府力量来服务于人民群众。这是中国政府渡过疫情危机的原因所在，并且中国在团结和帮助其他国家共同抗疫方面成为整个世界的榜样。

尤其必须强调的是，不仅仅是中国政府向我们这些许多物资匮乏的国家提供了医疗物资，而且居住在欧洲的整个华人群体都展现了团结友善的精神，向我们提供口罩和其他必要的物资，帮助我们抗击疫情。因此表明，中国构建"人类命运共同体"的主张不是一种有名无实的宣言，也不是一种纯粹为了宣传自己的操作，而是为了构建一种崭新的社会模式，将满足人的需要置于一切利益的中心。

此时此刻，我们必须要着力关注中国的“一带一路”倡议，因为这将会在帮助世界各国克服此次经济危机中发挥重大作用，并将影响整个世界，尤其是那些最弱小、最贫穷的国家。这一倡议是人类历史上最大规模的国际合作机制，现在更成为全球资源分配、各国恢复重建并重新激发受疫情影响而停滞的世界经济活力的重要契机。

考虑到这些因素，我们必须坦言此时需要国际社会，尤其是欧洲国家，更多地关注习近平提出的支持和促进经济发展的“人类命运共同体”理念。而且，不仅仅需要各国政府关注这一倡议，其市民社会、公民组织和企业实体都应认识到的是，只有通过世界各国建立经贸往来，各国人民合作努力，我们才能渡过当前的危机。通过这种方式走出危机之后，我们会变得更加一致、更加团结，也会更加确信超越国界、种族，整个人类团结一致，我们就可以成功地应对未来的所有危机和挑战，构建拥有共同命运的人类共同体。

新冠肺炎：一个体制的彻底失败 *

[法国] 布鲁诺·吉格

张金岭 ① 译

人物介绍

布鲁诺·吉格（Bruno Guigue），法国政治学者，1962 年出生于法国图卢兹，曾担任法国高级公务员，现为留尼旺大学（Université de La Réunion）哲学教授，主要从事国际政治研究。

---

* 2020 年 2 月 7 日，法国《世界报》（Le Monde）发表社论毫无根据地攻击中国，称因感染新冠病毒而过世的李文亮医生成为“中国体制失败”的象征。自疫情发生以来，此种论调在法国乃至整个西方世界的媒体与政治舆论中大行其道。3 月 9 日，吉格教授在其 Facebook 账户上发表了一段针对此种论调的批评文字，后被法国主流媒体之外的众多机构（包括部分媒体）的网站在加注《新冠肺炎：一个体制的彻底失败》等类似题目后，广泛转载，在众多网民中产生了一定的积极影响。见 Bruno Guigue, «Covid-19: la faillite d’un système», 29 Mars 2020, https://www.egaliteetreconciliation.fr/spip.php?page=article&id_article=58503#forum. ——译者注

① 张金岭，中国社会科学院欧洲研究所研究员。

提 要

吉格在文中对中国抗疫的诸多努力及其成效持有积极、正面的立场，并针对西方舆论就中国体制的批评进行了有力的回击。文章虽未直接说明，但清晰地表达了中国体制在应对疫情方面所具有的决策能力、动员能力、执行能力与纠错能力，在他看来，这是中国体制的优势所在。作者批评了包括法国在内的欧洲各国“国家”角色及其功能的消亡。如今的欧洲“国家”，不但被金融资本所挟持，失去了应有的财政能力，而且也丢弃了为人民负责的责任意识。西方国家失去了自我反思的意识，丧失了行动能力。文章指出，中国的体制不是西方各国认定的极权专制体制，恰恰相反，却是一个值得信赖的体制，尽管它并不完美。新冠肺炎疫情确实折射了一种体制的失败，但失败的不是中国体制，而是西方国家的现行体制。

人们可能都会读到、看到或听到这样的说法：“中国政权已经垮台”、中国“濒临崩溃”“体制如临深渊”“四面楚歌”，以及“承认其失败”“一切将不再如过往”等。

实际上，有一件事是可以肯定的，即一切将不再如过往，这是有充分理由的：中国用两个月的时间控制了疫情。那些恶人会说，这不是真的，数字是假的，疫情会反弹。但国际专家所言却与之相反，事实是不言而喻的。如今，世界其他地区每日新增感染数量是中国的 50 倍之多。在这个国家自 2020 年 1 月份以来所记录的 8 万多病例中，已有 7 万多患者治愈。出行限制正在逐步取消，经济活动正在重启。

我们知道，这一现实让在自由世界的媒体中大量存在的中国的敌人感到悲伤，但他们不得不去适应这一现实。中国成功地做到了其他任何一个国家都不可能做到的事情：通过大规模的社会与国家动员遏制了疫情。在2019年12月31日向世界卫生组织报告新型冠状病毒后，中国即进入了战斗状态。从2020年1月23日起，史无前例地让5000万人禁足，延缓了疫情的传播。

2月8日，戴着口罩的习近平主席在电视上宣布了“一场疫情防控的人民战争”。成千上万的志愿者拥向湖北，几十家医院在数周内建成，数千个团队被派出执行追踪病患与其周围人群接触情况的任务。仅举一例：中国新年节庆活动结束时，86万人返回北京。政府要求他们在家里待上两周，北京市动员了16万名小区门卫确保大家遵守这一指令。

如果说疫情在消退，这不是因为人们转动了用于祈祷的转经筒，而是因为中国人民付出了巨大的努力。在欧洲，人们批评中国，推诿搪塞，“重视发展经济”，而与此同时，欧洲的疫情却在大面积蔓延。2009年，H1N1病毒在墨西哥与欧盟国家出现，感染了160万人，致全世界28.4万人死亡。面对这场大流行病，华盛顿“出色”得毫无应对之力，而西方媒体则更愿意把目光投向其他地方。

今天，不得不承认，我们的制度是行不通的，而中国的社会主义制度则再次展示了它的优越性。因为，要应对这样一种威胁，还是需要有国家才行。但是，我们的国家，它在哪里？它将公共卫生置于首位吗？即使它热衷于摧毁已有的医院，它有能力建设新的吗？

在一个公有财产为负数的国度，一个公共服务已被私有化、被摧毁的国度，一个“国家”自愿被金融界挟为人质的国度，我们有能力去实现中国人所做的10%吗？的确，北京并没有采取“新自由主义”的模式，中国的银行服从于政府，公共财产占国民财富的50%，国家对结果负责，8亿网民对其解决问题的能力进行评判，国家知道它要对国家利益负责，知道它只有作出实实在在的成绩（而非仅说说而已）才能使之延续。这个体制是极权专政吗？

这是一种很奇怪的专政体制，在那里，争论长期存在，错误受到谴责，游行常有，制度也置于批评之下。就因为它强制性地要求所有人口大规模禁足——所有专家都说这是唯一有效的举措，难道就可以说这是一种极权体制？可能这是一个不完善的体制，但它正常运转，并注意到自己的错误。而在我们这里，自我满足代替了自我批评，对他人的诋毁代替了对于责任的承担，持续存在的高谈阔论代替了有效的行动。

《世界报》的社论撰稿人，这位科学界的头面人物说得对，“这是一个体制的彻底失败”。只不过，彻底失败的体制不是人们所想的那个。

新冠肺炎疫情：世界危机的催化剂及中国的新角色 *

拉丁美洲社会科学理事会“中国与世界权力版图”研究小组

楼　宁[①]　译

人物介绍

“拉丁美洲社会科学理事会”（Latin American Council of Social Sciences，西班牙文简称 CLACSO）是联合国教科文组织承认的非政府国际机构，创建于 1967 年，致力于社会科学和人文领域的研究。该会与拉美社会科学院、联合国拉丁美洲和加勒比经济委员会并称拉丁美洲三大社会科学研究机构。目前，在美国、加拿大、德国、西班牙、法国、葡萄牙和拉丁美洲各国共 51 个国家拥有 680 个成员机构、社科研究所及研究生基地。

---

* 本文原标题为“Covid-19: Catalizador de la crisis mundialy elnuevo papel de China”，原载拉丁美洲社会科学理事会《聚焦疫情：新冠疫情的社会观察》专栏，2020 年 5 月 4 日，见 https://www.clacso.org/covid-19-catalizador-de-la-crisis-mundial-y-el-nuevo-papel-de-china/.

① 楼宇，中国社会科学院拉丁美洲研究所助理研究员。

提 要

新冠肺炎疫情发生之后，一系列变化随之而来，如全球地缘政治新格局的形成、对“新自由主义”全球化的质疑、技术范式的转变等。去全球化、第四次工业革命及中国提供的新积累模式将成为新趋势、新特点。疫情之后世界权力及其在拉美的新版图表明，今天的中国已成为拉丁美洲甚至是全球的榜样，拉美亟需摒弃欧美的殖民视角，构建一种“立足于我们的拉美看中国”的视角。

新冠肺炎疫情暴发后，引发了一场其对全球权力版图影响的大讨论。21世纪以来，全球权力版图不断经历着变化，尤其是2008年的金融危机，深刻改变了世界格局。时至今日，全球尚未完全走出那场经济危机带来的重创，2020年1月起又陷入了新冠肺炎疫情引发的危机。毋庸置疑，这场疫情成了世界格局调整的催化剂或加速器。

一、全球地缘政治新格局

新冠肺炎疫情会带来哪些综合影响？面对疫情采取的不同应对措施对资本主义的运行和全球权力版图会产生何种影响？在现阶段，这些影响尚无法清晰、准确地显现。我们身处的时代充满各种不确定性。新冠肺炎恰如一张“变牌”，它的出现至少让我们确定了一件事：世界已然改变，那个我们在2019年12月告别的世界已不复存在。

一系列变化随之而来，如全球地缘政治新格局的形成、对“新自由主义”全球化的质疑、技术范式的转变等。与此同时，一种新的积累模式在全球范围内引发普遍关注。这种新的积累模式基于快速发展的技术变革以及不同于西方社会工程学的一种全新的“公民—政府—市场”关系构建而成。该积累模式的标杆主要是在亚洲，中国最为典型。有鉴于此，可以预见，老牌发达国家与正在崛起的大国在拉丁美洲和加勒比地区的地缘政治角力将进一步加剧。

在中美贸易战（其背景是一场科技竞争和地缘经济战争）取得脆弱的休战后，中美之间的地缘政治竞争在疫情期间日益加剧，尤其是在舆论领域，如声称中国应对席卷全球的新冠肺炎疫情“负责”（“中国病毒”），将新冠肺炎疫情视为中国作为强国的终结（“中国的切尔诺贝利时刻”）等。但短短几日，现实就有力驳斥了西方的上述言论。中国积极开展国际合作，在全球抗疫中扮演了重要角色（当然，还有俄罗斯和古巴）。

与此形成鲜明对比的是，美国和欧盟的表现令人十分失望。欧盟成立的初衷面临崩塌。欧盟先是没有出台任何统一措施应对疫情，而后姗姗来迟的道歉亦无法挽救其岌岌可危的形象。在欧盟最需要采取联合行动、统一协作的时刻，成员国之间的合作却偏偏缺席了。

面对新冠肺炎疫情在国内的蔓延，美国政府不负责任的反应有损其政府形象。但秉持民族主义和反全球化的美国政府仍一意孤行，采取更为激进的行动，频频抨击数家多边组织。这些组织机构系美国在第二次世界大战后推动成立，是其霸权体系的组成部分。新近受到抨击的就是世界卫生组织。

新冠肺炎疫情加速巩固了中国在世界舞台上的地位。早在 2001 年，美国就已将中国这个亚洲巨人视为战略竞争对手，在发展合作关系的同时又采取了一系列措施遏制中国。此后，随着 2008 年至 2009 年形成的金砖国家合作机制的不断发展，中国逐渐减少购买美国国债，并在全球范围启动企业收购。中国更是于 2013 年发起“一带一路”倡议，该倡议被视为对“跨太平洋伙伴关系协定”（Tran-Pacific Partnership Agreement，简称 TPP）的一种回应。上述种种都是重构世界体系之战中的一部分，中国与美国帝国主义的关系进一步恶化，这场全球战争更趋混杂和碎片化，地缘政治争端也随之加剧。

二、去全球化、第四次工业革命及中国提供的新积累模式

预测认为，新冠肺炎疫情过后，最保守意义上的民族主义将会反弹。当

然，这一趋势早在疫情暴发前就已显露征兆。“新自由主义”全球化的主要指标在多年前就开始呈现颓势。就此而言，2008 年至 2010 年的危机构成了转折点。此后，国际贸易、外国直接投资等开始放缓，至今尚未恢复活力。

通过比较应对新冠肺炎疫情措施的有效性，亚洲国家，特别是中国，引领并有效执行的生物技术新范式发挥了积极作用，取得的成效有目共睹。此外，不论是政府组织能力、清理消毒技术，还是公共卫生领域，中国等亚洲国家都更胜一筹（韩国和越南也证明了这一点）。相反，大部分西方发达国家在应对疫情挑战时的无能则一览无遗。

中国对社会主义市场经济进行了更高层次的变革，正以超出他们预期的发展速度进一步推进经济建设，展示了他们对建立社会主义市场经济的改革是行之有效的。中国已具备足够的物质条件以保障其能够几乎毫无障碍地去发展经济。这是一种计划经济的新变体，其运行几乎不受金融、外部条件和产能等瓶颈的束缚。中国先进的人机工程学和社会工程学正是在此基础上构建而成的，其优越性已在这场抗疫之战中得到了检验。与此同时，这种计划经济的新变体也构成了经济过度金融化的对立面。如今，过度金融化无疑加剧了西方道德危机和智力的衰退。

需要强调的是，2008 年经济危机后，西方国家采取了紧缩政策。而当下，正是那些紧缩政策以及限制公共支出政策对西方自由主义政府（除德国等几个国家外）造成了重重阻碍，使它们无法体面地应对危机。不同于西方国家，中国并未实施紧缩政策。此外，中国在解决市场经济和社会主义这对经典逻辑困境方面也取得了进步。诚然，环境、社会、政治等问题在中国仍然存在，但与此同时，中国出台了一系列解决上述问题的政策，如让内需成为经济发展主引擎、外国直接投资的规范化，以及不局限于一般的道路模式，而是放眼于中国特色社会主义建设等。

当前，一方面，倡导加强欧美大陆合作的人和推崇全球主义的人之间的矛盾日益凸显；另一方面，中国则积极“连接”多极化，以引领世界格局。面对疫情的全球大暴发，中国积极提供国际援助并进一步推动基础设施建设，而后者正是“一带一路”最鲜明的特点。中国的这些项目甚至在欧洲也取得了进展。

新冠肺炎疫情引发的危机表明，有必要“摆脱”“新自由主义”全球化以应对全球疫情的挑战，至少应迅速反应。多年来，中国一直在设计自己的发展模型。当然，中国并无意说服其他国家接受其发展模型的普遍性。不论考虑采用何种发展模式，一定要深思熟虑，先想清楚哪些可以交由市场，哪些却不能。显而易见，像卫生、教育和某些特定经济部门就不能交由“无形的手”，否则，在中期就会付出昂贵的经济、社会和人力代价。这就是新冠肺炎疫情留给我们的惨痛教训。近几十年来，世界上大部分国家都采用了“新自由主义”模式，但这次疫情无疑对这一模式产生了巨大冲击。

众所周知，全球化进程陷入停滞，资本角逐加剧危机，两者相互关联、相互影响，并由此引发了一系列矛盾、困境与挑战。如外围经济结构有可能因过度金融化或过于依赖北半球经济而遭受损失；劳资关系进一步紧张；许多国家试图恢复其某些领域的工业化生产，这必将在全球激化更多的矛盾；之前的价值创造模式已经过时（由此造成了对价值的巨大破坏），并出现了新的价值创造模式。与此同时，第四次工业革命使半外围国家陷入了“加入”或者“绝对外围”的困境，并且还有可能使反霸权势力重新出现。

三、世界权力及其在拉美的新版图

今天的中国已成为拉丁美洲甚至是全球的榜样。通过地缘政治合作，中国已获得了世界引领者的地位，并时刻准备承担起构建其领导地位所需要的经济成本。中国基于内需构建的新发展模式，必将对非洲和拉丁美洲的经济产生影响。随着西方自由民主模式及其在外围施加/强加的既定发展模式的危机进一步加剧，一幅全新的矛盾冲突图已然形成。

疫情当前，拉美地区正在经历新旧危机的双重打击，但与此同时，拉美应该利用这一时机重新思考、适时调整一系列政策，如农业生产，特别是农业出口、卫生和教育援助、提高产能及产业结构多样化、推动一体化进程等。

对拉美而言，危机亦是机遇。而这一机遇要求拉美认真规划，制定对华战略政策，而非任其自然发展，从而形成依附关系。风险在于，在全球危机下，榨取性的原材料出口或将进一步加剧，而拉美国内市场的产业结构多样化改革却可能停滞不前。

拉美是一个由多个独立自主的国家组成的地区，亟需重申这一观点并应基于此去思考拉丁美洲的发展。此外，还应时刻秉持拉丁美洲的批判性思维。最后，拉美亟需摒弃欧美的殖民视角，构建一种“立足于我们的拉美看中国”的视角。

国际形势的变化与新冠肺炎疫情的影响*

[葡萄牙]安盖洛·阿尔维斯

禚明亮[①] 译

人物介绍

安盖洛·阿尔维斯（Ângelo Alves），政治家、葡萄牙共产党中央委员会委员、国际部成员。

* 本文原标题为“The Evolution of the International Situation and the Impact of the Epidemic Outbreak”，原载 http://pcp.pt/en/evolution-international-situation-and-impact-epidemic-outbreak，2020 年 4 月 2 日。

① 禚明亮，中国社会科学院世界社会主义研究中心特邀研究员、南昌理工学院客座教授。

提 要

资本主义世界的矛盾性和严重的不平等性在这一次疫情中展现得极为充分。疫情的暴发彰显了全球经济形势的脆弱性和波动性，表明资本主义国家在面对重大突发事件时缺乏有效率的应对能力和组织能力，证明了由金融资本主导的经济模式所产生的悲剧后果。在此背景下，广大人民群众必须采取行动，实现革命性的变革，取代资本主义制度，建立社会主义社会。

这种流行病在全球范围内的增长及其影响——尤其是在最发达的资本主义国家——悲剧性地证明了资本主义政府几十年来所实行的私有化和取消公共服务（即医疗服务）的政策、对工人的劳动成果和社会权利的持续且与日俱增的剥夺，以及不断取消能够确保社会保障、保护人民权利和重要物资生产的国家机制的破坏而造成的恶劣后果。

今天表现得更明显的是，以生产无政府状态和服从积累逻辑为特征的资本主义制度，在保障基本权利（如享有医疗保健的权利）方面上的无能。

此次疫情的暴发更进一步暴露和加深了资本主义的严重矛盾、面临的问题和结构性危机，这一点正是葡萄牙共产党在国际形势演变中所长期坚持的观点。

最近的疫情发展证明了全球经济形势的脆弱性和波动性；证明了大多数资本主义国家在面对重大突发的此类事件时无法作出迅速的、大规模的反应，缺乏有力的组织能力；证明了由大资本即金融资本所主导的经济模式所产生的后果。

资产阶级政府通过宣传工具掩盖由新型冠状病毒蔓延所产生的激烈的阶级矛盾，而事实恰恰相反地表明，疫情蔓延对不同阶级产生的冲击是完全不同的。事实上，资本主义世界的矛盾性和严重的不平等性在这一次疫情中展现得淋漓尽致。

受疫情的影响，正是工人，即最容易受到解除劳资关系影响的工人，成为裁员、减薪和大规模失业的受害者。根据劳工组织的资料统计，本次疫情可能影响到将近 2 亿工人。而且还有数以百万计的工人不得不继续工作，却得不到任何保护身体健康的手段和措施。

正是那些受资本主义社会排斥政策影响最大的社会阶层被剥夺了基本的生活和工作权利，如工作、住房和社会保障等。现在他们无法获得政府的卫生和医疗保健服务，尤其是在那些公共医疗服务被更严重破坏的国家，实际上是被社会放弃了。所谓“第三世界”国家的人民最容易遭受贫穷、营养不良、缺乏甚至没有保健或社会保障机制的影响。

通过抗击疫情，资本主义政府趁机采取强制措施，破坏公民的权利和自由，攻击民主制度，限制社会组织、工人的行动，并通过强制性的安全措施实现对民众个人和生活的控制和监控。

葡萄牙共产党认为这些强制措施的实施未来将产生不利的后果，即像国际货币基金组织一类的、由资本主义大国控制的国际组织将通过债务问题让许多国家的经济更加脆弱。资本主义政府实施的这些方案往往要求受援国将公共服务私有化，并掠夺受援国的自然资源，目的是建立一种强加的依附体系，从而加强国际组织的力量，进而维护这些国际组织背后大国的利益。

葡萄牙共产党再一次强烈谴责欧盟在抗击疫情蔓延中的作用，突出表现是缺少应有的团结精神，没有采取有效支持欧洲各国政府和人民抗击疫情的举措。

当前抗击疫情的极端复杂性迫切要求实现团结与合作。中国、古巴等国家采取的国际团结与合作和主要资本主义国家的做法形成了鲜明的对比，他们发起贸易战，欧美国家之间媾和，采取干涉、对抗和侵略等手段不断加速其帝国主义行径。

葡萄牙共产党谴责宣传中国应对疫情蔓延负责、质疑中国抗击新型冠状病毒所取得的公认的成绩的虚假信息传播。现在越来越清晰的是，美国帝国主义本身被尖锐的矛盾、激烈对抗和重大问题缠身，其所作所为是在歇斯底里地转移民众对美国国内复杂局面的注意力，对世界几个国家采取了侵略性的立场。出于这一目的，葡萄牙共产党警告世人，帝国主义国家的侵略性，尤其是最近对中国的威胁，是其破坏地区稳定、干涉中东事务、插手针对委内瑞拉现总统的军事威胁的延续。

正如葡萄牙宪法和《联合国宪章》所指明的，尊重人民民主权利、国际法规则和民族国家主权必须成为葡萄牙外交政策的核心立场。葡萄牙政府必须改变过去与帝国主义国家，尤其是特朗普政府，进行合作或屈服的外交政策。

葡萄牙共产党坚信，通过工人和广大人民的斗争、革命和进步力量的发展，各国致力于世界和平与发展，人类将能够在这样一个困难的时刻吸取教训、总结经验，开辟出一条实现进步、可持续发展、和平、合作的未来之路。

今天，亿万人民所经历的事情是与资本主义制度的剥削性和寄生性离不开的。资本主义制度不仅无法保证人的核心要求，而且还不断深化社会的不公正、冲突与问题。

在全世界各国工人和民众处于不确定性和实际困难重重的时代，采取行动，实现革命性的变革，取代资本主义制度的斗争已经变得愈加迫切。

解决目前复杂形势的根本答案是通过走各种道路和经历不同的发展阶段，建立社会主义社会。社会主义社会的建设要基于经济规划，考虑人民的真正利益，保证所有公民的社会和工作权利，通过公共部门来确保全体人民享有普遍的权利，如工作、医疗、社会保障、食品和体面的住房等，并且实现未来的进步、正义与和平。

疾病与资本主义阶级社会 *

[奥地利] 蒂博尔·曾克

禚明亮 ① 译

人物介绍

蒂博尔·曾克（Tibor Zenker），1976 年 3 月出生于维也纳，2019 年 12 月 21 日当选为奥地利工人党主席。

---

* 本文原标题为 “Disease and Capitalist Class Society”，原载 http://www.solidnet.org/article/Party-of-Labour-of-Austria-Disease-and-capitalist-class-society/，2020 年 3 月 27 日。

① 禚明亮，中国社会科学院世界社会主义研究中心特邀研究员、南昌理工学院客座教授。

提 要

本文是2020年3月15日蒂博尔·曾克在奥地利工人党中央委员会会议上的讲话稿。作者指出，在资本主义制度下，疾病是一个阶级问题。因此，必须从阶级的角度来考虑问题。对资产阶级来讲，通过维持一支后备劳动力大军，工人阶级的疾病成为谋取利润的机遇，资产阶级优先考量的是资本积累，而不是工人阶级的健康和生活。只有在社会主义制度条件下，全体人民的身体健康才能得到保证，病人才能得到最佳的治疗。

新型冠状病毒的流行对我们所有人都产生了深远影响。今天我冒昧地利用当前的这一局势、采取的措施及其后果作为今天中央全会的引言，从一般意义上和具体层面上来阐述“疾病与资本主义阶级社会”这一主题。

当然没有必要回顾当前的发展、过程、反应和预测，反正这些都是已知的。此外，我承认我不是一个医生，也没有千里眼，这将限制我的言论。因此，我们希望从最基本的方式开始。

众所周知，资本主义的积累是建立在实现利润的基础上的，是通过生产资料的私有制实现的。为此，工人必须在无报酬的劳动基础上创造剩余价值，这是生产过程和产品本身所固有的。只有人力劳动才能创造这种剩余价值。这就是资本主义运作的核心：它需要人力劳动，通过雇佣劳动加以利用。资本主义需要人，资本需要人力。

在这一方面，资本主义最初对病人没有真正的兴趣，当然对流行病也没有兴趣。工人阶级必须能够工作，并且能够继续工作，而且他们应该尽可能地集中工作，尽可能地长时间工作。当然，这只能在身体和精神健康达到必要的最低限度的情况下才能做到。疲惫的劳动力的生产力更低，生病的人可能根本没有生产力。

此外，资本主义需要工人阶级成为广大消费者。被剥夺的劳动产品需要出售，以实现利润。任何对这种流通的持续破坏都意味着一场资本主义危机、一场经济危机，这种危机无论如何都会以正当的方式定期发生，因为工人的工资是低于产品价值的最低工资。但是，特殊的动乱，如疾病的流行，加剧了资本主义流通的危机。

这两个事实都与另一个事实相关，即人类劳动力必须不断得到恢复，需要进行再生产。这首先意味着劳动力不仅需要休息、睡眠和营养，而且在更广泛的意义上还意味着住房、家庭、养育儿童、接受教育、休闲和保健等需求。这种再生产很大程度上要消耗成本。不去承担这些成本，符合资本的利益。对资本家来说，支付的工资不应超过保证直接再生产所必需的最低限度，国家福利和设施不应当失控——而且再生产劳动中的决定性部分应是无报酬的工人劳动，尤其是妇女的劳动。

有了这三点，很明显，这个制度是在兜圈子，它存在着明显无法解决的矛盾。这是一个简单的经济社会事实，即使没有深入地研究过卡尔·马克思的《资本论》，也可以用基本的数学知识来推测。这就是为什么资本，以及它的政党和组织、政府、“教育机构”和媒体花费如此多的时间和精力来掩盖和否认这一事实的原因。资本无法控制其自身的“自由市场经济”法则。

因此，资本总是会在一定程度上接受人们会生病的事实，在资本看来，这就意味着劳动力会贬值，生产力会下降，消费者会退出。他们采取各种措施试图至少抵消这些消极后果，但也是为了自己的目的。

首先，资本维持着一支后备劳动力大军，这是失业工人的基本储备。这不仅会压低工资和社会福利，而且在必要时还会补偿人力的损失。如果一名员工离职，总会有替代人选——而且通常情况下，对企业家来说，条件更合适。

其次，他们发现生病是一个赚钱的机会。这特别是对于药品、医疗药品和医疗设备的生产，以及据称费用很高的特别治疗。除了计算机、汽车、石油 / 天然气和银行业，制药公司也是世界上最大的公司之一。他们竭尽全力地垄断专利，防止提供不那么昂贵的药物（例如仿制药），尤其是在欠发达国家，完全不考虑人的需要和整个国家的命运。

与此相关的是，他们希望削弱或完全摧毁现有的国家卫生系统，甚至从一开始就阻止它们的建立。通过免赔额、取消覆盖范围和许可证、增加必要的补充保险、减少基础设施、关闭场地、节省材料、故意减少工作人员、补贴私人机构，公共卫生服务将被缩减，同时使人民的生活成本更高。这意味着可通过国家预算进行再分配以及新的盈利机会，而代价是广大工人阶级中的病人。这是资本主义逐利规则对公共卫生系统的压制，通过任意实施财政赤字或维稳来进行协调。诚然，在世界上许多国家，有许多人根本没有欧洲意义上的医疗保险——顺便说一下，在奥地利，这样的人比人们通常认为的要多。

很容易看到整个资本主义系统是多么脆弱。奥地利卫生保健系统在结构上没有准备好应付像目前这样大规模的流行病，这是一个事实。很明显，医院没有足够的病床，没有足够的医务人员，没有足够的物资和设备，没有足够的财政资源。现有医疗人员负担过重，外国人员不能再进入。这些问题是系统性的问题。

奥地利政府目前对新型冠状病毒流行采取的措施就是这一事实的表现。政府充分意识到医院，尤其是重症监护室将会过度紧张和负担过重，病人（几乎 90%）将被安排在家中。只有在病情严重的情况下——这通常影响到所谓的“危险群体”——医院才会提供床位。患者将独自待在家中，而作为预防措施而需要居家隔离的其他居民很可能因此而被感染。工人们应该而且必须用更少的钱生活。但即便如此，再生产的减少迟早也会影响到资本主义的流通：每个工人也是消费者。如何应对这一危机，说起来并不容易，但有一点是显而易见的：无论我们如何具体地评价所谓的“中国特色社会主义”，都可以明显地看出，我们已经找到了在一定程度上应对这一危机的成功方法。“西方”政府和媒体只是用道德的傲慢、诽谤和帝国主义的种族主义来看待这个事实。

然而，我们不希望——现在也不希望——成为资本主义病榻边的医生。

资本想要保存它的利润而不考虑工人阶级的损失。资产阶级也可以更容易地应对疫情危机的影响。他们指出，工人应该继续在装配线、生产链和收银台工作；富人应该把自己隔离在自己的生活区、城市别墅、乡村住宅和顶层公寓中。工人阶级暴露在被摧毁的卫生系统之下，而富人负担得起私人医生和设施、昂贵的药品、设备和特殊治疗。改良派政党有时会提出这个问题，他们打算用这一项或那一项议会决定来阻止不平等的情况出现，但我们生活的地方是一个阶级社会。在资本主义制度下，疾病总是一个阶级问题。因此，我们必须从阶级的角度来考虑问题。

奥地利工人党已在最近的中央委员会声明中概述了有利于劳动人民的措施。鉴于新型冠状病毒的流行趋势，这些措施是紧迫和必要的。但是奥地利政府和欧盟不会实施这些措施，因为尽管有各种虚伪的断言，他们不是为人民服务，而是为资本服务。在任何情况下，他们优先考虑的总是资本的积累，而不是工人阶级的生活。资本主义不会创造出满足人民需求的医疗体系，因为它不能也不想这样做。

我们必须克服目前的危机，这将造成牺牲和痛苦。我们党希望尽可能帮助确保将这两个因素降到最低限度。我们必须调整我们党的国内和国际活动，下一次中央委员会会议可能将完全采用视频会议的方式。

但有一件事也很清楚，即在任何情况下我们都不会被迫与政府和资本达成任何形式的政治休战，因为他们应该对目前的疫情局势负责。任何人也不要指望我们党停止阶级斗争的立场，因为资本主义统治阶级即使在危急的情况下，也会毫不动摇地继续对工人阶级，甚至是对病人进行阶级斗争。我们将坚持这一立场，毕竟，我们的任务是为实现这样一个世界而奋斗：在这样的新世界里，人民的需要而不是资本的需要得到满足；以人民而不是牟取暴利为中心；保护全体人民的身体健康、对病人进行最佳治疗是社会运行的最优先选项；生死问题不再是阶级问题。这样的世界必将是社会主义的世界。

新冠肺炎疫情暴露了“新自由主义”“瘟疫”*

[加拿大] 亨利·A. 吉鲁

王鹏权[①] 范铭君[②] 译

人物介绍

亨利·A. 吉鲁（Henry A. Giroux），加拿大麦克马斯特大学（McMaster University）英语与文化研究系麦克马斯特大学公共利益奖学金教授、保罗·弗雷尔批判教育学杰出学者。

* 本文原标题为“The COVID-19 Pandemic Is Exposing the Plague of Neoliberalism”，原载 www.truthout.org 网站，2020 年 4 月 7 日。本篇译文有删减。

① 王鹏权，中国人民大学法学博士，山东大学当代社会主义研究所、国家治理研究院助理研究员。

② 范铭君，山东大学新闻与传播学院研究生。

提 要

新型冠状病毒大流行不仅是一场医疗危机，也是一场政治和意识形态危机。"新自由主义"资本主义作为潜在的"瘟疫"，推动了财富、收入、权力等方面的严重不平等，使民主价值观、教育、环境遭受破坏，造成并加剧了新型冠状病毒大流行。同时，生态破坏、公民文化退化、核战争危险以及摧毁社会保护和公共利益的"冷酷文化"（Culture of Cruelty）常态化造成的多重"瘟疫"，也助长了新型冠状病毒大流行。"新自由主义"已经演变成法西斯政治的一种形式，与种族清洗和推崇优生学相呼应的可怕情况正在复苏。要结束新型冠状病毒大流行，必须启动一场全球激进民主运动，解决"新自由主义"法西斯主义的意识形态问题，使广大公众超越私有化和原子化的文化，为正义、解放和社会平等而斗争，追求公正、民主的社会主义社会。

新冠肺炎疫情不仅是一场医疗危机，也是一场政治和意识形态危机。多年来，"新自由主义"政府否定公共健康和社会利益的重要性，并解散了与之相关的诸多机构，由此埋下了这场危机的根源。同时，这场危机离不开财富、收入、权力等方面的严重不平等，离不开民主价值观、教育、环境遭受破坏带来的危机。

一、"新自由主义"资本主义是一场潜在的"瘟疫"

"新自由主义"全球化对生态系统造成的破坏性攻击，使新型冠状病毒大流行与自然秩序政治化之间形成了深刻的联系。这场瘟疫的流行同样离不开种族主义、极端民族主义、反移民主张及偏执情绪，这些主导民族精神的工具促进了共同恐惧而非共同责任。

瘟疫的根源之一是去政治化的政治。教育是政治的一个中心特征，它在任何意识形态中都以可见或隐蔽的方式发挥着中心作用。“新自由主义”的一个核心教育原则是，“个体责任是解决社会问题的唯一方式”，由此得出的推论是无须解决更广泛的系统性问题，无须追究权力的责任或承担集体的责任。作为一种遏制社会力量和政府力量的政治，“新自由主义”将社会问题私有化、个体化，例如认为以洗手的方式即可遏制大流行病。文化评论家布拉姆·莱文（Bram Leven）和简·奥维希克（Jan Overwijk）认为，此类做法意在遏制任何真正的民主政治，因为基于集体团结与平等的民主政治被当作对市场的威胁。

另外，“新自由主义”强调商业价值而非民主价值，其极端竞争和非理性自私的恶性意识形态，加上对道德、正义、真理的排斥，削弱了批判思维和知情判断能力。正如潘卡杰·米什拉（Pankaj Mishra）所说：“几十年来，去工业化、工作外包和随后的自动化，剥夺了许多劳动者的安全和尊严，使受伤的人……容易受到煽动。”

美国人生活在“新自由主义”对公众发动战争、不平等被重塑为美德的时代。这个时代支持个体责任观念，并以毁灭性方式破坏社会团结；这个时代重视观点竞争和不受约束的个人主义，允许市场成为构建所有社会关系的模板。公共利益、社会责任的观念和维护社会团结的民主形式受到攻击，社会契约几乎被废除。这是流氓资本主义的一种表现，它只讲利润、私有化、商业交换等以市场为基础的“叙事”，使得孤立、剥削、人类痛苦和死亡的“叙事”合法化。

数十年来，在“新自由主义”政策的蹂躏下，美国社会饱受危机煎熬，其深层根源赤裸裸地加剧了阶级和种族分化，使数百万工人没有带薪病假抑或医疗保险，数十万人无家可归。正如《波士顿评论》（Boston Review）所指出的那样，“1/5 的美国人无法全额支付每月账单”，40% 的人没有足够储蓄支付 400 美元意外开支。

“新自由主义”资本主义是一场潜在的“瘟疫”，它在全球范围内造成了医院、医疗设备、病床和社会福利保障制度的缺失，不断强化着对人类生命的漠视。在这种体制内，社会联系要么成为金融剥削的对象，要么被完全蔑视。我们的生活无论好坏都是相互联系的，这是“新自由主义”去政治化话语所缺失的理念，也是当前新型冠状病毒大流行所告诉我们的真理。具有讽刺意味的是，白宫号召公众遵守社交距离规则，这不仅是减慢病毒传播所需的医疗安全实践，而且符合由来已久的“新自由主义”意识形态要求，后者蔑视社会联系和民主价值观，提倡社会原子化。医疗危机由此演变成一场长期的政治危机。同样是在“新自由主义”意识形态主导下，作为“新自由主义”工具的经济和政府权力，毫无顾忌地攻击和侵蚀共同利益和民主本身。随着特朗普违背公共卫生专家建议，表示要放松社交距离指导方针以重启经济，这种讽刺又变成了道德和政治上的不负责任。

这场危机深刻地表明，资本主义是个缺乏想象力的机器，它只会在市场原教旨主义的旗帜下，运用政治、经济和社会的工具，不断清除仅存的社会责任、道德责任和政治责任，使市场主导一切成为常识。政治尤其变成了一台战争机器，进一步促使人们习惯于权力的深渊，瓦解任何异议意识、反抗意识与社会正义。在“新自由主义”大背景下，新型冠状病毒才得以大流行。

二、“新自由主义”已经演变成法西斯政治的一种形式

2008 年金融危机使人们见识了“新自由主义”“瘟疫”。40 多年来，“新自由主义”肆虐公共利益，给穷人和其他被认为多余、无用或危险的人带来折磨和灾难。随着残酷的紧缩政策、经济金融化、权力集中在少数人手中以及种族清洗和社会清洗之类“叙事”的融合，“新自由主义”已经演变成法西斯政治的一种形式。新的政治形态的特点是包罗万象却又可以被随意弃置的政治，对社会型国家的大规模毁灭，以及对某些存在大量暴力、散布恐惧和国家恐怖的教化机构的支持。

任何从价值和可能性上强调公共利益的观念，都遭到了蔑视，包括公共卫生的关键领域。同时受到蔑视的，还有政治哲学家迈克尔·桑德尔

（Michael Sandel）所说的“共同生活在一个社区”的广泛观念，这种观念倡导在团结和牺牲的基础上以同情、人道和尊严对待他人。学者萨伊·拉维（Shai Lavi）认为，共同利益观念的核心，是一场愿意为解放、经济正义和建立在人类平等基础上的政治共同体而团结奋斗的群众运动。

“新自由主义”“瘟疫”的恶果，在特朗普的政策中体现得淋漓尽致。2020 年 3 月 24 日特朗普呼吁在复活节前“重启经济”，他希望迅速结束诸如社交距离在内的谨慎措施，为此不顾病毒大行其道。特朗普的行为再现了一个右翼观点，即“治愈之道比疾病更糟糕”。在被告知 220 万人可能因过早“重启经济”而死亡后，特朗普才说至少 4 月份保留维持社交距离的规则。

美国国家过敏症和传染病研究所所长安东尼·福奇（Anthony Fauci）很早就说，社交距离是遏制病毒的最重要工具，但特朗普在疫情早期拒绝发布全国性的居家令，特别是在七个州没有此类规定的时候。在 4 月 4 日新闻发布会上，特朗普曾表示，随着更多人死亡，情况将变得更糟。然而，不久后，他重申希望国家再次开放。由此凸显的道德败坏程度令人震惊，特朗普更关心他的连任、商业和股市，而非持续上升的死亡纪录。正如《华盛顿邮报》记者指出的那样，“特朗普长期将股市视作连任希望的晴雨表”。

不那么隐蔽但却很糟糕的信息是，特朗普政府正毫无内疚地接受政治机会主义，追逐利润，信奉残酷的“新自由主义”意识形态。特朗普似乎乐于贬低专家和专业知识，除非面对最可怕的警告，否则他不会听从公共卫生官员的建议。他把这场流行病视为党派之争，蔑视那些声嘶力竭地渴求救助物资的州长，拒绝在联邦层面实施协调一致的全国性危机应对政策。

在没有确凿证据或科学依据的情况下，特朗普认可特定药物作为治疗手段，谎称美国“即将获得疫苗”，并经常听从那些散布阴谋论的右翼人士的建议。面对拯救生命还是拯救经济的选择，特朗普表现得更关心华尔街的命运。更重要的是，他经常显得混乱和矛盾的公开言论充满了夸张和谎言，误导了美国公众，伴随着“成千上万、也许几十万、也许数百万人被感染和死亡”（特朗普语）的可能性，潜在地引发了难以想象的悲剧。他十足的无能及其对专家和科学证据的厌恶，加剧了公共危险和灾难性危机。

鉴于死亡、感染、医院短缺和公共卫生灾难的不断蔓延，专家们呼吁制定长期规划和战略，增加检测，加强联邦政府和各州之间的协调。许多州长抱怨说，政府缺乏一项联邦计划，造成了类似于“荒蛮西部”的局面，即“被短缺、低效和无序所困扰的体系”。

美国所面临的需求紧迫性更多的是“人祸”，因为白宫和多层级领导在危机迫在眉睫的早期阶段未能表现出任何紧要性和迫切感。《华盛顿邮报》的一篇报道指出，特朗普从第一次接到有关新型冠状病毒严重威胁的通知之后，用了 70 天才将其视为“并非可控范围内的遥远的威胁抑或无害的流感病毒，而是一种已经绕过美国防御系统、准备杀死数万公民的致命力量”。

当然，在“新自由主义”统治下，因这种鲁莽政策而死去的许多人，是那些传统上被视为可以遗弃的人，包括老年人、赤贫者、贫穷的有色人种、无证移民和残疾人，还有那些缺乏安全防护装备的一线医务人员。

一个片面的、狭隘的政客在危机时刻造成了灾难和不必要的人间悲剧。起作用的还不止这种冷漠的暴行。特朗普一向偏于轻率和自我陶醉，喜欢羞辱别人。斯蒂芬·格林布拉特（Stephen Greenblatt）在另一个语境中的话完全可以拿来评价特朗普：“看不到他的玩世不恭、残忍和奸诈有任何深刻的秘密，看不到他身上有任何可挽回的东西，也没有理由相信他能够有效地治理国家。”

粗暴、虚伪、无视科学和独断专行，使特朗普无视专家们在疫情初期的警告，未能调动联邦政府的力量，提供广泛的检测和足够的口罩，同时确保医院和医护人员拥有足够的床位、口罩、呼吸机和其他个人防护设备。特朗普的任性无知和十足的傲慢暴露无遗。

埃德·皮尔金顿（Ed Pilkington）和汤姆·麦卡锡（Tom McCarthy）在《卫报》报道中说，虽然世界卫生组织早在 2020 年 1 月 20 日就确认多国出现 282 例确诊病例，但是特朗普还是低估了病毒带来的威胁，他的行动“陷入混乱和困惑之中”。特朗普政府没有迅速采取行动避免全国性疫情灾难，六周之后才严肃看待疫情威胁的严重性和大规模测试的必要性。皮尔金顿引述杰里米·科宁迪克（Jeremy Konyndyk）的话说：“我们在美国见证了一场当代基本治理和领导的最严重失败。”科宁迪克2013—2017年曾经领导美国相关部门应对了一些国际性危机。

特朗普喜欢把政治变成戏剧、把娱乐变成悲剧。他公开告诉副总统迈克·彭斯，不要回应那些不“赞赏”他为应对流行病所做努力的州长们的呼吁，其中包括华盛顿州州长杰伊·因斯利（Jay Inslee）和密歇根州州长格雷琴·惠特默（Gretchen Whitmer），他们都曾绝望地请求急需物资。由此凸显出的狭隘令人震惊。

此外，作为其不断努力转移责任的一种方式，特朗普攻击并试图羞辱向他提出关键问题的记者，甚至声称“医院挥霍口罩、‘囤积’呼吸机，那些请求装备的州并不是真正需要它们”。他甚至暗示急需的口罩是“从后门出去了”。对这种攻击他人的恶行，人们很难视而不见，特别是考虑到广大医疗人士在社交媒体上恳求口罩、防护服、通风机和其他重要的保护性和救助性设备。恶化事态的不只是否决政治和特朗普的唯我论，还有罗伯特·杰伊·利夫顿（Robert Jay Lifton）所说的“恶性常态”（Malignant Normality），即因从事残忍行为获得巨大快感而沉溺于暴力的行为方式。历史上这种暴行导致数百万人死亡，例如美国对黑人的私刑、纳粹德国的种族灭绝行为等。如今，我们再次看到了此类暴行。

特朗普对财富和收视率的痴迷及其无限的自尊心，回应了他如何成为一个无能的领导人和危险的骗子。例如，在美国死亡人数迅速攀升的时刻，特朗普在新闻发布会上吹嘘“白宫冠状病毒特别工作组简报收视率（很高）”。日益攀升的死亡人数被他当作政治剧场和流行病教育学的娱乐化工具。无能的特朗普要为诸多悲惨的结果负责：医院人满为患，医务人员因缺乏防护设备而面临死亡威胁，特朗普与纽约州等受灾最重的州的州长结怨，他更愿意侮辱这些州长而非为其提供急需的医疗设备，只是因为这些州长批评他缺乏领导力。

资本凌驾于人类需求之上，贪婪凌驾于同情之上，剥削凌驾于正义之上，恐惧凌驾于共同责任之上，在推行这样的亡灵政治（Necropolitics）方面，特朗普及其政府并不孤独，否则如何解释特朗普支持者在媒体、企业董事会和白宫的大合唱？他们主张根据年龄和残疾情况定量提供救助护理，以防止对美国医院和经济造成严重压力。正如内奥米·克莱因（Naomi Klein）所指出的那样，在这场大流行危机之前很久，“新自由主义”信徒们就试图缩减社会服务资金，包括“国家资助的医疗保健、清洁用水、良好的公立学校、安全的工作场所、养老金和其他照顾老年人和弱势群体的计划”。

同时，掠夺性资本主义发动了有关“公共领域和公共利益的观念”的战争。后果之一是“公众所需的基础设施——道路、桥梁、堤坝和供水系统——陷入年久失修和几近崩溃的状态。在大规模减税政策主导下，除了警察和军队之外，政府没有钱花在其他方面，这种事情自然会发生”。

新冠肺炎疫情危机表明，过去40年主导全球经济的“新自由主义”是一场潜在“瘟疫”，尽管它越来越多地被特朗普等法西斯政客作为荣誉徽章加以炫耀。正如罗布·乌里（Rob Urie）所观察到的，统治阶级在救助计划中的腐败也很明显，使这场危机成为“对富人的救助，对其他人的病毒”。他写道：“在这样的经济体中，占1%的富人拿走了所有收益，相反穷人和工人阶级的收入40年没有增加，当工人们生病或死亡时，获益的仍然是富人。2009年金融资本主义本应在自身压力下窒息而亡，但却得到了纾困。”

这场迫在眉睫的流行病所揭示的，是法西斯政治赤裸裸的复苏，随之复活的还有它荒诞无比的不平等和剥削性、十足的残酷性和倒行逆施的政策。这种在美国拥有长期遗产的“新自由主义”因素，在特朗普政府统治下，带着报复性意味回归了。“新自由主义”的法西斯主义昭示着与种族清洗和推崇优生学相呼应的可怕情况正在复苏，这两者作为希特勒政权净化政策的标志，使集中营成为法西斯主义的典型产物。危机时刻不顾一切“重启经济”的政策，让我们看到了同样一种逻辑。

三、我们生活在一个多重“瘟疫”的时代

如上所述，“新自由主义”“瘟疫”对福利国家发起全面攻击，使其削减了对教育和公共卫生等机构的资助，将绝大多数美国人从权力关系和治理模

式中赶了出来，后者本可以帮助人们更好地应对紧急情况下的自然灾害、流行病和一系列市场无法解决的全球性危机。同时，我们生活在一个多重“瘟疫”的时代，包括生态破坏、公民文化退化、核战争危险以及“冷酷文化”常态化（向企业和私营部门出售公共产品和服务，同时摧毁公共领域、社会保护和为公共利益服务的机构），它们共同助长了新型冠状病毒流行，使其以致命性龙卷风的速度广泛传播，造成了全球性的经济困难、痛苦和死亡。在这场新冠肺炎疫情中，统治阶级权力的毒害构成了当前政治、意识形态和医疗危机的核心。弗兰克·里奇（Frank Rich）的论点是正确的：“这一流行病以特别鲜明的措辞表明，2008 年经济崩溃所揭露的极端经济不平等问题仍未得到解决。现实正在上演一幕极为形象的活剧：名人和富人搭上第一批接受新型冠状病毒测试的救生艇，鲁珀特·默多克（Rupert Murdoch）及其家人在确保自身健康的同时，从一个轻描淡写、公然质疑冠状病毒威胁的新闻帝国中获利……随着病毒传到全国各地，精英和穷人之间的荒谬差异将使《寄生虫》（揭批贫富差距的韩国电影——译者注）看起来像《现代家庭》（美国喜剧——译者注）中的插曲一样温和。”

另一种“瘟疫”是右翼文化机构的兴起，如福克斯商业网和布赖特巴特新闻网（Breitbart News）。在这些媒体中，真理受到蔑视，科学被视为障碍，批评思想被诬蔑为“假新闻”。这是一场纵容任性无知、崇尚公民文盲的“瘟疫”。权力最高层和大型保守文化机构的语言为剥夺、谎言和暴力服务。这些媒体毫无顾忌地推动阴谋论，比如宣称新冠肺炎疫情是美国政府事务官群体为阻止特朗普连任而制造的产物，是民主党制造的骗局，是一种不比普通流感危险的病毒。他们顽固地认为所有社会问题都在个人责任范围内，目的是使社会公众非政治化，使其相信社会不应围绕相互尊重和关心、社会权利和经济平等而组织。

当前的危机是时代的一部分，而定义这个时代的是一种冷漠的教化灾难和对任何可行的道德责任感的逃避。这是一个蔑视弱小、种族主义猖獗、情感高于理性、公民文化崩溃、痴迷于财富和私利等特征凸显的时代。在这个环境里，我们正在经历政治危机和教育危机，权力、治理、知识以及对真理和事实的蔑视，对真理造成了严重破坏，将数百万人乃至地球本身置于险境。这种政治的驱动力来自缺乏想象力的资本主义机器，后者的政治和文化机构使得真理、正义、伦理和最重要的因素——身体——消失在独裁主义的深渊中。

四、解决“新自由主义”法西斯主义的意识形态问题

要结束病毒大流行，至关重要的是解决“新自由主义”法西斯主义的意识形态问题，它妨碍人们从更广泛的系统性角度看待个人问题；应通过教育说服社会公众超越私有化和原子化的文化，后者在推动消费社会的同时强化了与宏观背景相隔离的单一议题政治。这场政治危机必须被理解为一场社会整体性危机，其中一系列“民主弊端作为具体政治因素，推动形成了从整体上吞噬社会秩序的普遍危机”。生活在这样一个时期，我们越来越坚信资本主义和民主并非同一个事物，资本主义不仅意味着巨大的不平等和人类痛苦，而且是一台引导人类走向灭绝的残酷死亡机器。危机可能产生多种结果，既可能导致独裁主义和镇压的激增，也可能带来各级抵抗运动的复苏，为了更加公正和公平的社会而战，拒绝布拉德·埃文斯（Brad Evans）所描述的多重排斥、大量恐怖、驱逐日增和社会国家空洞化的时代。

新型冠状病毒大流行拉开了帷幕，它全面揭露了野蛮的“新自由主义”及其对全球金融市场的破坏力。这一制度不仅侵蚀了平等和人民主权的民主理想，而且创造了一种政治和经济环境，使突如其来的流行病给缺乏呼吸机和其他关键设备的医务人员和医院带来了沉重压力，他们本可以使用这些设备治疗病人、控制病毒致死人数。这样一个历史交汇的时刻，为启动一场全球激进民主运动提供了可能。

离开政治危机和教育危机，便难以讨论新型冠状病毒大流行。我们需要一种新话语来解释当前的流行病危机。这样的话语必须持续地批判“新自由主义”法西斯主义所包含的排斥、剥削和种族纯化的话语；必须解释贫穷、阶级统治、环境破坏和种族主义死灰复燃的根本原因。为此，不能寄希望于改

良，而要推动彻底重建新的政治经济社会秩序。用阿马蒂亚·森（Amartya Sen）的话说，我们需要“对社会有远见卓识”。尽管面临压倒性危机，但我们仍然需要思考如何避免被孤立、被打垮而无能为力。

毫无疑问，新型冠状病毒大流行的危机将考验全球民主的极限。正如我们在匈牙利、埃及、菲律宾、泰国和以色列等一些国家所看到的那样，这场流行病危机为限制公民自由、言论自由和人权创造了特殊的环境，同时加剧了独裁主义出现的可能性。

与此同时，如此严重的一场危机为人们重新思考想生活在什么样的社会、世界和未来提供了新的可能性。我们既然不想回到那个民主等同于资本主义的制度，就必须对社会结构进行彻底重建，而非对制度进行小修小补，因为当前危机存在深层次的政治和经济根源。大卫·哈维（David Harvey）的观点是正确的：“现在的根本问题非常深刻，除了进行一场非常强大的反资本主义运动，别无出路。”

随着新型冠状病毒大流行危机的消退，我们将不得不作出选择，要么选择一个满足人类需求的社会，要么使优胜劣汰成为唯一的社会组织原则。关于政治、团结、群众抵抗和民主本身的意义，现在是时候提出新的观点和教学叙述了。

我们仍有机会重构一个未来世界，它与现在的掠夺性“新自由主义”不同，是一个为正义、解放和社会平等而斗争的世界。我们比以往任何时候都更加迫切地需要为实现公正、民主的社会主义社会而奋斗，这是未来世界理念和实践的主题。面对新型冠状病毒大流行，批评、谅解和抵抗成为生死攸关的问题，尤其是抵抗，极其必要。

综述

沧海横流　方显英雄本色

——世界眼中的中国战“疫”

李瑞琴[①]

提　要

国外人士认为，各国采取的应对疫情的措施不尽相同，其背后折射出的是不同社会制度如何看待人民生命权、生存权的本质差别，凸显了两种社会制度的优劣高下。中国战“疫”取得成就的关键，是社会主义制度优势和人道主义原则；中国共产党以人民为中心凝聚全国力量是独有优势。西方资本主义本质决定了其不可能改变对社会主义敌视的本性。疫情之下，西方反共意识形态性凸显不得人心。当前世界形势一再证明，习近平主席倡导的构建“人类命运共同体”具有更加强烈的现实性和紧迫性。疫情之后，资本主义的危机衰退与社会主义的光明前景同样不可避免。

① 李瑞琴，中国社会科学院马克思主义研究院研究员。

关键词

世界共产党人　中国战“疫”

2020年初，中国人民迎面遭遇了一场自新中国成立以来传播速度最快、感染范围最广、防控难度最大的重大突发公共卫生事件。以习近平同志为核心的党中央果断、坚决打响疫情防控阻击战，“疫情就是命令，防控就是责任”“人民高于一切，生命重于泰山”。全国人民紧密团结在以习近平同志为核心的党中央周围，众志成城、团结抗疫，在疫情依然在世界蔓延的严峻形势下，率先控制住了疫情，经济发展有序恢复。中国战“疫”成功之道是什么？如何看待中国战“疫”与美国等国应对新冠肺炎疫情的不同举措与结果？疫情面前西方反共意识形态性凸显有何背后动因？疫情之后，未来世界将面临什么样的机遇、挑战？上述问题，不仅引起了我国学界的重视，也引起了国际社会的广泛关注和讨论。为此，中国社会科学院世界社会主义研究中心、习近平新时代中国特色社会主义思想研究中心、马克思主义研究院国外马克思主义研究部联合采访了德国、美国、匈牙利等近20个国家的20余位前政要、共产党领导人、学者等，就上述问题给出思考和答案。他们理性、深入的观察和研究结论，对于世界同心战“疫”，有着独到价值和意义，值得我们给予重视。以下是他们的主要观点。

一、应对疫情的不同战略源于不同的社会制度

面对人类共同的敌人，世界各国抗疫的成效，既受制于病毒的无情肆虐，也受制于不同国家应对疫情的理念、目标与宗旨。一些左翼学者敏锐地指出，在来势汹涌的疫情下，世界各国采取的应对疫情的方法不尽相同，其背后折射出的是不同社会制度如何看待人民生命权、生存权的本质差别，凸显了两种社会制度的优劣高下。

意大利《二十一世纪马克思》杂志主编安德烈·卡托内尖锐地指出：世界范围内应对疫情两条截然对立的路线，已经使得新型冠状病毒大流行成为进步与反动的冲突场。2020 年 1 月底中国武汉封城后，很多西方评论家表示吃惊和难以置信，其中不乏恶毒的反华言论，称只有“专制国家”才会采取此类措施。而对于有着“世界工厂”之称的中国，停止经济和社会活动是其领导人作出的无比艰难的决策之一。但社会主义中国即使国家经济遭受重创，也要置人民的生命安全于首位。世界出现了两种截然不同的应对路径，反映的是两种截然不同的世界观：一种将人的生命价值置于首位，接受牺牲经济的必要性；另一种则将经济利益置于生命价值之上。

英国著名经济学家、前英国伦敦经济与商业政策署署长罗思义认为，目前，可以非常清晰地看出，世界各国采取了两种完全不相容的应对新型冠状病毒的战略：一种是中国采取的“根除战略”，另一种是美国采取的、在没有有效控制的情况下，允许新型冠状病毒在人群中传播。显然，中国政府采取的果断行动有效遏制了疫情威胁。

匈牙利工人党主席久洛指出，新冠肺炎疫情清楚地表明，主要建立在利润和个人主义基础上的资本主义价值观，妨碍了动员社会一切资源来抗击病毒。根本原因在于，金钱和利润是资本主义政府制定防控疫情具体措施时考虑的主要和重要因素。欧盟和美国领导人忽视世卫组织的警告和中国及时发布的经验，盲目而傲慢地认为，其发达的体制可以阻止疫情。当意识到其不能应对如此大规模的流行病时，又没有向人民讲真话的政治勇气。曾经有过社会主义历史的中东欧国家，在防疫上仍有别于美国等西方国家。比如在匈牙利，执政精英意识到，不正确处理新冠肺炎疫情而引起的民众不满，将会导致针对政府乃至资本主义制度的大规模示威，政府因而采取了很多措施来帮助人民。这些事实表明，即使是一些残存的社会主义因素也可以帮助政府应对新冠肺炎疫情。

捷克科学院哲学所全球研究中心主任胡北思也认为，非常明显，不同的制度就有不同的应对疫情方案。从现实看，大多数中东欧国家感染新型冠状病毒及死亡人数较少，原因之一可能是这些国家在社会主义时期建立的广泛医院网络、免费医疗服务的基础还在发挥作用。另一个可能原因是，在社会主义时期，国家全部人口都已系统接种了抵御疾病的疫苗，例如结核病。美国和英国保守派政府最初采取了宽松自由放任的方案，结果美国在感染人数和死亡人数方面是全球最糟糕的国家。可以说，“新自由资本主义”是当今世界上最致命的政权，尤其对穷人和非裔美国人打击最大。

美国著名左翼学者维克多·沃里斯认为，抗击新型冠状病毒凸显了资本主义逐利原则与人民需求之间的冲突。这场疫情使资本主义的根本缺陷暴露无遗。美国医疗体系的缺陷是资本主义医疗方式的缩影，其本质是把医疗保健当作一种商品，谁能得到治疗取决于个人的支付能力。美国的独特体制体现在对任何“公共利益”最小化上。因政府主要部门将利润和积累置于公共卫生之上，使得世界上最强大的美国无力应对疫情，令世人惊愕。在这场危机中，数百万工人突然间失去了医疗保险和工作。激愤的纽约工人举着“资本主义就是病毒”的巨幅标语，向政府抗议。社会主义的医疗体系则不是从市场需求或私人利益出发，而是为建立一种能够应对紧急需求的基础设施。这一点在中国表现得尤为突出。

意大利共产党中央委员弗朗切斯科·马林乔进一步阐释道，在两种模式的对比下，中国特色社会主义制度及其政府，将与病毒作斗争及民众的需要置于不容商榷的优先位置，并为此动员了整个国家的资源。中国采取的长时间隔离管制措施，不仅对隔离病毒产生了决定性作用，还建立了一个良性的社会氛围——推动民众采取负责任的行为以最大限度地减少社交接触和流行病的传播。就这一点而言，资本主义国家毫无可比性。在企业停工停产的同时，国家为人民提供各类保障资助，为隔离中的群众提供食物和药品的快递服务。这是中国将疫情所致损失降至最低的重要能力。相反，过去十年，欧洲和美国的工人阶级遭遇了严厉的“新自由主义”紧缩政策，医疗卫生服务和社会服务被大幅缩减。这是欧美新冠肺炎病死率居高不下的主要原因。

日本庆应义塾大学教授大西广认为，被美国医疗体系排除在外、又在疫情中被迫工作的贫民阶层成为疫情最大受害者，这也是导致美国疫情急剧暴发的根本原因。中国政府对疫情防控方法不仅对于管理市民是有效的，对于管理企业的生产活动也非常有效。这充分证明社会主义制度在应对重大突发公共事件上的优势。为人民服务、对人民负责，这就是社会主义。此次疫情暴发后，世界主流经济学者中出现了“资本主义至少是暂时的不得不给有准备的社会主义让路”的议论。

美国著名马克思主义学者大卫·科茨指出，中国和美国对新冠肺炎的反应之间的差异主要是社会主义和资本主义的问题。社会主义经济中计划措施能够更好地、迅速地重新分配生产以应对突发紧急情况。社会主义制度的目的是满足人的需要，而不是追求利益，这是应对大规模流行病所需要的措施。大规模流行病疫情造成了一个典型的“公共产品”问题，即无论支付能力如何，每个人都必须获得健康和安全，因为任何被感染的人都会将疾病传播给他人。资本主义的驱动因素是对利润的追求，这与应对流行病疫情所需的准备和应对方式背道而驰。

希腊潘提翁大学社会政策系教授斯塔夫罗斯·玛夫鲁戴斯认为，新冠肺炎疫情造成了整个世界卫生和经济的双重危机。资本主义经济体和社会主义经济体如何面对这样的困境，存在着根本性的差异。资本主义经济体以私有部门为基础，公共部门作为前者的支撑而运作。私有部门以营利为目的，必然放弃或退出非营利活动。相反，社会主义经济体面临紧急突发事件时，能及时地、充分地调动资源，因为这是计划部门运作的直接机制。因此，社会主义经济体更有能力面对像卫生危机这样的突发事件。

原民主德国总理莫德罗就此提出问题：病毒并不区分国籍和收入，区别只在于不同社会制度应对此类挑战的方式。此次疫情迫使人们重新思考关乎人类进步发展的重大问题：究竟哪一种社会制度更加人性化？所有努力的尺度中，人的因素究竟置于什么地位？究竟什么才是更具公益性的社会制度——难道是将利润最大化视为唯一驱动力的资本主义？还是社会主义——曾经被菲德尔·卡斯特罗称为“符合物种习性要求的社会”？

人类社会的发展前行，是在战胜无数的艰难险阻中实现的。秉持什么样的核心价值观，遵循什么样的国家治理理念，建立什么样的社会制度能够有效应对人类共同的敌人，是世界各民族发展进步不可回避的要作出的选择。

突如其来的新冠肺炎疫情让世界各国处在重大、艰难的考验之下，同时，也给人们呈现了比较、思考如何选择未来社会发展道路这一重大现实问题的真实画面。

二、中国战“疫”取得成就的关键——社会主义制度优势和人道主义原则

新冠肺炎疫情首先暴发于中国，是世界抗疫的第一战场。疫情暴发猝不及防，迎面而来，中国别无选择，必须打赢。如许多国际友人所说，中国政府艰难而又坚决，在一年一度最隆重的中国传统节日春节时，壮士断腕，全国动员，展开了一场抗击疫情的人民战争。在两个月左右的时间里，中国人民付出巨大努力和代价，取得了抗疫的阶段性胜利。当中国战“疫”形势好转时，世界疫情则频频告急，感染人数纪录不断刷新。由此，世界范围内首场疫情遭遇战取得重大成果，更是突出了别样的意义。国际社会给予了极大关注，进行了多方面的总结及充分肯定和评价。

原民主德国领导人克伦茨说，2020 年 4 月 4 日，中国国家领导人和全国人民向抗疫牺牲烈士及逝世的 4000 多名同胞默哀致敬，全世界都能够看到：这个国家即使在最困难的时刻，民众、共产党员和国家最高领导人团结一心。中国展示的不是资本主义国家司空见惯的“神经质”，而是乐观主义的精神和勇气，传播的是能够战胜疾病的希望。在不到两个月的时间内，中国控制住了病毒的蔓延，为其他国家争取到了抵御病毒的宝贵时间。要知道，中国是一个有 14 亿人口的大国，在抗击新型冠状病毒过程中，德国只会涉及 8000 万人，美国是 3 亿人。仅仅这个数字就足以证明，中国所肩负的抗疫责任有多么重大。在这场全球面临的挑战前，即使西方反华势力有意识地无视这一点，也无法阻挡社会主义中国勇于担当、全力抗击新冠肺炎疫情的重要作用。

克伦茨强调，实践证明，中国正是以社会主义的制度优势，成功抵御了新型冠状病毒的蔓延。中国应对疫情的方式，来源于社会主义的人道主义原

则。凡是没有偏见的欧洲公民都对中国报以敬意，因为中国能够在最短的时间内平地建起两所抗击疫情的应急野战医院。这场拯救生命的斗争与中国的历史功绩一脉相承，中国正是以这种精神得以在过去几十年内使 8 亿多人口摆脱贫困。这是中国与资本主义世界相比无法估量的优势所在。

罗思义由衷指出，疫情在武汉暴发后，中国医务人员不仅是战斗在中国抗击疫情的最前线，同时也是战斗在全人类抗击疫情的最前线。整个世界都依赖他们。中国是如何做到这一点的？最根本的是，中国从理解什么是真正的人权开始，因为真正的人权影响着人们的真实生活，而不是西方虚伪的“人权”的人为构建。在这场致命的疫情中，生存是关键的人权。抗击疫情规模如此之大，以致必须像一场战争那样进行——在中国，这经常被称为抗疫的“人民战争”。这就是中国采取这些措施的原因。一旦理解了这个出发点，它的策略就完全合乎逻辑。

摩尔多瓦“公民会议”党中央执行委员会委员马克·特卡丘克说，中国的抗疫斗争是一个清晰地展现在世人眼前的例证，即到底哪一种社会制度最适应 21 世纪的、非标准的紧急挑战。世人不仅看到了中国具有快速动员专业资源的能力，而且看到了最高的效率和最好的结局。中国有为社会绝大多数人谋利益的社会主义原则，有现代化的大众卫生保健系统，有不断完善科学知识体系的共产党的各级领导。因此，虽然中国是首先遭受新型冠状病毒打击的国家，但也是第一个在这场可怕的对决中摆脱新型冠状病毒威胁的胜利者。

弗朗切斯科·马林乔指出，社会主义中国采取了与西方完全不同的应对新冠肺炎疫情路径。国家层面的强有力措施使得医疗基础设施得以发挥最大优势，科学预防知识得以广泛传播，为迅速限制病毒传播并降低病死率奠定了基础。社会主义中国的治理模式展现出了史无前例的有效性。中国提供了一个其他资本主义国家在任何情况下都无法提供的普及性医疗服务。疫情面前，清楚地表明了为维护私人利润而罔顾民众健康的资本主义国家与将人的生命置于中心位置的社会主义中国之间的巨大差异。

卡乔西亚·布伊辛克是新西兰惠灵顿维多利亚大学在校大学生，是一位年轻的共产党员，正在领导、推动新西兰共产党的重建。他为采访撰文时写道：疫情使社会主义和资本主义的制度优劣有了鲜明的对照，为人民服务和“利润至上”的不同价值观，导致了疫情防控的不同后果。这种全新的病毒对任何国家的公共卫生体系而言都是极限的挑战，这一过程中最重要的是反应的速度和奉献精神。中国对疫情的回应突出了社会主义制度在照顾公民需求方面的本质特点。中国共产党以人民为中心、中国各族人民的团结、人民解放军为人民服务的性质是中国特色社会主义制度的瑰宝。在当前相对和平的时代，人民解放军在公共卫生等领域服务于人民，发挥了至关重要的作用。而西方的任何资本主义军队对人民绝对不会有这样的献身精神。对疫情不同的反应在社会主义和资本主义之间形成了难以置信的、鲜明的对比。布伊辛克的立场观点鲜明、坚定。生活在资本主义国家的青年大学生有着如此深远的思考和科学的洞察力，值得高度肯定。

同样，我们也可以由衷地说，应对世界重大突发公共卫生风险大考，中国能够在党的领导下，紧紧依靠人民群众，战胜疫情，战胜艰难险阻，既是社会主义制度现实优越性的充分体现，也是社会主义制度的题中应有之义。

三、中国共产党以人民为中心凝聚全国力量是独有优势

一些共产党人、左翼学者把视野转向中国共产党领导战“疫”的执行力、凝聚力上。他们认为，习近平主席多次强调“把人民群众生命安全和身体健康放在第一位”“牢记人民利益高于一切”“紧紧依靠人民群众坚决打赢疫情防控阻击战”，[①] 最大限度地团结、凝聚了民心，这是中国战“疫”的独有优势。

德国东方出版社社长舒曼说，早在2016年全国卫生健康大会上，习近平主席就提到了提高健康水平的“长期努力”。“在推进健康中国建设的过程中，我们要坚持中国特色卫生与健康发展道路，把握好一些重大问题。”[②] 在

① 史竞男、白瀛、吴晶：《始终把人民群众生命安全和身体健康放在第一位》，《新华每日电讯》2020年2月6日，见 http://cpc.people.com.cn/n1/2020/0206/c64387-31573841.html。

② 《习近平谈治国理政》第二卷，外文出版社2017年版，第371页。

中国这样一个大国，没有全体人民的遵守纪律和团结，抗击疫情不可能成功。党的领导人成功地激励人民，使人民相信所采取的措施是正确的和必要的。中国政府将人民健康放在首位的绝对责任感，习近平主席对疫情的详细了解和亲自参与所有防控措施，令人深受鼓舞且印象深刻。

安德烈·卡托内认为，社会主义中国，以人民健康为先，把健康视为全体人民的普遍权利，改革并强化公共卫生服务体系，是中国成功应对疫情的关键。同时，这也是一些西方评论家对中国的不解之处，为何 14 亿中国人有意识、有序且积极地遵从了中国共产党的指导，进而在抗击疫情的斗争中取得了成功？弗朗切斯科·马林乔的观点回答了这个问题。他认为，中国能够成功的关键在于有一支强大且结构化的共产党。中国共产党广泛扎根于社区和工作场所之中，这确保党能够时刻关注并及时满足民众的基本需求。

久洛认为，中国成功战胜疫情证明了习近平新时代中国特色社会主义思想的正确性。在以习近平同志为核心的中国共产党领导下，中国独特的现代治理体系显示出强大力量和生命力，为人民所接受，同时也极其高效。近年来，执政的中国共产党在倾听人民的声音、打击腐败和提高执政能力方面取得了巨大成功。人民对中国共产党充满信心。人民相信这个在 1949 年建立新中国、并在 1978 年后带领中国走上改革开放道路的党。中国现代有效的执政体制实现了军队和人民政府快速、有效的整合。中国有良好的军事医疗体系，中国士兵和所有抗疫参加者都具有极高的心理和思想训练水平。所有这些都证明了共产党领导的社会主义制度的优越性。反观资本主义世界的国家，尤其是以美国商人总统的态度为典型表现的国家，非但没有及时在自己的国家采取必要措施，反而竭力指责中国采取所谓“非人道措施”，令人不可理喻。

中国共产党来自人民群众，越是在艰难困苦的时候，越是要与人民同呼吸、共命运、心连心。毋庸置疑，中国共产党对人民健康高度负责的情怀与担当，为坚决打赢疫情防控阻击战注入了强大信心和动力，汇聚成了坚不可摧的磅礴力量，是中国战“疫”的独有优势。

四、疫情面前西方反共意识形态凸显不得人心

与中国抗疫同样受到关注的，还有西方掀起的反华浪潮。自美国疫情失控性蔓延以来，以美国为首的西方黔驴技穷，把本国防疫失败的原因毫无道理地归咎于对世界抗疫作出重大牺牲和贡献的中国。一时间，在西方反华恶浪推动下，各种谎言、谣言、伪诉、滥诉披挂登场，似乎如此，便可颠倒黑白，置中国发展于绝境。国外共产党人对西方反华意识形态的根源及表现也进行了深刻分析，得出的结论令人深思。如新西兰青年大学生、共产党人卡乔西亚·布伊辛克所说，中国对疫情反应的有效性，从西方反华势力的疯狂抹黑中得到验证。中国做得越好，他们越是气急败坏。这些反华势力在抹黑中国抗疫时无法自圆其说，这反衬了他们的色厉内荏。

一些学者认为，西方资本主义本质决定了其不可能改变对社会主义敌视的本性。

卡托内尖锐地指出，新型冠状病毒大流行下，美国对中国的攻击没有减弱而是在变本加厉。2020 年 4 月 17 日，共和党参议院委员会发布了一份长达 57 页的《新型冠状病毒全书》，其主要内容竟然是指导共和党候选人如何通过攻击中国和中国共产党而赢得大选。反华运动不仅在美国，而且在那些主要媒体受美国控制的国家全速展开。美国在这场疯狂运动中高频次使用的武器之一，就是指控中国要为病毒的传播“负责”，并叫嚣通过法律诉讼迫使中国进行数万亿美元的“赔偿”。尽管法学家认为诉讼是荒谬的，注定一无所获，但这一切都是在尽可能地抹黑中华人民共和国和中国共产党。

弗朗切斯科·马林乔、久洛分析认为，西方政府和媒体对中国的态度瞬息万变的原因在于，这个社会主义国家竟然在抗击疫情的斗争中取得了胜利。以往，在西方主流叙事中，中国共产党即便尚未濒临崩溃，也是一个步履维艰且官僚化的政党。而此次应对重大疫情，中国表现出的团结精神让世界刮目相看，不仅本国卓有成效地应对疫情，而且向那些疫情严重的国家，如意大利等提供医疗援助。中国应对疫情的出色表现使美国无地自容。因此，美

国需要掀起这场反华舆论运动，打造一个“同仇敌忾”的国际舆论氛围，其敌人不是新型冠状病毒，而是最先发现它的社会主义中国。美国不惜将人类正在与新型冠状病毒的斗争转变成针对中国和社会主义的全球性争端。这也解释了为何近年来一直表示对领导全球事务已经失去兴趣的美国，竟自任反华、反共联盟首领，对华发起激烈进攻。美国和其他一些资本主义国家就是企图通过发动针对中国和中国共产党的攻击，来掩饰自己的错误和弱点。

美国著名左翼学者维克多·沃里斯认为，一些美国政界人士罔顾事实，指责中国未能遏制住新型冠状病毒，并将其传播到世界各地。这种说法是企图转移人们的注意力，使人们忘记自己政府未能在战胜新冠肺炎大流行方面发挥必要的领导作用。指责中国不仅是为了转移公众愤怒的焦点，而且也是为了抹黑任何将中国应对危机作为正面榜样的努力。

舒曼认为，新型冠状病毒跨越了国家边界，但没有跨越社会边界。尽管病毒对世界产生了重大影响，但并没有改变生产状况的特点。阶级问题仍然存在其中，其他一切问题都源于此。从根本上讲，资本主义国家对中国采取的抗击疫情措施的评判是阶级问题。西方一些指责声称，中国共产党采取的措施是“不民主的、侵犯人权的”。但是，当所谓的民主国家发布了同样的限制性条例的时候，当中国的措施被证明是成功的时候，他们又装聋作哑。西方不会承认中国应对新型冠状病毒的措施是成功的，也不会承认西方国家采取了与被诬蔑的中国同样的措施。不管中国如何做，都被认为是共产主义的宣传。实际情况是，美国感染和死亡人数已位居全球榜首，可谓遥遥领先。这些铁的事实是反共、反华宣传所不能抹杀的。

克伦茨指出，美国一再掀起反华声浪说明，其所代表的势力正在全球失去影响力。因中国的发展对西方构成了极大挑战，美国即把新型冠状病毒暴发罪责推诿于中国，妄图遏制中国发展。他们觊觎中国巨大的市场，同时更害怕中国特色社会主义制度，成为取代已经脱缰失控的资本主义制度的现实选择。克伦茨回忆起 19 世纪德国的革命者、社会民主党人奥古斯特·倍倍尔说过的一句话：“当敌人称赞你的时候，说明我们肯定做了什么蠢事。”如今反向推理，就意味着：“新自由主义”者及其媒体对中国政策的攻击越是恶毒、越是愚蠢，就越能证明中国走在正确的道路上。

莫德罗概括说，美国总统将新型冠状病毒暴发推责给中国及其领导人反映了三点：一是证明了华盛顿的无能，证明美国无法控制本国的问题；二是表明美国不愿意接受或承认中国在经济、社会和政治上卓有成效地控制了疫情及其后果；三是暴露了这位美帝国主义的代表人物亲自上阵，将病毒当作打击中国的政治工具。特朗普的做法就是掩耳盗铃。2020 年 4 月，德国一家声誉良好的学术机构调查了德国人对美国和中国的现实看法。2019 年，一半德国人认为对美关系的重要性超过中国，只有近 1/4（24%）的德国人认为对华关系更重要。在短短一年的时间里，这一比例发生了巨大的变化。尽管德国媒体发起了反华宣传，但是令其惊讶的是美国失去了 13 个百分点的支持率，而中国却增长了 12%。也就是说，美国与中国的支持率已经平分秋色，即分别为 37% 和 36%。这一现象再次证明，人民的眼睛是雪亮的。中国抗击疫情的客观、冷静、团结、无私援助他国的举措，赢得了很高评价。

罗思义认为，大多数国家对美国在疫情中推卸责任的做法不屑一顾。西方所谓的“人权”组织抨击中国应对疫情的错误做法，是搬起石头砸了自己的脚。美国应对疫情的致命政策使其成为疾病的中心，并把世界一分为二，迫使各国重新考虑过去的同盟关系，对世界地缘政治也将产生重大影响。未来地缘政治将发生有利于北京的转变。目前，疫情在西方国家的影响是中国最严重时期的好几倍，因为中国的人口数量远远超过任何西方国家。因此，新型冠状病毒在美国造成的影响的相对强度已经是中国最糟糕日子的 18 倍以上！美国的每日病例数呈强劲上升趋势，一场真正的灾难正在美国上演。

西班牙加利西亚国际关系研究院院长胡里奥·里奥斯认为，西方对中国的责难主要出于其政治意图。如美国，对中国的怪异腔调与即将到来的 11 月份大选密切相关，特朗普希望在大选中谋求连任，将中国作为替罪羊是掩盖治理此次公共卫生危机过程中的无能的简易方案。中国在地方层面和与世界卫生组织合作应对疫情，充分履行了责任和义务。中国捐赠的物资运达世界各地，中国的医生和专家也赴他国给予援助。中国几乎独自承担了其全球责任。这一切，都深深刺痛了美国等一些西方国家。

卡托内深入分析说，美国的共和党、民主党等统治阶级，都持有“美国优先”的意识形态。美国的特殊结构注定了它要对中国发起猛烈攻击。早在20世纪90年代，美国对外战略的字里行间，就已露端倪。在2008年金融危机之后，视中国为敌人已成为美国统治阶级的妄念，超越了共和与民主两党之争。2010年中国成为世界第二大经济体。此后，中国坚持内部发展道路，逐步消除贫困，开拓了具有偿付能力的最大市场。中国的政治制度得到加强，社会凝聚力得以提升。中国成为世界上唯一一个向全世界提出共享双赢发展机遇的国家，其中“一带一路”倡议是该理念的重要支柱。这与美国的帝国主义全球化形成鲜明对比。

自2017年，美国对中国发起贸易战。这场贸易战，尽管曲曲折折，但并未弱化，已经在世界市场上引起了极大的动荡，并引发了全球化和国际生产链的实质性倒退。特朗普对中国逐步增加的进攻并非仅在经济领域，媒体的反华舆论活动也愈演愈烈。美国煽动了在中国香港的分裂活动，编造了所谓中国“镇压维吾尔族人”的谎言等。

中华民族的伟大复兴，如果注定要刺痛一些国家，那么，中国人民在筚路蓝缕、砥砺前行的历程中，将更加坚定和勇敢，更加无畏并迎难而上，将进行具有许多新的历史特点的伟大斗争，并赢得最后的胜利。

五、构建“人类命运共同体”更具现实性、紧迫性

面对世界疫情这一百年未有之大变局的典型呈现，一些前政要、学者认为，当前世界形势一再证明，习近平主席倡导的构建“人类命运共同体”具有更加强烈的现实性和紧迫性。

克伦茨指出，新型冠状病毒以极端的方式教训了人类。世界经济正走向1929年大萧条以来的最大危机，美国及其支持者的所作所为表明，在这场危机中超级大国很可能会丧失其全球地位，因而正开启寻找一个“罪魁祸首”的疯狂道路。正如人类遭遇历次危机时一样，克服危机的方式必须具有社会责任的人道主义内涵——完全有别于资本主义施放的烟幕弹。致力于建设

“人类命运共同体”比任何时候都更加现实。

久洛认为，中国一直是全球化和多边贸易体系的坚定支持者，现已成为全世界最强劲的增长引擎。中国一直坚持改革开放的基本国策，坚持推动贸易和投资自由，促进开放的世界经济。中国致力于改善全球治理，弥合发达国家与发展中国家之间的鸿沟，推动建立更加公平合理的国际秩序。“一带一路”倡议是中国为全球治理提出的创新举措，吸引了广泛参与者。这些努力不仅有助于实现本国的经济和社会发展目标，实现中华民族的伟大复兴，而且有利于推动全球增长和国际多边体系的发展，并成为构建“人类命运共同体”的现实基础。疫情之下，习近平主席在许多场合，比如在二十国集团领导人应对新冠肺炎特别峰会上，与其他国家元首的电话交谈中，都提出了相关建议。这是防止进一步破坏、阻止世界大战、使所有国家都有以自己的方式发展的现实方案。

安德烈·卡托内认为，此次新型冠状病毒大流行表明，在世界范围内构建“人类健康命运共同体”，正成为一种趋势。人类需要强有力的国际合作，并需将普遍的健康权赋予五大洲的所有人民。中国国家主席习近平在2020年3月20日二十国集团领导人特别峰会上提出，重大传染性疾病是全人类的敌人，国际社会最需要的是坚定信心、齐心协力、团结应对，携手赢得这场人类同重大传染性疾病的斗争。在5月18日第73届世界卫生大会上，习近平主席进一步提出：要坚持以民为本、生命至上。人类是命运共同体，团结合作是战胜疫情最有力的武器。中国国家主席的讲话是从一个具有普遍性的概念出发的，即人类的福祉是人类的共同利益，这超越了国家边界和国际秩序。这是一个简单且具有共识的建议，同时又很了不起：共享知识，合作开展药物和疫苗研发，建立全球药品和医疗设备的研究和生产网络，援助落后国家，推动建设世界医疗卫生系统。

美国加州大学欧文分校荣休教授苏亚雷斯－维拉教授指出，新冠肺炎大流行清楚地表明，地球是多么的渺小，人类的合作是多么的重要。如果人类想在21世纪面临的非常严峻的挑战中生存下来，就必须进行合作。中国自近代以来与帝国主义斗争的历史经验，其善于克服巨大障碍的政治经济体制，所具有的实力及影响力都证明，中国完全有能力引领一种基于相互尊重与团结平等的、新的秉持“人类命运共同体”理念的全球力量格局。

西班牙共产党主席何塞·路易斯·森特利亚·戈麦斯认为，构建“人类命运共同体”不仅可以通过相互合作和共享资源的方式促进我们尽快摆脱当前的紧急状态，而且可以帮助避免将来再次面临类似的危机，为全人类的利益发展一种全面、可持续、共享的安全概念。当前人类所经受的危机表明：危机是不受边界或大陆限制的；必须进行国际合作，发挥联合国的作用，以恢复《联合国宪章》的价值和原则的适用性。全人类团结起来共同努力共渡危机，才能保证人类的未来生活。

摩尔多瓦马克·特卡丘克指出，只有把地球上所有国家和文明都看成是一个统一的命运共同体，有意识地推动全球团结的目标，才能让人类在同新冠肺炎疫情的斗争中、在同气候灾难的斗争中、在同经济危机的斗争中占上风。“人类命运共同体”理念已经不再是宣言，不再是理论建构。中共中央总书记习近平阐释的“人类命运共同体”理念，得到了从联合国到包括达沃斯论坛在内的一系列国际论坛的支持。在新冠肺炎大流行危机的条件下，“人类命运共同体”理念用实例阐明了各国建立新型合作关系的必要性。只有以此为出发点，才能够构建起新型国家关系。这种新型国家关系将减少暴力，充满同情心，促进技术、知识、专业技能、物质财富的共享。

在中国共产党的十九大报告中，习近平总书记就高屋建瓴、生动贴切地阐述了当今世界及未来人类发展趋势，“没有哪个国家能够独自应对人类面临的各种挑战，也没有哪个国家能够退回到自我封闭的孤岛”。[①] 在中国与世界各国携手抗疫中，“人类命运共同体”的现实意义和时代价值进一步凸显，历史和现实再一次选出了“中国答案”。

六、疫情之后资本主义的危机衰退与社会主义的光明前景同样不可避免

人类如何走向未来，是人类永恒的话题。疫情之后，世界将出现怎样的

① 《习近平谈治国理政》第三卷，外文出版社 2020 年版，第 46 页。

改变，人类如何在疫情中获得真理性答案，也是国外左翼学者关注的话题。

克伦茨、森特利亚认为，中国击败疫情的方式方法，中国对其他国家和地区所展现出来的团结，使越来越多的国家积极评价中国的制度。这意味着，此次疫情之后，人们将对社会主义抱有更加美好的期望。体制问题已经摆上了全世界的议事日程。这是所有人应当思考的重要题目。中国今天已经摆脱这种两难境地，已经作出抉择。中国特色社会主义已经在全世界赢得了声望。这个国家正朝着社会主义方向前进，其他各国将会跟随而来。

罗思义认为，新型冠状病毒给全球经济和地缘政治带来的变化将是深刻的。中国是第一个摆脱危机的国家，也将是第一个走上复苏道路的国家。中国和其他亚洲经济体可能会经历一个更快的恢复、创新和生产力的增长。这场大流行病可能会在未来几年加速全球经济实力从西方向东方的再平衡，必然会导致有利于中国的地缘政治的重大转变。

马克·特卡丘克认为，新冠肺炎疫情过后，世界再也不会是从前的世界了。全球疫情危机尖锐地提出了一个问题：关于以自由主义原则为基础的经济已经不可能获得进一步的发展，“市场看不见的手”已经无法对经济发展设定长期的战略目标和战略规划。一个清晰的全球新规划正在展现，这个新规划要从根本上扩大就业和满足需求，建立一个公平、覆盖面广的社会保障体系、医疗保健和教育体系。从这个意义上讲，需要重新评估过去的社会主义经验和中国正沿着前行的中国特色社会主义道路。

卡托内认为，在新型冠状病毒大流行及其带来的政治、文化和社会冲击下，世界新形势的未来走向，依然是多元且开放的。社会主义、进步的和社会解放的力量，如今都应以中国为根本参照。历史任务是加强国际团结与合作，运用富于智慧的政治战略和灵活的战术来对抗帝国主义反动力量，积极沿着建设“人类命运共同体”的道路前进。

莫德罗满怀期待地展望：中国共产党人很快就将迎来他们的建党 100 周年纪念日；中国共产党把数亿人从贫穷中解放出来，并将在这条道路上继续前行，他们的目标是永远摆脱贫穷；这将鼓舞欧洲左翼力量从被动适应资本主义制度的现状中解放出来，去主动规划建立一个社会主义世界的目标。

2020 年 5 月，中国召开的全国人民代表大会对抗疫斗争的客观分析，清晰地证明了这一点。无论大洋彼岸与欧洲的反华宣传如何喧嚣，中华人民共和国仍然比以往任何时候都更加鲜明地成为全世界的希望所在。

2020 年 2 月 23 日，习近平总书记在统筹推进新冠肺炎疫情防控和经济社会发展工作部署会议上发表重要讲话时，引用了郭沫若《满江红》词中的名句“沧海横流，方显出英雄本色”。的确，以习近平同志为核心的中国共产党的坚强领导，中国特色社会主义制度的巨大优势，在世界战“疫”的“沧海横流”中，在世人面前，尽显英雄本色！正如 90 岁高龄的原民主德国最后一任共产党总理莫德罗所说，新中国的成立是世界历史的一个转折点。前进道路上的艰难险阻，不期而遇的自然灾害，例如此次新冠肺炎疫情，都挡不住中国的发展脚步。在中华民族伟大复兴的征途上，依然不乏甚至更多“沧海横流”。“为有牺牲多壮志，敢教日月换新天。”社会主义中国，不会辜负世界共产党人的殷殷期待，必将会在无数的“沧海横流”中，展现中国特色社会主义旗帜不朽的光芒。

国外左翼视野下的全球新冠肺炎疫情

李海玉[①]　周　淼[②]

提　要

当前新冠肺炎在全球的大流行给人类社会带来了严重的冲击，测试了各国的治理体系和治理能力，暴露了国际政治中的一些问题。多个国家的左翼组织和人士针对疫情纷纷发声，批评资本主义国家公共卫生系统存在的缺陷及其政府应对疫情的低效，指出社会主义为化解疫情提供了方向和出路，抨击有关国家对中国的无理指责和在新冠肺炎疫情上的种族歧视，盛赞中国抗疫中的杰出表现和对世界的重大贡献。这些观点及见解值得我们重视和思考。

① 李海玉，河南理工大学马克思主义学院副教授，主要从事国外左翼政党研究。

② 周淼，中国社会科学院世界社会主义研究中心副研究员，主要从事世界社会主义研究。

关键词
国外左翼　新冠肺炎疫情　资本主义　社会主义

一、新冠肺炎疫情再次暴露资本主义和“新自由主义”的弊端

国外左翼政党（组织）和人士结合本国的情况和疫情状况的新进展，纷纷表达了自己的看法，并明确指出新冠肺炎疫情将资本主义制度自身局限性暴露无遗。无论是病毒的快速传播，还是公共卫生系统的失序都与所谓的阴谋论无关，而是揭示了资本主义生产关系的内在矛盾。①

首先，自由市场削弱了国家应对新型冠状病毒的能力。南美洲共产党指出，垄断资本控制下的“新自由主义”政府所奉行的政策，削弱了这些国家对新型冠状病毒的应对能力，减少了来自政府的、本应给予民众的大量关注，体现了“新自由主义的反社会性和寄生性”。② 自 20 世纪 70 年代以来，“新自由主义”大行其道。全球逐步形成以美国为首的“新自由主义”秩序。2008 年金融危机的爆发暴露出“新自由主义”的潜在问题，引发人们对资本主义社会“新自由主义”的质疑。当前，新型冠状病毒全球大流行，“新自由主义”盛行的欧美等西方国家应对疫情的无力与社会主义中国对病毒蔓延的高效遏制形成鲜明对比，再次使得“新自由主义”的弊病在全世界充分展现出来。“新自由主义”鼓吹自由市场，而这个自由市场在疫情中却失效了。麻省理工教授乔姆斯基（Avram Noam Chomsky）认为，新型冠状病毒危机来自巨大的市场失败。“新自由主义”带来的深层社会经济问题使市场加剧恶化。尤其是在实施防疫措施方面，市场给出了错误的信号。“新自由主义”试图让

① 《波多黎各共产党：股市崩盘和冠状病毒是让资本主义现形的两大利器》，2020 年 3 月 31 日，见 https://baijiahao.baidu.com/s?id=1662648635185329149&wfr=spider&for=pc。

② 《南美洲共产党对新冠肺炎的联合声明》，2020 年 4 月 10 日，见 http://www.wyzxwk.com/Article/guoji/2020/04/416643.html。

我们摆脱政府，这意味着，让我们将对公众作出决定的权力移交给不负责任的私人暴政。我们将命运交托给了私人暴君——制药公司，而他们是对公众不负责任的公司。对大型制药公司来说，制造新的润肤霜远比研发保护人们免受彻底破坏的疫苗更有利可图。[①] 公司企业以营利为目的，而资本家只是在疯狂追逐金钱财富利益。英国《晨星报》（Morning Star）发表社论指出，正统“新自由主义”规定公共服务应被放在市场中，其功能应服从于利润关系，公共服务的提供应降至毫无冗余的水平。[②]

其次，商业化医疗卫生体系难以保障公共安全。欧洲共产党指出，新型冠状病毒流行暴露了各国卫生系统严重的问题和不足。欧洲各国长期以来减少了对医疗保健的拨款，减少了医护人员，为医护人员建立了弹性工作时间制度，减少了医院病房，关停了医疗设施，将医疗服务移交给了私营部门，并促进了医疗服务的私有化。资产阶级政府以平衡预算和稳定财政为名，即为了大资本的利益，把公共卫生体系搞到当今这种应受谴责的境地。[③] 世界工会联合会在 3 月 12 日的声明中指出：“各国的卫生系统存在巨大缺口，原因是资金不足和商业化政策。”[④] 各国共产党和工人党在左翼网站“团结网”（Solidnet）发布的声明中指出，新型冠状病毒的大流行揭开了在疫情暴发之前所有资本主义国家卫生系统普遍存在严重短缺的事实。卫生系统存在的这些短缺并不是偶然发生的，它们是资产阶级政府在为大资本服务的过程中，为了实现垄断集团的盈利而推行反人民政策，并使卫生部门商业化和私有化的结果。这一政策削弱了现有的科学技术能力，使其无法满足人民的所有预防和医疗服务

① 《乔姆斯基：新型冠状病毒警示人类正处于文明危机边缘》，2020 年 4 月 14 日，见 http://daqiang.blogchina.com/561738898.html。

② 《〈晨星报〉社论：只有集体主义方案才能应对新冠危机》，2020 年 3 月 24 日，见 http://www.wyzxwk.com/Article/guoji/2020/03/415783.html。

③ 参见《欧洲共产党倡议秘书处关于冠状病毒疫情的声明》，2020 年 3 月 25 日，见 http://www.wyzxwk.com/Article/shiping/2020/03/415832.html。

④ 《世界工会联合会声明：面对新冠肺炎疫情，工人不能失业》，2020 年 3 月 12 日，见 http://pre.jiliuwang.net/archives/90579。

需要。[①] 美国工人世界党指出，特朗普政府拒绝中国乃至世界卫生组织提供的必要测试设备和医疗用品的原因是为美国的医疗机构牟利。免费或廉价的试剂盒和医疗用品会削弱资本家从每笔交易中获利的动力。制药、医疗和保险公司是当今美国最赚钱的公司。它们与石油和国防公司一起，主导着金融资本。在至关重要的两个月内，这些重要的物资可以迅速订购或制造出来，但仍没有足够强大的利润诱因来让这些公司扩大生产。美国的医疗机构仍然按订单来生产。资本主义生产的盲目性和竞争性扭曲了所有社会关系。[②]

最后，资本逐利与人民利益之间的矛盾不可调和。西班牙人民共产党指出："资本主义制度是保障人民健康和生活条件的障碍。"[③] 资本主义帝国主义制度，不是为了满足人民需要而建立的，而是拥有创造财富手段的人之间进行残酷竞争的体系。在这个体系中，除非有人能从中获利，否则什么也不会发生。一切活动都是以利润为导向，而不是人民利益。资本主义国家似乎永远不能，也不愿把人民的利益放在首位。胡安·克鲁兹·费雷（Juan Cruz Ferre）在美国"左翼之声"（Left Voice）网站发表文章指出，政府再次证明它是资本的朋友和工人阶级的敌人。特朗普政府和国会两党的共识未能在多个场合充分应对这场迫在眉睫的公共卫生危机，从而使疫情更加严重，传播范围更为广泛。危机暴发以来，白宫和大多数立法者更关注如何保持商业信心和避免经济受到干扰，而不是如何挽救生命。他们还没有提供足够的试剂盒来检测和跟踪早期感染者以控制传播集群。病毒传播后，美国政府（各个级别）都未能保护工人及其家人，迫使他们带病工作或在没有保护的情况下工作，使他们暴露在病毒中。[④] 疫情之下，工人仍在继续工作，他们还经常在生产线

① 参见《世界各国共产党和工人党关于新型冠状病毒的联合声明》，2020 年 3 月 28 日，见 http://www.wyzxwk.com/Article/guoji/2020/03/415985.html。

② 《美国工人世界党：新冠、中国社会主义计划与健康丝绸之路》，2020 年 4 月 8 日，见 https://www.sohu.com/a/386297005_425345。

③ 《西班牙人民共产党：冠状病毒危机表明迫切需要社会主义社会》，2020 年 3 月 19 日，见 https://baijiahao.baidu.com/s?id=1661516868309801461&wfr=spider&for=pc。

④ 参见《大疫情、左翼与工人的力量》，2020 年 4 月 10 日，见 http://www.wyzxwk.com/e/mp/content.php?classid=16&id=416644。

上拥挤地挨在一起。在工厂大厅，没有或几乎没有任何消毒措施。如果要求工人进行短时间的工作，特别是对于低收入者来说，这不足以维持他们的生活。一般的员工会议和示威活动被取消，但生产仍然继续。所有这些安排都是不负责任的，这说明在这个资本主义制度中，最重要的是利润而不是人。[①]绝对优先事项是垄断者的生存，而不是保护人民的健康。

二、批评资本主义国家的应对措施

面对严重的疫情，拥有尖端医疗水平的资本主义国家防控疫情行动迟缓，一再错过“可能的转折点”，继而导致病毒进一步传播。国外左翼政党（组织）和人士对资本主义国家的应对措施纷纷表达了自己的看法，并展开了深刻剖析和批评。

（一）极其迟缓的应对措施

英国共产党（马列）副主席乔蒂·布拉尔（Jody Brar）指出，英国政府并没有能够抓紧利用中国为世界各国赢得的宝贵时间，而且抗击疫情的政策力度也还不够。尽管英国采取的部分措施是有效的，但实施力度远远不够。中国政府第一时间告诉世界各国和世界卫生组织：发生了什么，需要采取什么措施，以阻止病毒传播。但是，英国政府在此期间却浪费了时间，基本上采取了放任自流的方式。[②]相比之下，美国对疫情的反应同样极其分散、不协调、迟缓，各州政府甚至相互竞争。一个特别令人不安的超个人主义趋势是，成千上万的美国人无视社会隔离的呼声，继续聚集在一起庆祝春假等节日。资本主义国家过度依赖市场力量，政府很难采取强有力的积极手段，这是疫情应对措施迟缓的重要原因。此外，不愿充分应对眼前的危机也是政府

① 参见《德国马列主义党应对疫情的紧急方案》，2020 年 3 月 26 日，见 http://m.wyzxwk.com/content.php?bclassid=4&classid=16&id=415897&style=0。

② 《英国共产党（马列）副主席：中国抗疫树立全球典范》，2020 年 4 月 16 日，见 http://m.ce.cn/yw/gd/202004/12/t20200412_34662061.shtml。

出于对经济的担忧。针对新型冠状病毒的封锁措施无疑会显著减少经济活动，正是这个因素导致了资本主义国家政府在面对流行病时候的迟钝反应。这也解释了为什么美国在刚刚实施了为期一周的社会隔离的卫生措施之后，特朗普和美国企业就已迅速解除这些限制。①

（二）政府不负责的行为态度

迄今为止，最可耻、最不负责任、最无能的反应出现在美国、英国。特朗普否认会出现任何问题，并在疫情初期声称已经完全控制住疫情。这种不负责任的言论显然是荒谬的。虽然非专业人士可能不理解新型冠状病毒的严重性，但是特朗普并不缺乏来自科学家的警告。事实上，特朗普从 1 月底开始就听取了美国情报机构关于这个问题的简报。此外，特朗普提出了几项误导性的、完全错误的说法，与政府自己的科学家们所说的相矛盾。他声称，病例数量正在“大幅下降，而不是上升”，“美国正在迅速研制疫苗并会以相当快的速度为抗击此病毒注射疫苗”。然而，美国国家过敏症和传染病研究所所长安东尼·福奇博士表示，疫苗还需要 12 至 18 个月才能研制出来。卫生部部长亚历克斯·阿扎尔（Alex Azar）拒绝承诺，所有人都能负担得起这种潜在的疫苗。② 美国其实拥有一个规模更大、完全隶属于资本主义的经济体系，但却没有在危机面前展现出大国应有的担当和负责态度。在这次事件中，英国政府几乎没有对新型冠状病毒发表评论，直到 3 月的第二个星期，那时已经有数百例确诊病例，几乎可以肯定还有成千上万的病例未被检测。英国首相鲍里斯·约翰逊（Boris Johnson）和英国首席医疗顾问克里斯·惠蒂（Chris Whitty）公然蔑视世卫组织的建议，表示没有必要进行广泛的检测，人们只需要在家中即可。同时，用所谓“群体免疫”企图让公众接受大量人即将死去的事实，进而为政府的过失犯罪政策披上了科学的外衣。这一假设很快就被

① 《特朗普表示，美国政府将逐步废除卫生限制》，2020 年 4 月 20 日，见 https://baijiahao.baidu.com/s?id=1664418381160484591&wfr=spider&for=pc。

② 《美国工人世界党：冠状病毒突显了资本主义和社会主义对策之间的差距》，2020 年 3 月 14 日，见 http://m.wyzxwk.com/content.php?bclassid=4&classid=16&id=415263&style=0。

全面地揭穿了。要知道群体免疫需要相当大比例的人口受到感染并从新型冠状病毒中恢复，这就意味着需要远远超过 4700 万人被感染，至少导致 100 多万人的死亡。西方国家这种无视生命的行为，体现了对人民极不负责的态度。

（三）防控措施具有严重的阶级局限性

西班牙工人共产党认为，政府在应对新冠肺炎卫生危机时采取的措施具有鲜明的阶级性质。政府近期通过的《实行紧急状态法令》（Decree for the Establishment of the Alarm State）所规定的遏制措施正体现了这一点。疫情防控中最有效保护工人阶级健康的办法就是停止生产活动。然而，由于资产阶级需要继续生产以榨取剩余价值，为了维持雇主的利润，危机中采取的很多措施只是有利于雇主。这种情况对构成工人阶级即各阶层的大多数人是不平等的。但是现在，成千上万的工人正被迫继续工作，他们及其家人的健康处于危险之中。这是因为，如果他们不工作，就可能被罚款和解雇。[①]

三、社会主义为化解疫情提供方向和出路

国外左翼政党（组织）和人士积极评价全球疫情暴发以来社会主义国家在各个方面取得的成绩，尤其强调作为世界最大的社会主义国家——中国的疫情应对举措与西方资本主义国家的迟缓、混乱反应形成鲜明对比，并认为社会主义能为全球性疫情危机的化解提供积极探索和出路。

（一）充分发挥非市场措施在疫情防控中的作用

俄罗斯著名左翼社会思想评论家亚历山大·布兹加林（Aleksandr Buzgalin）认为，市场这只“看不见的手”不能解决流行病问题。[②] 新型冠状病毒使人们

① 参见《西班牙工人共产党要求停产以应对疫情》，2020 年 3 月 26 日，见 http://m.wyzxwk.com/content.php?bclassid=4&classid=16&id=415898&style=0。

② 参见《[俄]亚历山大·布兹加林：冠状病毒正在激活通往共产主义的动力》，2020 年 4 月 12 日，见 http://www.wyzxwk.com/Article/sichao/2020/04/416749.html。

突然发现，世界上有许多东西是花再多的钱也买不到的，最困难的问题也不是靠市场这只“看不见的手”就能解决的。资本主义以寡头和官僚少数人的利益为导向，因而无法为公众利益协调行动。然而，与新型冠状病毒展开斗争，需要我们打破私有财产不可侵犯的原则和实现利益最大化的目标，强化公共部门的力量，将公众利益放在首要地位。这就意味着在疫情防控的过程中，要采取必要的非市场措施。具体而言，就是要通过国家监管和公共行动，相互帮助、自我克制，凭借公共行动战胜这场灾难。相较于资本主义国家，社会主义国家向世界展示了社会主义体制如何在最短的时间内击败未知的病毒。根据世界卫生组织的说法，疫情防控措施成功的关键在于社会主义国家迅速的反应，各级政府的协调，以及全体公民严格遵守集体承诺，这些工作是通过市场难以实现的。而在物资协调、生产调整、防疫费用、稳定市场方面，社会主义的非市场措施更是发挥了重要作用。就中国而言，疫情暴发以来，全国派出支援武汉的医疗力量达 4.2 万人，许多大公司在政府指示下调整生产活动，建立医疗用品临时生产线，以增加医疗用品的生产。此外，政府在为人们提供免费的检测和治疗服务的同时，还实施了严厉的监督协调政策，反对囤积居奇和哄抬物价的行为，以确保食品、口罩、水电等基本生活用品的正常供应。

（二）始终坚持为人民负责的执政理念

西班牙人民共产党认为，社会主义社会是为社会大多数人服务的，它可以结束财产垄断和金融资本，保障人民健康。[①] 社会主义国家的政府主要对人民而不是对资本负责。政府当仁不让的首要任务是满足人民的需求，包括教育、就业、社会保障、医疗服务、住房、环境、知识和文化生活的各方面需求。一旦人们清楚地认识到，对抗新型冠状病毒意味着要在拯救数百万生命和保护经济增长之间作出选择，社会主义国家的政府毫不含糊地站在了拯救

① 《西班牙人民共产党：冠状病毒危机表明迫切需要社会主义社会》，2020 年 3 月 17 日，见 http://www.wyzxwk.com/Article/guoji/2020/03/415400.html。

生命这一边。正如印度共产主义者西塔拉姆·亚秋里（Siteram Yechury）曾令人难忘地指出：“归根结底，这归结为谁控制着国家，或者这是谁的阶级统治。”[①] 在资产阶级统治下，利润指标才是驱动力，而在工人阶级的统治下，为人民负责的社会担当才是最重要的。疫情发生以来，中国以习近平同志为核心的中共中央高度重视，把人民生命安全和身体健康放在第一位，采取了最全面、最严格、最彻底的防控举措，坚决遏制疫情扩散蔓延。老挝人民革命党中央办公厅副主任京培表示，中国采取了防控举措，体现了对人民负责、对世界负责、对历史负责。社会主义国家的政府严格控制经济的“制高点”：重工业、能源、金融、交通、通信和对外贸易。对整个经济有着关键影响的金融业由“四大”国有银行主导，它们对社会主义的国家政府和人民负责，这就决定了在危机之中谁的利益是优先被考虑的。美国工人世界党指出，社会主义国家的根本属性决定了在危机之中人民的福祉是优先于资本主义利润的。[②] 为人民负责彰显了社会主义制度的优势，社会主义国家采取的措施不仅是在保护中国人民，也是在保护世界人民，为全球疫情防控赢得了时间、积累了经验，作出了重要贡献。

（三）秉承甘于奉献的人道主义精神

斯里兰卡人民解放阵线总书记蒂尔文·席尔瓦（Tilvin Silva）认为，资本主义或资本主义国家的领导人很难将国家从疫情中拯救出来。只有具有纪律、奉献和牺牲精神的社会主义社会，才能够为人类的利益献身，进而击败新型冠状病毒。也只有秉承甘于奉献的人道主义精神的社会主义社会，才是真正富有正义和自由的社会。疫情之下，资本主义国家的民族利己方式不仅无益于疫情的缓解，而且给人民带来了极大伤害，同时也加剧了国家间的紧张关系。一贯鼓吹“人人为己”口号的理性市场利己主义者现在开始明白：

① 《卡尔·马克思在武汉：中国社会主义如何战胜新型冠状病毒》，2020 年 3 月 25 日，见 http://m.wyzxwk.com/content.php?classid=14&id=416033。

② 《美国工人世界党撰文〈社会主义基础如何帮助中国抗击冠状病毒〉》，2020 年 2 月 14 日，见 http://www.ccnumpfc.com/index.php/View/2230.html。

我们都在同一条船上。那些曾经强迫自己不去谈论社会主义胜利的人现在被迫去谈论它。社会主义国家不仅在很短的时间内控制住病毒，而且当病毒传播到数千公里以外的国家，他们也能施以援手拯救许多地区。美国工人世界党指出，相比资本主义国家，社会主义国家不仅在国内有条不紊地开展疫情防控工作，而且正在向急需医疗和个人防护设备的国家提供大量援助。就中国而言，其医务人员和基本医疗用品已经运送到了亚洲的 28 个国家，非洲的 26 个国家，欧洲的 16 个国家，南太平洋的 10 个国家和美洲的 9 个国家。这项援助是自 1949 年中华人民共和国成立以来中国最密集、范围最广的紧急人道主义救援行动。[①] 社会主义不仅立志建立一个所有人类都不受剥削和压迫的世界共同体，而且同时用实际行动以勇于奉献的人道主义精神为全人类担负起应有的历史责任和使命。这就为全球疫情防控提供了宝贵经验和重要支持，为打赢疫情防控全球阻击战注入了信心和力量。

四、批评西方对中国的指责

疫情暴发以来，尽管中国政府一直在通报疫情发展情况并与世界卫生组织展开密切合作，给了美国和世界几个月的时间做准备。但一些西方国家和媒体为了转移人们对其政府处理危机失败的注意力，不断地对中国展廾不切实际荒谬言论和无端指责，给中国的积极防控措施戴上“权威主义”的帽子，甚至要求中国应对疫情给各国带来的“损失”进行“赔偿”。国外左翼政党（组织）和人士针对西方国家的不实言论和诬蔑抹黑进行了严厉批评。

美国左翼评论网站发文指出，美国媒体从一开始就将中国应对危机的反应妖魔化。[②] 在毫无准备的前提下，中国竭尽全力遏制新型病原体在 14 亿人口中的传播，美国媒体机构却借公共卫生危机，进行政治操弄，以破坏中国

① 《美国工人世界党：COVID-19、中国社会主义计划与健康丝绸之路》，2020 年 4 月 8 日，见 http://www.wyzxwk.com/Article/shidai/2020/04/416522.html。

② 《新冠病毒危机与中国应对：替代以美国为首的新自由主义秩序是可能的》，2020 年 4 月 6 日，见 http://www.wyzxwk.com/Article/shidai/2020/04/416424.html。

政府的合法性，并将其政治制度视为对全世界的威胁。随着中国控制了疫情的传播，媒体转而抨击中国政府的封锁和隔离措施，声称中国正在采取"威权主义"和"严酷"的应对措施，并且实施这些措施"给人们的生计和个人自由造成了巨大损失"。这种无端指责和无视中国防控成效的做法显然是经不起仔细推敲的。

美国工人世界党认为，中国实施了史无前例的隔离措施，快速建成新医院，大幅提高检测能力和医疗用品的产量，提供免费检疫和治疗，大规模动员医务工作者、人民解放军和共产党员投身抗疫斗争。所有这些措施都成功地减缓了病毒的传播，也减少了感染病例。中国用事实说明其所采取的措施源于人民的需求而非权威主义，这是社会主义制度在抗击疫情方面所彰显出的优势。

澳大利亚共产党认为，在这场危机中，以美国为首的媒体不断攻击中国，如今这些荒唐的批评变得越来越具有讽刺意味。美国和其他西方国家政府也开始小心翼翼地采取他们曾给中国扣上"威权主义"帽子的必要措施。①

除此之外，美国、英国、澳大利亚、印度、德国陆续有人提出了要中国"赔偿"的要求。② 这些政客以中国"隐瞒"疫情为由，荒唐地提出要中国为疫情"赔偿"的要求。西方媒体和美国政府没有从中国控制病毒传播的举措中吸取经验，而是进行了无端指责和恶意抹黑。残酷的事实是，不切实际的宣传活动并不能帮助西方国家应对疫情，反而使他们忽视了迫在眉睫的危机，使其面临更加严重的医疗、人力和经济灾难。

意大利共产党认为，西方媒体对中国的责难都不过是陈词滥调，其目的只是指责中国。③ 无端指责和恶意抹黑的背后，是长久以来西方国家在"中国

---

① 《中国和古巴是国际主义精神最杰出的代表》，2020 年 4 月 2 日，见 http://m.wyzxwk.com/content.php?classid=16&id=416238。

② 《西方国家群殴中国，国家需要反思》，2020 年 4 月 25 日，见 http://www.wyzxwk.com/Article/shiping/2020/04/417283.html。

③ 《意大利共产党中央委员：我们从武汉学习到什么？》，2020 年 3 月 10 日，见 http://www.wyzxwk.com/Article/shidai/2020/03/415053.html。

威胁论”影响下的傲慢与偏见在作祟。伴随中国的崛起，他们担心中国强大后挑战现有的国际格局，造成自己的衰落，影响自身利益，进而将中国视作他们统治世界的“头号威胁”。西方一些人把上述莫须有的“问题”和“罪责”都归咎于中国共产党，这是赤裸裸的意识形态偏见。中国共产党领导下的社会主义道路是中国人民的选择，得到14亿中国人民拥护。中国共产党产生于人民，服务于人民。在中国共产党领导下，中国人民赢得了独立、自由和解放，在国家建设中不断取得伟大成就。①

国外一些共产党还围绕西方国家无视中国在疫情防控中的积极行动，提出了严厉批评。

英国共产党（马列）副主席乔蒂·布拉尔呼吁停止散布污蔑抹黑中国的言论，并指出一些欧美国家的政客正试图以新型冠状病毒为借口，试图加剧并激化这种对华负面情绪，混淆民众试听，污蔑抹黑中国。②

丹麦共产党发文强调，反对以自由言论为幌子的反共产主义，并针对丹麦部分媒体对中国人民的攻击和傲慢态度，令丹麦共产党与之划清界限。

根据加拿大共产党的分析，反华媒体企图将新型冠状病毒的危机归咎于中国，但却忽视了中国的领导层和卫生专业人员迅速而全面地采取行动以阻止疫情扩散，并寻求科学的医疗解决方案的事实。不负责任的社交媒体还散布错误信息和恐慌，鼓励偏执和仇恨情绪的表达，而不是促进建立国际合作以克服这场危机。

五、批评在面对新冠肺炎疫情上的种族歧视

自新冠肺炎疫情暴发以来，部分国家和媒体固守种族主义的歧视和偏见，将新冠肺炎污名化，试图将责任转嫁到中国身上。而更为严重的是，以

① 《驻加拿大使馆发言人就加部分媒体借疫情对中国进行无端指责和污名化发表谈话》，2020年4月9日，见 http://www.taiwan.cn/xwzx/PoliticsNews/202004/t20200409_12263753.htm。

② 《英国共产党（马列）副主席表示：中国为抗击疫情树立全球典范　武汉“解封”背后有巨大的付出》，2020年4月12日，见 https://baijiahao.baidu.com/s?id=1663721394425857378&wfr=spider&for=pc。

华人为代表的亚裔在世界范围内面临愈演愈烈的种族歧视。国外左翼政党（组织）和人士对此展开了直接批评，并深刻揭示出了由新冠肺炎疫情引发的种族歧视背后的深层原因。

（一）利用种族主义转移国内矛盾

美国共产党认为，尽管世界卫生组织已明确宣布新型冠状病毒的正式名称为“SARS-CoV-2”，但是特朗普仍然使用了生硬的手段公开宣称这一病毒为“中国病毒”（Chinese virus 或 China virus），试图煽动种族主义情绪。这种做法有几个目的：首先，这一命名分散了人们对美国疫情应对无力的注意力；其次，这一命名使病毒成为别人的问题；最后，这一命名为美国政府和媒体正在进行的反华攻势开辟了一条新战线。①

左翼评论家黛安·艾伯特（Diane Abbott）指出，特朗普总统称这种冠状病毒为“中国病毒”，这对目前的局势没有任何帮助。②然而特朗普认为，这将帮助美国在一场只有美国自己在玩的“影响力”游戏中重返榜首。共和党并不是唯一一个煽动反华情绪的党派，民主党当权派也加入其中，该党总统候选人提名的领跑者乔·拜登一再拒绝与中国合作。2020 年 2 月 26 日，拜登在美国有线电视新闻网举办的新闻发布会上表示，美国应该在应对新型冠状病毒方面向中国提出更多挑战，并称他不会接受中国的说法。

（二）依循冷战思维对抗中国崛起

美国左翼评论网站“每月评论在线”（Monthly Review Online）发文指出，在这场全球斗争中，华盛顿没有采取任何形式的团结与合作，而是加倍努力部署其新的冷战战略，试图把失败的责任推到中国身上，并转向赤裸裸的种族主义。华盛顿对中国的敌意日益加深的背后，是一种根深蒂固的焦虑。这

① Ian Goodrum, "'Chinese virus?'Trump's Petty Name Game Puts Lives at Risk", March 20,2020, see https://peoplesworld.org/article/chinese-virus-trumps-petty-name-game-puts-lives-at-risk/.

② 《面对诋毁中国的言论，现在是时候站出来反对种族主义了》，2020 年 3 月 25 日，见 http://www.wyzxwk.com/Article/guoji/2020/03/415835.html。

种焦虑对世界各国乃至对美国体制最热心的捍卫者来说越来越明显：中国国家主导的体制正在超越美国的资本主义，并逐渐使替代以美国为首的“新自由主义”国际秩序合法化。[①] 美国共产党人党要求美国政府停止抹黑中国对大流行病的反应，停止妖魔化中国和其他民族。[②]

加拿大共产党认为，把新型冠状病毒危机等问题归咎于中国，完全是美国和加拿大帝国主义的把戏。尤其是美国，它极力找到一切可能的方法来包围、破坏和削弱中国，因为它认为中国对它在太平洋地区及其他地区的军事和经济支配地位构成了威胁。[③]

（三）政治战略下恶意制造恐怖情绪

澳大利亚共产党指出，包括澳大利亚在内的西方国家政府，不仅没有率先提供援助和表示同情，反而将这种冠状病毒变成了抨击中国的政治武器。他们利用这种突发情况来煽动种族主义和仇外情绪，这一方面是为了分裂工人阶级，另一方面则是他们为政治和军事议程扩大化服务。

意大利重建共产党埃齐奥·洛卡特利（Ezio Locatelli）认为，对于蛊惑人心的煽动者们来说，致力于利用疾病和各种不安全因素的“豺狼”能使一切沸腾起来。新型冠状病毒和过去的移民问题一样，也是一个很好的机会，可以让人们脱离理性思考和行动的范畴。它引发了一场无知和排外的流行病，就像在中世纪一样，我们追捕中国人，无论大人还是小孩。这些可怕的例子清楚地表明，暴露在其他病毒或疾病、事故、灾难中的恐惧感和盲目排外情绪，才是人们的健康和安全面临的最大危险。更为重要的是，那些蓄意制造不安全感和恐惧感的人助长了恐怖主义心理。用英国著名思想家、社会学教

---

① 《新冠病毒危机与中国应对：替代以美国为首的新自由主义秩序是可能的》，2020 年 4 月 6 日，见 http://www.wyzxwk.com/Article/shidai/2020/04/416424.html。

② 《美国多个共产主义政党和左翼政党对新冠病毒的声明》，2020 年 3 月 27 日，见 http://m.wyzxwk.com/content.php?bclassid=4&classid=16&id=415963&style=0。

③ 《加拿大共产党：必须阻止反华种族主义》，2020 年 2 月 16 日，见 http://m.wyzxwk.com/content.php?bclassid=4&classid=14&id=413825&style=0%E3%80%82。

授齐格蒙特·鲍曼（Zygmunt Bauman）的话说，“恐惧是非常有利可图的，它可以指向任何类型的利益，无论是商业利益还是政治利益。”[①] 这实际是一种战略，旨在散布恐慌、分裂、隔离和排斥，试图破坏社会每一环节的团结与合作。其结果直接导致人们丧失对危险情况的分辨力，丧失对许多关于社会和环境退化、对私人利润贪得无厌的追求、对资本主义剥削带来的风险进行披露的批判性思维。

六、盛赞中国的抗疫成就和国际贡献

在抗击新冠肺炎疫情中，中国的做法与一些西方资本主义国家不负责任的形象形成鲜明对比。中国不仅在短时间对国内采取了高效有力的防控举措，而且对遭受疫情的国家主动给予力所能及的援助。中国在抗击疫情中的表现赢得了国外左翼政党（组织）和人士的高度赞扬。其主要内容如下：

（一）中国特色社会主义彰显对现实问题的化解力

英国左翼学者卡洛斯·马丁内斯（Carlos Martinez）在《卡尔·马克思在武汉：中国社会主义如何战胜新型冠状病毒》一文中指出，中国的检测率、治疗率、信息提供、食物分配、对老年人和弱势群体的照顾和心理健康支持都远远优于欧洲和北美。其原因主要在于：中国是一个社会主义国家，它的政府主要对人民而不是对资本负责；中国有可以非常迅速调动巨大资源的相对集中的经济管理体制，有一个庞大、高度胜任、组织良好的共产党；过去十年中国的社会福利水平的大幅提升。[②]

美国共产主义政党和左翼政党认为，中国是第一个遭遇这场新型冠状病

① 《意大利重建共产党撰文〈恐惧煽动者〉引人深思》，2020 年 2 月 20 日，见 http://m.wyzxwk.com/content.php?bclassid=4&classid=16&id=414046&style=0。

② Carlos Martinez, “Karl Marx in Wuhan: How Chinese Socialism is Defeating COVID-19”, March 25,2020, see https://www.invent-the-future.org/2020/03/karl-marx-in-wuhan-how-chinese-socialism-is-defeating-COVID-19/.

毒威胁的国家。在中国共产党的领导下，以公共卫生而非盈利为导向，中国政府采取了非同寻常的措施，实施了大规模检测，对最先暴发疫情的城市和省份进行了隔离并调动了全国的资源来驰援，从而能够应对危机。[①]

意大利共产党国际部主任弗朗切斯科 3 月 11 日在其官方网站发表题为《感谢中国共产党对意大利抗“疫”的支持和帮助》的文章。文章指出，中国共产党及其领导层果断、努力地处理了新冠肺炎疫情这一突发事件，这主要得益于中国特色社会主义治理和引导社会的方法、政治决策的高效（从规划开始）以及中国共产党与全体中国人民之间巨大的信任关系。[②]

南非共产党第一副总书记马派拉表示，在习近平总书记的领导下，中国党和政府在疫情面前展现出卓越领导力，这反映了社会主义国家的优越。[③]

哈萨克斯坦共产人民党中央书记科努罗夫表示，中国共产党采取史无前例的安全措施，凭借“中国速度”新建医疗设施和不断完善预防手段，体现出中国政府各机构各部门极高的协作水平，彰显了中国共产党出色的治理能力。[④]

（二）用实际行动诠释出大国责任和“人类命运共同体”理念

尼泊尔共产党联合主席普拉昌达表示，中方对人民生命健康高度负责以及与世界各国及时、透明地分享相关信息的做法应得到高度赞赏。[⑤]

英国共产党人一直在关注中国的事态发展，并对中国科学家迅速与世界其他国家分享基因组序列研究成果，以及中国政府在意大利人民和其他国家

---

① 《美国多个共产主义政党和左翼政党对新冠病毒的声明》，2020 年 3 月 27 日，见 http://m.wyzxwk.com/content.php?bclassid=4&classid=16&id=415963&style=0。

② 《意大利共产党：感谢中国共产党对意大利抗“疫”的支持和帮助》，2020 年 3 月 11 日，见 http://www.ccnumpfc.com/index.php/View/2276.html。

③ 参见《外国政党领导人和知名人士对中国战胜新型冠状病毒疫情充满信心》，2020 年 2 月 11 日，见 http://www.xinhuanet.com/2020-02/11/c_1125560346.htm。

④ 参见《外国政党领导人积极评价和支持中国抗击新型冠状病毒感染肺炎疫情的努力》，2020 年 2 月 7 日，见 http://www.xinhuanet.com/world/2020-02/07/c_1125544104.htm。

⑤ 《外国政党领导人坚定支持中方战胜疫情并恢复经济发展》，2020 年 2 月 21 日，见 http://www.gov.cn/xinwen/2020-02/21/content_5481561.htm。

人民最困难的时候向他们提供的人力和物资援助表示敬佩和赞赏。[①]

澳大利亚共产党认为，中国政府和国内许多机构已经向世界各地几十个国家提供了医疗物资，并派遣专业的医疗专家队伍，这为应对病毒危机和构建以合作与友谊为基础的新型国际关系指明前进的方向。[②]

西班牙共产党主席何塞·路易斯·森特利亚·戈麦斯表示，中国人民正在中国共产党的带领下积极应对疫情。每当这种灾难波及世界的时候，我们都再一次认识到，习近平总书记提出的“人类命运共同体”理念恰逢其时。我们都生活在地球村，应该共同与灾难作斗争。[③]

（三）为全球各国抗击疫情树立了榜样

英国共产党（马列）副主席乔蒂·布拉尔表示，中国为抗击新冠肺炎疫情所做的努力树立了全球典范，特别是在武汉和湖北的人民以及所有奋战在那里的医护工作者，他们取得了巨大的成就，确实为全球其他抗击疫情的国家和地区树立了榜样。[④]

墨西哥劳动党主席阿纳亚表示，中国政府为保护中国人民所采取的行动既是人类社会抗击疫情的典范，也是对世界各国负责任的体现。因此，所有针对中国歧视的言行都是不能接受的。世界各国应携手努力，共同应对这次公共卫生危机，并最终战胜疫情。[⑤]

---

① 《世界多国共产党积极响应中国共产党应对疫情的共同呼吁》，2020 年 5 月 4 日，见 http://www.ccnumpfc.com/index.php/View/2329.html。

② 《中国和古巴是国际主义精神最杰出的代表》，2020 年 4 月 4 日，见 http://www.ccnumpfc.com/index.php/View/2266.html。

③ 参见《外国政党领导人积极评价和支持中国抗击疫情努力》，2020 年 2 月 8 日，见 https://www.sohu.com/a/371427892_118570。

④ 《英国共产党（马列）副主席表示：中国为抗击疫情树立全球典范　武汉“解封”背后有巨大的付出》，2020 年 4 月 12 日，见 https://baijiahao.baidu.com/s?id=1663721394425857378&wfr=spider&for=pc。

⑤ 参见《外国政党领导人积极评价中方抗击新冠疫情取得重要进展》，2020 年 2 月 24 日，见 http://www.gov.cn/xinwen/2020-02/24/content_5482767.htm。

新冠肺炎疫情下国外左翼对资本主义的批判*

雷晓欢[①]

提　要

新冠肺炎疫情的暴发与在全球范围内的蔓延促使国外左翼对资本主义展开批判性思考。他们认为，资本主义生产方式引发新冠肺炎疫情的蔓延，资本的逻辑决定了资本主义国家捍卫利润优先于拯救人民的生命。在欧美等资本主义国家应对新冠肺炎疫情的过程中，资本主义制度暴露出反社会性和寄生性，资本主义制度无法有效地应对新冠肺炎疫情及其引发的系列危机。相比之下，以中国为代表的社会主义国家在抗击新冠肺炎疫情的斗争中成功应对，迅速高效地控制了疫情。因此，西方国家迫切需要社会主义，而这种革命性的转变需要借助工人阶级的力量。

* 本文系中国社会科学院青年科研启动项目“国外左翼学者对当代资本主义的研究及其评析”的阶段成果。

① 雷晓欢，中国社会科学院马克思主义研究院助理研究员。

关键词

新冠肺炎疫情　国外左翼　资本主义　社会主义　工人阶级

随着新冠肺炎疫情的暴发与在全球范围内的传播，世界各国开始采取措施防控疫情。面对疫情，英国政府作出“群体免疫”的决定。由于这一政策备受争议，加之英国确诊人数不断攀升，英国被迫改变策略，正式出台禁令关闭全国所有酒吧、餐厅、咖啡厅，甚至还暂停了铁路特许经营协议，英国的铁路暂时地“国有化”了。这一系列措施被认为是给资本主义按下暂停键。法国则宣布处于“战争状态”，要动员全部力量竭力抗击疫情。而美国政府行动迟缓、防控不力，并且不断推卸责任，美国总统特朗普还被爆出欲重金资助德国疫苗研究企业 CureVac，以确保“仅限美国”获得新冠肺炎疫苗。面对这场世界性疫情风暴，美国和一些欧洲国家的做法引发了国外左翼对资本主义制度与“新自由主义”的持续反思与批评。有的左翼学者提出，新的流行病的病因可以追溯到资本主义带来的生态破坏的总体问题。还有的左翼学者提出“有必要进行整个社会的革命性重建”“这场流行病会加速资本主义的灭亡”等论断。国外左翼如何看待世界疫情及疫情下的资本主义制度，能够一定程度上反映西方社会的思想态势。从国外左翼的视角观察、理解全球疫情及应对，对揭示资本主义制度的本质及世界社会主义的发展趋势具有一定的启示意义。

一、资本主义生产方式引发新冠肺炎疫情的蔓延

在许多西方左翼看来，突如其来的新冠肺炎疫情是对全球资本主义体系的重击。面对这场公共卫生危机，资本主义国家未能迅速有效地制定政策应对疫情。造成这种结果的根本原因在于资本主义制度是保障人民健康和生活条件的障碍，而“新自由主义”和全球化的交织更是加剧了这次疫情的蔓延。

美国著名的哲学家、社会批判家诺姆·乔姆斯基指出，“巨大的市场失灵导致冠状病毒的出现。一般而言，巨大的市场失灵是资本主义逻辑的核心，在过去40年里，‘新自由主义’对经济和社会的重击加剧了这种失灵。”①《国际社会主义》(International Socialism)杂志编辑约瑟夫·乔纳拉(Joseph Choonara)认为：“如果不考虑资本主义当前的形态，就无法理解新型冠状病毒大流行的本质……(左翼)要揭露资本主义作为一种组织生产的制度的局限性。资本主义既是流行病的制造者，又没有能力充分应对流行病。”②

(一)资本的逻辑决定了资本主义国家捍卫利润优先于拯救人民的生命

在资本逻辑的支配下，资本主义生产的目的是获取更多的剩余价值，而不是人的全面自由发展。当新冠肺炎疫情来临时，资本主义国家优先考虑的是资本家的利益，而不是人民最基本的生命健康权。甚至在某些资本家看来，疫情意味着新的商业机会，疾病是有利可图的。因此，意大利《二十一世纪马克思》主编安德烈·卡托内认为，新冠肺炎疫情悲剧性地揭露了资本主义制度的局限性，这种制度将利益而非人们的生命健康摆在首位。③《人民世界》(People's World)发表文章指出，以利润为导向的制度根本无法为处于极端危机和困难时期的人们提供服务，甚至在日常生活中也无法提供服务。④资本的逐利性决定了资本主义在不断地发展过程中以利益为最高目标，“新自由主义”更是加剧了资本主义社会的不平等，突出的表现就是公共卫生事业私有化以及公共卫生资源的缩减。乔姆斯基认为，一般而言，所有领域的基础性科学研究都是由政府资助的机构、大学研究中心和其他机构在公共领域

① Aaron Maté, “Chomsky: COVID-19 Strikes, Solidarity Can Help Defeat Trump and the Neoliberal Assault”, April 29, 2020, see https://thegrayzone.com/2020/04/29/chomsky-COVID-19-strikes-solidarity-can-help-defeat-trump-and-the-neoliberal-assault/.

② Joseph Choonara, “Socialism in a Time of Pandemics”, March 22,2020, see http://isj.org.uk/socialism-in-a-time-of-pandemics/.

③ 此材料源自安德烈·卡托内在疫情期间写给中国社会科学院世界社会主义研究中心的邮件。

④ Albert Bender, “Will the Pandemic Hasten the Demise of Capitalism?”, May 4, 2020, see https://www.peoplesworld.org/article/will-the-pandemic-hasten-the-demise-of-capitalism/.

进行的，但是资本主义国家并没有参与其中。以美国为例，特朗普政府取消每年对疾病控制中心的资助以及政府对其他健康相关方面的资助，因为这对富人和有权有势的人来说是无利可图的。资本主义国家的公共卫生事业同时被忽视和货币化。[①]资本主义国家对利润趋之若鹜，相比之下，人民的健康和生存是微不足道的。

由希腊共产党发起、多国共产党和工人党署名的题为《立即采取措施保护人民的健康和权利》（Immediate Measures to Protect the Health and Rights of the Peoples）的联合声明中指出，在新冠肺炎疫情暴发之前，所有资本主义国家的卫生系统都普遍存在严重短缺的情况，而这是资产阶级政府在为大资本服务的过程中，为了实现垄断集团的盈利，为了使卫生部门商业化和私有化推行反人民政策的结果。[②]对此，约瑟夫·乔纳拉也发文指出，“新型冠状病毒大流行暴露了经过十年的紧缩和几十年的私有化和市场化之后，国民医疗服务（National Health Service，简称 NHS）的危险状态。英国的床位少得可怕，每 1000 人只有 2.8 张，相比之下，韩国 11.5 张，德国 8.3 张，意大利 3.4 张。”[③]著名左翼网站“社会主义替代”（Socialist Alternative）也刊登文章指出：“数十年的资本主义政策，旨在强调利润最大化，而不考虑对社会或工人的后果，由此导致了我们现在所处的脆弱状态。漫长的供应链和公立医院的缩减让我们完全没有准备好应对这场危机。美国和欧洲真正暴露出来的是公共卫生资源削减与私有化相结合的毁灭性后果。‘新自由主义’极大地加剧了社会的不平等，现在它将付出更大的代价。虽然新型冠状病毒是经济危机的

① Rob Wallace，Alex Liebman，Luis Fernando Chaves and Rodrick Wallace，“COVID-19 and Circuits of Capital”，*Monthly Rewiew*, May 1, 2020, see https://monthlyreview.org/2020/05/01/COVID-19-and-circuits-of-capital/.

② “CP of Greece, Joint Statement of Communist & Workers Parties: Immediate Measures to Protect the Health and Rights of the Peoples”, March 30, 2020, see http://solidnet.org/article/CP-of-Greece-Joint-Statement-of-Communist-Workers-Parties-Immediate-measures-to-protect-the-health-and-rights-of-the-peoples/.

③ Joseph Choonara, “Socialism in a Time of Pandemics”, March 22, 2020, see http://isj.org.uk/socialism-in-a-time-of-pandemics/.

导火线，但它暴露了世界经济的巨大脆弱性，世界经济已经在衰退的边缘摇摇欲坠，导致 2008—2009 年危机的根本问题没有得到解决。现在，特朗普和资本家们被迫向经济注入数千亿美元，包括直接放入工薪阶层的口袋。这并不是出于对国民命运的担忧，而是为了避免资本主义制度彻底崩溃。他们的措施只能减缓危机，而不能解决危机。”在疫情面前，应该保护人民，而不是利润。但是，“在过去的几十年里，由资本主义政客们推行的‘新自由主义’政策已经破坏了公共教育和公共服务。正如伯尼·桑德斯（Bernie Sanders）所指出的那样，由于缺乏全民医疗保险体系，公众在这场流行病中得不到保护”。①

（二）“新自由主义”加剧了新冠肺炎疫情，全球化客观上加速了疫情的传播

近几十年来，在“新自由主义”经济政策的指导下，全球化快速发展。看似繁荣的资本主义背后，存在着巨大的隐患。

一方面，“新自由主义”追求的是彻底私有化、绝对自由化和完全市场化，这就决定了“新自由主义”无法从根本上消除生产社会化与生产资料私人占有之间的矛盾，从而无法阻止资本追求利润最大化。在长期坚决推行“新自由主义”政策的背景下，资本主义国家的医疗卫生体系等公共领域几乎完全市场化，完全按照市场规律运行，本应是公共物品的医疗供给却严重依赖市场。此外，“新自由主义”导致资本主义国家贫富差距不断拉大，不公正范围日益扩大。因此，当疫情来临时，“新自由主义”立刻暴露出隐藏已久的问题，以资本为导向的公共卫生体系和政策根本不堪负重。卡托内就意大利的医疗服务体系分析指出，在工人、工会、意大利共产党、意大利社会党以及民主进步力量的力争下，意大利于 1978 年建立了国家医疗服务体系，但苏联解体和欧洲社会主义阵营的垮台使西方资本主义和帝国主义政治势力得到大肆发

① Tony Wilsdon, “Capitalism is Sick — The Socialist Plan to Fight the Crisis”, March 23,2020, see https://www.socialistalternative.org/2020/03/23/capitalism-is-sick-the-socialist-plan-to-fight-the-crisis/.

展，意大利国家医疗服务体系日渐遭到破坏。在此形势下，意大利公共卫生状况逐年恶化，数百家公立医院关闭，公立医院的床位、医生、护士和卫生工作者数量大幅减少，而私立医疗保健却大受青睐。尤其是意大利最富裕、人口最多的伦巴第大区及其首府米兰，这些地方也是新冠肺炎感染人数和死亡人数最多的地区。[①]古巴前文化部部长阿贝尔·普列托（Abel Prieto）认为，在新型冠状病毒的冲击下，资本主义的不人道本质及“新自由主义”的弊端暴露了出来。资本主义和“新自由主义”正在把整个世界引向种族灭绝。除了帝国主义和极右势力的发言人，许多专家学者一致认为，新型冠状病毒残酷地揭开了所谓“新自由主义”繁荣的面纱，暴露了其野蛮、不公正和不平等的深渊。例如，美国的富人可以24小时支付医疗费用，即使他们没有任何症状，他们也可以获得病毒检测、氧气浓缩器、人工呼吸机等。然而，有感染新型冠状病毒症状的工人必须想尽办法接受检测，然后支付账单。[②]在疫情肆虐的时候，美国总统特朗普甚至取消2021年对疾病控制中心的资助以及政府对其他健康相关方面的资助，增加对化石燃料行业的补贴以及军费开支。[③]

另一方面，资本的逻辑推动了全球化的生成和发展，各国的经济、政治、社会、文化、军事等领域的发展与变革交织在一起，世界越来越成为一个休戚相关的整体。这在客观上加速了疫情在时间和空间上的蔓延。新型冠状病毒可以迅速地从一个地方扩散到另一个地方，利用人类联系和全球化的链条，人类宿主在几天甚至几小时内从地球的一个地方转移到另一个地方。印度尼赫鲁大学经济研究和规划中心的专家普拉巴特·帕奈克（Prabhat Patnaik）教授认为，当今的全球化是在资本主义的枷锁下发展起来的。资本主义一方面推动资本、商品以及金融的全球流动，但这次疫情使人们清醒地认识到，全球化不仅仅局限于这几个方面，全球化还意味着病毒在全球迅速流动，因此出

① 此材料源自安德烈·卡托内在疫情期间写给中国社会科学院世界社会主义研究中心的邮件。

② Abel Prieto, “Le roi est nu”, Avril 29,2020, https://lavamedia.be/fr/le-roi-est-nu/.

③ Aaron Maté, “Chomsky:COVID-19 strikes, solidarity can help defeat Trump and the neoliberal assault”, April 29,2020, see https://thegrayzone.com/2020/04/29/chomsky-COVID-19-strikes-solidarity-can-help-defeat-trump-and-the-neoliberal-assault/.

现了全球性大流行病。简而言之，资本主义已经达到了这样一个阶段：它的具体体制无法解决它自身造成的问题。[①] 尽管全球化在客观上加速了疫情的蔓延，但问题的关键不在于全球化本身，而在于全球资本主义这一经济和政治体制。不难发现，无论是经济危机、气候危机，还是公共卫生方面的危机，这些灾难都根植于竞争和追求利润最大化的资本主义逻辑中。

二、资本主义无法应对新冠肺炎疫情及其引发的系列危机

（一）在抗击新冠肺炎疫情的斗争中，资本主义制度暴露出反社会性和寄生性

许多国外左翼将新冠肺炎疫情同 2003 年“非典”疫情作对比后指出，全球范围的新型冠状病毒大流行对日常生活的影响更加直接和深远。随着疫情不断升级，许多西方国家相继宣布进入紧急状态。民众的聚集活动陆续取消，生产和航空运输被迫停止……世界 1/3 的人口处于隔离状态。这些都是人类历史上前所未有的。随着疫情的暴发，西方各国失业率也不断攀升，根据美国劳工部公布的调查数据，3 月美国失业人口增加至 710 万人，失业率达 4.4%。[②] 西方一些经济学家预测美国的失业率将达到大萧条时期的水平甚至更高。他们认为，2020 年第二季度的失业率将达到 32%，超过大萧条时期的 25%。[③] 即使在 20 世纪 30 年代，失业率也没有达到现在的水平。根据世界贸易组织 4 月 8 日的预测，2020 年的世界商品贸易量降幅可能会超过 2008 年全球金融危机导致的贸易衰退，降幅为 13% 到 32%。[④] 显然，这场危机的短

---

① Prabhat Patnaik, “Pandémie et socialisme”, Avril 16, 2020, https://lavamedia.be/fr/pandemie-et-socialisme/.

② 参见《疫情防控面对面：新冠病毒无症状感染者管理规范出台》，2020 年 4 月 10 日，见 http://yuqing.people.com.cn/n1/2020/0410/c209043-31669468.html。

③ Albert Bender, “Will the Pandemic Hasten the Demise of Capitalism?”, May 4, 2020, see https://www.peoplesworld.org/article/will-the-pandemic-hasten-the-demise-of-capitalism/.

④ “Trade Set to Plunge as COVID-19 Pandemic up Ends Global Economy”, April 8,2020, see https://www.wto.org/english/news_e/pres20_e/pr855_e.htm.

期和长期影响都比2003年的“非典”疫情更加严重。在西方各国应对新冠肺炎疫情的过程中，资本主义制度的反社会性和寄生性暴露无遗。

汤米·麦肯尼（Tommy McKearney）认为，在全球范围内，新冠肺炎危机不仅威胁到人类的健康，而且对自由市场资本主义及其政治制度提出了根本的挑战。由自由市场资本主义提供的社会体系已经证明自己无力应对新型冠状病毒。这是一个无法轻易掩盖的巨大体制故障。① 加拿大曼尼托巴大学教授拉迪卡·德赛（Radhika Desai）也持相同的观点，在她看来，无论这种现在被称为新型冠状病毒的起源自哪里，其传播途径是什么，危险是什么，它都将考验西方资本主义及其适应机制，并可能暴露其弱点。西方资本主义从20世纪70年代选择的“新自由主义”道路产生了许多危机和问题，受到“新自由主义”侵蚀的资本主义国家无法应对当前的危机。西方国家对大流行反应迟缓是这种无能为力的最明显证据。资本主义国家花了几个月的时间批评中国的抗疫措施，而自己的应对措施远不如中国有效。②

（二）与中国抗疫成功形成鲜明对的是资本主义国家的应对乏力

疫情的不断蔓延使全球都陷入同新冠肺炎疫情的斗争中，各国根据自身的情况因地制宜地进行疫情防控治理。中国依靠中国共产党的领导和社会主义制度优势，率先控制了疫情。但是，从欧美资本主义国家应对疫情的表现来看，资本主义制度无法有效地应对危机，甚至一度陷入治理危机。拉迪卡·德赛指出：“中国最初制定了一项国家战略，鼓励广泛的温度监测、佩戴口罩和勤洗手。随着疫情的发展和对新型冠状病毒认识的加深，中国依靠科学的风险分析方法来改进措施的实施。因此，中国制定了具体的方法，以适应省、县甚至社区的情况，以及新型冠状病毒在当地传播的性质。”但是，面对中国抗疫的有效措施，一些西方国家表现出的是无视甚至是污蔑。“大

① Tommy McKearney, “The Covid Crisis Demands a New Beginning”, April 1, 2020, see https://socialistvoice.ie/2020/04/the-COVID-crisis-demands-a-new-beginning/.

② Radhika Desai, “Le capitalisme et la Pandémie: L’heure des Comptes a Sonné”, Juin 23, 2020, https://lavamedia.be/fr/le-capitalisme-a-lere-du-coronavirus-lheure-des-comptes-a-sonne/.

多数西方政府和媒体都不愿从中国的高效率中吸取经验，甚至不愿谈论中国在有效治疗方面取得的任何进展。更不用说讨论或采纳任何可能来自中国的解决方案了。”针对西方国家的这种态度，德赛认为，中国抗疫成功恰恰证明这些措施的有效性和正确性，与西方国家的抗疫形成了鲜明对比。“以美国和英国为例，‘新自由主义’削弱了资本主义国家的应对能力，摧毁了关键的机构，并导致它们失去了最好的工作人员。在这两种情况下，政客们都失去了所有的信誉，政治体系也变得混乱不堪。一个如此疲惫不堪的体系无法培养出应对当前危机的政治意愿和公共能力。”①

（三）新冠肺炎疫情引发的资本主义经济危机既是资本主义周期性的衰退，更是长期结构危机的反映

与 2008 年金融危机相比，新冠肺炎疫情对世界经济的冲击更为剧烈和深远。截至 2020 年 3 月底，美国的股市已经出现 4 次熔断，欧盟、日本以及新兴经济体也都受到不同程度的影响。在国外左翼看来，新冠肺炎疫情引发的经济衰退本质上是资本主义制度的危机。普拉巴特·帕奈克教授认为，此次流行病只是个案，由新冠肺炎疫情引起的其他危机也需要得到关注。一是现有的资本主义制度无法解决的全球经济危机。这至少需要通过若干国家政府共同采取税收措施，在全球层面协调、刺激需求。作为主要的资本主义国家，美国只考虑保护其自身经济以克服危机，这一事实清楚地表明人们离这种全球协调还有很长的路要走。二是气候变化。资本主义制造了又一场危机，它无法在规定的范围内解决这场危机。三是难民危机，即在战争与和平中被资本主义摧毁的人民的全球流动。②在帕奈克看来，这些危机不是孤立存在的，而是彼此密切联系。资本主义制度长期的结构危机充分表明，资本主义制度走到了尽头。

① Radhika Desai, “Le Capitalisme et la Pandémie: L’heure des Comptes a Sonné”, Juin 23,2020, https://lavamedia.be/fr/le-capitalisme-et-la-pandemie-lheure-des-comptes-a-sonne/.

② Prabhat Patnaik, “Pandémie et Socialisme”, Avril 16,2020, https://lavamedia.be/fr/pandemie-et-socialisme/.

三、新冠肺炎疫情危机表明西方国家迫切需要社会主义

卡托内认为，新型冠状病毒或许能够引发大众对资本主义的批判和对社会主义的向往。新型冠状病毒大流行是世界历史的转折点，人们的生活方式发生了暂时却又根本性的变化，进而可能会导致民众意识发生深刻而迅速的变化。[①] 在美国著名左翼学者朱迪斯·巴特勒（Judith Butler）看来，新冠肺炎疫情在西方社会的暴发与流行“重振了一个社会主义的想象”，人们依然“对彻底平等有一种集体渴望”。[②] 一方面，以中国为代表的社会主义国家成功地应对了新冠肺炎疫情，彰显出社会主义制度的优越性。另一方面，新冠肺炎疫情引起多重危机，暴露出资本主义制度诸多弊端。在涉及人类健康和生存环境等重大问题上，两种制度主导的国家在治理能力、治理方式和治理措施等方面形成鲜明对比。许多国外左翼人士普遍从新型冠状病毒危机中得出结论：疫情或将成为西方社会变革的导火索，考虑到人类的健康、社会的未来和气候，必须彻底改变资本主义制度。目前，西方社会正处在一个巨大的变革时刻的风口浪尖，这个时刻可能永久地改变世界，加速全球资本主义制度的灭亡。新冠肺炎大流行后的世界形势对“地球上所有的反资本主义力量”来说是一个“巨大的挑战”，“一个不可错过的独特的、意想不到的机会。我们必须增强意识，组织起来，战斗到底”。[③]

以中国为代表的社会主义国家成功应对新冠肺炎疫情。“中国对这种新型冠状病毒采取的有力公共卫生措施可能是历史上最雄心勃勃、最灵活和最积极的疾病控制努力。”“中国的成功在很大程度上取决于一个强有力的行政系统……再加上中国人民愿意遵守严格的公共卫生程序。”[④] 在 W. T. 惠

① 此材料源自安德烈·卡托内在疫情期间写给中国社会科学院世界社会主义研究中心的邮件。

② Judith Butler, “Capitalism Has its Limits”, March 30,2020, see https://www.versobooks.com/blogs/4603-capitalism-has-its-limits.

③ Aber Prieto, “Le roi est nu”, Avril 29,2020, https://lavamedia.be/fr/le-roi-est-nu/.

④ W.T.Whitney, “Fighting COVID-19 in Cuba, China, and the United States”, March 20,2020, see https://www.peoplesworld.org/article/fighting-COVID-19-in-cuba-china-and-the-united-states/.

特尼（W.T.Whitney）看来，这场世界范围内的疫情再次向人们证明："当国家能够提前规划，明确地将国家资源用于公共利益，将科学用于为人民服务，并实践国际团结时，人们会做得更好。这些都是社会主义社会的特点。"[①] 中国能够在十多天之内建设两个新的医院，迅速组织生产，调控医疗用品销售价格，提供免费的全民医疗，大规模调动国家医疗工作者。这些都向世界展示了中国社会主义的政治经济面貌。[②] 世界卫生组织赞扬中国政府对危机的迅速反应，总干事谭德塞说，中国正在采取"非常强有力的措施……并作出充分承诺，这一承诺的规模现在正在以一种巨大的方式扩大，显示出该国社会主义国家在公共卫生服务方面迅速有效地调集资源的能力"。[③] 卡托内认为，中国特色社会主义和中国共产党展示出强大的控制和隔离疫情的能力。中国能够成功处置疫情还要归功于 14 亿中国人民充分积极、有纪律、有意识地遵守中国政府的指令。为遏制疫情蔓延，中国人民忍受了巨大的个人、社会和经济的牺牲。如果没有领导人和人民之间、中国共产党和人民群众之间这种非常牢固的思想和心灵、理性和激情的纽带，病毒就不可能得到遏制。[④]

世界卫生组织对中国的赞扬，实际上是对中国特色社会主义制度和中国共产党治国理政效能的肯定。"中国应对公共健康危机的能力证明了中国特色社会主义虽然拥有混合市场经济，但中国共产党控制了重点行业，不像美国等资本主义国家仍然独立于私有化资本的利益。中国应对这场大规模公共卫生危机的能力，是对中国特色社会主义现实的证明：党对人民负责，而不

① W.T.Whitney, "Fighting COVID-19 in Cuba, China, and the United States", March 20,2020, see https://www.peoplesworld.org/article/fighting-COVID-19-in-cuba-china-and-the-united-states/.

② Qiao Collective, "How Chinese Socialism is Defeating the Coronavirus Outbreak", see https://www.qiaocollective.com/home/how-chinese-socialism-is-defeating-the-coronavirus-outbreak.

③ C. J. Atkins, "China's Coronavirus Response Shows What's Possible When People Come before Profits", January 26,2020, see https://www.peoplesworld.org/article/chinas-coronavirus-response-shows-whats-possible-when-people-come-before-profits/.

④ 此材料源自安德烈·卡托内在疫情期间写给中国社会科学院世界社会主义研究中心的邮件。

是对私人资本利益负责。”①

资本主义国家处于一个危机的时代，多重危机孕育着社会主义。这次新冠肺炎疫情使许多国外左翼联想到20世纪30年代的大萧条。经过第二次世界大战的冲击，资本主义国家的统治阶级不得不作出重大让步，以遏制共产主义的崛起，其直接结果是比利时和许多其他欧洲国家建立了社会保障制度。因此，在一些国外左翼看来，过去人们可以经过不断地奋斗赢得许多福利，包括社会保障、失业保险等。今天的新冠肺炎危机将同样带来深远的改革，“病毒危机可能成为美国资本主义社会建设性剧变的推动力”②。当下，资本主义国家面临的不仅仅是一场健康危机，“这也是一场经济危机。此外，它还是一场政治、社会和环境危机。这些危机是环环相扣的、相互关联的，以无法预料的方式相互作用”③。有的国外左翼学者指出，这场危机已经凸显了社会主义的重要性。新冠肺炎疫情深刻地揭示了资本主义制度的严重不平等，揭示了私有化、紧缩、削减开支和牟取暴利是如何严重影响工人阶级的。社会主义恰恰出现在资本主义开始走向失败的领域。④实际上，资本主义世界体系可能正在进入一个新的时期，即气候、卫生健康和经济灾难深重的时期。普拉巴特·帕奈克认为，在危机时期，每个人都可能成为社会主义者，自由市场暂时被置于次要地位。在新冠肺炎疫情肆虐的情况下，资本主义国家的卫生保健和某些基本商品的生产逐渐社会化，明显偏离了资本主义标准。危机越严重，社会化程度越高。例如，西班牙是继意大利之后受疫情影响最严重的第二个欧洲国家，为了应对这场危机，已经将其所有私立医院国有化，所有私立医院都由国家控制。甚至特朗普也命令私营公司生产这场流行病所

① Qiao Collective, “How Chinese Socialism is Defeating the Coronavirus Outbreak”, see https://www.qiaocollective.com/home/how-chinese-socialism-is-defeating-the-coronavirus-outbreak.

② Albert Bender, “Will the Pandemic Hasten the Demise of Capitalism?”, May 4, 2020, see https://www.peoplesworld.org/article/will-the-pandemic-hasten-the-demise-of-capitalism/.

③ Joe Sims, “The Struggle of Our Lives: Coronavirus and Capitalist Crisis”, March 26,2020, see https://www.cpusa.org/article/the-struggle-of-our-lives-copd-19-and-capitalist-crisis/.

④ Joe Sims, “The Struggle of Our Lives: Coronavirus and Capitalist Crisis”, March 26,2020, see https://www.cpusa.org/article/the-struggle-of-our-lives-copd-19-and-capitalist-crisis/.

需的紧急物品。目前，美国和一些欧洲国家也不得不临时改变其政治战略。[①]

社会主义是应对危机的出路。通过反思新冠肺炎疫情，不少国外左翼学者表示，“要消除世界上的阶级分裂、种族主义、帝国主义冲突和灾难性的气候变化，就越来越明显地需要打破资本主义的整个逻辑”[②]。

乔·科特尼尔（Jo Cottenier）明确指出：“未来人类会更加频繁地遭受危机，为了使人类能够经受所有这些挑战，资本主义体制是完全无法应对的。相反，我们必须走向社会主义制度。”他还强调，“我们必须把社会主义重新提上议程，就像伯尼·桑德斯在主要资本主义国家的美国所做的那样，尤其是在年轻人中间。年轻人应该得到的不仅仅是一个充满已知灾难的未来，而且还应该得到一个可以避免上述灾难的制度变革。这个不同的制度是社会主义 2.0 版本。”这种构想中的社会主义“必须优先考虑集体投资、集体所有制和集体热情。……这不仅是为了消除贫困，而且是为了满足社会需要、应对经济危机和生态挑战。我们的目标是建立一个不再以利润和竞争为中心，而是以规划和集体所有权（特别是能源部门和银行）为社会进步和可持续性的保证的社会”。[③] 加拿大左翼学者萨姆·吉丁（Sam Gindin）认为，当前实现社会变革的重要前提是社会主义者要做好充足的准备。在他看来，社会主义者必须本着国际主义的精神，从根本上重新考虑政治议程，从全球竞争转向一国的内部发展。在他看来，专注本国的国内发展，有三点原因：一是任何组织最终都是地方的或国家的；二是任何政策都必须通过国家来实施，尤其是如果要限制流动资本的力量的话；三是培养一种特别的最大化的民主来管理人们生活的各个方面。[④]

---

① Prabhat Patnaik, “Pandémie et Socialisme”, Avril 16,2020, see https://lavamedia.be/fr/pandemie-et-socialisme/.

② Joseph Choonara, “Socialism in a Time of Pandemics”, see http://isj.org.uk/socialism-in-a-time-of-pandemics/.

③ Jo Cottenier, “Le choc du coronavirus révèle les failles du capitalisme mondial”, Avril 14,2020, https://lavamedia.be/fr/le-choc-du-coronavirus-revele-les-failles-du-capitalisme-mondial/.

④ Sam Gindin, “Antimondialisation : le coronavirus et la recherche d’alternatives” , Mai 4,2020, https://lavamedia.be/fr/antimondialisation-le-coronavirus-et-la-recherche-dalternatives/.

四、疫情之下社会主义的实现何以可能

虽然不少国外左翼学者都认为有利于进行革命性转变的时刻正在迅速来临。但是他们也指出，没有革命的形势，就没有革命的实践。不是一切革命的形势都能产生革命。革命的客观条件固然重要，但必须存在主观条件——革命意识——才能发生革命。革命的主观条件取决于先锋队的行动。他们一致认为，只有制订一个人民的计划和人民的倡议，才能应对大流行病和随之而来的经济崩溃。左翼历史学家艾尔伯特·本德（Albert Bender）认为：“我们需要工人阶级的方法来应对这个政治、健康和经济危机。这场危机不应被浪费。动乱结束后，这个国家不应该回到大流行病前的日子。我们不能回到资本主义的‘常态’。”[①]很明显，在他看来，革命的力量需要从工人阶级中寻找。

长期以来，西方社会的低收入家庭的生存空间日益被挤压，生活处于贫困的状态，新冠肺炎疫情使他们的工作和生活状况进一步恶化，“许多贫困的人们生活在水深火热之中，拖欠的账单、空间狭小且不稳定的住房、糟糕的健康状况和东拼西凑的就业机会，过着日复一日的生活，他们发现自己的生活因这场危机而不可容忍地恶化了。穷人遭受的苦难更多”。[②]乔姆斯基指出：“新冠肺炎引起的工人失业揭露了隐藏的阶级斗争。”[③]全球范围内的大流行病引发了西方主要国家的工人失业，进而引起了广大工人激进的抗议活动和罢工。在美国出现了劳工运动和罢工的高潮。比利时劳动党中央政治局委员乔·科特尼尔指出，面对新型冠状病毒危机，“来自左翼的冲击”是必要的。

① Albert Bender, “Will the Pandemic Hasten the Demise of Capitalism?”, May 4, 2020, see https://www.peoplesworld.org/article/will-the-pandemic-hasten-the-demise-of-capitalism/.

② Albert Bender, “Will the pandemic hasten the demise of capitalism?”, May 4, 2020, see https://www.peoplesworld.org/article/will-the-pandemic-hasten-the-demise-of-capitalism/.

③ Aaron Maté , “Chomsky:COVID-19 Strikes, Solidarity can Help Defeat Trump and the Neoliberal assault”, April 29,2020, see https://thegrayzone.com/2020/04/29/chomsky-COVID-19-strikes-solidarity-can-help-defeat-trump-and-the-neoliberal-assault/.

极端危机的情况为资本主义国家社会的根本变革提供了契机。在第二次世界大战期间，当美国和英国迫切需要使军事生产合理化时，国家的所有力量都被动员起来。严格的资本主义国家采用苏联的方法在国家控制下规划生产，关键行业最终掌握在政府手中。资本家的财富被用于公共投资，整个银行业开始在政府的命令下运作，政府甚至拥有了部分银行业。当前，资本主义国家也面临同样的时刻。[①] 尽管面临社会变革的可能，不少国外左翼学者还是坚持认为，除非有社会力量和政治力量的参与，否则资本主义不会垮台，社会主义不会立刻实现。资本主义在西班牙流感和全球大萧条中幸存下来表明它具有非凡的韧性，能够渡过危机，甚至在危机结束时表现出更强的韧性。目前，社会力量和政治力量在美国和欧洲都不足够强大，资本主义制度即将崩溃的论点似乎不现实。

总的来看，新冠肺炎疫情促使国外左翼对资本主义制度和资本主义现代化道路展开了前所未有的总体性叩问和批判。在他们看来，新型冠状病毒的出现凸显了资本主义与其所造成的生态问题、流行病和经济脆弱之间的相互联系。国外左翼回归马克思对资本主义具体特性的原初政治经济学批判，以资本的逻辑为切入点揭示疫情之下资本主义的本质，有助于我们在新的历史条件下重新认识资本主义、重新发现阶级力量与阶级斗争对于世界社会主义运动的重要性。

---

① Jo Cottenier, “Le choc du coronavirus révèle les failles du capitalisme mondial”, Avril 14,2020, https://lavamedia.be/fr/le-choc-du-coronavirus-revele-les-failles-du-capitalisme-mondial/.

俄罗斯学者揭批美国“甩锅”疫情的险恶用心

李瑞琴[①]

提　要

俄罗斯学者认为，美国主要有以下目的：一是通过此举意在彻底葬送中国的“一带一路”项目；二是以怪罪中国的方式置中国于被世界抛弃的处境；三是借此举消除美国对中国之债务；四是阻止中国在战胜疫情后经济的恢复发展；五是利用污名化中国以寻找新型冠状病毒世界大流行中美国有利可图之机。

① 李瑞琴，中国社会科学院马克思主义研究院研究员。

关键词

俄罗斯学者　揭批美国

俄罗斯学界非常关注美国将新型冠状病毒全球流行归咎于中国的背后动因。2020 年 4 月下旬以来，莫斯科大学世界政治学院国际安全系教授阿列克谢伊·芬年科（Алексей Фененко），俄罗斯政治分析家谢尔盖·马尔科洛夫（Сергей Маркелов）、伊万·丹尼洛夫（Иван Данилов），俄罗斯社会学家阿列克谢伊·马斯洛夫（Алексей маслов）等学者，撰文分析了华盛顿为何需要指控中国为新型冠状病毒流行“负责”。学者们认为，美国主要有以下目的：一是通过此举意在彻底葬送中国的“一带一路”项目；二是以怪罪中国的方式置中国于被世界抛弃的处境；三是借此举消除美国对中国之债务；四是阻止中国在战胜疫情后经济的恢复发展；五是利用污名化中国以寻找新型冠状病毒世界大流行中美国有利可图之机。同时，俄罗斯学者认为，美国等西方国家想从北京获得数万亿美元“赔偿”的机会是虚幻的，但作为宣扬反华以寻找对华经济制裁的借口，是“完美”的。以下是主要观点。

一、为彻底葬送中国“一带一路”项目

中国在世界上越来越显示出重要影响力，如“一带一路”项目等已深入欧洲腹地，使华盛顿高度警觉。位于美国巴尔的摩的约翰霍普金斯大学，设有一个中国—非洲研究团队，长期以来专门研究中国在全世界的金融流向。他们的调查目的，就是想搞清社会主义中国对世界影响力的程度如何，并根据结论制定对华政策。因此，华盛顿一直非常需要对中国提出指控的机会。继 2017 年中东欧 16 国全部纳入“一带一路”倡议框架、“16+1 合作”已走向“成熟期”后，意大利、法国等重要欧盟国家也有加入“一带一路”项目的明显意愿。中国与欧盟国家展开“一带一路”项目的合作，使得美

中之间的竞争有了回旋余地。目前，新型冠状病毒正在欧洲蔓延，欧盟一些国家的经济正遭受打击。因此，美国在新冠肺炎疫情问题上对中国的造谣和无端指责如果得逞，中国与欧盟将会产生分歧并争执不休，并进一步严重影响中国与欧洲之间信任度，届时，将对所有中国“一带一路”项目构成沉重打击。

二、置中国于被世界抛弃的形象以重挫中国发展进程

美国总统特朗普毫无根据地放言，如果中国故意允许暴发新型冠状病毒，那将会给中国带来严重后果，美国正在进行调查。如果美国的想法得逞，中国将会面临一些重大的压力，首先是对中国的经济制裁。此外，美国总统之所以发表这样的声明是有原因的，他希望获得欧盟的支持。

特朗普意在把中国置于一个被抛弃的位置：一个已经成为新型冠状病毒暴发的“发起者”的国家，那么全世界都应该对它施加制裁。这是特朗普当前的任务。

三、尽可能注销美国对中国的债务

如果华盛顿用编造谎言的手段置中国于新型冠状病毒暴发“发起者”的角色，那么特朗普注销部分美国对中国的债务的决定，就将顺理成章。美国总统会理所当然地认为，对这样一个导致新型冠状病毒暴发的国家，可以不负有任何责任。紧接着，美国还将继续以大规模的信息攻击，使中国无法摆脱他们编造的“导致新型冠状病毒大暴发大流行”的罪名。

对于美国的阴谋，北京的反应是敏感的。但经验表明，北京又是别无选择的。中国唯一能做的，就是将所有美国债务完全推向市场，并对美国经济造成沉重打击。但中国是否决定采取这一步骤是一个问题。

四、阻止中国经济恢复发展

通过无端地将新型冠状病毒大流行归咎于中国这种方式，美国人正试图降低中国与其他国家的接触强度。2020 年 4 月 14 日，美国宣布暂停对世卫组织的资助，原因是该组织不能很好地处理其任务，并且还“隐瞒”了有关新型冠状病毒传播的信息。这也是对中国进行施压的一个部分，可以对那些打算与北京发展关系的国家造成伤害。此外，这样表述背后的“秘密”就是，防止中国经济从新型冠状病毒暴发的影响和损失中恢复过来。目前，疫情还在世界蔓延，中国的经济则正在迅速恢复和发展。华盛顿对此感到不快。因此，如果能对中国提出数万亿美元所谓的“赔偿”的指控，这将不利于亚洲国家的经济形势的稳定。亚洲尤其是中国的经济形势动乱不定，是美国想看到的。

五、试图在新型冠状病毒大流行中获利

一些俄罗斯政治分析家坚信，新型冠状病毒大流行“绝对肯定对美国有利”。大流行病的背景下，全美范围内的死亡率并不是美国最严重的医疗问题。就死亡人数而言，新冠肺炎疫情造成的后果并不是最严重的。

美国在任何情况下都试图为自己谋取利益。如果新型冠状病毒大流行能够使美国大财团获利，那就是加强经济的好方法。目前，特朗普已开始向美国金融体系投入数万亿美元，并在疫情毫无改善的情况下，试图恢复人们的工作。显然，美国正在努力挽救其在全球经济中的金融主导地位，并无端指责中国控制疫情的行为是出于自私的利益，隐藏了有关新型冠状病毒的信息。

美国正在采取的措施清楚地证明了其追求的目标。特朗普已经花费了上万亿美元，再加上向美国家庭的简单分配，当然是有利可图的。特朗普以这种方式提高了自己的评级。这可以从特朗普不断提高的支持率中看出来。现

在，特朗普的支持率达到历史最高，即 45%—47%。在过去的一个月中，该数据上升了 5%。特朗普知道如何快速处理所有问题并将其转化为经济利益。

六、中国“有罪”说补充了美国刻意制造的“敌人”的故事

日前，美国参议员乔什·霍利提出一项法案，毫无根据地称中国共产党必须对新型冠状病毒在世界大流行“负责”。该法案暗示，将成立新型冠状病毒受害者司法委员会特别工作组，将就新型冠状病毒的暴发，对北京进行所谓的国际调查，要求中国政府提供“赔偿”，并编造谣言说中国的生物实验室传播了新型冠状病毒。但是，人们早就知道，美国有大量的、建于世界各地的生物实验室。其中 13 个位于乌克兰。美国一直都没有停止过生物武器的使用，而且在他们的领土上也没有停止过。在乌克兰、原东欧、哈萨克斯坦，都有美国先进的生物武器和化学实验室。

美国政客知道该发表什么声明。霍利提出的法案也不例外。当所谓的“外部敌人”的故事呈现给美国人时，美国政治家们就营造出来了他们需要的现象，即美国境内不会有任何问题。美国内部“一切都完美无缺”。

尤其要注意的是，特朗普非常喜欢“‘敌人’是中国”的故事。在特朗普们的反复渲染下，美国人开始相信有“敌人”存在。因为，特朗普赢得 2016 年总统大选后，美中对抗的故事就开始了。美国对中国的进口产品征收高额税收，随之而来爆发了一场大规模的贸易战。因此，所谓新型冠状病毒大流行中国“有罪”的声明，很好地补充了美国政客制造的“‘敌人’是中国”的故事。

七、为日后实施对华经济制裁寻找借口

美国阴谋归咎中国为新型冠状病毒的流行“负责”，以获得数万亿美元的机会是虚幻的，他们也明白。因此，这不是美国等西方反华的要点，他们是想借此将欧盟或美国普通公民对新冠肺炎疫情造成的灾难性后果的严重不

满，转嫁给中国。尽管美国主流媒体作出了种种努力，普通居民在媒体上观看了数周的报道，报道中国政府正在采取什么措施来对抗流行病，包括居家隔离、无人机运送食物、进行大规模检测、停办企业，甚至在受警察保护的地区封锁道路等，并称所有这些都是北京当局“威权主义”和“非理性”的证据。尽管如此，也不太可能说服普通的欧洲人和美国人接受这样一个结论，即所有问题的起因，都是所谓的中国“秘密”。因此，作为公共关系运动，美国等国针对中国的主张是徒劳的，但作为引入反华经济制裁的借口，它们是“完美”的。

关于日本社会各界对中国抗击新冠肺炎疫情的观点述评

朱旭旭[①]

提 要

新冠肺炎疫情发生后，日本是最早援助中国抗疫的国家之一。日本社会各界对中国抗击新冠肺炎疫情的经验和成果也予以肯定和支持。日本各级政府和主要政党表达了对中国抗疫积极支持的态度，日本学术界科学剖析了中国抗疫成果、抗疫经验并赞扬了中国患难与共的大国风范，日本其他社会阶层也对中国抗疫予以物质和精神上的支持和鼓励。日本社会各界从理论与实践方面对中国抗疫的积极支持和鼓励，对消除日本国民对中国的误解和偏见，增进两国国民思想共识具有重要意义，也为进一步增强中日关系友好发展奠定基础。

① 朱旭旭，中国社会科学院研究生院马克思主义学院博士研究生。

关键词
日本社会各界　中国　新冠肺炎疫情

此次新冠肺炎疫情是全世界公共卫生领域的危机，也是全人类面临的共同挑战。2019 年 12 月新型冠状病毒引起的肺炎病例在武汉市被发现。面对公共卫生领域发生重大危机，在以习近平同志为核心的党中央领导下，中国共产党迅速对抗击新型冠状病毒战役作出全面部署与指示。经过三个多月的努力，中国已经有效控制了疫情蔓延的势头。欧美国家在疫情面前却出现了歧视新型冠状病毒感染者的现象，甚至欧美国家之间也出现相互截留抗疫物资的事件。西方国家这种在全球疫情面前表现出偏见、孤立的行为，无疑为世界团结抗疫蒙上一层阴影。然而，日本作为与我国一衣带水的邻国，在疫情面前与我国同舟共济、守望相助，积极表现出共同战胜疫情的决心。自中国发生疫情以来，日本无论是政府，还是学界、其他社会阶层，都对中国抗击疫情表现出积极态度。2020 年 1 月，日本也确诊了感染者，疫情在日本国内也呈现蔓延趋势。在日本国内防疫压力不断增强的情况下，日本社会各界依然给予中国抗疫物资援助和对中国民众心理安抚。当前，在全球疫情加速扩散与中国疫情防控形势明显好转形成鲜明对比的情况下，中国的防疫效果与实践经验得到了世界各国的肯定与赞誉。特别是日本社会各界对中国抗疫予以理解、支持和鼓励，并对中国抗疫成绩予以高度赞扬。同时，日本也希望借助中国经验控制疫情，早日赢得抗疫彻底胜利。

一、日本政府及主要政党对中国抗疫的认知

日本积极援助中国抗疫，必然离不开日本各级政府以及主要政党的支持。自疫情发生以来，日本各级政府和主要政党向中国表现出明显善意，并为中国援助抗疫物资和抗疫资金，温暖了广大中国人民的心。近几年来，中日两国关

系在稳步改善的基础上，日本政府和主要政党对中国抗疫予以积极支持，更发扬了国际主义精神，表现出守望相助、攻克难关的积极态度。日本的这一举措，对未来两国友好关系的发展、增强战略协同发展具有积极意义。

（一）日本政府对中国抗击疫情的关注和支持

自疫情发生以来，日本历届首相对中国抗疫予以高度关注，积极为中国抗击疫情加油鼓劲。2020 年 2 月 7 日，日本前首相鸠山由纪夫通过网络发表了一段力挺中国抗疫的视频，并表明“我们是命运共同体，希望所有人都能渡过难关。中国不是孤立的，我们作为友邦一定会与大家共同面对，并肩作战”[①]。另外，今年已经 96 岁高龄的日本前首相村山富市书写“武汉加油”书法，也通过网络为中国抗疫鼓劲加油。2 月 28 日，日本首相安倍晋三在会见中共中央政治局委员、中央外事工作委员会办公室主任杨洁篪时表示：“中日两国人民在共同抗疫中展现出友好情谊，日本对中国抗疫成果予以高度评价，日本愿意加强与中国在疫情防控、信息共享方面交流合作，努力团结国际社会共同应对国际公共卫生安全挑战。”[②] 日本国家安全保障局局长北村滋在中日第八次高级别政治对话上，高度评价了中国抗疫成就及抗疫经验对日本的借鉴意义，并对“共渡难关，中日携手全力抗击新冠肺炎”[③] 与中国达成一致意见。日本应对新冠肺炎疫情担当大臣兼经济再生担当大臣西村康稔进一步明确了“日方愿继续同中方加强抗疫合作，不断积累积极因素，推动两国关系取得更大发展”[④]。另外，自疫情发生以来，日本各级政府也积极向中国捐赠口罩、护目镜、防护服等重要防疫物资及援助抗疫资金，为中国抗疫

---

① 《日本前首相鸠山由纪夫力挺中国抗“疫”》，2020 年 2 月 7 日，见 http://japan.people.com.cn/n1/2020/0207/c35421-31576272.html。

② 『安倍晋三首相，楊潔チ氏と会見』，2020 年 2 月 28 日，见 http://www.china-embassy.or.jp/jpn/zrdt/t1752921.htm。

③ 姜俏梅、王子江：《中日第八次高级别政治对话在东京举行》，2020 年 2 月 29 日，见 http://www.xinhuanet.com/world/2020-02/29/c_1125641363.htm。

④ 《驻日本大使孔铉佑同日本应对新冠疫情担当大臣兼经济再生担当大臣西村康稔视频通话》，2020 年 4 月 10 日，见 http://www.china-embassy.or.jp/chn/sgxxs/t1768138.htm。

提供必要帮助。日本政府始终认为，帮助中国抗疫就是帮自己。日本政府对中国抗疫表现出非常积极的态度，这为进一步促进两国合作、共同抗疫增添强大动力。同时，这也能够引导日本社会消除对中国的误解和偏见，为增进两国沟通、化解社会矛盾营造良好氛围。

（二）日本主要政党对中国抗疫的认可与赞誉

目前，日本主要政党对中国抗疫作出的努力和取得的成就予以高度认可。特别是执政的自民党与公明党对中国抗疫进行积极帮助，也激发了日本社会各界支援中国抗击疫情的激情。日本自民党干事长二阶俊博强调指出："邻居遇到困难，帮助是理所当然的。我们常讲患难见真情，日方愿举全国之力，不遗余力地向中方提供一切帮助，与中方共同抗击疫情。"①2020 年 2 月 10 日，执政的自民党在干部会上，决定向中国政府捐赠抗疫资金，钱从本党所属的国会议员"3 月份经费中每人一律扣除 5000 日元"。② 虽然最终由于保守派反对，"由一律扣除改为随意捐赠"，③ 但是，这在日本政党史上实属罕见。公明党代表山口那津男指出，习近平主席对中国抗疫发挥重要领导作用，使中国的防控举措迅速、有效、果断、积极，促使中国普通百姓能够齐心协力攻克难关，从而迅速控制疫情在国内蔓延。同时，中国"通过视频、网络等方式把自己的抗疫经验分享给世界各国，并尽力帮助其他国家，充分展现出负责任大国的形象"④。他在感谢中国的同时，也号召世界各国积极学习中国抗疫经验。立宪民主党党首枝野幸男也高度赞扬中国为世界抗疫作出的巨大贡献，愿意与中国共产党团结一致为取得抗疫胜利而奋斗。另外，日本左翼政党社民党干事长吉田忠智指出："当前疫情在全球蔓延，中国共产党

---

① 《多方解读"日本全力援华抗疫"：日本始终认为帮中国就是帮自己》，2020 年 2 月 17 日，见 https://news.ifeng.com/c/7u853BTCEEl。

② 『新型肺炎で中国に支援金 自民、各議員 5000 円』,『日本経済新聞』, 2020 年 2 月 10 日。

③ 河合達郎：『自民議員の中国支援金、「一律天引き」から「任意」に』,『朝日新聞』, 2020 年 2 月 14 日。

④ 『中国の経験を生かすべき＝日本の公明党代表』, *Record China*, 2020 年 3 月 9 日。

秉持开放合作的态度，坚持以人民为中心，与其他政党发出共同呼吁，有利于各国加强合作战胜疫情。各国加强沟通合作，分享经验，携手拉起严密的联防联控网络，这样才能遏制疫情蔓延势头。”① 日本以执政党的自民党和公明党为首，对中国抗击疫情予以积极支持和鼓励，对日本国内支持中国抗疫起到了领导的作用。同时，这也为改善中日两国关系起到重要引领作用。

总之，中国共产党已经与“世界上100多个国家的230多个政党就加强抗击新冠肺炎疫情国际合作发出共同呼吁”，② 并以“人类命运共同体”理念为指引加强国际合作，有效促进了国际社会相互支持与帮助。仅从日本来看，中国与日本各级政府、各主要政党在此次疫情进一步增强合作、深化共识，充分体现出中日两国“守望相助、攻克难关”的积极态度，对两国未来关系走向也具有重要意义。

二、日本学界对中国抗疫的剖析

疫情发生后，在习近平主席领导下，中国共产党上下高度统一，带领中国人民迅速作出反应，现在已经取得显著成效，并积累了丰富的抗疫经验。针对中国抗疫的经验和成果，日本学术界也展开了广泛讨论。东京大学社会科学研究所丸川知雄教授指出：“虽然中日两国具体国情不同，但中国在抗击疫情积累了很多宝贵数据、经验，甚至有痛苦的教训。万一疫情在日本暴发，这些都将对日本有所帮助。”③ 东京大学名誉教授岩本爱吉高度评价了疫情发生后中国政府高度重视疫情防控、迅速采取有力措施并取得显著成效的应急处置能力，“这显示了中国在应对传染病方面的丰富经验和完善预案”，④

① 《“团结协作，共同维护全球公共卫生安全”（患难见真情 共同抗疫情）——外国政党领导人积极支持加强国际抗疫合作》，《人民日报》2020年4月8日。

② 《“团结协作，共同维护全球公共卫生安全”（患难见真情 共同抗疫情）——外国政党领导人积极支持加强国际抗疫合作》，《人民日报》2020年4月8日。

③ 邢晓婧：《日本专家：中国经验有助于日本抗击新冠肺炎疫情》，《环球时报》2020年2月16日。

④ 《“中国为世界卫生事业作出重要贡献”——国际社会高度评价中方抗击新型冠状病毒感染肺炎疫情努力》，《人民日报》2020年2月3日。

并希望中日两国不断加强科研机构合作。另外，其他学者也通过撰文、访谈等方式，全面剖析了中国抗击疫情的经验及制度优势。

（一）患难与共：中国展现出负责任大国形象

疫情向全球蔓延后，人们对世界经济发展表示担忧。日本国际贸易投资研究所首席经济学家江原规由强调指出："疫情对全球生产和需求造成全面冲击，习近平主席倡导各国应该联手加大宏观政策对冲力度，防止世界经济陷入衰退"[①]，充分展现出中国负责任大国形象。"国际社会加大政策协调力度，将有助于缓解世界经济下行压力，让人们重拾对世界经济未来信心"[②]。同时，在抗疫的过程中，中国始终秉持着抗疫无国界的原则，积极向遭遇疫情的国家伸出援助之手，对中国积极与世界各国分享抗疫经验表示赞赏。目前，中国已经"向 82 个国家和世界卫生组织、非盟提供抗疫援助"[③]。日本庆应义塾大学教授大西广指出，疫情之下，中国依然为国际市场供应生活必需品、药品原料、防疫物资等，还向日本等国家提供医疗物资等各种援助，体现了"中国秉持'人类命运共同体'理念，与各国携手打赢这场重大传染性疾病阻击战的担当，中国的这种做法值得高度赞扬"[④]。随着全球化加速发展，世界已经成为一个地球村，各国人民的命运休戚与共，任何国家面对传染病时都难以独善其身。中国作为负责任大国，每当发生公共安全事件时，总能看到中国与世界各国抗疫的场景，中国为人类共同安宁作出巨大贡献。

（二）大国担当：中国制度优势和中国举措效果明显

疫情发生后，习近平主席带领中国人民迅速作出应对重大突发公共卫生

---

① 习近平：《携手抗疫　共克时艰——在二十国集团领导人特别峰会上的发言》（2020 年 3 月 26 日），《人民日报》2020 年 3 月 27 日。

② 《加强政策协同　提振市场信心》，《人民日报》2020 年 3 月 29 日。

③ 黄华、金旻：《抗疫无国界！口罩、专家、治疗经验……中国向 82 个国家和世界卫生组织、非盟提供抗疫援助》，《国际金融报》2020 年 3 月 25 日。

④ 于文、王朝阳：《全球蔓延之下：日本有识之士畅谈抗"疫"对策，点赞中国，呼吁世界团结》，《人民中国》2020 年第 3 期。

安全事件的一级响应，构建起完善的联防联控机制，充分体现出集中力量办大事的社会制度优势，以及中国人民抗击疫情的强大决心和执行力，给世界各国人民留下深刻印象。对此，日本经济评论家、高级研究员加谷珪一分析指出，中国疫情防控优势主要体现在四方面，即“中国政府对基层的高度组织动员能力；中国人民的爱国主义、集体主义深入骨髓；中国构建起完善产业链确保抗疫物资大规模生产与配送；中国完善的基础设施确保水电通信等在战时高效率运行和社会秩序稳定”①。从而，中国能够有效控制疫情形势，并为世界各国提供了应对公共卫生危机的经验。庆应义塾大学大西广教授在接受本文作者访谈时也指出，无论是中国，还是欧美国家，新冠肺炎最初感染的人数都是一个。中国是社会主义国家，所以能够为了国家利益对企业活动进行有效限制，彻底实现封锁并引导国民居家隔离，这是中国有效控制疫情蔓延的关键举措。然而，资本主义国家受资本家控制，资本家又控制各个企业。资本家为了自身利益不会限制企业活动，这也是导致资本主义国家控制疫情效率低下的根源。另外，日本明治学院大学教授张宏波指出：“中国政府能够迅速调动全国资源和力量来控制疫情扩散态势，充分体现出社会管理体制的高效与优势。习近平主席系列重要讲话既有全局性部署，又有具体工作措施，对鼓舞各级政府及动员全民积极有序抗疫、发展经济具有重要指导意义。”② 庆应义塾大学教授大西广指出，疫情发生之初，中国面对未知病毒及其迅速蔓延态势所作出的应对举措无可厚非，实践结果也证明是完全正确的。“中国企业和民众能够及时响应政府号召，自觉听从政府指挥，比如在乘坐地铁时大家都能自觉扫健康码，自愿把信息提供给政府，这充分体现出民众对政府的信任”。③

---

① 加谷珪一:『新型コロナ対策で明らかに…中国の恐るべき「戦争遂行能力」』,『現代ビジネス』, 2020 年 2 月 5 日。

② 《坚定必胜信念　实现中国经济社会发展目标任务——国际社会积极评价习近平在统筹推进新冠肺炎疫情防控和经济社会发展工作部署会议上的重要讲话》,《光明日报》2020 年 2 月 26 日。

③ 于文、王朝阳:《全球蔓延之下：日本有识之士畅谈抗“疫”对策，点赞中国，呼吁世界团结》,《人民中国》2020 年第 3 期。

（三）硬核力量：中国百姓是抗疫的中流砥柱

在抗击疫情过程中，在习近平主席领导下，中国广大人民团结一心、众志成城，形成了疫情防控的硬核力量。科学家、医生和广大普通民众展现出来的自强不息的顽强奋斗精神，为有效控制疫情发挥着中流砥柱的作用。日本杏林大学教授刘迪指出，中国抗疫形势已经明显好转，并得到有效控制，这有赖于中国政府的动员力、全国人民积极配合疫情防控，以及具有高度奉献精神的高水平医疗队伍。[①] 日本庆应义塾大学教授大西广也指出："中国疫情防控形势逐步向好。正如习近平主席所指出的那样，这是全党全国全社会共同努力、团结奋斗的结果。"[②] 中国人民团结一致、奋斗不息的精神，给日本民众抗击疫情带来巨大鼓舞。中日韩三国合作秘书处秘书长道上尚史指出："中国人民在疫情面前表现出团结互助和坚毅勇敢的精神"，[③] 对中国及时控制疫情蔓延发挥着决定性作用。

（四）守望相助：中国在"内忧外患"中依然援助其他国家

中国人民始终相信，疫情面前任何国家都难以独善其身，更不能袖手旁观，世界各国需要守望相助。疫情在全球扩散之际，中国疫情防控面临着"内忧外患"的态势，但中国政府毫不犹疑地为世界其他发生疫情的国家和地区予以力所能及的帮助和支持，以共渡难关。特别是积极与日本、韩国等分享抗疫经验、援助抗疫物资等，"这既是中国作为负责任大国和友好邻邦的应有担当，也是内控外防巩固抗疫成果，携手合作赢得抗疫斗争的果断举措"[④]。中国的大国风度和情怀赢得了国际舆论的好评。就日本国内来看，曾

---

① 《综合消息：中国为世界抗疫带来信心和希望——国际社会高度评价中国抗疫成果和复工复产》，2020 年 3 月 22 日，见 http://www.xinhuanet.com/world/2020-03/22/c_1125750456.htm。

② 《"中国展现了负责任大国的作为和担当"》，《人民日报》2020 年 3 月 13 日。

③ 马菲：《中日韩三国合作秘书处就新型冠状病毒疫情向中方表达慰问》，2020 年 1 月 30 日，见 http://world.people.com.cn/n1/2020/0130/c1002-31565247.html。

④ 刘晨：《国际观察：全球携手同行，合力阻击疫情蔓延》，2020 年 3 月 4 日，见 http://world.people.com.cn/n1/2020/0304/c1002-31616968.html。

经任职日本驻联合国大使谷口诚对中国积极援助意大利、日本等国家抗疫物资的行为予以高度赞扬，并指出：“此次新冠肺炎疫情是全人类面对的世界规模的最大挑战。中国在自己还困难的情况下发挥抗疫经验帮助日本、意大利等国，是具有国际视野的行为，日本应该学习。”[①] 当日本疫情不容乐观时，中国积极向日本捐赠抗疫紧缺物资，加强两国卫生部门和疾控专家的沟通与交流，积极为日本防疫工作献计出力。中国各地方、企业、友好团体和普通国民也积极为日本抗疫奉献爱心，这对进一步增强两国之间的经济文化交流，增强政治互信具有重要意义。

（五）合作抗疫：进一步增强国际合作的契机

曾经任职日本驻联合国大使谷口诚呼吁：“中日韩三国应该以合作抗疫为契机，进一步加强医疗领域合作，进而增强政治互信等。这次疫情对于中日韩来说既是危机，也是三国构建东亚共同体的一个契机。”[②] 日本众议院议员伊佐进一也指出：“应对传染病和疫情，只凭单一国家力量远远不够，只有各国合作，人类才能战胜疫情……传染病是自古以来困扰人类的难题，但同时也是促进各国合作的契机。”[③] 这就要求全人类应该跨越意识形态差异和障碍，团结一致共同与病毒作斗争，并取得最终胜利。“一带一路”日本研究中心代表进藤荣一指出，6 世纪的中国开拓的丝绸之路构建起东西方城市联系的桥梁，加强了物资和人文交流。面对当前人类历史性危机，“我们不妨借助历史经验，产官学联手，构筑日中韩之间的‘丝绸之路城市联盟’；应把防疫、防灾重视起来，从可能造成国家对抗纷争的‘军事安全保障战略’，向食品

① 于文、王朝阳：《全球蔓延之下：日本有识之士畅谈抗“疫”对策，点赞中国，呼吁世界团结》，《人民中国》2020 年第 3 期。

② 于文、王朝阳：《全球蔓延之下：日本有识之士畅谈抗“疫”对策，点赞中国，呼吁世界团结》，《人民中国》2020 年第 3 期。

③ 于文、王朝阳：《全球蔓延之下：日本有识之士畅谈抗“疫”对策，点赞中国，呼吁世界团结》，《人民中国》2020 年第 3 期。

安全、能源可持续发展的'人类安全保障战略'转换。"[①] 日本山梨学院大学校长古屋光司也指出："疫情是全人类共同的敌人，希望各国以此次抗击疫情为契机，增强团结合作意识，共同构建'人类命运共同体'。"[②] 同时，他也希望世界各国家不断增强与中国交流合作。日本"继承和发展村山谈话会"理事长藤田高景呼吁："世界各国应该团结一致，携手共同应对这一人类历史上的重大危机。"[③] 他对中国抗疫取得的成果和中国与世界各国分享抗疫知识和经验，为疫情严重国家和地区派遣医疗队、捐赠医疗物资等，予以高度赞扬。

三、日本其他社会阶层对中国抗疫的鼓励

疫情发生以来，除了日本政府以外，日本许多地方、企业和社会各界不仅向中国捐赠防疫物资，还通过不同方式为中国加油。在这个过程中，中日两国人民充分体现出守望相助、同舟共济的良好景象，对进一步推进中日两国友好发展具有重要意义。

一方面，日本各地方、企业、市民等为中国捐赠口罩、护目镜、防护服等抗疫物资及抗疫资金。比如，2020 年 1 月 30 日，日本株式会社津村社长加藤照和就通过中国大使馆捐赠 500 万日元。据统计，截止到 2020 年 2 月 7 日，"日本的企业和民间团体累计捐赠防护口罩 158.5 万余个、手套 28.5 万副、防护服及隔离衣 8.2 万套、护目镜 1700 个、防护帽 1000 个、鞋套 1000 个、防护靴 30 双，大型 CT 检测设备 1 台（价值 300 万元人民币），消毒用品等 2400 余件，累计捐款约合 2888.9 万人民币（2850 万人民币，610 万日

① 于文、王朝阳：《全球蔓延之下：日本有识之士畅谈抗"疫"对策，点赞中国，呼吁世界团结》，《人民中国》2020 年第 3 期。

② 《展现出负责任大国担当——习近平主席在二十国集团领导人应对新冠肺炎特别峰会重要讲话引发国际社会热烈反响》，《人民日报》2020 年 3 月 28 日。

③ 姜俏梅：《专访：各国应团结一致携手抗疫——访日本"继承和发展村山谈话会"理事长藤田高景》，2020 年 3 月 29 日，见 http://www.xinhuanet.com/politics/2020-03/29/c_1125784253.htm。

元）”。[①] 日本各地方、企业、市民等为中国捐赠抗疫物资和资金，充分体现出两国人民患难与共，为加强两国人民交流与合作，增进理解、凝聚共识增添强大动力。

另一方面，日本其他社会阶层在精神层面对中国予以鼓励：日本在援助中国的防疫物资包装箱上附着“山川异域，风月同天”“青山一道同云雨，明月何曾是两乡”“岂曰无衣，与子同裳”“辽河雪融，富山花开；同气连枝，共盼春来”等，这不仅体现出日本援助中国抗疫物资的雪中送炭的温情，更体现出人道主义的精神，切实让中国人民感受到日本国民对中国的真诚和善意，温暖了中国人民的心。日本东京机场、商场大楼、大阪地标级街区道顿堀商业街挂出“中国加油”“ 挺住！武汉”等中日双语标语。东京晴空塔特意点亮红色与蓝色，为中国武汉祈愿加油。日本最著名的芭蕾舞团之一松山芭蕾舞团，也用语言和舞蹈表达出对中国抗疫的支持和鼓励。日本导演竹内亮拍摄了纪录片《南京抗疫现场》，一经推出便在日本国民中引起热议，还登上了日本雅虎首页，也被日本富士电视台、朝日电视台、TBS 电视台等各大电视台争相播放。日本有 46 所小学生手绘 1459 张明信片、14 岁女孩身穿旗袍在东京池袋西口公园为武汉募捐、3 个日本女孩在东京街头翻唱中国抗疫歌曲《等你凯旋》等视频，在网络上引起了国内外的广泛关注。日本的孔子学院也致信中国孔子学院总部，声援和支持中国抗疫，为中国抗疫加油。日本社会各界从精神层面为中国抗疫加油，大大增进了两国人民之间的感情。

总之，疫情发生以来，除日本政府之外，日本社会各界都通过不同的形式表达了对中国的同情、理解和支持，为中国抗击疫情加油鼓劲。日本民间对中国抗疫的支持和鼓励，使中国人民对日本的好感大大提升，这也是中日民间感情升华的重要表现。同时，当日本疫情扩散之际，中国人民也积极为日本组织各方面的援助。疫情之下，中日两国民间的守望相助，对进一步消

① 《日本各界积极为中国防控新型冠状病毒肺炎疫情捐款捐物》，2020 年 2 月 7 日，见 http://www.china-embassy.or.jp/chn/sgxxs/t1741988.htm。

除两国民间的误解与分歧，增强两国之间的政治互信、深化合作领域、巩固两国友好关系具有重要意义。

四、对日本社会各界态度的感知与思考

自疫情发生以来，日本作为最早援助中国抗疫的国家之一，无论是日本政府层面，还是日本企业、普通市民、友好团体等都纷纷解囊相助，无私地为中国抗击疫情提供支持和帮助。虽然在中国积极为本国与世界抗疫作出巨大贡献的过程中，一些别有用心的西方媒体、政要、学者却对中国政府所作出的努力予以诋毁，甚至是批判中国的国家制度和治理模式。其中，也包括日本的一些媒体、保守势力诋毁中国抗疫贡献、反对日本援助中国等。但是，日本社会各界对中国抗击疫情对策及成效予以高度评价，这对于凝聚两国抗疫共识、分享抗疫经验、实现联合抗疫具有重要意义。同时，这也有力地反击了诋毁中国抗疫的言论和观点。

（一）强化政府和政党的主导作用，进一步增强两国和平友好发展

抗疫过程中，虽然日本的社会舆论有诋毁中国表现出来的“中国力量”“中国精神”“中国效率”“中国形象”，但是，日本各级政府和主要政党对中国为全球抗击疫情作出的巨大贡献予以高度认可。特别是执政的自民党和公明党对中国抗疫表现出的积极态度，对进一步增强两国友好发展具有重要意义。自民党干事长二阶俊博明确指出：“日方愿举全国之力，不遗余力地向中方提供一切帮助，与中方共同抗击疫情。我相信，只要日中两国团结合作，就没有办不成的事。”[①] 日本各级政府也积极为中国抗疫捐赠物资和援助资金，充分表现出守望相助、共克难关的积极态度。同时，这也是日本各级政府和主要政党用实际行动，对国内外诋毁中国抗疫的社会舆论予以有利反

① 《日本执政两党干事长：举全国之力与中方共同抗击疫情》，2020 年 2 月 7 日，见 http://www.china-embassy.or.jp/chn/sgxxs/t1741989.htm。

击。这对增进两国政治互信、深化合作领域，推动两国关系友好发展具有重要意义。

（二）发挥学术界科学引领作用，努力消除两国之间的误解和分歧

疫情发生后，日本的国际亚洲共同体学会、"一带一路"日本研究中心和亚洲联合大学院机构联合举办针对"中国抗击疫情"的特别研讨会，邀请社会各界有识之士探讨中国抗疫成果和抗疫经验，也有其他学者通过学术论文、访谈等形式剖析中国抗疫的制度优势和实践经验，帮助广大国民对中国抗击疫情、社会制度形成科学、正确的认识，以便有效帮助日本国民消除对中国的误解和分歧。东日本国际大学客座教授、日本知名记者西园寺一晃指出，面对疫情，人类需要的不是指责和攻击，而是团结合作。[①] 加强国际合作，是战胜病毒的关键抉择。这也启示我们：在推动中日两国关系中，两国之间也需要进一步加强学术界交流与合作，加强对两国之间有分歧的问题的研究和讨论，以有效凝聚学术界思想共识，为不断增进两国之间的友好关系增添动力。

（三）以自媒体为载体搭建国民交流桥梁，增进两国人民之间的理解和认同

在此次日本社会各界支持中国抗疫的过程中，香港凤凰电视台采访自民党干事长二阶俊博时，他发表的"全面支援中国抗疫"的视频在网络上播放量已经超过 2000 万次。《南京抗疫现场》、"日本最美女孩"、日语翻唱中国抗疫歌曲《等你归来》、中日双语"中国加油"的标语和海报等，在网络上引起国内外高度关注。日本普通国民支持中国抗疫的事迹在网络迅速走红，势必能够帮助日本国民消除对中国的误解和偏见，切实增强他们对中国的认同感。这也启示我们：在对外交往过程中，我们要善于引导普通国民利用自媒体展现对中国的认知和感受，以有利于其本国国民对中国形成正确的认知，

---

① 高红：《专访：坚信中国人民一定会取得抗击疫情的胜利——访东日本国际大学客座教授西园寺一晃》，2020 年 2 月 6 日，见 http://www.xinhuanet.com/2020-02/06/c_1125539778.htm。

增进两国人民之间的了解和认同，进而促进国家间的交流与合作。

总之，通过梳理日本社会各界对中国抗疫的观点可以发现：疫情发生后，日本从政府层面到普通民众通过各种形式积极向中国表达善意，向中国积极捐赠抗疫物资和资金，充分体现出守望相助、患难与共。同时，日本社会各界对中国抗疫取得的显著成效予以肯定，能够有效回击诋毁中国抗疫的各种社会舆论，帮助更多日本国民正确理解和认识中国抗疫举措和经验。随着日本疫情迅速蔓延，中国也积极向日本援助抗疫物资，充分展现出中日两国面对疫情休戚与共的决心，这对促进中日关系的友好发展，化解两国国民之间的矛盾与分歧，增进国民理解和认同具有重要意义。在发展中日两国关系中，两国之间也需要充分借助政府、政党、学术界和其他社会阶层的力量共同推进中日关系的友好发展。

后 记

2020年初，一场新冠肺炎疫情突袭我国大江南北。在决胜全面小康、决战脱贫攻坚的关键时刻，中华民族又一次面临严峻考验。

新冠肺炎疫情是人类共同的敌人。自疫情发生以来，世界130多个国家、300多个政党和政治组织、600多人次致电致函习近平总书记和中共中央，声援中国抗疫努力，呼吁加强国际抗疫合作。“守望相助，共克时艰”，成为世界眼中的中国战“疫”的真实写照。一些国际友人也通过各种方式向我们表达了他们的牵挂和关怀。社会存在决定社会意识。疫情之下，一些关乎人类发展、国际局势、世界社会主义运动、中国特色社会主义的重大理论问题，也有了进一步深度观察、思考、研究的必要性和紧迫性。为此，中国社会科学院习近平新时代中国特色社会主义思想研究中心、世界社会主义研究中心、马克思主义研究院国外马克思主义研究部成立了《抗击新冠肺炎疫情与“人类命运共同体”理念国际认同研究》课题组（已获得2020年习研中心立项），联合采访了德国、美国、匈牙利等近20多个国家的20余位前政要、共产党领导人、学者等，以世界眼中的中国战“疫”为主题，撰写文章，阐发观点。他们理性、深刻、锐利的深度观察、思考及观点，对于激励我们不断克服中华民族伟大复兴征程中的各种风险挑战，对于世界同心战“疫”成功，有着独到价值和意义。一些文章已经在中国社会科学院相关内外部刊物刊登，得到了有关部门的重视和关注。由此，我们整理了上述文章并选取少部分国内外媒体发表的相关评论文章，汇集成册。谨以此书献给支持、关注中国抗击疫情的国际友人。

我们深深感谢中国社会科学院原副院长、研究员，世界社会主义研究中心李慎明主任的大力支持和关怀，感谢多次支持我们工作的中共中央对外联络部李明研究员、中国国际战略学会高级顾问王建政研究员，感谢马克思主义研究院的领导和各位无私帮助我们的同事。

在习近平新时代中国特色社会主义思想研究中心、世界社会主义研究中心的领导下，马克思主义研究院国外马克思主义研究部的科研人员承担了组织、协调、沟通、联络、采访、翻译、研究、收集、整理、核查、审稿、统稿、编纂等大量烦琐、重复而又需要细致、严谨、耐心的工作。同时，北京内外的一些科研院所高校老师、博士研究生也参加了诸多翻译和研究工作，在此一并表示诚挚谢意。感谢当代中国出版社总编辑曹宏举、总编室主任王敏和隋丹、焦晓萍等有关编辑人员，书稿得以很快问世，他们的无私奉献和勤勉努力，功不可没。

2020 年 6 月 2 日，习近平主席主持召开专家学者座谈会并发表了重要讲话。习近平主席特别指出：“在疫情防控斗争中，广大专家学者以高度的政治责任感和使命感，发挥专业优势，在分析疫情形势、完善防控策略、指导医疗救治、加快科研攻关、修订法律法规、促进国际合作等方面献计献策，为疫情防控斗争作出了重要贡献。”给予广大科研工作者以极大的鼓舞和鞭策。疫情还在世界蔓延，防控工作仍在继续，与此相关的舆论斗争、理论研究也不会停止。未来我们也将谨记习近平总书记的指示，努力发挥专业优势，使科研工作服务于人民、服务于实践，为实现中华民族伟大复兴的中国梦作出自己的贡献。

本书课题组

2020 年 7 月于北京